충북대학교 법학전문대학원 총서 17

현대 행정법의 이해

이 비 안 저

진 원 사

이 책은 충북대학교 법학전문대학원 법학연구소의
지원에 의하여 출판되었음

머 리 말

이 책은 행정법 일반이론을 환경법의 창을 통하여 바라본 것이다. 필자는 재직하고 있는 학교에서 환경법 및 행정법을 강의하여 오고 있다. 그 과정에서 환경법 관련 사안들을 해결함에 있어 종래의 행정법 교재 내용만으로는 충분치 아니하다는 생각을 하여 오고 있었다. 그리하여 간간히 환경법 전공자 입장에서 보는 행정법 일반이론 관련 글들을 써오고 있었는데, 이 책은 당해 글들의 일부를 모아 놓은 것이다.

이 책의 내용들이 환경법이라는 우물 속에서 행정법이라는 하늘을 봄으로써 나타난 편협한 견해에 불과할 가능성이 적지 아니하고, 행정법 일반이론에 정통하신 선배 학자께서 보시기에 못마땅한 것일 수도 있을 것 같다. 그럼에도 불구하고 학계 경험도 일천하고 공부량도 절대 부족한 필자가 이 책을 펴내는 만용을 부리는 것은 필자가 근무하고 있는 충북대학교 법학전문대학원의 교재 출판 지원 사업에 기인한다. 지원을 받는 만큼 이 책자에 실린 각 논문들에 최신판례를 반영하는 등 추가적인 수정을 가할 필요가 있는 부분은 수정하였다.

이 책을 펴내는 데 있어서 많은 분의 도움을 받았다. 우선 이 책자가 나올 수 있도록 물심양면으로 지원하여 주신 충북대학교 법학전문대학원의 전·현직 원장님 이하 여러 동료 교수님들께 감사드리고자 한다. 중앙대학교 김성균 교수님은 이 책자에 실린 대부분의 글을 검토하는 수고를 하여 주셨다. 책 내용 중 세법 관련 내용이 다수 언급되어 있는 것도 김 교수님의 덕이다. 은사이시자 필자의 어려운 사정에 불구하고 유학의 길을 마련하여 주심으로서 오늘의 필자가 있도록 하여 주신 부산대학교 법학전문대학원 박배근 교수님 및 어려운 문제에 봉착할 때마다 적절한 조언을 하여 주시는 김남철 교수님께도 감사의 말씀을 드리고자 한다.

2013년 6월
충북대학교 연구실에서
이비안

참고문헌

1. 동양문헌

[문 헌]

강현중, 「민사소송법」, 박영사, 1997.

계희열, 「헌법학(상)」, 박영사, 2005.

김남진, 「행정법 I (제17판)」, 법문사,2013.

김동희, 「행정법 I (19판)」, 박영사, 2013.

김철수, 「헌법학신론」, 박영사, 2013.

김철용, 홍준형, 송석윤, 「위임입법의 한계에 관한 연구」, 헌법재판소, 1996.

박균성, 「행정법강의(제10판)」, 박영사, 2013.

______, 「행정법론(제12판)」, 박영사, 2013.

______, 함태성, 「환경법(제4판)」, 박영사, 2010.

박정훈, 「행정소송의 구조와 기능」, 박영사, 2006.

______, 「행정법의 체계와 방법론」, 박영사, 2005.

이창희, 「세법강의(제7판)」, 박영사, 2008.

장근호, 「주요국의 조세제도-미국편-」, 한국경제연구원, 2004.

정하중, 「행정법총론」, 법문사, 2002.

허 영, 「한국헌법론」, 박영사, 2013.

홍준형, 「행정구제법」, 오래, 2012.

환경부, 「환경영향평가법 해설」, 환경부, 2008.12.

淺野 直人, 「환경영향평가법 해설환경영향평가 제도와 법」, 信山社出版, 1998.

[논 문]

고영훈, "재량과 판단여지", 「과학기술법연구」, 9집 2호, 2003.12.

권형준, "입법재량론에 관한 연구", 「헌법학연구」, 제12권 제3호, 2006.

권종걸, "연방대법원 Massachusetts v. EPA 판결을 통해 본 미국 환경법 판례의 경향", 「영남법학」, 제30호, 2010.3.

김남진, "행정의 형성적 자유와 판단여지", 「법학논집: 김진웅교수회갑기념」, 제23집, 1985.

김남철, "건축허가의 법적성질에 관한 소고", 「공법학연구」, 제5권제2호, 2002.

김동희, "건축허가처분과 재량", 「행정판례연구」, 2000.

______, "무하자재량행사청구권", 「서울대학교법학」, 제31권 3,4호, 1990.

김민호, "법률유보의 한계와 위임입법", 「공법연구」, 제28집 제2호 제2권, 2000.

김종보, "건축허가에 존재하는 재량문제", 「행정법연구」, 제3호, 1998.

김중권, "민주적 법치국가에서 의회와 행정의 공관적 법정립에 따른 법제처의 역할에 관한 소고", 「행정판례연구 XII」, 2007.

고영훈, "재량과 판단여지", 「과학기술법연구」, 제9집 제2호, 2003.12.

박영하, "조례에 정한 준농림지역 내의 숙박시설 설치제한지역에 대한 시장의 지정·고시 유무가 건축허가 여부를 결정하는 요건인지 여부", 「국민과 사법:윤관 대법원장 퇴임기념」, 박영사, 1999.

박정훈, "불확정개념과 판단여지", 「행정작용법(중범 김동희교수 정년기념논문집)」, 박영사, 2005.

______, "취소소송 사유형론 -취소소송의 대상적격과 원고적격의 체계적 이해와 확대를 위한 시론", 「특별법연구」, 제6권, 2001.

______, "환경위해시설의 설치, 가동, 허가처분을 다투는 취소소송에서인근주민의 원고적격-독일법의 비판적 검토와 행정소송법 제12조의 해석을 중심으로-", 「판례실무연구」, 제4권, 2000.

______, "행정법의 구조변화로서의 참여와 협력 - 독일에서의 이론적 논의를 중심으로 -", 「공법연구」, 제30권 제5호, 2002.

배영길, "법률유보의 원칙", 「법학연구」, 제4호, 1992.

백윤기, "거부처분의 처분성인정요건으로서의 신청권", 「 」행정법연구 창간호, 1997.

______, "재량행위에 대한 통제", 「행정작용법(중범 김동희 교수 정년기념논문집)」, 박영사, 2005.

______, "항고소송의 대상이 되는 거부처분-처분성 인정요건으로서의 신청권에 대하여-", 「사법연구자료」, 제20집, 1993.

서원우, "법률의 유보이론의 새로운 동향", 「고시연구」, 1985.

석종현, "금융행정영역에서의 법률유보 및 위임입법 법리에 관한 고찰", 「토지공법연구」, 제17집, 2003.

______, "무하자재량행사청구권 등", 「고시연구」, 제17권 제1호, 1989.12.

성낙인·박정훈·이창희, "상속세 및 증여세의 완전포괄주의 도입방안에 관한 연구", 「서울대학교 법학」, 제44권 제4호, 2003.

은숭표, "법불명확성의 탈역설화 : 자연권적 인권에서 헌법상 기본권 및 법 시스템으로", 「공법학연구」, 제7권 제1호, 2006.

이광윤, "Chevron 판결의 파장과 행정국가", 「미국헌법연구」, 제6호, 1995.

이동식, "포괄주의과세에 대한 헌법적 쟁점", 사단법인 한국세법학회 제91차 정기학술회의 (2007.11.15) 발표자료.

이덕연, "서산시청 상대, 건축허가불허처분취소소송", 법률신문 2842호, 1999.12.

이병훈, "법률유보와 위임입법-입법국가의 변천과 동요", 「헌법학연구」, 제7권 제3호, 2001.

이영창, "환경소송에서 행정기관의 재량에 대한 사법심사의 방법과 한계", 「사법논집」, 제49집, 2009.

______, "지구온난화방지를 위한 법적 규제의 쟁점들", 환경법분야연구회 환경법 자료실 환경해외자료(등록일 2007.5.9.).

이준일, "헌법재판소가 이해하는 명확성원칙의 비판적재구성", 「헌법학연구」, 제7권 제1호, 2001.

이홍훈, "검사인용거부처분의 행정처분성 및 무하자재량행서청구권", 「재판실무연구」, 1999.1.

이회창, "조세법률주의-그 권리보장적 기능과 관련하여-", 「조세사건에 대한 제문제」, (재판자료 제60집, 1993.

정남철, "계획변경청구권의 법적문제:도시계획변경신청권의 예외적인정에 대한 비판적 고찰", 「토지공법연구」, 제48집, 2010.

정하중, "무하자재량행사청구권의 법리와 그 실무화", 「월간고시」, 제10권 제12호, 1993.11.

정 훈, "환경보호와 법치국가 원리의 충돌 : 독일의 판례와 학설을 중심으로", 「환경법연구」, 제25권 제2호, 2003.12.

조성규, "건축허가의 법적성질과 인인의 보호", 「법학연구」, 제23집, 2002.

조원경, 「불확정개념에 대한 사법심사 강도」, 서울대학교 석사학위논문, 2003.

조태제, "법률의 유보원칙-본질성 이론에 근거한 의회유보를 중심으로-", 「한양법학」, 제1집, 1999.

조해연, "건축허가와 환경문제", 「환경법의 제문제(하)」, 재판자료 제95집, 2002.

조헌수, "병역소집처분의 기속행위성", 「행정판례평석」, 박영사, 2011.

조홍식, "분산이익소송에서의 당사자적격-삼권분립과 당사자적격, 그리고 사실상의 손해의 함수관계" 「판례실무연구Ⅳ」, 박영사, 2000.

최강진, "법규범의 불확정성과 법해석", 「법학연구」, 제37권 제1호, 1996.

최송화, "행정재량의 절차적 통제", 「서울대학교 법학」, 1999.

한지형, "판례평석: Massachusetts v. EPA, 549 U.S 497 (2007), 「2011 환경소송의 제문제(이홍훈 대법관 퇴임기념」, 사법발전재단, 2011.

홍강훈, "기속행위와 재량행위 구별의 새로운 기준", 「공법연구」, 제40권 제4호, 2012.

홍정선, "불확정개념과 재량개념", 「이화여대 사회과학논」, 제7집, 1987.

______, "불확정개념과 판단여지", 「고시연구」, 1991.9.

홍준형, "행정법상 불확정개념과 판단여지의 한계-최근 독일에서의 판례 및 이론 동향을 중심으로-", 「행정논총」, 33권 제1호, 1995.

______, "행정입법에 대한 국회의 통제", 「공법연구」, 제32집 제5호, 2004.

2. 서양문헌

[문 헌]

Charles H. Koch, Jr, Administrative Law and Practice(2nd ed.), West Publishing Co. 1997.

Endicott, Timothy, Administrative Law, Oxford University Press, 2009.

H.U., Erichsen, Verwaltungsrecht und Verwaltungsgerichtsbarkeit, Ⅰ, 2. Auflage, 1984.

H.W. Rengeling, Vorbehalt und Bestimmtheit des Atomgesetses, NJW, 1978.

H.W.R. Wade, C.F. Forsyth, Administrative Law, Oxford University Press, 2009.

Klaus Schlaich, Das Bundesverfassungsgericht-Stellung, Verfahren, Entscheidungen, (정태호 역, 독일헌법재판론, 미리, 2001)

Kondrad Hesse, Grundzüge des Verfassungsrechts (계희열역, 통일독일헌법원론 제20판, 박영사, 2001).

Richardson, Nathan, "Greenhouse Gas Regulation Under the Clean Air Act: Does Chevron set the EPA Free?", 29 Stan. Envl. L. J. 283, 2010.

Richard J. Pierce, Jr. et al., Administrative Law and Process, Foundation Press, New York, 2004.

Scalia, Antonin, "The Rule of Law as a Law of Rules", University of Chicago Law Review(56-4), Fall 1989.

Stephen G. Breyer, et. al, Administrative Law and Regulatory Policy, Aspen Law & Business, 1998.

Ulich M. Gassner, Parlamentsvorbehalt und Bestimmtheitsgrundsatz, DÖV 1996, Heft 1

[논 문]

Allen James, NEPA Alternartives Analysis: the Evolving Exclusion of Remote and Speculative Alternatives, 25 J. Land Resources & Envtl.L.287, 2005.

Bartlett, Harvey, Is Nepa Substantive Review Extinct, or Merely Hibernating? Resurrecting NEPA Section 102(1), 13 Tul. Envtl.L.J. 411, 2000.

Jud Baker Shems, The Ninth Circuit's Differential Approach to Alternatives Analysis in NEPA Cases: Westlands Water Disctrict v. United States Department of Interior, 35 Envtl. L. 583, 2005.

Knapman Peter S. a Suggested Framework for Judicial Reveiw of Challenges to the Adequacy of an Environmental Impact Statement prepared Under the Hawaii Environmental Plicy Act, 18. U. Haw. L.Rev. 719, 1996.

McTigue James, Hammond v. Norton: Taking Action to Preserve the No Action Alternative, 17. Vill. Envtl. L.J. 459, 2006.

Leventhal, Environmental Decision-Making and the Role of the Courts, 122 U. PA.L. REV. 509, 1975.

T.B. James Tripp & Nathan G. Alley, Streamlining NEPA's Environmental Reveiw Process: Suggestions for Agency Reform, 12 N.Y.U. Envtl. L.J. 74, 2003.

Wittorff Kelly, a Call to Revitalize the Heart of Nepa: the Alternatives Analysis, 12. U.Fla. J. L. & Pub. Pol'y 361, 2001.

[미국판례]

Allen v. Wright, 468 U.S. 737, 1984.

Association of Data Processing Organization v. Camp, 397 U.S. 150, 1970.

Calvert Cliff's Coordinating Comm. v. U.S. Atomic Energy Comm'n 449 F.2d 1109 (D.C. Cir.1971).

Chevron U.S.A., Inc. v. Natural Resources Defense Council, Inc., 467 U.S. 837, 1984.

City of Sausalito v. O'Neill, 386 F.3d 11896, 1209-10 (9th Cir. 2004).

Coeur Alaska, Inc. v. Southeast Alaska Conservation Counsil, 486 F. 3d 638, 2007.

Entergy Corp. v. Riverkipper, Inc,, 129 S.Ct. 1498 (U.S. 2009).

Fairchild v. Hughes, 258 U. S. 126, 1922.

Federal Election Commission v. Akins, 524 U.S. 11, 1998.

Field v. Clark, 143 U.S. 649, 1892.

Flast v. Cohen, 392 U.S. 83, 1968.

Frothingham v. Mellon and Massachusetts v. Mellon, 262 U.S. 447, 1923.

Greater Yellowstone Coalition v. Flowers, 359 F.3d 1257 (10th Cir. 2004).

Hampon v. United States, 276 U.S. 394, 1976.

Hammond v. Norton, 370 F. Supp. 2d 226, 241 (D.D.C. 2005).

J. W. HAMPTON, JR. & CO. V. UNITED STATES, 276 U. S. 394, 1928.

Kuff v. United States Forest Service, 22 F.Supp. 2d 987 (W.D. A.1998).

Lujan v. Defenders of Wildlife, 504 U.S. 555, 1992.

Massachusetts v. Environmental Protection Agency 549 U.S. 497, 2007.

Natural Res. Def. Council, Inc. v. Hodel, 865 F.2d 288, 296 (D.C. Cir. 1988).

Natural Res. Def. Council v. Morton, 458 F.2d 827, 837 (D.C. Cir. 1972).

Nat. Wildlife Fed'n v. Federal Energy Reg. Comm'n, 912 F.2d 1471, 1485 (D.C.Cir.1990).

Rapanos v. United States, 547 U.S. 715, 2006.

Sierra Club v. Morton , 405 U.S. 727, 1972.

Simon v. Eastern Kentucky Welfare Right Organization, 426 U.S.26, 1976.

Tillamook County v. United States Army Corps of Eng'rs, 288 F.3d 1140, 1143 (9th Cir. 2002).

United States v. Mead Corp., 533 U.S. 218, 2001.

Vermont Yankee Nuclear Power Corp. v. National Resources Defense Council, Inc., 435 U.S. 519, 558, 1978.

Warth v. Seldin, 422 U.S. 490, 498, 1975.

Wayman v. Southard, 23 U. S. 1, 1825.

Westlands Water District v. United States Department of Interior, 376 F.3d 853 (9th Cir.2004).

[영국판례]

R v Environment Secretary, ex p Rose Theatre Trust[1990]1QB 504.

R v Foreign Secretary, ex p Rees-Mogg [1994] QB 552.

R v Foreign Secretary, ex p World Development Movement [1995] 1 WLR 386, 395.

R v HM Treasury, ex p Smedley[1985]1QB 657.

R v Home Secretary, ex p Ruddock [1987] 1 WLR 1482.

R v Inland Revenue Commissioners, ex p National Federation of Self-Employed and Small Businesses Ltd [1982] AC 617.

R v Inspectorate of Pollution, ex p Green Peace (No 2) [1994]2CMLR 548.

R v Social Security Secretary, ex p Chld Poverty Action Group [1990] 2QB540.

R (Hasan) v Trade and Industry Secretary [2007] EWHC 2630.

목 차

제1장 本質性理論의 觀點에서 본 不確定槪念의 效力 / 3

제2장 不確定槪念의 解釋과 環境法의 退步 / 39

제4장 利益衡量의 입장에서 바라본 행정법 : 裁量行爲 / 109

제5장 利益衡量의 입장에서 바라본 행정법 : 無瑕疵裁量行使請求權 및 申請權 / 141

제6장 利益衡量의 입장에서 바라본 행정법 : 公權 / 169

제8장 2007년 Massachusetts v. EPA 사건에 대한 고찰 및 우리 행정법에 대한 시사점 / 243

제9장 환경권과 기타 이익 사이의 적정한 이익형량 수단으로서의 環境影響評價制度 / 283

현대 행정법의 이해

Chapter 01

本質性理論의 觀點에서 본 不確定槪念의 效力 -稅法을 중심으로-[1)]

Ⅰ. 序 論

세법상 不確定槪念이 사용되는 경우를 대별하면, 법률에서 불확정개념을 사용하면서 구체적인 입법을 행정에게 위임하는 경우와, 법률에서 불확정개념을 사용하고 구체적인 내용을 행정에 입법위임하지도 아니하는 두 가지 경우로 나누어볼 수 있다. 前者의 경우가 위임입법의 한계 문제, 조세법률주의 상의 명확성의 원칙이 모두 문제되는 경우라면, 後者의 경우는 조세법률주의 상의 명확성의 원칙만이 문제시된다. 특히 후자의 경우는 2003년 상속세 및 증여세법을 개정하면서 도입된 포괄과세조항과 관련하여 논란이 적지 않은 상황이다.

헌법재판소는 전자와 관련하여 법률만으로도 행정입법의 대강의 내용을 豫測可能하여야 한다고 한다. 그러나 개별 사안을 보면 비슷한 정도의 모호성을 가지고 있는 불확정개념에 대하여 어느 경우는 대강의 내용이 예측가능하다는 이유로 합헌을, 다른 경우는 그렇지 아니하다는 이유로 위헌결정을 하고 있음을 발견할 수 있다. 개별사안에서 헌법재판관 사이에 대강의 예측가능성 여부와 관련하여 다수의견과 소수의견이 첨예하게 갈리고 있는 경우도 적지 아니하다. 그러나 헌법재판관 사이에도 의견이 구구한 불확정개념이라면 그 자체로 예측가능성이 없다고 보는 것이 정상일 것이다. 그러함에도 불구하고 대강의 예측가능성이 위임법률조항의 합헌 및 위헌의 기준이 되고 있는 현상에는 무엇인가 납득하기 어려운 면이 없지 아니하다. 불확정개념이 사용되고 있는 법률의 유효성을 대변하는 기타의 여러 견해, 예컨대 規律對象의 複雜性의 논증이나 平等權을 이용한 논증들도 그렇게 설득력이 있는 것 같지는 아니

1) 이 글은 중앙대학교 법학전문대학원 김성균 교수님과 공동으로 출간한 것이다.

하다. 필자들이 보기에는 위와 같은 문제는 비단 세법 내에서만 논의하여 해결될 문제는 아닌 것으로 생각된다. 이에 필자들은 독일의 사례를 미국의 경우와 비교하여 독일의 本質性理論이 갖는 문제점을 파악하는 과정에서 불확정개념의 유효성 여부에 대한 해결의 단초를 생각하여 보고자 한다. 그 결과 위임입법에 대한 과거의 엄격한 잣대를 완화하고 있는 듯이 보이는 헌법재판소의 최근 동향을 어떻게 해석하여야 하는지, 포괄과세조항의 효력에 대하여 어떻게 보아야 하는지 여부에 대한 나름의 견해를 제시하여 보고자 한다. 이에 우선 불확정개념과 관련한 헌법재판소의 결정 및 기존의 논의들에 검토해보고(Ⅱ), 독일 및 미국의 위임입법에 대한 논의과정을 간략히 살펴본 후(Ⅲ), 독일의 본질성이론이 갖는 문제점에 대하여 세법의 입장에서 살펴보고, 그를 바탕으로 불확정개념의 효력에 대한 필자들의 견해를 제시하여 보고자 한다(Ⅳ).

Ⅱ. 不確定槪念 관련 憲法裁判所의 결정에 대한 검토

세법에서 불확정개념이 사용되는 경우를 분류하여보면 ① 불확정개념을 사용하고 행정에게 그 구체화작업을 위임하는 경우 및 ② 행정에 구체화작업을 위임하지도 아니하면서 불확정개념을 사용하는 경우로 나누어 볼 수 있다. 그 중에서 많이 논의되는 것은 위 ①의 경우이지만, 최근 논의되는 상속세 및 증여세법 제2조 소정의 包括課稅問題는 위 ②에 해당하는 문제이다.

1. 法律이 不確定槪念의 구체화작업을 行政에 委任하는 경우

가. 헌법재판소의 결정 개관

헌법 제75조는 "대통령은 법률에서 구체적으로 범위를 정하여 위임받은 사항과 법률을 집행하기 위하여 필요한 사항에 한하여 대통령령을 발할 수 있다."고 규정하고 있다.

이때 “법률에서 구체적으로 범위를 정하여”라는 부분에 대하여 헌법재판소는 구체적인 위임의 범위는 규제하고자 하는 대상의 종류와 성격에 따라 달라지는 것이어서 일률적 기준을 정할 수는 없지만, 적어도 위임명령에 규정될 내용 및 범위의 기본사항이 구체적으로 규정되어 있어서 누구라도 당해 법률로부터 위임명령에 규정될 내용의 대강을 예측할 수 있어야 한다고 한다.[2] 위 판시 내용에 따르는 경우 법률만으로도 위임받은 시행령의 대강의 내용에 대한 예측이 가능할 정도로 법률에 상세한 위임규정을 두어야 하며, 법률만으로 대강의 내용에 대한 예측이 불가능하다면 그 자체로 당해 授權法律은 그 효력을 상실하게 된다.

이렇게 세법 등 수권법률에 사용된 불확정개념의 효력과 관련하여 다룰 수 있는 변수가 豫測可能性 하나 밖에 없다보니 예측가능성 인정여부가 주된 쟁점이 되지 않을 수 없었다. 헌법재판소의 판시 내용을 보면 多數意見와 少數意見이 예측가능여부에 대한 첨예한 다툼을 하고 있는 경우가 적지 않게 발견된다. 물론 헌법재판소는 예측가능성 여부의 판단기준과 관련하여 “… 예측가능성의 유무는 당해 위임조항 하나만을 가지고 판단할 것이 아니라 그 위임조항이 속한 법률의 全般的인 體系와 趣旨·目的, 당해 위임조항의 規定形式과 內容 및 關聯 法規를 유기적·체계적으로 종합 판단하여야 하며, 나아가 각 規制 對象의 性質에 따라 구체적·개별적으로 검토함을 요한다.”고 판시하여 일응의 기준을 제공하고 있기는 하지만,[3] 이러한 기준에 불구하고 예측가능성을 둘러

---

2) 헌법재판소 1991. 7. 8. 선고 91헌가4 결정, 헌법재판소 2001. 9. 27. 선고 2001헌가5 결정.

3) 대법원 2004. 7. 22. 선고 2003두7606판결, 헌법재판소 2002. 8. 23. 선고 2001두565 결정. 독일헌법재판소는 그 초창기에 기본법 80조 1항 2문의 “이 경우 위임된 권한의 내용, 목적 및 범위는 법률에 확정되어야 한다.”는 부분과 관련하여 “수권이 명확하지 않아서 수권규범이 어떤 경우에 어떤 방향으로 사용되고 또 수권을 근거로 발하는 법규명령이 어떤 내용을 지니게 될 것인지가 더 이상 예측될 수 없으면 필요한 제한이 결여된 것이다.”고 하면서 법률조항의 성격으로부터 위임의 목적을 포착해 낼 수 있는 정도로는 충분하지 않다고 하였다(BVerfGE 1, 14, 60). 이후 위 헌법재판소 결정과 유사한 결정(BVerfGE 7, 267)이 나올 때까지 문제가 된 위임입법의 절반 이상이 명확성원칙 위반으로 결정되었다고 한다(김철용·홍준형·송석윤, 「위임입법의 한계에 관한 연구」, 헌법재판소, 1996, 228~232면).

싼 다툼은 끊이지 않고 있다.

실제 사안을 보면 외견상 비슷해 보이는 정도의 불확정개념에 대하여 헌법재판소가 서로 다른 결론을 도출하는 경우가 적지 않게 발견된다. 예컨대, "현저히 높은 가액"이라는 불확정개념에 대하여 다수의견은 위헌의견이었으나 위헌의견이 6인에 미치지 못하여 합헌으로 결정된 반면,[4] "현저히 저렴한 대가로 대통령령이 정하는 이익"이라는 불확정개념은 위헌결정이,[5] "용도가 객관적으로 명확하지 아니한 것"이라는 불확정개념은 한정위헌 결정이[6] 된 바 있다. 그러나 위에서 예거한 각 불확정 개념이 왜 위와 같이 서로 다른 결론으로 귀착되어야 하는지에 대한 논리적 필연성은 찾을 수 없다.

그러나 예견가능하지 아니한 문구를 예견가능하다고 주장하는 것은 그 자체 모순이다. 오랫동안의 법조경력을 보유하고 있는 헌법재판관 사이에서도 예측가능성을 두고 다툼이 있을 정도의 개념이라면 당해 개념은 예견가능한 개념이라고 볼 수 없다. 더군다나 헌법재판관들 사이에서도 예측가능성의 존부에 대한 다툼이 있는 개념이 일반인들에게 예측가능한 개념임을 주장하는 것은 어불성설이다.[7]

그럼에도 불구하고 이러한 현상이 발생하는 이유는 헌법재판소가 특정한 개념을 사용하여야 할 "必要性"에 중점을 맞추고 있기 때문인 것으로 판단된다. 불확정 개념에 대한 헌법재판소의 구구한 결론은 결국은 판단자의 價値觀의 차이 때문일 가능성이 높다. 세법에서 自由權을 강조하는 사람들은 불확정개념의 효력을 최대한 억제하려고 한다. 반면, 公平의 관념에 철저한 쪽에서는

---

4) 헌법재판소 2001. 8. 30. 선고 99헌바90 결정.
5) 헌법재판소 1998. 4. 30. 선고 95헌바55 결정.
6) 헌법재판소 1994. 6. 30. 선고 93헌바9 결정.
7) 예측가능성을 어떤 자를 기준으로 하여야 할 것인지에 대한 논의도 있을 수 있을 것이다. 이에 대하여는 김철용 등, 전게서, 227면 참조. 참고로 헌법재판소는 "건전한 상식과 통상적인 법감정을 가진 사람"(헌법재판소 1998. 7. 16. 선고 97헌바23 결정), "통상의 판단능력을 가진 사람"(헌법재판소 1992. 2. 25. 선고 89헌가104 결정), "건전한 일반상식을 가진 자"(헌법재판소 1989. 12. 22. 선고 88헌가13 결정)를 명확성 판단의 기준으로 삼고 있다.

천차만별의 모든 경제적 상황을 법률이 명확하게 반영하는 것은 어렵고, 그 결과 불확정개념을 사용하지 아니하면 과세되어야 할 곳에 과세가 되지 않는 결과가 발생한다는 이유로 불확정개념의 사용필요성에 중점을 두어 불확정개념의 효력을 최대한 인정하려고 한다. 그러나 "必要性"에 대한 인식 정도가 "豫測可能性" 해당 여부를 좌우하는 현상은 필요성과 예측가능성이 어찌보면 서로 양립할 수 없는 것이라는 점을 감안하여 본다면 납득하기 어렵다. 그렇다면 중요한 것은 그 "필요성"이 무엇인지 및 왜 "필요성" 및 "예측가능성" 사이의 不整合을 아직까지도 유지하고 있는지 여부에 대한 문제를 근본부터 검토해 보아야 한다는 점이다.

나. 현재까지의 論議 및 그 批判

"대강의 예측가능성"이 주된 문제라면, 불확정의 정도가 비슷한 정도의 각 불확정개념에 대하여 어떤 개념에 대해서는 합헌결정을, 어떤 개념에 대해서는 위헌결정을 함으로써 합헌인지의 여부가 요동을 치는 그 자체가 법적안정성이나 예측가능성을 해치는 것이고 그에 따라 행정청에 행정입법의 권한을 폭넓게 주는 것이 법적안정성이나 예측가능성을 제고하는 방법이 될 것이라는 취지의 주장이 있다.[8] 즉, 예측불능성을 이유로 수권법률 자체를 무효선언할 것이 아니라 행정입법을 허용하도록 하고 法律의 優位의 측면에서 행정부의 행정입법이나 개별 행정행위를 사법심사하여 적법·유효성을 판단하는 것이 예측가능성 측면에서는 오히려 바람직하다는 것이다. 그러나 "법률에서 구체적으로 범위를 정하여 위임받은 사항과 법률을 집행하기 위하여 필요한 사항에 관하여 대통령령을 발할 수 있다."고 하는(헌법 제75조) 우리 헌법상으로는 위와 같은 주장은 채택되기 어렵다.

다른 한편, "規律對象의 複雜性", 즉, 입법기술상의 不可避性이 유효성의 다른 근거로 논의되고 있다.[9] 이는 本質的인 부분은 법률에 유보되어야 하지만, 규

---

8) 이창희, 「세법강의(제7판)」, 박영사, 2008, 23~32면.

9) 헌법재판소는 "현저히 높은 가액"이라는 불확정개념과 관련하여 "위 법률조항 중 현저히

율대상이 複雜하여 본질부분을 충분히 반영할 수 없는 경우 당해 수권법률을 무효로 할 수 없다는 것이다. 규율대상의 복잡이란 기술적인 측면에서의 문제를 말하는데 기술적인 측면이란 공학적 입장에서의 기술을 말할 수도 있지만 공학적 입장에서의 기술이 아닌 순수한 입법기술 상에서의 문제도 포함되고 있는 듯하다. 그러나 이후에 살펴보듯 本質性이 基本權關聯性으로 대표된다면 복잡성이 기본권을 대체할 수는 없는 노릇이다. 행정이 점점 더 복잡다기하여지는 현재, 복잡다기하다는 이유만으로 법률유보를 포기한다는 것은 본질성의 내용을 기본권관련성으로 해석하는 한 自家撞着이다. 그럼에도 불구하고 수권법률에 사용된 불확정개념의 필요성을 규율대상의 복잡성으로서 정당화하고자 한다면 이는 수권법률의 유효성에 대한 물음에 대하여 必要하므로 有效하다고 말하는 것에 지나지 않는다.

다른 한 방안인 수권법률의 유효성을 平等의 문제로 해결하려고 하는 입장에 대하여 살펴보자. 이러한 입장은 헌법재판소의 결정에서도 찾아 볼 수 있다.[10] 이미 특정한 불확정개념을 두고 어떤 헌법재판관은 예측가능성이 있다고 하고, 어떤 헌법재판관은 예측가능성이 없다고 주장하는 이면에서 자유권

높은 가액 부분과 같은 불확정개념이 과세요건 명확주의의 원칙에 반하여 허용될 수 없는 것인가 여부는 일률적으로 판단할 수 없고 개별적인 경우에 과세요건 명확주의의 이념과 조세법의 성질에 따른 불확정개념 사용의 불가피성을 비교형량하여 판단하여야 한다."고 하고 있다(헌법재판소 2001. 8. 30. 선고 99헌바90 결정). 또한, "손금불산입에 해당하는 '가지급금 등'의 범위를 어떻게 정할 것인가는 금융시장 및 실물경제의 상황 등 국가의 경제사정이나 국가의 기업정책 등 여러 가지 경제상황의 변화에 따라 달라져야 할 성질의 것이므로, 이에 관한 세부적인 사항은 국회 제정의 법률에 비하여 보다 탄력적인 행정입법에 위임할 필요성이 인정된다."고 하고(헌법재판소 2007. 1. 17. 선고 2005헌바75 결정), "저당권이 설정된 상속재산에 대한 가액 평가를 대통령령에 위임한 것은…실질과세의 원칙을 최대한 관철하려고 하는 것으로써, 그 필요성과 합리성을 충분히 인정할 수 있으며 대통령령에 정해질 내용의 대강을 예측할 수 있도록 위임되었다 할 것"이라고 한다(헌법재판소 2004. 8.26. 선고 2003헌바26 결정).

10) 헌법재판소 2006. 6.29. 선고 2004헌바8 결정. "무릇 법 운영에 있어서 객관적인 자의성을 주는 것은 법치주의 원리에 반하는 것이고 결국 법의 집행을 받는 자에 대한 헌법 제11조의 평등권 침해가 되는 것이다."라고 하여 평등의 원칙을 명확성의 원칙에 직접 결부하고 있는 듯한 표현으로서는 헌법재판소 1990. 4. 2. 선고 89헌가113 결정 참고.

과 평등권 중에서 어떤 측면에 더 우선순위를 둘 것인지에 대한 價値觀의 對立을 살펴 볼 수 있었다. 학계에서도 예측가능성으로 대표되는 법적안정성 내지 자유권의 문제도 중요하지만, 평등권 역시 보호되어야 할 기본권이라는 점을 포괄적과세조항의 한 존재근거로 주장하는 견해가 종종 발견된다.[11] 그러나 불확정개념의 존재 근거로서 평등권을 단순히 나열하는 것만으로는 자유권과 평등권에 대한 가치관의 대척점에서 "나는 어느 쪽이다."라고 말하는 것 이상의 어떤 의미도 가지지 못한다. 만약 불확정개념과 관련하여 평등권의 중요성을 말하고자 한다면 그 즉시 "담세력에 상응한 平等課稅와 납세자의 개별적 상황에 맞게 차등을 둔 公平한 課稅는 바로 租稅正義의 실현이고 이러한 조세정의가 法官의 공정한 價値判斷에 의하여 현실화되는 것이다. 다만, 진실의 열매가 저 너머에 보이더라도 개인의 基本權保障이라는 담장을 짓밟고 넘어가야만 따올 수 있는 것이라면 차라리 그 열매를 포기하려는 것이 適法節次主義의 기본정신이고 이것은 租稅法律主義의 기본정신과도 상통하는 것이다. 조세공평의 추구를 조세법률주의의 權利保障的 機能을 다치지 않는 範圍 내에서 허용하려는 것은 조세공평의 원칙을 경시해서가 아니라 그 濫用을 豫防하기 위해서인 것이다."[12]라는 입장에 의한 비판을 면할 수 없기 때문이다. 결국 평등권이 포괄적과세조항의 유효성의 근거가 될 수 있다는 주장만으로 해결될 수 있는 것은 아무 것도 없다. 불확정개념으로부터 절대적으로 보호되어야 할 自由權, 財産權을 찾을 수 없다면 절대적으로 보호되어야 할 平等權을 찾을 수 없는 것도 마찬가지이다.

---

11) 이동식, "포괄주의과세에 대한 헌법적 쟁점", 사단법인 한국세법학회 제91차 정기학술회의(2007. 11. 15) 발표자료.

12) 이회창, "조세법률주의 -그 권리보장적 기능과 관련하여-", 「조세사건에 대한 제문제(재판자료 제60집)」, 법원행정처, 1993, 22면.

2. 法律이 不確定槪念의 具體化作業을 行政에 委任하지 아니하는 경우

가. 包括課稅條項 및 그 運用

세법 중 불확정개념과 관련한 가장 대표적인 사례가 상속세 및 증여세법의 포괄적 증여조항이다. 동법은 “타인의 증여(증여자의 사망으로 인하여 효력이 발생하는 증여를 제외한다. 이하 같다)로 인하여 증여일 현재 다음 각 호의 어느 하나에 해당하는 증여재산이 있는 경우에는 그 증여재산에 대하여 이 법이 정하는 바에 의하여 증여세를 부과한다.”(제2조 제1항)고 하면서, 이때 “증여”에 대하여 “그 행위 또는 거래의 명칭·형식·목적 등에 불구하고 경제적 가치를 계산할 수 있는 유형·무형의 재산을 타인에게 직접 또는 간접적인 방법에 의하여 무상으로 이전(현저히 저렴한 대가로 이전하는 경우를 포함한다)하는 것 또는 기여에 의하여 타인의 재산가치를 증가시키는 것을 말한다.”(동조 제3항)고 규정하고 있다.

위 문언 중 “경제적가치를 계산할 수 있는”, “현저히 저렴한 대가”, “간접”, “기여” 등은 일응 그 의미가 명확하지 아니한 개념으로 볼 수 있는 용어들이다. 그런데도 법률 자체에 위 각 용어와 관련된 어떤 정의규정도 찾아 볼 수 없다. 한가지 더 문제가 있다면 위 조항은 불확정개념으로 점철된 위 조항을 구체화하는 작업을 행정부에 위임하지도 않고 있다는 점이다. 일응 명확성과는 거리가 있어 보이는 위 법률조항만을 가지고 과세하는 것이 가능할까? 이러한 의문에 대한 충분한 답이 없어서인지 실무상 위 조항 만에 의하여 과세된 사례를 찾아 볼 수 없는 상황이다.

나. 현재까지의 論議 및 그 批判

위 조항과 관련하여 일부론자들은 제2조 제3항에 의하여 “부의 무상 이전행위” 일체는 과세된다는 생각을 할 수 있고, 그러한 생각에 입각하여 보면 위 각 불확정개념의 의미가 명확한 것으로 볼 수 있으므로 별도로 정의를 내려야 할 필요성이 없다고 해석하고 있다. 이러한 주장이 나오는 이유는 불확정개념에 대한 구체화작업을 행정에게 위임하는 경우에는 "대강의 예측가능성"이 문제될 뿐이지만, 위임규정도 두지 아니한 경우에는 불확정개념이 그 스스로 명확하다고 주장하는 이외에는 달리 방법이 없기 때문일 것이다. 하지만 그러한 주장이 얼마나 설득력이 있는 것인지는 의문이 아닐 수 없다. 필자들이 보기에는 이러한 논증은 충분한 것으로 보이지 아니한다. 다른 한편 위 1.(2)에서 살펴 본 "규율대상의 복잡성"이나 "평등권"을 이용한 논증이 주장될 수도 있겠지만, 그에 대한 문제점에 대해서는 이미 살펴 본 바 있다.

Ⅲ. 美國과 獨逸의 사례 검토

1. 美 國

가. 授權法律의 效力

(1) 立法權非委任原則과 그 實際

미국헌법의 제정자들은 권력분립원리에 따라 모든 규범제정권을 의회에 귀속시키고 정부는 단지 그 집행권만을 가지는 엄격한 권력분립제도를 채택하였다.[13] 그 결과 행정부에 법규제정권을 위임하는 것은 원칙적으로 금지되었고 연방대법원도 위임입법금지의 원칙을 천명해 왔다.

그러나 1825년 Waymann v. Southard 판결[14]에서 마샬대법관은 "의회가 그 자신이 적법하게 행사할 수 있는 권력을 타인에게 위임할 수 있다는 것은 확실하다.", 입법권비위임의 원칙은 "소멸중(moribund)"이라고 지적하고,[15] 오늘

---

13) 김철용 등, 전게서, 234면.
14) Waymann v. Southard, 23 U.S. (10 Wheat.), 1ff.
15) 김철용 등, 전게서, 237면에서 재인용.

날 의회는 최고의 입법권을 보유하지만 배타적인 입법권을 보유하는 것은 아니라는 사실이 일반적으로 인정되고 있다고 하였다.[16] 동시에 이 판결은 중요한 사항(important subjects)은 의회가 결정하고 덜 중요한 사항(subjects of less interests)은 입법권자에 의해 일반적 조항이 정해지면 그것을 근거로 세부적인 사항을 보충할 수 있다는 '세부사항 보충의 원칙'을 확립하였다.

1892년 Field v. Clark판결[17]에서 연방대법원은 입법부의 입법위임권을 부정하는 것은 "정부의 바퀴를 멈추게 하는 것"이고, "현명하고 유용한 입법이 의존해야만 하는 많은 사항들이 있는데 이들은 입법권이 잘 알 수 없는 것이어서 의사당 바깥에서 청문과 결정을 거쳐 처리되어야 한다."고 함으로써 위임입법이 가능하다는 점을 다시 한번 천명하였다.[18]

1928년 Hampton v. United States 판결[19]에서 연방대법원은 의회가 입법권을 포기하고 대통령이나 사법부에 그 권력을 이양하는 것은 금지되지만, 권력사이의 협력이 필요하고 그렇게 함으로써 각 권력은 각각의 업무를 잘 이행할 수 있다고 판시하였다. 어느 범위까지 협력할 수 있는가에 대하여 연방대법원은 건건한 이성과 사물의 본성 가운데 있는 필요성에 따라 결정되어야 한다고 하면서, 입법자가 행정부가 따라야 할 "明瞭한 原則(intelligible principal)"을 제시하고 있는 한 입법권의 허용할 수 없는 위임은 없다고 하였다.

이상의 논의는 결국 의회가 법률 속에 자신의 의지를 담아 위임한다면 이는 입법권의 위임이 아니라 의회의 의지의 집행에 지나지 않는다는 것임을 전제로 하는 것이다. 그 결과 미국 연방대법원의 시각은 "어떤 경우이든 법원의 유일한 관심사는 의회의 의지가 준수되었는지 여부를 확인하는데 있다. 이는 행정공무원이 발견해야 할 사실이나 조건들에 대한 정의가 광범위한 것인지가 아니라 그 정의 규정이 행정공무원이 입법부의 의지에 순응하여 그 한계를

---

16) 참고로 헌법재판소는 오늘날의 의회가 "입법독점주의에서 입법중심주의로 전환"하였다는 표현을 사용하고 있다(헌법재판소 2006. 12. 28. 선고 2005헌바59 결정).
17) Field v. Clark, 143 U.S. 649.
18) 김철용 등, 전게서, 240면에서 재인용.
19) Hampon v. United States, 276 U.S. 394.

준수했는지 여부를 알 수 있을 만큼 그의 활동범위의 한계를 충분히 설정하고 있는지에 따라 좌우된다."로 요약될 수 있다.[20)]

그러나 이러한 경향은 일관되어 오고 있는 것은 아니며, 뉴딜시대의 Panama Refining 사건[21)], Schechter Poultry Co.사건[22)] 등에서 제동이 걸리곤 했다. 특히 1970년대 이후에도 부과금의 액수를 "정부에게 발생한 직접·간접의 경비, 수혜자에게 발생한 가치, 공공정책 또는 그 밖의 혜택을 받은 이해관계, 그리고 기타의 적합한 사실에 따라" 산정하도록 규정한 독립기관특별회계법(Independent Offices Appropriation Act)이 행정기관에게 경합하는 가치들 가운데 자유로운 선택권을 부여했기 때문에 위헌이라고 판시되기도 하였다.[23)]

그러나 전반적으로는 수권법률 그 자체의 효력을 입법권비위임원칙에 따라 부인하고 있는 경우는 많지 않고, 租稅事件에 있어서도 연방대법원은 "의회가 조세부과에 관한 재량적권한을 행정부에게 위임하는 경우 다른 경우와 상이하고 보다 엄격한 비위임원칙이 적용되어야 한다는 결론을 내릴 근거가 나온다고는 생각하지 않는다."고 판시한 바 있다.[24)]

(2) 授權 基準으로서의 "明瞭한 原則"

연방대법원은 Waymann 판결에서 "중요한 사항에 대하여는 직접 결정을 내리고, 기타의 부분에 대해서는 위임할 수 있다."는 기준을 제시하였으나, Hampton 판결 이후 의회가 수권의 목적과 내용을 명확히 규정함으로써 행정부가 이를 따를 수 있도록 해야 한다는 고려하에 "明瞭한 原則"을 授權 基準으로 제시하였다. 그러나 무엇이 "명료한 원칙"인지에 대해서는 Krislov가 "역사적으로 법원은 진정한 단서를 발견하지 못한 채 의회의 지침들이 전혀 구속력을 가지

---

20) Yakus v. United States, 321 U.S. 414, 425~26, 64 S.Ct. 667~68 (1944).

21) Panama Refining Co. v. Ryan, 293 U.S. 388, 55 S.Ct. 241, 79, L.Ed. 446(1935).

22) Schechter Poultry Co. v. United States, 295 U.S. 495, 55 S.Ct. 837, 79 L.Ed 1570(1935).

23) National Cable Television Association, Inc. v. United States, 415 U.S. 336, 342, 94 S.Ct. 1146. 김철용 등, 전게서, 251~2면에서 재인용.

24) Skinner v. Mid-American Pipeline Co., 490 U.S. 212, 109 S.Ct 1726 L.Ed. 2d 250(1989). 김철용 등, 전게서, 254면에서 재인용.

지 않는 것으로 생각되는 경우에도 이들 지침의 합헌성을 인정해 왔다. 대부분의 판결에서 이점을 지적하고 있으며, 공익(the public interest)을 의회의 위임에 대한 충분히 명료한 원칙으로서 인정한 판례들을 최선의 증거로서 인용하고 있다."고 서술하고 있는 것처럼[25] 구체적인 내용을 찾아보기 힘든 것이었다. 실제의 사례를 보면 수권법률에 사용된 "정당하고 합리적인 기준", "공공의 편의와 필요", "공공의 이익" 등의 기준에 대하여 그 의미의 모호성, 불명확성에 불구하고 수권법률 자체를 위헌으로 보지 아니하였다. 그에 따라 명료한 원칙을 제시하였다고 볼 수 있는지 여부는 결국 거의 전적으로 법원의 재량적 판단에 맡겨져 있는 것이나 다름없게 되었다.

한편 명확성에 대해서도 "사법심사와 국민에 의한 통제를 가능케 할 명확성(definite and precise)이 위임입법의 기준을 통하여 확보되었는지 여부가 위임입법의 한계를 판단하는 관건이 된다."는 판결이 있고, 그러한 판결이 종종 수권법률을 무효화하는 근거로 사용되기는 하였지만,[26] 그에 불구하고 대부분의 경우에 있어 수권법률의 효력을 부인하지 아니하는 경우가 대부분인 상황이다.

요컨대 미국에서의 위임입법의 한계는 입법권자 스스로 수권의 목적, 수단 또는 정도를 결정해야 한다는 명제로 표현될 수 있으나, 이러한 요구는 연방대법원에 의해 사실상 관철되지 못하고 있다.[27] 미국에서는 법률유보의 원칙이란 없다는 표현은 이러한 측면에서 일응 수긍될 수 있는 것이다.[28]

나. 委任立法 및 기타 裁量權 行使에 대한 統制

이에 따라 수권법률의 효력 그 자체보다는 행정입법 또는 법률이나 행정입법에 근거한 행정의 행위 자체에 대한 적법성에 대한 검토가 더 많이 이루어

25) Samuel Krislov, "The New Separation and Delegation of Powers Doctrine." In Handbook of Regulation and Administrative Law, 1994, 60. (김철용 등, 전게서, 262~263면에서 재인용).
26) Yakus v. U.S. 321 U.S.414, 425, 64, S.Ct. 668(1944).
27) 김철용 등, 전게서, 264면.
28) 이창희, 전게서, 29면.

지고 있는 것이 실정이다. 이는 의회가 법률 속에 자신의 의지를 담아 위임하는 것은 立法權의 위임이 아니라 의회의 意思의 執行을 위임한 것으로 보기 때문에 수권법률에서 표현된 입법부의 의사를 행정이 충실히 집행하고 있는가가 사법적 심사의 대상이 될 수 있다고 보기 때문이기도 하다.

이와 관련하여 주목할 만한 판결인 Chevron 사건[29]에서 연방대법원은 다음과 같이 판시하고 있다. ① 의회가 법률을 제정하는 과정에서 정책에 관한 논쟁에 대하여 스스로 결정을 내리고 이를 법규에 명시적으로 규정하였을 때에는 법원이나 행정청의 임무는 의회가 규정한 법을 발견·적용하는 것이고, 법원은 행정청의 해석과 관계없이 법규의 명확한 의미를 판단할 수 있으며, 행정의 해석을 위법한 것으로 취소할 수 있다. ② 집단적, 일반적 의사형성에 내재하는 문제 때문에 의회가 그 법률 하에서 나중에 제기될 정책적 분쟁을 해결하지 않음으로써 법률이 쟁점사항에 대하여 규정하고 있는 바가 없거나 불명확한 경우에는 그 해석권한 및 정책해결권한은 행정청에 위임되는 것이며, 행정청의 해석이 자의적이거나 변칙적이거나 법률에 명백히 반하지 않는 한 법원은 이에 따라야 한다.[30]

이는 결국 의회의 의사가 명확하게 해석되는 경우에는 그 해석에서 벗어나지 아니하였는지만을 검토하면 되고, 의회의 의사가 일정한 범주 내에서 재량권을 인정하고 있는 것으로 판단되는 경우에는 의회가 의사하고 있는 범주를 벗어난 것인지 여부만을 판단하면 된다는 것이다.

대체적으로 미국연방대법원은 법원의 적극적 대체적 판단을 자제하며 제한된 범위 내에서 재량남용만을 판단하는 소극적 자세를 보이고 있는 반면, 순회재판소는 적극적 태도를 취하고 있다. 그 대표적인 경우가 이른바 현대 행정에서의 고도의 기술적, 과학적 사실, 미래예측에 관한 불확정한 사실 등에 대한 판단과 관련된 것이다. 이에 대하여 연방대법원은 이러한 문제에 대한 해결권한은 의회에 의해 행정청에 부여되는 것이고 불확실한 상황과 기술적

29) Chevron U.S.A. Inc. v. NRDC, 467 U.S. 837, 842f (1984).
30) 조원경, 「불확정개념에 대한 사법심사 강도」, 서울대학교 석사학위청구논문, 2003, 75면.

인 상황을 고려 분석하여 적절한 판단을 하는 것은 사법보다 행정이 더 기능적으로 잘 수행할 수 있다는 기본적 입장을 취하고 있다고 한다.[31] 그러나 이에 대하여 ① 사법도 전문 감정을 통해 미래사실에 대한 예측을 수행할 수 있고, ② 통제에 의한 권력분립원칙 및 국민의 권리보호도 지켜져야 할 헌법적 원리이며, ③ 실질적 증거심사 자체가 법원이 증거를 가치 평가하여 사실을 새롭게 판단하는 것이 아니라 행정의 판단의 적절성 여부만을 검토하는 것이므로 예측 불가능한 사실에 관하여도 구별 없이 실질적 증거심사가 이루어져야 한다는 비판적 견해들이 있고, 순회법원 역시 사법적극적인 태도를 취하고 있다.[32]

특기할만한 것은 미국의 경우 재량통제의 과정에서 적법절차에 의한 통제가 주요한 통제수단이 되고 있다는 것이다. 법원에 의한 절차적 통제의 가장 중요한 법원은 행정절차법(Administrative Procedure Act: APA)[33]이다. 즉, Overton Park 판결[34] 이후 적절한 절차가 이용되고, 규칙이 권한 내의 것이고 헌법적 제한에 따른 것인지, 적절한 내용이 고려되었는지, 행정기관의 사실적 결론이 규칙제정기록에 의해서 지지되고 있는지, 그것이 논증과 정책결정의 질서있는 과정을 거쳤는지를 심사의 대상으로 한다. 법원은 행정기관이 정책선택을 적절히 했는가와 왜 다른 가능한 대안들을 거부했는가를 설명할 것을 요구하고, 규칙의 합리성을 증명할 입증책임을 부담하도록 하고 있다. 이러한 과정은 실체적인 법적 자료들을 축적하도록 하며, 법원의 판사들로 하여금 과학, 기술, 경제적 문제를 포함한 방대한 행정입법제정기록을 검토하도록 하고, 행정기관에 대해서는 완벽한 기록을 갖추어 놓고 행정입법의 합리성을 정당화하여야 의무를 부과하게 되었다고 한다.[35]

---

31) 조원경, 상게논문, 81면.
32) 조원경, 상게논문, 82면.
33) Administrative Procedure Act (5 U.S.C. Subchapter Ⅱ).
34) Citizens to Preserve Overton Park v. Volpe, 401 U.S. 402 (1971).
35) 이병훈, “법률유보와 위임입법-입법국가의 변천과 동요”, 「헌법학연구」, 제7권 제3호, 2001, 95~6면. 다른 하나의 통제수단은 의회에 의한 행정입법의 통제이다. 이에 대한 상세한 내용은 상게논문, 93~4면.

다. 소 결 론

미국에서는 "明瞭한 原則"을 授權의 基準으로 삼고 있기는 하나 그 내용에 대한 합의된 기준을 찾아보기 어렵다. 또한 사법심사에 의한 통제를 가능케 할 明確性(definite and precise)이 확보되어야 한다는 판결은 있지만 실제 사례에서 명확성이 어떤 것인지에 대한 합의된 정의를 찾기 어렵고, 명확하지 아니한 것처럼 보이는 많은 개념들에 대하여 위헌을 선언하지 아니하고 있다. 그 결과 수권법률 자체의 효력을 부인하는 경우는 찾아보기 어려운 것이 현실이다. 그에 따라 授權法律의 유무효는 사법부에서 개별 건에 즉응하여 상황에 따라 달리 판단되고 있어 명료한 원칙 내지 명확성의 요구는 사실상 큰 의미가 없어진 상황이다.

이렇게 (수권)법률의 효력 자체를 부인하는 경우를 찾아보기 어려운 반면 행정입법 및 개별 행정행위에 대한 통제의 필요성이 증대하는바, 미국은 전반적으로 행정청의 행정입법 및 개별 행정행위에 대하여 비교적 넓게 사법적 통제를 가하고 있고, 사법의 통제 과정에서 특히 절차적인 측면을 중시하는 경향을 보인다.

2. 獨 逸

가. 授權法律의 效力

(1) 本質性理論

독일 기본법 제80조 제1항은 "연방정부, 연방장관 또는 지방정부는 법률에 의하여 법규명령을 제정할 권한을 위임받을 수 있다. 이 경우 위임된 권한의 內容, 目的 및 範圍는 법률에 확정되어야 한다(이하 생략)."고 규정하고 있다. 이 조항은 위임입법에 내용적인 한계를 두지 않아 국가사회주의자들의 득세를 허용했다는 인식에 따라 기본법 제정 당시에 도입된 것이다. 어떤 면에서 이는 민주적 정당성이 결여되었던 행정부로부터 국민의 자유와 재산을 방어하려는 관점에서 형성된 고전적 법률유보론이 전후에도 여전히 계승되고 있는 것이라고 볼 수 있다. 그러나 의회뿐 아니라 행정부 역시 민주적 정당성을 확보하고 있는 현대에 있어 군주를 비롯한 행정부로부터의 자유라는 의미에서의 법률유보는 그 의미가 퇴색한 것이 사실이다. 반면, ① 급부행정, 환경행정 등을 통한 국가를 통한 생존권의 확보가 필요하게 되었다는 점, ② 국민에게 영향을 미치는 행정입법이 폭증하고 있었음에도 불구하고 고전적 법률유보론으로는 그에 대한 효율적인 통제가 불가능하였다는 점, ③ 비록 행정부가 민주적 정당성을 보유하고 있기는 하지만 입법에 비하여 행정입법이나 행정행위의 절차가 상대적으로 비공개적인 성향이 있다는 점[36] 등을 볼 때 행정을 통제하여야 할 필요성은 여전하였다. 그에 따라 자유나 재산만을 지킨다는 생각에서 벗어나 행정전반을 통제할 주체로서의 의회의 역할에 주목하여 종래의 법률유보를 국가기관간의 權力配分原理로 재해석하고자 하는 움직임이 발생하게 되었다.[37]

그 대표적 이론이 이른바 독일 연방헌법재판소의 결정으로부터 비롯된 本質性 理論이다. 1970년대 이후 독일연방헌법재판소 및 연방행정재판소는 "입법자는 本質的 問題를 자기 스스로 결정하든가 아니면 엄격한 수권에 의해 행정부의 결정을 미리 Program하지 않으면 안된다.", "本質的 내용은 立法者에게 留保되어 있다."고 판시하였다. 특히 1975년 연방헌법재판소는 다음과 같이 본질성 이론을 표현하고 있다.

"19세기 입헌주의적·시민자유주의적 국가관에 의해 특색지워졌던 공식 즉, 自由 및 財産에의 侵害가 문제로 된 경우에 한하여 법률유보가 필요한 것이라는 공식은 오늘날의 헌법해석에 부응하지 못한다. … 의회민주주의적 국가제도의 틀 안에서는 시민에게 직접 관계되는 모든 原則的 問題의 결정은 法律에 의해 내려지지 않으면 안된다. … 자유롭게 생존하기 위해서는 급부 및 기회를 개인에게 수여 제공하는 국가행위는 점점 침해의 중지에 못지 않게 중대한 것이다."[38]

---

36) 김철용 등, 전게서, 208~9면.
37) 그러한 의미에서 본질성이론을 議會留保論으로 부르기도 한다.
38) BVerfGE 40, 237, 배영길, "법률유보의 원칙", 「법학연구」, 제4호, 1992, 238~240면에서 재인용.

그러나 문제는 의회유보의 기준이 되는 본질성이 무엇이냐는 점이 명확하지 아니하다는 점이다.[39] 독일 연방헌법재판소는 "어떤 조치가 본질적인 것이고 의회자신에 유보되어야 할 것인가 또는 내용상 확정된 의회의 수권에 기초하여 발하여지기만 하면 될 것인가 하는 문제는 우선 일반적으로는 基本權을 표준으로 한다. … 대개의 기본권조항은 법률에 의해 또는 법률에 기초하여서만 侵害가 허용된다고 정하고 있다. … 그러나 侵害와 給付 사이에 있어서의 구별은 불가하다. 따라서 기본권상 중요한 영역에 있어서의 본질적이란 것은 통상 基本權 實現에 있어서 本質的인 것을 의미한다."라고 하고 있지만,[40] 본질적 요소의 지표나 비본질적 요소의 지표를 사전적으로 구체화하는 것은 거의 불가능한 것으로 보인다. 이점은 美國에 있어 "明瞭한 原則"에 대한 기준을 찾기 힘든 것이나 마찬가지 현상이라고 할 수 있을 것이다.

(2) 本質性理論과 明確性의 관계

"이 경우 위임된 권한의 내용, 목적 및 범위는 법률에 확정되어야 한다."는 기본법 80조 1항 2문은 본질성 이론이 대두되기 전까지 수권의 내용, 목적 그리고 범위가 법률에 明確하게 규정되어야 하는 것으로 해석되어 왔다. 本質性理論이 이러한 해석에 어떠한 영향을 미치는가에 대한 견해는 둘로 나누어져 있다.

우선 규율밀도의 측면에서 어떤 사항이 본질적이면 본질적일수록 입법자의 입법도 그 만큼 더 명확하지 않으면 안 된다는 점에서 명확성도 相對化된다는 견해가 있다. 즉, 본질성 이론의 입장에서 볼 때는 위임금지의 문제나 수권의

---

39) Eisenberger는 ① 객관적중요성, ② 사인의 기본권적 지위에 대한 규율의 강도, ③ 이해관계인의 범위, ④ 민주적 의사형성과정이라는 관점에서 본 정치적 중요성, ⑤ 연방제의 관점에서 본 정치적 중요성, ⑥ 국가 및 사인에 대한 정치적 중요성, ⑦ 조직관리상의 중요성을 본질성의 구분지표로 들고 있고, 오센뷜은 법률의 유보에 복종하지 아니하는 사항 즉 의회가 법률로서 정하기 부적당한 사항으로서 ① 법률의 제정에 성숙성을 결여하는 사항, ② 법률에 의한 규율에 친하지 아니한 사항, ③ 인격적으로 특색지워진 관계 등을 나열하고 있다고 한다(배영길, 전게논문, 240~246면).

40) BVerfGE 47, 46(79), 배영길, 전게논문, 240면에서 재인용.

명확성 문제는 "순수히 量的인 차이"에 지나지 않은 것으로 되며,[41] 이러한 점에서 본질성론은 立法에 대한 比例原則의 適用이라고 볼 수 있다는 것이다.[42] 위와 같은 견해는 결국 본질성의 요청과 명확성의 요청은 일치하며 相互依存한다는 것을 말한다.[43] 이러한 견해의 근저에는 기본법 80조 1항 2문이 제시하는 내용, 목적, 범위라는 개념이 실질적 명확성의 기준 그 自體를 제시하는 것이 아니라 명확성의 기준에 대한 觀點을 제시하는 것에 불과하다는 시각에 기인하고 있는 면이 있다.[44] 즉, 위임입법의 명확성은 종합적으로 판단될 수 있을 뿐이며 위의 세 가지 개념은 각기 명확성 문제의 다양한 측면 부분들을 표현하고 있을 뿐이라는 것이다.[45]

그러나 그러한 해석에 대하여 法的安定性의 측면에서 강하게 반대하는 견해도 있다. 이 견해는 위와 같은 견해를 "기본법 80조 1항이 내용, 목적 및 범위

---

41) H.W. Rengeling, "Vorbehalt und Bestimmtheit des Atomgesetses", NJW, 1978, S. 2218.(배영길, 전게논문 249에서 재인용), 우리 헌법재판소는 조세법규에 의해 규율하고자 하는 일반적인 경제거래처럼 규율대상이 사실상 매우 다양하고 경제여건의 변화에 따른 정책적 필요성 등에 따라 수시로 변해야 할 필요성이 강한 경우에는 위임의 구체성, 명확성 요구가 상대적으로 약화되어진다고 한다(헌법재판소 1994. 7. 29.선고 92헌바49, 52 결정, 헌법재판소 2005. 4. 28. 선고 2003헌가23 결정, 헌법재판소 2006. 2. 23. 선고 2004헌바100결정).

42) 서원우, "법률의 유보이론의 새로운 동향", 「고시연구」(1985.8), 76면.

43) 석종현, "금융행정영역에서의 법률유보 및 위임입법 법리에 관한 고찰", 「토지공법연구」, 제17집, 2003, 206면, 1976년 독일 법률가대회에서 "보다 본질적일수록 명확해야 한다."는 공식이 제시되었고 널리 지지를 받고 있다고 한다(조태제, "법률의 유보원칙 -본질성이론에 근거한 의회유보를 중심으로-", 「한양법학」 제1집, 1990.

44) 김철용 등, 전게서, 217면.

45) 내용적 명확성이란 위임되는 규율대상의 사항들을 서술하는 것이고, 목적은 의회가 규범을 설정함에 있어 지향하는 바를 말하며, 정도는 규율의 양적측면을 의미하는 것으로서 이 세 가지는 상호 보완 제한하는 기능을 하고 있으며, 이중 독일 연방헌법재판소와 판례, 대다수의 학설은 목적을 가장 중요한 기준으로 보고 있다고 한다(김철용 등, 전게서, 219면). 한편, Maurer는 본질성 이론이 ① 법률유보의 대상영역의 결정과, ② 그 영역 안에서 입법자 스스로의 규율사항과 위임이 가능한 사항의 구분, ③ 입법에 의한 규율의 명확성 정도의 결정에 대하여 그 기준을 제시한다고 한다. 종래의 법률유보이론이 위 ①만을 다루었다면 본질성 이론은 위 셋을 통일적으로 다룬다는 점에서 차이가 있다고 한다(석종현, 전게논문, 205면).

를 수권 법률에서 정할 것을 요구하고 있는 것을 본질성이라고 하는 불확정한 개념으로 대치시켜 버렸다."라거나,[46] "전통적인 법률유보가 가지고 있었던 두 가지 요소-법치국가적 요청에서 오는 법률의 지배와 민주주의적 요청으로부터 오는 의회의 지배-중에서 의회의 지배를 일면적으로 강조한 것"[47]이라 비판한다. 그리하여 반대론자들은 본질성 이론과 명확성 원칙을 상호 의존하는 것이 아닌 別個의 原則으로 파악한다. 이 견해에 따르는 경우 ① 먼저 본질적 사항에 대한 규율인가 아닌가를 심사하여 본질적 사항이면 위임은 불가능하며 법률에서 명확히 규정하여야 하고, ② 다음으로 본질적인 사항이 아닌 경우에도 구체적으로 내용, 목적 및 범위를 명확히 정하여 위임을 하여야 한다고 한다.

독일연방헌법재판소는 이점에 대하여 일관된 태도를 보이고 있지는 못하지만[48] 위임된 입법권의 행사로 인해서 기본권이 영향을 받게 되는 重要性과 强度가 위임에서 요구되는 明確性의 程度를 정하는 결정적인 기준이 되는 경향을 보이고 있는 것이 사실이다.[49] 명확성원칙과 의회유보의 적용범위 상호간에 차이점이 존재한다 할지라도 근본적으로는 일정한 규율영역이 어느 정도의 범위에서 입법자 스스로에 의해 규율되어야 하는가라는 점이 항상 문제되고 있다는 점은 부인할 수 없고, 그 결과 明確性 原則과 議會留保는 기능적으로 동일한 역할을 수행하게 된다는 지적은 그러한 측면에서 타당하다.[50]

---

46) G. Kisker, "Anmerkung", DVBI, S. 887(배영길, 전게논문, 250에서 재인용).

47) 배영길, 전게논문, 251면.

48) 연방헌법재판소나 연방행정재판소의 판례는 동요하고 있다. 첫 번째 견해를 취한 결정으로는 BVerfGE 58, 257, 277f, 두 번째 견해를 취한 결정으로는 BVerfGE 91,148, 162ff. 그에 대한 상세한 논의는 Ulich M. Gassner, Parlamentsvorbehalt und Bestimmtheitsgrundsatz, DÖV 1996, Heft 1, S. 20-1.

49) 김철용 등, 전게서, 221면. 참고로 우리 헌법재판소의 결정 중에는 1998. 6. 25. 선고 95헌바35 결정 참조.

50) Ulich M. Gassner, a.a.O, S. 24-5. 한편, Ramsauer는 위임입법의 명확성의 정도를 ① 법치국가적인 최소한의 요구만을 제기하는 경우 ② 개별적인 기본권의 보장과 관련되는 영역, ③ 일반적인 행동의 자유에만 관련된 규율 ④ 형법이나 재산의 수용에 관한 법률의 순으로 명확성의 강도가 증대한다고 한다(김철용 등, 전게서 223~4면에서 재인용). 한편, 우리 헌법재판소는 위임하고자 하는 사항이 조세법규처럼 침익적

(3) 本質性 理論과 認識可能性, 豫測可能性

한편 연방헌법재판소는 위임의 내용이 인식가능 하여야 한다는 요구를 하고 있다. 이 경우 인식가능성과 관련하여 기본법 제80조 제1항 상의 목적, 내용, 정도 중 특히 目的이 중요성을 갖게 된다. 이는 목적으로부터 위임입법의 내용을 파악할 수 있기 때문이다. 다만, 목적은 설사 법률에서 그를 명시하지 아니하고 있다고 하더라도 법률 전체의 해석을 통하여 도출할 수 있지만, 그러한 경우라고 하더라도 국민이 예측할 수 있는 범위 내의 것이어야 한다고 한다. 즉, 독일연방헌법재판소는 "수권이 어떠한 경우에 어떤 방향으로 사용될 것인지 그리고 위임에 근거하여 제정되는 법규명령이 어떤 내용을 갖게 될 것인지"에 대한 豫測可能性이 있어야 한다고 한다.[51] 이러한 측면에서 독일연방헌법재판소의 예측가능성에 대한 태도는 우리나라의 경우와 대동소이하다고 할 수 있겠다. 이 부분의 타당성 여부에 대해서는 Ⅲ. 부분에서 살펴보기로 한다.

나. 委任立法 및 기타 裁量權 行使에 대한 司法統制

본질성이론을 따르는 경우 본질적인 부분이 법률에 명시되지 아니한 것으로 판단된다면, 즉, 기본법 제80조 제1항의 내용, 목적, 범위에 대한 규정이 본질적인 부분을 반영하고 있다고 판단된다면, 설사 구체적인 사항을 행정입법에 위임하였다고 하더라도 수권법률 자체의 효력이 부인될 수밖에 없다. 이 경우는 행정입법이나 개별적인 행정행위의 적법성 여부를 판단할 필요조차 없어진다. 그 결과 본질이 무엇인지의 문제의 중요성이 미국에 비하여 커지지 않을 수 없게 되었다.

반면, 본질적인 부분이 수권법률에 반영되어 있다고 해석된다면 행정입법

성질을 가지는 것에 대해서는 그 위임에 있어서 구체성이 더 강하게 요구된다고 한다(헌법재판소 1994. 7. 29. 선고 92헌바49, 52 결정, 헌법재판소 2005. 4. 28. 선고 2003헌가23 결정, 헌법재판소 2006. 2. 23. 선고 2004헌바100결정).

51) BVerfGE, 29, 210.

이나 행정의 행정행위가 당해 법률에 비추어 적법한 것으로 볼 수 있는지 여부가 심사의 대상이 된다. 이 경우 행정입법이나 행정행위의 적법성의 심사와 관련하여 우선 당해 수권법률의 해석상 행정에게 재량을 부여하고 있는지 여부에 대한 심사를 하여 보아야 한다.[52] 심사 결과 재량을 부여하고 있지 아니한 것으로 판단되는 경우에는 당해 수권법률에 근거하여 사법심사를 하게 될 것이다. 반면, 재량을 부여하고 있는 것으로 해석되는 경우에는 재량범위 일탈 여부만을 심사하게 된다.

이때 일탈여부의 심사 대상과 관련하여 독일의 행정입법, 행정행위의 심사에 있어서의 특징은 "要件부분에 있어서의 행정의 법규에의 구속 및 전면적인 사법심사, 判斷餘地의 예외적인 승인"으로 대변된다. 즉, 법률요건은 법인식작용에 해당한다고 보아 사법심사의 대상으로 보고 있으나 효과부분은 심사의 대상이 되지 아니한다는 것이다. 미국이 요건부분에서의 해석 또는 포섭권한을 효과부분에서와 마찬가지로 "재량"의 개념으로 파악하고 있는 반면, 독일은 요건개념을 확정, 해석, 적용하는 작용은 재량과는 구별되는 법인식작용이므로 전면적인 사법심사의 대상이 된다고 하고 있다는 것이다. 다만, 통일된 학설은 아니지만 이른바 판단여지가 인정되는 곳에서는 사법심사가 제한된다고 보고 있다.[53]

한편 미국과 다른 독일의 한 가지 특징은 절차적 통제가 약하다는 것이다. 독일 연방행정절차법 제46조는 "규정의 위반이 당해 결정에 대하여 실체적으로 영향을 미치지 않았음이 명백한 때에는 절차, 형식 및 관할에 관한 규정 위반만을 사유로 행정행위를 취소 청구할 수 없다."고 규정하고 있다. 따라서 독일에서는 법원이 실체적 적법성과 무관하게 절차적 하자만을 이유만으로 행정행위를 취소할 수 없어 다른 나라에 비해서 행정처분의 절차적인 통제강도가 약하다는 특징을 갖는다.[54]

---

52) 불확정개념과 재량과의 관계에 대해서는 홍준형, "행정법상 불확정개념과 판단여지의 한계 -최근 독일에서의 판례 및 이론 동향을 중심으로-", 「행정논총」 33권 제1호, 1995. 6, 108면.

53) 조원경, 전게논문, 13~5면.

다. 小 結 論

독일은 점증하는 행정입법 및 행정재량의 영역에 대응한 입법의 통제력을 제고하여야 할 필요성에서 본질성이론을 채택하였다. 본질의 내용에 대하여 연방헌법재판소는 기본권의 실현에 있어 본질적인 것을 말한다고 한다. 본질적 문제를 스스로 결정하지 아니한 채 입법위임을 하는 경우 당해 수권법률의 효력은 부인된다. 본질성이론이 명확성의 요구와 어떤 관련을 가지고 있는가라는 점에 대하여는 의견이 통일되어 있지 않지만 본질성의 정도와 명확성의 정도는 별개의 원칙으로 볼 수 없다는 것이 대체적인 흐름인 것으로 보인다. 명확성 문제와 예측가능성 문제가 서로 결부되어 있는 문제라고 한다면 본질성, 명확성, 예측가능성은 결국 같은 차원에서 논의될 수 있는 문제가 되는 셈이다. 한편 수권법률이 유효하다는 전제하에 행정입법에 대한 사법심사의 특징은 원칙적으로 요건재량을 인정하지 않고, 절차통제의 면이 약하다는 점이다.

Ⅳ. 本質性理論에 대한 고찰

1. 本質性理論의 未來

독일 기본법 제80조 제1항과 우리나라 헌법 제75조가 유사하다는 점 및 독일의 본질성이론이 우리나라에도 받아 들여 지고 있다는 점을 감안하여 본다면 독일의 본질성 이론의 미국과의 비교 고찰은 우리에게도 시사하는 바가 적지 아니하다.

本質性理論은 기본적으로는 행정의 영역이 확대됨에 따른 행정입법 또는 행정재량의 확대 현상을 맞아 더 이상 기능할 수 없게 된 侵害留保論에 대신하여 기본법 80조 1항을 권한의 분배면에서 재해석함으로써 나타난 견해라고 할 수 있다. 그러나 정작 본질성의 내용에 대한 깊은 논의는 찾아보기 어렵다.

---

54) 최송화, "행정재량의 절차적 통제", 「서울대학교 법학」, 1998, 71~102면 참조.

한편, 立法權非委任原則이 명문화되어 있는 미국의 경우에도 권한배분의 입장에서 수권법률에 규정된 일정한 제한하에 위임이 가능하다고 보고 있는 점(Waymann 판결)을 생각하면 미국 역시 독일식의 법률유보원칙을 전혀 감안하고 있지 아니한 것은 아니다. 수권법률에 "明瞭한 原則"을 담아 위임하여야 한다는 판시 내용(1872년의 Hampton판결)은 결국 독일의 본질적 내용을 담아 위임하여야 한다는 내용과 기본적인 사고방식에 있어 다를 바 없다. 그런데 미국의 경우 명료한 원칙을 명시하지 아니하고 위임을 하였다는 이유로 몇몇 授權法律 자체의 효력을 부인하고 있는 사례를 발견할 수 있기는 하지만 그 빈도는 독일에 비하여 현저히 작고, 효력을 부인하는 경우에도 선험적인 특별한 기준 없이 개별적인 사안의 필요에 따라 사법부에 의하여 행하여지고 있다. 이러한 미국의 전반적인 경향은 결국 明瞭한 原則에 대한 구체적이고 명확한 내용을 충전하기 어렵다는 고려가 그 배경으로 작용하고 있는 것으로 추론된다.

이를 미루어 바라본다면 본질을 단순히 기본권관련성으로 해석하고 있고 더 이상의 구체적 기준을 발견하기 어려운 독일에서의 본질성에 대한 논의도 결국은 미국과 유사한 방향으로 움직일 가능성이 적지 않다는 예상이 가능하다. 그와 관련하여 주목할 만한 논의는 이른바 本質과 明確性의 관계에 대한 논의이다.

종래의 본질성 이론을 "行政立法 및 行政行爲에 대한 統制 必要性"의 측면에서만 바라보는 입장에서는 본질적인 부분은 법률로서 명확하게 규정하여야 하고, 본질적이지 아니한 부분에 대하여도 명확히 범위를 정하여 위임을 하여야 한다는 견해를 지지하게 된다.[55] 그러나 이 견해는 상당히 비현실적인 견해라 보지 않을 수 없다. 본질적인 부분이 무엇인지를 판단하는 것이 어렵다는 것을 且置하고서라도 장래 발생할 모든 경우의 수를 법률로 규정하는 것 자체가 현실적으로 기대하기 어렵기 때문이다.[56]

---

55) 이 판결은 입법권 비위임 원칙 하에서 Waymann 판결이 중요한 사항에 대하여는 직접 입법부가 규정하여야 한다는 점과 유사한 모습을 보이고 있다.

56) Hart는 다음과 같이 말하고 있다. "만약 우리가 살고 있는 사회가 단지 한정된 수의 특색에 의해서만 성격을 규정할 수 있고, 이러한 특색들을 조합할 수 있는 양식이

반면 本質性 理論과 明確性 문제가 결부되어 있다고 보는 입장은 본질성 자체가 相對的인 概念이라고 본다. 그래서 덜 본질적인 것은 덜 명확하게, 더 본질적인 것은 보다 명확하게 규정되어야 한다고 본다. 일일이 재량의 여지가 발생할 곳을 찾아 명시하는 것이 불가능하다는 생각 하에 본질성의 여부에 따라 그 명확성 정도를 조절할 수밖에 없다는 것이 이 주장의 출발점이다. 그러나 이 견해 역시 本質性의 輕重에 대한 기준을 제시할 수 없는 상황 하에서는 한계에 부딪힐 수밖에 없다. 또한 본질성에 대해 基本權關聯說을 따르더라도 기본권 경중의 기준 자체가 모호하다는 점 때문에 개별적인 사안에 따라 수권법률이 유효일수도 무효일수도 있다는 결론으로 흐를 수 밖에 없다. 이는 마치 미국의 Hampton 판결이 위임의 기준으로서 명료한 원칙을 제시하고 있으나 그 명료한 원칙의 내용이 없어 개별 사안마다 사법부에 의하여 달리 판단되고 있는 모습을 연상하게 한다. 결국 독일의 경우에도 장래에는 本質性 여부가 수권법률의 유무효를 판단하는 것이 아니라, 수권법률을 유효하다고 보아야 할 필요성이 있는지 여부, 경우에 따라 행정에게 재량권을 인정하여야 할 필요성이 있는지 여부에 따라 수권법률이 본질적인 부분을 기재하였는지를 결정하는 逆의 논리로 흐르게 될 가능성이 높을 것으로 보인다.

위와 같은 현상은 이미 우리나라에서 벌어지고 있다. 本質性, 明確性, 豫測可能性을 모두 연결된 개념이라고 본다면[57] 豫測可能性을 두고 벌어지는 헌법재판소

우리에게 알려져 있다면, 모든 가능성을 고려하여 미리 규정을 만들 수 있을 것이다. 구체적인 사례에 적용할 경우 더 이상의 선택이 요구되지 않는 법규를 만들 수 있을 것이다. 모든 것은 알 수 있고, 그리고 모든 것에 대하여 이것을 알 수 있기 때문에 법규에 의해서 미리 무엇인가가 이루어 질 수 있을 것이고, 법규에 의해서 미리 특정화 될 수 있을 것이다. 확실히 이는 우리가 사는 세상은 아니다.… 이렇게 예상하는 것이 불가능하기 때문에 목표의 상대적 불명확함이 발생하게 된다."(H. L. A. Hart, The Concept of Law, 125 (Oxford Univ. Press, 1961), 최강진, "법규범의 불확정성과 법해석", 「법학연구」, 제37권 제1호, 1996. 12, 263면에서 재인용).

57) 예측가능성의 문제는 특히 기본법 상의 目的 등을 얼마나 명확하게 서술하느냐에 달려 있는데 이는 결국 명확성의 문제와 결부되는 것이고, 명확성의 문제는 이미 살펴 본 바와 같이 본질성 문제와 연결되지 않을 수 없기 때문이다. 그런 의미에서 바라본다면 본질적 내용은 위임 할 수 있더라도 예측가능성은 확보되어야 한다는

에서의 개별 불확정개념을 둘러 싼 일관되지 아니한 결정은 위 경우와 다르지 않다. 앞에서도 보았듯이 헌법재판소는 심지어 헌법재판관 사이에도 예측가능성 여부에 대한 논란이 있는 개념을 경우에 따라서 예견이 가능하다고 하고 경우에 따라서는 예견가능하지 아니하다고 판단하고 있다. 행정에 대한 입법위임의 필요성이 인정되는 경우에는 예측가능성이 있다고 보고, 인정되지 않는 경우에는 예측가능성이 없다고 보고 있는 것이 사실상의 우리나라의 헌법재판소의 태도라고 보아도 과언이 아니다.[58] 결국 행정에 입법권을 인정하여 주어야 할 必要性이 있는 곳이 바로 예측가능성이 있다고 판단되는 장소이다. 이미 逆의 논리가 성립되고 있는 것이다. 그러면서도 정작 必要性에 대한 논의는 찾아 볼 수 없다.

이런 측면에서 살펴볼 때 本質性을 基本權關聯性으로 정의하고자 하는 것은 처음부터 문제의 해결에 아무런 도움을 줄 수 없는 것임을 알 수 있기도 하다. 예컨대, 자유권과 평등권 중 어느 기본권을 우선할 것인가라는 측면에서 접근하는 경우 기본권의 경중에 대한 아무런 이의 없는 견해를 도출하는 것은 처음부터 불가능하다. 불확정개념을 사용하게 되는 장소가 여러 기본권이 충돌하는 장면에서 비롯되고, 이른바 기본권관련성이 아무런 역할을 수행할 수 없다는 이 장면으로부터 본질성 이론이 나오게 된 계기인 權力配分의 論理의 측면에서 들여다 볼 필요성을 느끼게 된다. 그것은 미국이 이른바 "明瞭한 原則"에 대한 내용의 충전을 사실상 포기하고 있는 원인에 대한 재검토이기도 하다.

우리 헌법재판소의 결정은 이해하기 어려운 면이 없지 않다(헌법재판소 2002. 10. 31. 선고 2000헌바14 결정).

58) 물론 최근에는 거의 모든 사건에 있어 예측가능성이 있음을 인정하고 있는 경향을 보인다. 예컨대, 구 상속세및증여세법(1998. 12. 28. 법률 제5582호로 개정되기 전의 법) 제42조 제1항 중 '제39조 제1항 제1호 가목의 경우와 유사한 것으로서 정상적인 거래를 통하지 아니하고 대통령령이 정하는 특수관계에 있는 자 간의 거래를 통하여 경제적 가치가 있는 재산이 사실상 무상으로 이전되는 경우에는 대통령령이 정하는 이익에 상당하는 금액이 그 특수 관계에 있는 자 간에 증여된 것으로 본다.'는 부분에 대하여도 위 법조문 내에 "유사한 것", "정상적인 거래", "경제적 가치가 있는 재산", "사실상 무상으로 이전" 등 불확정개념이 다수 사용되고 있음에도 불구하고 조세법률주의 및 포괄위임입법금지원칙에 위반되지 않는다고 한다(헌법재판소 2006. 6. 29. 선고 2004헌바8 결정).

2. 本質性을 보는 시각

과거 國家로부터의 自由만이 관심사가 되던 시기와 달리 오늘날에는 國家를 통한 基本權의 實現이 주된 관심사가 되고 있다. 급부행정, 조성행정, 환경행정 등의 중요성이 날로 커져 가고 있는 현재에 있어 국가를 통하지 아니한 기본권의 실현이란 생각하기 힘든 지경에 이르고 있다. 이른바 통합주의 헌법관이 근래의 학계를 평정하고 있는 배경에는 기본권이 Program적 기본권에 머무르지 아니하고 국가 그 자체가 기본권의 실현을 위한 도구여야 한다는 점에 대한 재인식 때문일 것이다.

이러한 통합주의적 헌법관에 의하면 국가는 統治者가 아닌 국민의 기본권을 최대한 실현하여야 하는 의무의 주체자로 변모하게 된다. 行政 역시 국민의 기본권을 집행의 차원에서 실현하기 위한 도구 이상의 의미를 가지지 못한다. 한편 국가가 기본권 실현의 도구로 변모함에 따라 행정이 실현하여야 하는 基本權의 範圍가 대폭 확장된다. 과거의 행정이 통치자로서 국민의 自由와 財産을 보호할 의무를 지는 주체에 불과하였다면 현재의 행정은 집행의 측면에서 헌법상의 各種 基本權을 實現하는 도구로 變貌하였기에 행정이 담당하여야 하는 기본권이 자유 및 재산으로부터 모든 기본권으로 확산된 것이다. 그리고 그에 따라 행정이 담당하여야 하는 기본권의 主體 역시 다양화되었다. 그 결과 행정은 국가의 구성원인 모든 국민의 기본권을 최대한으로 함양함을 목표로 여러 利害 當事者의 基本權을 調整하는 과정으로 이해되어야 하는 때가 이미 도래하였다. 예컨대 토양환경행정의 경우 토양오염정화명령을 받는 자의 자유권 및 재산권이 문제되지만 그 인접의 주민의 환경권, 생존권이 결부되어 있어 양자 사이의 조정이 필요하다. 건축행정의 경우 건축주의 재산권 및 주변인의 일조권, 환경권 사이의 조정이 필요하다. 조세행정의 경우 과세를 당하는 자의 재산권, 자유권 뿐만 아니라 그에 대하여 과세를 하지 아니할 경우 더 많은 조세를 종국적으로 부담하여야 할 다른 자들의 재산권 및 평등권 문제가 결부되어 있다. 결국 모든 행정과정은 基本權과 관련되어 있고 당해 기본권 주체가 複數인 경우라고 보아도 과언이 아니다. 이점에서 보면 국가의 기능이란 국민 전체의 기본권실현을 극대화하기 위하여 어느 기본권을 어떻게 調整하여야 하는지 의사결정의 과정에 다름 아니다.

그러한 의미에서 볼 때 本質性 理論이 어느 정도 基本權과 關聯되어 있는지를 한 지표로 삼고자 하는 것은 처음부터 잘못된 접근 방법이다. 기본권과 관련되어 있지 아니한 행정은 있을 수 없다는 점에서 타당하지 아니하거니와, 특정한 기본권의 관련성을 주장하는 즉시 다른 기본권의 관련성은 무시될 수 밖에 없기 때문이기도 하다. 그럼에도 불구하고 본질성 이론의 지표를 기본권관련성으로 하자는 주장으로부터 우리는 아직도 국가를 통한 기본권의 실현이 아닌 국가로부터의 자유의 측면이 적지 않게 강조되고 있다는 점을 보게 된다. 그리고 그것이 불확정개념에 대한 효력을 부인하는 주된 근거가 되고 있는 것이 현재의 상황이다.

한편, 어느 기본권을 어떻게 조정할 것인지의 문제는 어느 주체의 기본권에 대하여 어느 정도의 優先權을 배정할 것이냐의 衡量의 문제로 귀결된다.[59] 미국이 입법권비위임원칙을 일찍이 폐기한 배경에는 기본권 형량작업

59) 더 나아가 다음과 같이 명확성 자체가 기본권이나 헌법적 가치들과의 衡量을 통해서 얻어지는 결과의 산물이라고 보고 있는 견해도 있다. "명확성의 판단은 법규범 자체에 의해서 판단될 것이 아니라 구체적으로 충돌하는 기본권이나 헌법적 가치들과의 형량을 통해서 얻은 결과에 따라 판단되어야 한다. 이러한 결론은 우리가 위에서 열거한 헌법재판소의 결정들을 분석함으로서 분명해진다. 물론 헌법재판소는 명시적으로 형량이라는 용어를 사용하고 있지는 않다. 대부분 입법목적이나 관련규정을 고려하여 건전한 상식과 통상적인 법감정을 가진 사람들이 해석하면 그런 결론이 도출된다는 식으로 표현하고 있다. 그러나 특별히 입법목적을 고려한 해석의 경우에 가장 중요한 요소는 문제가 된 목적들의 형량이다. 실제로 형량이 문제되고 있음에도 불구하고 그렇지 않다고 하는 것은 형량의 의미를 왜곡하는 것이다. 그것은 모든 결정을 권위나 권력, 또는 관행에서 도출하려는 비합리적 태도에 다름아니다. 오히려 형량이 실제로 이루어지고 있음을 인정하는 것이 형량의 합리화를 위해서 중요하다." (이준일, "헌법재판소가 이해하는 명확성원칙의 비판적재구성", 「헌법학연구」, 제7권 제1호, 2001, 304~5면). 한편, 公益에 대하여도 현대산업사회의 복잡화와 가치다원주의로 인해 공익은 이제 실체적으로 확정될 수 있는 크기로 이미 존재하는 것이 아니라 절차를 통해 대립하는 다양한 이익들이 현출되고 이를 형량, 조정함으로써 비로소 정립되어지는 것으로 이해된다고 한다(박정훈, "행정법의 구조변화로서의 참여와 협력 -독일에서의 이론적 논의를 중심으로-", 「공법연구」, 제30권 제5호, 2002, 3면).

을 입법부가 도맡는 것이 현실적으로 불가능하다는 고려가 숨어 있다고 보아도 과언이 아니다. 더 나아가 미국이 입법권비위임의 원칙을 포기하고 입법권위임의 기준으로서 제시한 이른바 "明瞭한 原則"이 뚜렷한 기준을 제공하지 못함으로써 결국은 사법부에게 개별적인 사안마다 수권 법률의 유효성 여부에 대한 판단을 맡기는 결과가 발생하고 있는 것도, 장래 발생할 개개의 기본권 형량문제를 입법이 처음부터 끝까지 해결하기에는 무리가 있을 수밖에 없다는 점을 인식하기 때문이라고 보아야 한다. 또한, 독일이 본질성에 대한 기준을 기본권관련성으로 풀어 나가고 있으면서도 재산권과 밀접한 세법과 관련한 수권 법률을 무효화시키고 있는 사례를 찾아보기 힘든 것도 재산권이 중요하지 않아서가 아니라 그와 형량 하여야 할 다른 기본권의 존재 때문일 것이다.

이러한 측면에서 바라보면 본질성 이론과 관련하여 本質性과 明確性을 다른 차원의 문제로 보아야 한다고 하는 독일의 일부견해가 현실성을 잃을 수밖에 없는 이유를 알 수 있게 된다. 위와 같은 견해는 형량 작업의 분업을 거부하는 견해이다. 장래 발생할 모든 이익형량 작업을 입법이 미리 예견하여 직접 다하거나 최소한 일정한 테두리를 명확하게 그어 주어야 한다는 생각은 不可能을 要求하는 것과 마찬가지이다. 불확정개념의 효력을 인정하고자 하는 움직임 중의 하나가 입법에게 과도한 부담을 안겨서는 아니 된다는 것인데 행정을 기본권 사이의 형량작업으로 정의하는 경우 그러한 주장은 극히 타당한 것이다. 헌법재판관 사이에서도 예측가능성 여부에 대한 논란을 초래하고 비슷한 정도의 불확정개념에 대하여 경우에 따라 달리 판단을 내리게 만든 "必要性", "不可避性"이란 바로 이러한 이익형량 작업의 분배에 대한 배려 결과였던 것이다.

3. 豫測可能性에 대한 검토

위와 같은 생각을 조금 더 밀고 나가면 명확성이나 예측가능성을 수권법률의 유무효를 판단하는 절대적인 기준으로 삼는 것의 문제점을 살펴 볼 수 있다.[60] 특정 행위를 하는 경우 장래 발생하게 될 결과에 대한 예측이 불가능하다는 사실은 당해 행위 자체를 하지 못하게 하는 요소로 작용한다. 이로부터 예측가능성을 요구하는 궁극적인 이유는 장래에 대한 예측을 가능하게 함으로써 행위의 自由를 확보하자는 측면이 강한 것으로 볼 수 있다. 그 결과 예측가능성을 불확정개념의 유무효 판정을 위한 唯一한 기준으로 사용하는 경우 형량의 대상인 갖가지 기본권 중에서 自由權 내지 財産權만을 보호하는 결과를 초래하게 된다.[61]

예컨대 "용도가 객관적으로 명확하지 아니한 것"[62]이라는 수권법률이 예측가능성이 없다는 이유로 무효가 되는 경우 국가는 그로 인하여 이익을 취득한 납세의무자와 그가 납세의무를 면함으로서 장기적으로 더 많은 납세의무를 부담하여야 할 납세의무자 사이에 어느 이익에 더 우선권을 두어야 하는지에 대한 利益衡量의 機會 자체를 상실한다. 그 결과 과세되어야 할 장소에 과세 자체를 못하게 되어 결과적으로는 예측가능성의 잣대가 특정한 이익만을 대변하는 결과를 초래하게 된다. 그러므로 기준이 되어야 하는 것은 문제되는

60) 우리 헌법재판소는 미국이나 독일이 법률에 명시하여야 하는 기준으로 삼고 있었던 중요한 부분(미국의 Waymann 판결)이나 본질적인 부분(독일의 본질성이론)은 위임이 가능하다고 보는 반면, 예측가능성은 법률 자체로 확보되어야 한다는 차이를 보이고 있어 예측가능성의 중요성이 미국이나 독일의 경우보다 더 크다고 볼 수 있다. 헌법재판소 2006. 6. 29. 선고 2004헌바8 결정은 다음과 같이 판시하고 있다.
"… 따라서 조세법률주의를 견지하면서도 조세평등주의와의 조화를 위하여 경제현실에 응하여 공정한 과세를 할 수 있게 하고 탈법적인 조세회피행위에 대처하기 위하여는 납세의무의 중요한 사항 내지 본질적인 내용에 관련된 것이라 하더라도 그 중 경제현실의 변화나 전문적 기술의 발달 등에 즉응하여야 하는 세부적인 사항에 관하여는 국회 제정의 형식적 법률보다 더 탄력성이 있는 행정입법에 이를 위임할 필요가 있다. 그리고 위임입법의 경우 그 한계는 예측가능성인바 …"

61) 헌법재판소는 "과세요건법정주의와 과세요건명확주의를 핵심내용으로 하는 조세법률주의의 이념은 과세요건을 법률로 명확하게 규정함으로써 국민의 재산권을 보장함과 동시에 국민의 경제생활에 법적 안정성과 예측가능성을 보장함에 있다."고 한다(헌법재판소 2006. 2. 23. 선고 2004헌바32 결정).

62) 헌법재판소 1994. 6. 30. 선고 93헌바9 결정.

특정 납세의무자의 예측가능성만이 아니라 당해 납세의무자와 기타의 납세의무자 사이의 이익형량과 관련한 의사결정 및 집행권한을 입법이 적절히 배분하였느냐의 점이다. 그럼에도 불구하고 지금까지 헌법재판소는 최소한 외견상으로는 본질성 이론이 내포하고 있는 權限配分의 論理는 젖혀 두고 독일의 본질성 논의의 과정에서 나온 豫測可能性에 대한 論理만을 빌어 왔을 뿐이었고, 그에 따라 갖가지 문제점이 발생하였던 것이다.

그렇다면 예측가능성을 불확정개념 관련 유효성 여부의 유일한 지표로서 사용함으로써 헌법재판관 사이에도 다툼이 있는 불확정개념에 대하여 "대강의 내용을 예측가능"하다고 강변하거나, 경우에 따라 "평등권의 고려"나 "규율대상의 복잡성"을 들어 명료하지 아니한 개념임에도 불구하고 유효하다고 판단하는 현재의 헌법재판소의 결정들은 재검토되어야 할 것이다. 이제는 "예측가능성"을 불확정개념의 유효성과 관련한 唯一한 指標가 아니라 자유권, 재산권의 보호 수단으로서의 지위로 끌어 내리고, 문제되는 납세의무자가 아닌 다른 납세의무자의 기본권인 재산권, 평등권과 비교·형량 되어야 하는 지표로서 보는 것이 오히려 더 솔직한 태도일 것이다.[63] 이렇게 되는 경우 헌법 제75조와의 관계가 문제될 수 있지만, 헌법 제75조 상의 "구체적으로 범위를 정하여"라는 부분이 반드시 "누구라도 당해 법률로부터 위임명령에 규정될 내용의 대강을 예측할 수 있어야 한다."는 결론으로 귀결된다고 보기도 어렵다. 위 조항은 이른바 위임의 程度를 언급한 것으로 보이는데 위임의 內容의 측면에서 해석하여 "구체적으로 이익형량권한배분의 범위를 정하여"라고 해석하는 것도 불가능하지 아니하다.

그렇다면 결국 귀착되는 곳은 입법권, 사법, 행정권 사이에 利益衡量에 관한 作業을 어떻게 分業할 것이냐의 문제이다. 즉, 본질성 이론이 발생하게 된 처음의 계기이었고 미국이 처음부터 문제의 본질로서 파악하여 오고 있는 권한배분의 측면에서 입법, 행정, 사법의 역할을 어떻게 배분할 것이냐의 문제로

63) 그러나 이러한 논의가 (수권)법률의 유효여부의 판단에 있어 예측가능성을 고려대상에서 완전히 제외하자는 것은 아니다. 예컨대, 예측가능성이 높을수록 행정에 입법권을 위임하는 것이 용이해 질 것이다.

논의를 집중하여야 하는 것이다. 이점에 대해서는 추가적인 검토가 필요하겠지만, 입법이 결정하여야 하는 권한배분 내용의 최저한은 최소한 司法이 立法이 한 권한배분 내용의 외포 및 내연을 판단할 수 있을 정도의 것이어야 할 것이다.

그러나 당해 최저한의 범위에 대하여 內容的으로 규정하고자 하는 노력은 실패로 끝날 가능성이 높다. 내용의 탐구는 본질의 탐구로 이어지고, 본질의 탐구는 미국 및 독일의 예에서 보듯 실질적인 기준을 제시하여 주지 못할 가능성이 높다. 대신, 행정입법절차, 행정행위의 절차에 대한 일정한 기준을 설정하여 당해 절차의 준수여부를 심사하도록 하는 것이 효과적인 방법이 아닐까 생각된다. 이점과 관련하여 (수권)법률에 의거하여 제정된 행정입법이나 개별 행정행위가 행정절차법을 충실히 이행한 결과의 산물인지 여부를 통제의 주된 수단으로 하고 있는 미국의 현행 제도에 대하여 검토해 볼 필요성이 있을 것으로 생각된다.

한편 모든 기본권 주체들의 이익형량 과업과 관련하여 입법이 스스로 適正한 水準이라고 판단한 권한의 배분 결과는 존중되어야 할 것이다. 과거 豫測可能性의 측면에서 들여다 볼 때에는 입법이 한 결정에 대하여 통제를 하고자 하는 시도가 지지되었을지 모르지만, 입법이 결정한 내용이 權限配分의 문제라고 보는 경우에는 당해 결정에 대한 통제는 최소화되어야 한다. 이는 사전에 예측하여 형량결정할 수 없는 사안에 대하여 미리 이익형량 및 우선권을 결정할 것을 입법에게 요구하는 것은 불가능을 요구하는 것이고, 불가능의 요구는 이익형량작업 자체를 방해함으로써 종국적으로는 기본권 주체들의 여러 이익 중 일부 당사자만의 이익을 대변하는 결과로 이어지게 된다는 점을 상기하여 본다면 당연한 결과이기도 하다. 이러한 점이 일찍부터 위임의 법리를 권한배분의 측면에서 접근한 미국이 수권법률 그 자체의 효력을 좀체로 부인하지 아니하고 있는 원인이 된 것이 아닌가 한다.

4. 委任規程을 두지 아니한 不確定概念

지금까지는 주로 수권법률이 입법권한을 행정에 위임하는 경우를 살펴보았다. 그러나 법률이 불확정개념을 사용하면서 그 구체화작업을 행정에게 위임하지 아니한 경우에도 이상에서 살펴 본 여러 논리를 그대로 사용될 수 있을 것이다. 대강의 예측가능성을 주된 주제로 하였던 이상의 논리가 명확성을 주된 주제로 한다는 점 이외에는 다를 바가 없다.64)

그렇다면 상속세 및 증여세법 제2조 제3항이 명확성을 결여하였다는 이유만으로 효력이 없다고 판단하는 것은 위 2. 및 3. 부분에서 논의한 부분을 감안하여 본다면 수긍하기 어렵다 보지 않을 수 없다. 그럼에도 불구하고 헌법재판소가 委任立法에 대해서는 종전의 예측가능성 기준을 그대로 유지하고 있으면서도 근래 들어 수권법률 자체의 효력을 부인하는 결정을 하는 경우를 찾아보기 힘든 반면, 包括課稅條項과 관련해서는 과세관청 스스로 포괄과세조항에만 의거한 과세를 하는 것을 회피하고 있는 경향을 보인다. 그 이유는 무엇일까?

현재 헌법재판소는 비록 입법위임과 관련된 결정내용이기는 하지만 "위임의 구체성, 명확성의 요구 정도는 규제대상의 종류와 성격에 따라서 달라진다. 기본권침해영역에서는 급부행정영역에서 보다는 구체성의 요구가 강화되고,

---

64) 위임입법의 경우와 차이가 있다면 위임입법의 경우는 利益衡量의 기준을 일반·추상화하는 것이 가능한 경우라면 입법위임 조차 하지 아니하는 경우는 일반 추상적 규율을 제정하는 것 자체가 어려워 표준화된 이익형량 기준을 마련하기 힘드는 경우에 해당하여야 한다는 점이다. 즉, 예측가능성, 법적안정성을 유일한 법률의 유효요건이라고 볼 수는 없더라도 여러 요건 중 감안되어야 하는 요건의 하나로서의 지위는 가질 수 있는 만큼, 예측가능성이 제고될 수 있는 가능성이 있는 한 최대한 일반·추상적 규범을 마련하는 것이 요구될 수밖에 없고, 그 결과 그러한 요구사항이 충족되었는지 여부가 일응의 심사기준이 될 수 있을 것이다. 그러한 측면에서 보았을 때 현재의 상속세 및 증여세법 제2조 제3항은 (비록 명확성 내지 법적안정성을 갖추고 있다고 보기 어렵지만) ① 그 도입의 경위, ② 같은 법 33조 내지 44조의 5 등 규정 및 동 시행령, 시행규칙의 내용 및 그 개정 연혁 등을 볼 때 입법 및 행정의 입장에서 確保可能한 정도의 예측가능성을 확보하기 위한 노력의 결과물로 보아도 무리는 없을 듯하다.

다양한 사실관계를 규율하거나 사실관계가 수시로 변화될 것이 예상될 때에는 위임의 명확성의 요건이 완화되어야 한다."고 판시하고 있다.[65] 이것은 명확성은 반드시 갖추어야 할 요소이나 그 명확성 요구의 정도를 경우에 따라서 완화하여야 한다는 것을 의미한다. 이렇게 명확성은 確保되어야 하되, 다만 일정한 경우에는 다소 讓步될 수 있는 것이라는 태도를 견지하다보니, 명확성이 전면적 또는 상당 부분 양보를 하여야만 하는 포괄적과세조항에 대해서는 그것이 허용될 수 있을 것인지 여부에 대한 의구심을 행정청 내부에서도 떨쳐버릴 수 없게 되고, 그것이 과세관청으로 하여금 포괄과세조항만에 의한 과세를 하는 것을 회피하게 하는 원인이 되고 있는 것이다.

이러한 모습은 위임입법의 경우에 있어서와 같이 불확정개념의 유무효 판단과 관련하여 명확성, 법적안정성이 유일하거나 주된 지표가 되는 것이 아니라 일체의 행정행위가 이익형량작업이라는 사실을 자각하고 권력분립의 차원에서 접근하여야 할 필요성이 있음에도 불구하고 그를 외면하고 있기 때문에 발생하는 현상으로 볼 수 있다. 불확정개념을 權限配分의 道具로서 이해하는 경우, 입법이 불확정개념을 사용하고 있다는 사실은 입법이 스스로의 결정하에 행정에게 일정한 이익형량의 권한을 부여하는 것으로 해석될 수 있다. 그러한 권한을 행정에게 주는 이유는 천차만별의 장래 경제활동에 개입된 이해관계인의 기본권을 일일이 이익형량하여 그 순위를 정할 수 없는 한계에서 비롯됨은 물론이다. 불확정개념이 불명확한 개념이라는 이유로 법률 자체의 효력을 부인하는 경우 특정 기본권의 옹호라는 결과로 귀착될 것이라는 점을 고려한 입법의 결정을 사법이 조세법률주의의 도그마에 따라 통째로 부인하는 일은 피하여야 할 것이다. 이점은 이른바 社會統合의 측면에서도 의미를 가진다. 현행 소송구조상으로는 특정 기본권을 주장하는 자 이외의 기본권 주체들이 간접적으로 침해될 가능성이 있는 자신의 기본권을 주장할 수 있는 길이 봉쇄되어 있다. 그 결과 본의 아니게 "말없는 자"가 되어 버린 기본권 주체들의 유일한 통로는 바로 입법을 통한 간접적인 권리주장(최소한 자신의 기본권을

---

65) 헌법재판소 1998. 6. 25. 선고 95헌바35 등 다수.

이익형량의 대상이 되게 하여 달라는)일 수밖에 없다. 그러한 주장을 명확성 내지 법적안정성의 도그마를 이유로 헌법재판소나 사법이 봉쇄한다는 것은 권력분립의 본래 의미를 해치는 것임과 동시에 그 자체 기본권의 침해에 해당할 수 있는 일이다.

마지막으로 사법이나 헌법재판소가 통째로 불확정개념의 효력을 부인하여서는 아니 되는 것처럼, 행정의 이익형량에 대하여 그것이 재량 또는 판단여지가 인정되는 부분이라는 이유로 사법심사의 대상에서 제외시키고자 하는 태도도 배제되어야 할 것이다. 행정에게 이익형량작업을 할 권한을 위임하는 것이 행정의 의사결정이 항상 옳기 때문이 아니라 입법에게 사전에 모든 이익을 형량하여 규정할 능력이 없기 때문이라는 점을 고려하면 이는 당연한 결론이기도 하다.

Ⅴ. 結 論

입법의 행정에 대한 위임의 한계로서 "본질" 내지는 "명료한 원칙"을 찾으려고 하는 시도는 이미 실패하고 있다. 본질성, 명확성, 예측가능성이 상호 유리된 개념이 아님에도 불구하고 현재의 헌법재판소는 최소한 外見上으로는 "대강의 예측가능성" 내지 조세명확주의에 천착하고 있고, 그 결과 헌법재판관 자신들 사이에도 그 대강의 예측가능성 여부에 대하여 다툼이 있는 불확정개념에 대하여 예측가능성이 있다거나 명확한 개념이라고 결정하고 있다. 또한 타당한 논거가 될 수 없음에도 불구하고 규율대상의 복잡성이나 평등권을 이용한 논증을 제기하고 있다. 이러한 현상을 근본적으로 해소하기 위해서는 본질성 이론이 나오게 된 계기부터 되짚어 보아야 한다. 처음 본질성 이론이 태동할 당시에는 본질성 이론이 침해 행정 이외의 행정 분야에 대한 입법의 통제를 강화하기 위한 수단이었을지 모르지만, 최소한 그 이면에는 이른바 議會留保라 표현되는 권한배분의 논리가 작용하고 있었다는 점을 감안하여야 한다. 한편 국가의 의무가 특정한 자의 기본권을 보호하는 것이 아니라 다수 당사자의 기본권 실현을 극대화하는 것인 만큼, 일체의 국가작용 역시 다수 당사자 사이의 基本權 利益衡量의 측면에서 바라보지 않을 수 없다. 이익형량은 가능한 한 입법이 하는 것이 좋겠지만 입법이 장래 필요한 이익형량 작업을 사전에 예측하여 모두 반영하는 것은 불가능하다. 이상의 이유에 따라 입법이 스스로 결정한 권한배분의 수단이 불확정개념의 사용 및 입법위임이라고 한다면 이른바 대강의 예측가능성 또는 과세요건 명확주의의 잣대만으로 불확정개념의 효력을 부인하는 것은 국민의 기본권을 최대한 실현하여야 하는 국가의 의무를 외면하는 것이나 다름없는 결과를 초래한다. 대강의 예측가능성이나 명확성은 (수권)법률의 유무효를 판단하는 여러 기준 중의 하나로서의 기능에 멈추어야 하고, (수권)법률의 유무효를 판단하는 유일한 기준이 되는 것은 회피되어야 할 것이다.

Chapter 02

不確定槪念의 解釋과 環境法의 退步

-미국의 판례를 중심으로-

Ⅰ. 序　論

1. 문제의 제기

미국 연방대법원은 1960년대부터 2000년 중반까지 비교적 환경친화적 판결을 하여 왔다. 몇 가지 예를 들어보자. Tennessee Valley Authority v. Hill 사건[1]에서 연방대법원은 스네일다터라는 희귀어류의 보호를 위해 멸종위기종법(The Endangered Species Act) 제7조를 근거로, 5억 달러를 투자하여 이미 공정의 80%가 진행된 댐의 건설을 중지시켰다. American Texile Manufacturers Institute, Inc. v. Donovan 사건[2]에서는 종업원들의 건강과 관련하여 직업안정 및 건강관리법(Occupational Safety and Health Administration) 상 목화에서 발생하는 먼지방지기준을 설정함에 있어 비용편익분석방법을 사용하여서는 아니 된다고 판결하였다. Whitman v. American Trucking Associations, Inc. 사건[3]에서는 청정대기법(Clean Air Act, 1970) 제109조[4]의 해석상 광역국가대기질기준(The National Ambient Air Quality Standards)을 설정함에 있어 비용을 고려하여서는 아니 된다고 판결한 바 있다. 이상의 판결들은 환경과 그를 지키기 위하여 소요되는 비용 중에서 전자에 더 우선권을 둔 판결이라 할 수 있겠다.

그러나 이러한 경향은 2000년대 중반 이후 일변하고 있다. 2000년대 이후

1) Tennessee Valley Authority v. Hill et al., or TVA v. Hill, 437 U.S. 153 (1978),
2) American Textile Manufacturers Institute, Inc. v. Donovan, 101 S. Ct. 2478 (1981).
3) Whitman v. American Trucking Associations, Inc., 531 U.S. 457 (2001).
4) 42 U.S.C. §7409.

연방대법원은 환경보다는 경제 쪽에 치중한 판결들을 잇달아 내리고 있다. 흥미로운 점은 그 도구가 된 것이 바로 법률에서 사용되는 不確定槪念의 解釋이었다는 점이다. 미국은 Chevron 판결[5] 이후 법률이 명시적으로 규정하고 있는지 여부를 먼저 판단하고, 명시적으로 규정하지 아니하고 입법의도 역시 명확히 읽히지 아니하는 경우에는 법률에 대한 行政의 해석을 그것이 합리적(reasonable)인 한 존중(defer)하여야 한다는 입장을 취하고 있었다. 그러나 위 2000년대 이후의 판결에서 발견할 수 있는 것은 연방대법원이 환경이익에 부합하는 행정의 법해석을 내치고자 하는 경우 행정의 해석 대상이 된 법률 용어가 일견 불명확해 보이는 면이 없지 아니함에도 불구하고 명확하다 판단하고 있다는 점이다.[6] 이는 연방대법원이 외견적으로는 Chevron 판결을 따르고 있지만, 실질적으로는 꼭 그렇지만은 아니함을 시사하고 있다. 그러한 점에서 볼 때 불확정개념의 해석에 있어 Chevron 판결이 중요한 역할을 하고 있다기보다는, 각 대법관의 결론을 정당화하기 위한 도구로서 정도만의 의미를 가지고 있는 것은 아닐까라는 의문을 가질 수 있다. 또한, 각 대법관의 결론을 진정으로 좌우하는 요소가 무엇일까라는 점에 대한 의문이 발생하기도 한다.

이하에서는 위와 같은 상황을 특히 미국의 수질환경법(Clean Water Act, CWA)[7]과 관련한 판례를 통하여 먼저 소개하고(Ⅱ), 분석하여 본 후(Ⅲ. 1.), 불확정개념의 해석과 관련하여 우리 행정법 일반이론에 대한 시사점을 살펴보기로 한다(Ⅲ.2. 및 Ⅳ).

---

5) Chevron U.S.A. Inc. v. Natural Resources Defense Council, Inc., 467 U.S. 837 (1984).

6) 예컨대 법률용어의 명확성과 관련하여 대법관 사이에 5:4로 그 견해가 갈리는 경우라면 그러한 현상 그 자체로 법률용어가 명확하다 볼 수 없다. 명확성의 여부는 일반인의 관점에서 판단할 수 있어야 하는 것이기 때문이다. 그러함에도 불구하고 연방대법원은 행정의 해석을 내치고자 하는 경우 문제되는 법률용어가 명확하여 행정의 해석여지가 없다고 한다.

7) The Clean Water Act, 33 U.S.C. §1251 (1970).

2. 미국에서의 불확정개념 논의

불확정개념이란 법규의 요건부분에 사용된 추상적, 다의적 또는 불명확한 개념을 말하는 것으로서 독일의 학설, 판례에서 연유하는 용어이다.[8] 독일의 경우 재량의 폭을 줄이고자하는 취지에서 法律效果부분에 재량의 여지를 인정하고 있는 경우에만 재량의 여지를 인정하고, 要件부분에 사용된 불확정개념에 대해서는 원칙적으로 재량의 근거로 삼을 수 없다는 입장을 취하여 오고 있다.[9] 그 결과 행정의 판단을 사법이 심사하여야 하는데, 행정보다 인적·물적 능력이 더 우월하다고 보기 어려운 사법이 행정의 결정을 전면적으로 심사하는 데에는 한계가 있을 수밖에 없었다.

한편, 원래 독일이 재량의 폭을 줄이고자 하였던 이유는 과거 재량결정이 취소소송의 대상에서 제외되었었기 때문이었다. 그러나 裁量瑕疵論에 의거 재량결정도 사법심사의 대상이 될 수 있게 된 현재는 더 이상 과거와 같이 재량의 폭을 줄여야 할 특별한 이유가 없게 되었다. 그러나 요건재량을 인정하고 있지 아니하여 온 독일에선 불확정개념에 대하여 재량의 여지를 인정하는 것이 아니라 판단여지만을 인정하자는 설이 대두되었다. 즉, 불확정개념에 대해서는 재량은 있을 수 없지만 일정한 조건하에서 행정청에게 판단여지가 인정됨으로써 법원의 전면적 사법심사가 제한된다고 한다.[10] 이 표현 속에서 재량은 효과부분에 대한 意志의 문제로, 판단여지는 요건부분에 대한 認識의 문제로 각 구분하는 독일의 통설, 판례의 입장을 엿볼 수 있지만, 동일한 내용의 규정을 재량규정으로도, 불확정개념을 이용한 규정으로도 만들 수 있음을 감안한다면 설득력이 떨어진다는 점을 부인할 수 없다. 다만, 독일에서 논의되는 판단여지를 인정하는 범위들을 보면 후술하는 미국에서의 재량인정범위에 비하여 상당히 좁다는 점에서 과거의 역사적 경험 때문에 불확정개념에 대하

---

8) 박정훈, “불확정개념과 판단여지”, 「행정작용법(중범 김동희교수 정년기념논문집)」, 박영사, 2005, 250면.

9) 박정훈, 상게논문, 253면.

10) 박정훈, 상게논문, 250~8면 참조.

여 긴장의 끈을 놓지 아니하고자 하는 독일의 입장을 나름 이해할 수 있겠다.

어쨌든, 이상의 내용은 재량결정에 대해서와 같이 불확정개념에 대해서도 사법심사의 강도를 낮추어야 한다는 것으로 요약될 수 있겠다. 다만, 국내에서는 재량의 경우에는 일탈·남용이론으로서 사법심사의 강도문제로 접근하지만, 불확정개념의 경우 판단여지설을 주창하면서 불확정개념이 사법심사의 대상에서 제외된다고 보는 듯한 견해들이 적지 않다.[11)]

반면, 프랑스는 법규의 요건과 효과를 구별하지 아니하고 법규에 의해 행정결정의 내용이 명확하게 확정되어 있지 아니함으로써 행정청이 갖는 行政의 自由를 재량(권)이라 한다. 그러므로 불확정개념의 해석, 적용도 재량으로 파악되고, 효과부분의 재량과 본질적으로 차이가 있는 것으로 이해되지 아니한다고 한다. 재량에 대해서는 최소심사, 통상적심사, 최대심사로 나누는데, 불확정개념의 경우 원칙적으로 최소심사에 그친다고 한다.[12)]

재량과 불확정개념을 구분하지 아니하는 점은 미국도 마찬가지이다. 즉, 불확정개념이 법률에서 사용되는 경우 당해 불확정개념의 해석·포섭 등 문제는 모두 裁量의 문제로 보고 있다. 그리하여 미국에서 주로 문제가 된 것은 사법심사 강도의 문제라 볼 수 있다. 미국 행정절차법은 독일에서의 재량하자론과 유사하게 행정의 재량결정에 대하여 당해 재량결정이 임의적·자의적(arbitrary and capricious)인 경우에는 재량을 남용한 것으로 보아(abuse of discretion) 취소된다고 규정하고 있다.[13)] 그러므로 불확정개념의 경우에도 그 해석 및 포섭과 관련하여 위와 같은 조항이 적용된다. 다만, 무엇이 임의적·자의적인 것인지 여부와 관련하여 폭넓은 해석이 가능하다는 문제점이 있었다.

그와 관련하여 1984년의 Chevron 판결은 (1) 의회가 특정한 문제에 대한 명확한 입장을 밝히고 있지 아니하고, (2) 문제되는 법률과 관련한 행정청의 해석이 合理的(reasonable)이라면, (3) 설사 그 해석이 最上의 입법해석이나 가장 합리적인 입법해석이라 볼 수 없다 하더라도, (4) 당해 행정청의 해석은 존중

11) 박균성, 「행정법론(상)」, 박영사, 2013, 305~308면.
12) 박정훈, 상게논문, 258면.
13) APA §706(2)(A).

(defer)되어야 한다고 한다. 그리하여 불확정개념과 관련한 한 사법심사의 강도가 현저히 떨어지게 되었다.[14)]

다만, 위 (1) 부분은 법률문장 그 자체로는 의회가 특정한 문제에 대하여 명확한 의사를 밝히고 있는지 여부를 잘 알 수 없는 경우가 적지 아니하여, 의회의 의사를 파악함에 있어 법률제정자의 의도, 입법시의 각종 문서 등도 참고의 대상이 되지만, 결국은 법관의 의회의 의사에 대한 해석에 의존하는 부분이라 볼 수 있다. 그리하여 대법관들 사이에서 같은 개념을 두고도 혹자는 의회가 의사를 명확히 밝히고 있다고 하고, 혹자는 그렇지 아니하다고 하여 견해가 나뉘는 경우를 종종 발견할 수 있다. 또한, 위 (2) 부분도 무엇이 합리적인 것인지 여부에 대한 뚜렷한 기준이 있는 것도 아니고, 특히 그를 판단함에 있어 위 (3) 부분을 감안한다면 적법과 위법의 경계가 무척 모호하다는 점을 알 수 있겠다.

결국 Chevron 판결은 행정결정에 대한 사법심사의 강도를 원론적으로는 결정하고 있지만, 그것만으로 해결되는 것은 매우 적다 볼 수 있다. 오히려 개별 대법관이 어떤 가치관을 가지고 있는지, 즉, 보수성향인지, 진보성향인지 여부 및 특히 본 글에서 다루는 환경 관련 사건의 경우 경제 등 다른 이익 내지 기본권에 비하여 환경이익 내지 환경권에 어느 정도의 우선권을 부여하고 있는지 여부에 따라 대법관이 미리 결론을 내려두고 그 결론에 맞추어 (1) 및 (2)에 대한 입장을 결정하는 경향이 있다고 보는 것이 오히려 타당한 것 같다.

Ⅱ. 수질환경 관련 미국의 최근 판례

1. Rapanos v. United States 사건[15)]

가. 사 안

원고인 라파노스(Rapanos)는 미시간 주에 거주하는 건축업자였다. 그는 습지

14) Chevron U.S.A. Inc. v. Natural Resources Defense Council, Inc., 467 U.S. 837 (1984).
15) Rapanos v. United States, 547 U.S. 715 (2006).

(wetland)를 보유하고 있었는데, 당해 습지는 강이나 호수로부터 32킬로미터 떨어진 위치에 있기는 하였지만, 실개천이나 배수로를 통하여 강이나 호수로 연결되어 있는 곳이었다.[16] 1980년대 후반 라파노스는 그가 보유하고 있는 습지 세 곳을 포함한 22에이커 토지 지상에 쇼핑몰을 건축하고자 하였다. 그를 위하여 라파노스는 습지의 물을 빼고 모래로 매립하였는데, 관련 관청의 허가를 얻지 아니한 상태였다. 그리하여 매립 당시부터 미시간주 자연보호청[17]으로부터 당해 행위가 위법이라는 경고를 받았고, 심지어 자신의 법률대리인도 위법한 행위라고 말렸다고 한다. 미국환경보호청(Environmental Protection Agency, "EPA") 역시 매립하지 아니할 것을 명하는 이행명령을 하기도 하였다. 결국 이 행위로 인하여 라파노스는 기소되어 몇 번의 파기환송 끝에 최종적으로 집행유예의 형을 받았고 수백만 달러에 달하는 벌금을 부과받기도 했다. 라파노스는 당해 습지는 CWA의 적용을 받지 아니하여 연방정부에 관할권이 없다 주장하는 방식으로 그에 대응하였다.[18]

나. 주된 쟁점

위 사건의 주된 쟁점은 연방정부가 사안의 습지를 규율할 권한이 있느냐의 문제였다. 미국의 CWA는 航行可能水域[19](navigable waters)에 허가 없이 준설토를 버리거나(discharge dredged), 매립물을 매립(fill material)하지 아니하도록 규정하고 있었다.[20] 그리고 항행가능수역을 "the waters of the United States"라 정의하였다.[21]

참고로 준설토의 투기행위나 매립물의 매립행위에 대한 허가권자는 EPA가

---

16) Stevens 대법관의 반대의견 4면 참고.
17) Michigan Department of Natural Resources.
18) Rapanos v. United States, 547 U.S. 715 (2006).
19) 수역이란 표현은 waters를 번역한 것이다. 달리 번역할만한 적당한 단어가 없어 수역이라 번역하였으나, waters의 의미가 주된 쟁점이 된 사안이므로, 이 글을 참고함에 있어 '수역'이라는 번역 용어 그 자체에 의미를 두어서는 아니된다.
20) 33 U.S.C. §1311(a), §1342(a).
21) 33 U.S.C. §1362(7).

아닌 미육군공병대(United States Army Corps of Engineers, "USACE")이다. 그런데 USACE는 위 정의를 해석하여 規則화함에 있어 위 정의를 광범위하게 해석하였다. 즉, '전통적의미의 항행가능수역'[22]뿐만 아니라, 그런 수역의 지류(tributaries),[23] 그런 수역에 隣接한(adjacent to) 습지도 포함된다고 규정한 것이다.[24] USACE는 또한, 隣接한 습지 개념에 대하여 비록 인공적인 제방 등으로 인하여 전통적의미의 항행가능수역에서 떨어져 있다고 하더라도 경계를 같이하거나 연접하고 있는 습지를 말한다고 규정하고 있다.[25] 그런데 라파노스가 보유하던 토지는 항행가능수역으로부터 약 32킬로미터가 떨어진 지역에 있는 습지였다. 그에 따라 당해 습지가 과연 항행가능수역과 인접해 있다 볼 수 있는지 여부가 주된 쟁점이 되었다.[26]

한편, USACE는 CWA 제정 이후 30여년 동안 당해 사건과 같은 사건에서 습지를 항행가능수역에 해당한다고 판단하여 왔고,[27] 이 사건 이전까지는 대법원도 그를 지지하고 있었다. 그리하여 항소법원은 USACE, 즉 연방정부가 관할권을 가지고 있는 것이 맞다 보아 원고의 청구를 기각하였다.[28]

---

22) 33 C.F.R 328.3(a)(1) 州간 또는 국제 통상을 위하여 사용할 수 있는 곳을 말한다("All waters which are currently used, or were used in the past, or may be susceptible to use in interstate or foreign commerce, including all waters which are subject to the ebb and flow of the tide"). 즉, 강, 대양, 주에 걸쳐있는 호수 등이 그 예이다.

23) 33 C.F.R 328.3(a)(5) "Tributaries of waters identified in paragraphs (a) (1) through (4) of this section;"

24) 33 C.F.R 328.3(a)(7) "Wetlands adjacent to waters (other than waters that are themselves wetlands) identified in paragraphs (a) (1) through (6) of this section."

25) 33 C.F.R 328.3(c).

26) Rapanos v. United States, 547 U.S. 715 (2006).

27) USACE는 종전부터 위와 같은 규정에 따라 항행가능수역을 지류나 기타 비슷한 것들을 통하여 전통적 의미의 항행가능수역으로 연결(connected to or linked to)되는 지역을 포함한다고 해석하고 있었다. 또한, CWA에 따라 만들어진 규칙들은 간헐천(intermittent streams), 우기에만 호수가 되는 지역(playa lakes), 호수가 점점이 있는 평원(prairie potholes), 늪지(sloughs), 습지(wetlands)가 CWA가 규율하는 수역(waters)에 해당한다고 하고 있기도 하다. Code of Federal Regulations, 33 CFR Part 328; 40 CFR 122.2; 40 CFR 230.3(s).

28) Rapanos v. United States, 547 U.S. 715 (2006).

다. 대법원의 판단

연방대법원은 원심을 파기하였다. 연방대법원은 쟁점 토지가 CWA가 적용되는 수역인지 여부에 대하여 적극적으로 찬동하는 견해 4인 및 반대하는 견해 4인으로 각 나뉘어졌다. 나머지 1인이 파기환송에 찬성하였다는 점에서 파기환송이 다수의견이 되었으나, 그 내용이 달라 실질적으로 이 판결은 그 어떤 견해도 과반수의 지지를 받지 못한 것으로 볼 수 있다.

(1) 다수의견[29](CWA가 적용되지 아니한다는 견해)

CWA가 적용되지 아니한다는 견해는 문리해석에 그 무게의 중점을 두고 있다. 즉, CWA는 "the waters"라는 정관사 및 복수를 이용한 표현을 사용하고 있으므로, "물"이면 모두 다 항행가능수역에 해당된다 해석할 수는 없다고 한다. 그리하여 사전적 의미를 중심으로 살펴보아야 하고, 웹스터 사전에서의 정의에 따라 항상 물이 흐르는 천(stream), 해양, 강, 호수 등으로 해석되어야 한다고 한다. 그러므로 상시 물이 흐르지 아니하는 간헐천이나 우수 배수를 위한 운하 등은 항행가능수역에 해당되지 아니한다고 한다.[30]

의회가 특정 사안에 대하여 불명확하게 규정한 경우라면 Chevron 판결에 따라 행정의 해석이 합리적인 한 존중되어야 하겠지만, CWA에 사용된 waters라는 용어의 의미가 명백한 이상, 그 의미를 임의적으로 광범위하게 해석하고 있는 USACE 제정 규칙은 그 효력을 인정할 수 없다고 한다.[31]

---

29) 파기환송견해가 5인, 반대견해가 4인이긴 하였으나, 문제되는 waters의 해석과 관련하여서는 4:1:4로 구분하여 볼 수 있어서 다수의견이란 표현이 부적절한 면이 있다. 다만, 논의 편의상 다수의견이라 표현하기로 한다.

30) 이는 CWA가 항행가능 수역으로부터의 간헐적인 배수 목적의 운하(channel)와 도관(conduit)을 점오염원(point source)과 독립적으로 정의하고 있는 점으로부터도 알 수 있다고 한다. 33 U.S.C. §1362(14).

31) 또한, 항행가능수역에 인접한 습지인지 여부와 관련하여 인접이란 개념은 바로 표면상 항행가능수역에 연결되어 있는 개념이라 보아야 한다고 한다. 한편, 전통적으로 주가 관할하고 있는 토지의 사용 관련 규정을 연방이 삭탈하기 위해서는 명백한 규정이 필요한데 명백하다 보기 어렵다는 점도 지적한다.

(2) 반대의견(CWA가 적용된다는 견해)

반대의견은 CWA 상의 waters라는 용어가 다수의견과 같이 지표면에 물이 항상 흐르는 강 등만을 말하는 명확한 용어라 볼 수 없고, 그러한 이상 Chevron 판결에 따라 그 의미를 해석할 수 있는 권한이 USACE에게 있으며, 당해 권한에 따라 USACE가 제정한 규칙은 그것이 합리적인 한 존중되어야 한다고 본다.

그리고 USACE가 제정한 규칙에는 전통적인 항행가능수역에 인접한 곳도 항행가능수역에 포함된다고 규정하고 있고, 당해 인접성 여부에 대하여 다소 넓게 해석하여 규칙을 적용하여 오고 있었는바, 이러한 인접성(adjacent) 여부에 대한 USACE의 판단도 합리적 범위 내의 판단이라 볼 수 있다고 한다.

(가) 우선 의회의 意思면에서 볼 때 waters라는 용어가 다수의견과 같이 지표면에 항상 흐르는 강 등만을 말한다고 보기는 어렵고, 그러한 이상 그 의미를 해석할 수 있는 권한이 USACE에게 있다고 본다. CWA는 항행가능수역의 화학적, 물리적, 생태학적 완전성(integrity)를 회복하고 유지하는 것을 목적으로 하고 있다는 점,[32] CWA가 비용상의 문제로 인한 닉슨대통령의 거부권 행사에 불구하고 양원에서 재의결하여 제정되었다는 점 등 입법취지 및 입법경과를 살펴 볼 때 waters의 의미를 다수의견과 같이 좁혀 볼 일이 아니라 한다. 1977년 의회에서 습지를 제외할 것인지 여부 내지 USACE의 습지에 대한 규제권을 제한할 것인지 여부가 논의되었음에도 불구하고 제외 내지 제한하지 아니한 사실이 있었는바, 이는 이상과 같은 해석이 입법의 의사와도 일치하는 면이 있다고 주장한다. 최소한 1970년대 CWA가 처음 만들어졌을 때에 비하여 그 중요성이 떨어진 면이 있다는 점에 대한 확신이 없는 이상 종전의 판례는 그대로 유지되어야 한다고 한다. 사전적 의미로 보더라도 1년 365일 물이 흐르는 곳만이 천(stream)에 해당하는 것은 아니라는 점을 지적한다. 일 년에 290일만 물이 흐른다고 해서 규제 대상에서 제외하면 환경에 미치는 악영향을 피할 수 없다는 것이다. 습지를 점오염원(point source)이라 표현하는 법문도

---

32) 33 U.S.C. §1251(a).

있지만, 그러한 용어가 간헐천을 waters로부터 배제하는 의미를 가지고 있는 것도 아니라 한다. 의회는 오히려 오염원천에서부터 오염물질을 차단하는데 주안점을 두고 있다고 한다.

(나) 그러므로 다수의견과 달리 행정의 해석 및 포섭에 있어 재량의 여지가 생기는데, USACE는 습지가 홍수저장기능, 수질정화기능, 생태서식지로서의 기능 등을 수행하고 있어 인접한 항행가능수역 및 그 하류의 질을 보호하는데 중요하다는 판단을 하고 있었고, 그에 따라 인접성 여부에 대한 판단을 넓게 하고 있는 것인바, 그러한 판단은 존중되어야 한다는 것이다. 다수의견은 "인접(adjacent to)"을 항행가능수역과의 연속된 표면으로의 연결로 해석하고 있는데, 그렇게 축소 해석할 이유도 없다고 한다. 사전적의미로 보더라도 adjacent란 바로 접촉하고 있지 아니하는 경우도 포함된다고 한다.[33] 30년 동안 USACE의 습지 관련 해석이 유지되어 오고 있었고, 대법원도 그를 지지하고 있었다는 점, USACE의 해석이 그 동안 CWA의 목적을 충실하게 달성하여 왔다는 점 등도 USACE의 규칙을 통한 법률해석이 합리적이라 할 수 있는 근거가 될 수 있다 보았다.[34]

이상과 같이 반대의견은 Chevron 판결에 충실한 견해라 볼 수 있다. 한편, 파기환송을 한다는 점에서 위 (1)과 결론이 같아, 다수의견으로 분류되는 별개의 견해가 있었다.[35]

---

33) 그러므로 USACE가 인접의 의미를 사람이 만든 제방이나 장벽, 자연적으로 형성된 갓길, 해안모래언덕 등으로 인하여 항행가능수력과 분리된 습지도 인접한 습지로 인정하고 있는데, 그러한 해석이 辭典적 의미로 보아 잘못되었다 볼 수 없다 한다. 또한, 습지의 보호로 인한 이익과 그로 인하여 드는 비용의 편익비용분석은 행정에 의하여 행하여져야 하고, 사법이 그 판단을 대신할 수는 없다고 한다.

34) 한편, 주의 권한을 연방이 함부로 침해해서는 아니 된다는 근거조항으로 들고 있는 조항은 "주의 1차적인 책임과 권한을 인식, 보존, 보호"한다는 것인데 CWA에는 주에게 CWA 소정의 규정보다 더 강화된 기준을 적용할 수 있는 권한을 부여하고 있다는 점에서 문제가 없다고 한다. 또한 주 권한을 침해해서는 아니 된다는 것이 간헐천등을 waters 개념에서 제외하여야 하는 근거로 될 수도 없다고 한다.

35) 케네디 대법관은 항행가능수역과 중요하게 연결(significant nexus)되어 있다면 습지도 CWA상의 항행가능수역으로 볼 수 있다고 판단할 수 있다는 점에 대해서 동의한다.

(3) 소 결 론

위 사건에서는 환경을 보호하고자 하는 입장의 소수의견이 Chevron 판결의 적용을 주장하는 반면, 그에 비하여 덜 환경친화적이라 할 수 있는 다수의견은 waters라는 법 개념의 의미가 명확하여 Chevron 판결의 적용여지가 없다고 한다.

2. Coeur Alaska, Inc. v. Southeast Alaska Conservation Counsil 사건[36)]

가. 사 안

2004년 Coeur Alaska는 알라스카 서남부지역에 소재하는 켄싱턴 금광산을

그리고 그 연결(nexus) 여부는 CWA의 입법취지로부터 찾아보아야 한다고 한다. 그에 따르면 CWA는 국가의 수역의 화학적, 물리적, 생태학적 완전성(integrity)를 회복하고 유지하는 것을 목적으로 하고 있으므로 문제의 습지가 항행가능수역이 될 수 있는지 여부는 당해 습지가 독자적으로, 또는 다른 토지와 함께, 전통적 의미의 항행가능수역에 화학적, 물리적, 생태학적 완전성(integrity)에 중요한 영향을 미치는지 여부를 판단하여 결정하여야 할 문제라고 한다. 그런데 하급심이 그에 대한 판단을 하지 아니하였으므로 파기환송하여야 한다고 한다. 케네디 대법관의 위와 같은 판단은 위 (1)과 (2)의 중간적 위치라 볼 수 있다. 즉, 문리해석만으로는 충분하지 아니하고 입법취지까지 감안한 해석을 하여야 한다는 점에서 위 견해 (2)와 유사하다. 그러나 입법취지를 감안한 판단을 하기 위한 사실판단 등 필요한 판단을 원심에서 수행하지 아니하였기 때문에 파기환송하여야 한다고 판단하고 있는바, 결과적으로 하급심 판결을 파기한다는 점에서는 위 (1)과 같은 견해가 되었다. 이에 대하여 소수의견은 습지가 전통적의미의 항행가능수역과 중요한 연결(significant nexus)이 되어 있는지 여부에 따라 항행가능수역에 해당하는지 여부를 판단하여야 하는 것에 대하여 반대한다. 이는 화학적, 물리적, 생태학적 의미에서 중요하지 아니한 습지의 경우에는 개별적으로 USACE가 심사하여 허가를 하여 주면 될 일로 해석하기 때문이다. 즉, 케네디대법관의 견해에 따르면 사안에 따라 USACE가 규제권한을 가지고 있는지 여부부터 일일이 심사하여야 하는데, 그러느니 USACE가 항행가능수역 인접 습지에 대한 규제권을 가지고 중요하지 아니한 습지에 대해서 일일이 심사하여 허가 여부를 결정하면 된다는 것이다.

36) Coeur Alaska, Inc. v. Southeast Alaska Conservation Counsil, 486 F. 3d 638, 654~655 (2007).

개설하고자 하였다. 당해 회사는 거품浮遊 選鑛방식(froth-flotation)의 가공절차를 거쳐 암석으로부터 금을 분리하고자 하였다. 당해 가공과정에서 분쇄된 암석은 물 및 화학약품이 혼합된 상태로 금과 분리된다. 당해 혼합물을 현탁액(tailings slurry)이라고 하는데 이에는 알미늄, 주석, 납, 수은들도 포함되어 있다. 즉, 현탁액이란 위와 같은 물질, 분쇄된 암석, 물이 혼합된 탁한 액체라 볼 수 있다. 그 중 약 40%는 광산을 다시 메우는데 사용되고, 나머지들은 근처에 있는 Lower Slate라는 호수에 버려질 예정이었다.

그 계획에 따르면 당해 호수는 원래 수면에 비하여 약 15미터(50피트)정도 상승하고, 호수표면은 세배 정도로 넓어질 것이라 예상되었다. 당해 호수에는 각종 생물들이 서식하고 있는데 위와 같은 계획 실행 결과 당해 생물들이 계속하여 서식 가능한지 여부는 불확실하다고 한다.[37] 위 계획에 따른 현탁액(tailing slurry)의 호수에 대한 방출과 관련하여 허가권을 가지고 있는 USACE는 2005년 9월 그를 허가하였다. 그에 대하여 환경보호단체인 Southeast Alaska Conservation Counsil은 허가를 내 준 USACE 및 허가를 받은 Coeur Alaska에 대하여 각각 소송을 제기하였다.[38] 이중 후자의 소송이 본건 문제된 소송이다.

나. 주된 쟁점

CWA 301(e)와 306(e)에 따르면 EPA는 배출제한선(effluent limitation guidelines)을 만들어 기존 및 신규 오염원으로부터의 오수의 방출(discharge)을 최대한 제한하여야 하였다. 그러한 목표를 달성하기 위하여 CWA는 두 가지 조항을 만들었다.

---

37) 이 부분은 긴스버그(Ginsburg) 대법관이 작성한 반대(dissenting)의견 각주 1 참조. 원고들은 현탁액의 방출이 호수의 PH를 10으로 상승시키게 되어 모든 생물을 절멸시킬 것이고, 회복가능성도 없게 된다고 주장했다. 알라스카 원주민들도 동일한 허가가 다른 광산이나 산업에도 나게 되는 경우 그들의 어업에 지대한 악영향을 미친다고 주장했다. 반면, 이후 기술할 Ragas Memorandum에는 USACE의 직원들이 호수의 생태에 영향이 없을 것이라 판단하고 있었다는 내용이 포함되어 있었다고 한다.

38) Coeur Alaska, Inc. v. Southeast Alaska Conservation Counsil, 486 F. 3d 638 (2007).

그 첫째가 402조에 의한 EPA의 허가이다.[39] 당해 허가는 특정한 물질의 방출이 위 301조 및 306조에 의하여 요구되는 배출제한기준을 충족하는지 여부를 심사하는 것이다. 둘째는, 404에 의한 USACE의 허가로서 준설물(dredged) 또는 매립물(fill material)을 방출하는 것과 관련한 심사이다.[40]

이중 본 건에서 문제가 되는 매립물(fill material)의 정의와 관련하여, EPA와 USACE가 2002년 공동으로 제정한 規則(이하 "2002년 규칙")에서 "수면을 상승시키는 효과를 가진 물질(material [that] has the effect of … changing the bottom elevation)"이라고만 정의하고 있었다. 현탁액을 방출함으로써 호수면이 높아질 것은 자명하였기 때문에 위 현탁액이 매립물에 해당할 수 있다는 점에 대해서는 아무런 문제가 없었다.[41]

문제는 매립물에 해당한다면 402조가 적용되지 아니하느냐는 것이었다. 만약 402조도 동시에 적용된다면 404조 관련 USACE의 허가만으로는 현탁액을 호수에 방출하는 것은 불가능하다. 즉, 402조 관련 301조 및 306조를 따르고 있는지 여부에 대한 심사를 따로 받아야 한다. 참고로, 그와 관련하여 규칙(regulations)에서도 당해 문제에 대하여 명확히 해석될 수 있는 규정을 두지 아니하였다.

그 결과 EPA와 USACE의 그 동안의 관행과 문서 등이 문제되었다. CWA 제정 이후 30여년 동안의 관행은 매립물일 경우 EPA가 다시 402조에 의한 허가를 할 필요가 없다는 것이었다. 문서상으로는 2004년에 습지담당 EPA 책임자인 Ragas라는 사람이 작성한 '공표되지 아니한' 공문(이하 "Ragas Memorandum")이 있었는데, 당해 공문상으로는 402조와 404조를 중복적용하지 아니한다고 한다. 다만, 현탁액의 호수까지의 유입에 대해서는 중복적용하지 아니하지만, 호수로부터 하류로의 방출시에는 402조가 적용된다고 한다.[42]

---

39) CWA §402 (33 U.S.C. §1342).

40) CWA §404 (33 U.S.C. §1344).

41) 2002년 규칙에도 매립물에 현탁액이나 유사한 분쇄 관련 문질을 포함하도록 하고 있었다. 40 CFR 232.2.

42) www.nmfs.noaa.gov/pr/pdfs/permits/socal_eis_vol2.pdf.

반대로, '공표된' 문서상으로는 그와 달리 해석할 수 있는 여지가 있는 내용들이 몇 건 있었다. 예컨대, 1986년에 EPA와 USACE가 매립물(fill material)의 정의를 통일하는 과정에서 작성한 양해각서(memorandum of understanding), 2002년 규칙의 서문, 당해 규칙을 공포할 때 표명한 양 기관의 견해들이 그것이다.[43)]

항소심인 제9순회 재판소(the Ninth Circuit)는 그 동안의 관행을 깨고 USACE의 허가가 무효라 판결하였다. 즉, 매립물(fill material)이라 하더라도 301 및 306조의 기준을 충족하지 아니한다면 USACE는 허가해서는 아니된다는 것이었다.

다. 대법원의 판단

반면, 2009년 6월 22일 연방대법원은 위 사건을 파기환송하였다. 주된 논점은 법문 또는 의회의 의사가 명확하지 아니하다 보아,[44)] 행정관청의 의사를 존중할 것이냐의 문제였다.

(1) 다수의견

다수의견은 404조는 402조와 적용범위를 달리하는 것이라 하고 있다. 402조가 규율하는 대상들 중에서 404조는 특별히 매립물(fill material)만을 떼어서 USACE의 관할 하에 둔 것이라 판단한다. 그러므로 EPA의 심사를 받아야 하거나 USACE가 심사 시 402조 허가를 위하여 필요한 요건을 따로 심사할 이유가 없다고 본다. 다수의견은 위와 같은 결론을 도출하기 위하여 Chevron 판결의 논리를 원용한다.

즉, 그 제1단계로 CWA의 문리해석 면에서 명확한 해석을 찾기 어렵다 본

---

43) 42 Fed. Reg. 37,122 (1977).

44) "만약 법원이 의회가 문제된 쟁점과 관련하여 특정한 의사를 가지고 있었다고 확신한다면, 그 의사가 곧 법이고, 당해 의사 내용대로 효력을 부여야 한다." Chevron v. NRDC, 467 U.S. 837 (1984).

다. 402(a)는 '달리 정한 바를 제외하고는' 어떤 오염물질에 대해서도 EPA는 그 방출에 대하여 허가할 수 있다고 규정하고 있는바, 위에서 404조가 그 달리 정한 경우라 판단하기는 어렵다 한다. 또한, 402조에는 301조 및 306조에서 정한 배출기준을 준수하여야 함을 요구하고 있지만, 404조에는 그러한 내용이 없다는 것도 매립물(fill material)에 대하여 301조 내지 306조에 의한 심사를 면제하는 것으로 해석하기 어렵다고 한다. 이렇게 법문 상으로 애매한 점이 있다 봄으로써 Chevron 판결을 적용할 수 있는 여지가 발생하였다.

제2단계로, 행정부의 규칙의 형태로 공표한 내용이 있는지 여부 및 그것이 합리적인지 여부를 살펴보아야 하는데, 규칙형태로 공표된 부분 중에서는 명백하게 해답을 찾을 수 있는 부분이 없었다.[45] 즉, 규칙(regulation)도 법률의 애매함을 해결하고 있지 아니하다. 그 결과 본건의 경우에는 직접적으로 Chevron 판결을 적용하기도 어려웠다.[46]

그런데 뜻밖에도 다수의견은 최후의 수단으로 외부에 공표되지 아니한 문서인 Ragas Memorandum에 의존한다. 다수의견은 비록 이 문서가 정식(formal) 절차를 따른 것이 아니어서 Chevron 판결을 적용하기는 어렵지만, 그 내용에 포함된 다음 다섯 가지의 점을 볼 때 그 해석상 명백히 오류가 있거나 규칙과 어긋나지 아니하므로(plainly erroneous or inconsistent with the regulation), 존중될 수 있다고 한다.

---

45) EPA의 규칙 중에서 404조가 적용되는 것은 허가를 요하지 아니한다는 취지의 문언이 있지만, 이는 EPA가 당해 404조와 동일한 내용의 허가를 할 권한이 없다는 정도의 의미만이 있을 뿐, 402조 소정의 허가도 요하지 아니한다는 해석으로까지 확장될 수 있는 것은 아니었다. 40 CFR 232.2.

46) Mead 사건(United States v. Mead Corp., 533 U.S. 218 (2001))에서 연방대법원은 특정 성문 조항의 행정적 실행은 그것이 의회가 행정에게 법의 힘을 실시하기 위한 규칙을 만들 권한을 위임하였고, 그런 권한의 행사 과정에서 공표되는 경우에 한하여 Chevron 판결이 적용된다고 한다. 반면, 스칼리아 대법관은 이 사건에서도 Chevron 판결이 적용될 수 있다고 본다. 그렇지 않다면 당해 판결은 Chevron 판결을 존중(Chevron deference)하는 다른 하나의 판례가 아니라 별도의 원칙을 채용한 것이라 볼 수 있다고 한다(Coeur Alaska deference).

1. 현탁액이 호수로 유입될 때에 한하여 402조의 적용을 배제하고, 당해 현탁액이 호수로부터 하류로 이전될 때는 402조가 적용된다고 하는 점.
2. 404조만을 적용한다는 것이 오염물 방출자가 EPA의 이행기준을 회피하기 위한 시도로 악용될 수 있는 것을 의미하지는 아니한다고 하고 있는 점.
3. 현탁액 방출이 공공의 이익에 부합하는지 여부를 결정할 권한이 USACE에 있다고 판단하는 한편, 그들은 전문가이고, 그들의 판단에 따르면 현탁액이 호수를 넓고 얕게 하여 더 많은 생물이 살 수 있게 될 것이라 판단하고 있다는 점.
4. 404조만을 적용한다는 것이 독성 오염물이 항행가능수역에 들어가는 것을 허용하는 것은 아니라는 점.
5. 이상의 해석이 합리적해석이고 306, 402, 404를 조화롭게 해석하는 방법이라 보인다는 점.[47][48]

결국 이상의 다수의견에 의하면 본건은, 설사 Chevron 판결이 직접 적용될 수 없다고 하더라도, 그와 유사한 결론을 내리는 것이 가능하다는 것이다. 법에 402조와 404조의 관계를 명시하지 아니하고 있음에 반하여, 행정청의 공표

---

47) 반면, 위 Ragas Memorandum은 정식으로 공표된 문서가 아닌 반면, 공식으로 공표된 견해 들 중에서 오히려 Ragas Memorandum과 다른 내용이 들어 있는바, 그렇다면 당해 메모에 법적 효력을 부여할 수 없다는 원고의 주장에 대하여 ① 비록 원고가 1986년에 EPA와 USACE 사이에 매립물(fill material)의 정의를 통일하는 과정에서 작성한 양해각서(memorandum of understanding)에서 402조가 적용된다 하고 있지만, 이는 호수에서 그 하류로 방류할 때 적용한다는 의미일 수 있으므로 메모 내용과 다르지 않다는 점, ② 위 2002년 규칙의 서문에서 매립물(fill material)에 대한 기존의 거품부유선광방식(froth-flotation) 금 채굴에 있어서의 이행기준을 대체하는 것은 아니라는 규정 역시 기존의 이행기준이란 것이 매립물에 속하지 아니하는 경우 306조가 적용된다는 것이고, 실무 역시 그러해 왔다는 점, ③ 두 기관이 위 규칙을 공표할 때 한 언급, 즉, 이행기준에 대한 EPA의 기존의 결정은 여전히 유효하다는 표현 역시 호수에서 그 하류로 방류할 때를 염두에 둔 것이라는 점 등을 들어 받아들이지 아니하였다.

48) 원고가 매립물(fill material)에 대하여 306조에 의한 이행기준을 적용한 사례를 전거하지 못한 반면, 피고는 404조에 의하여 허가를 한 예를 두 사례 들었다는 점도 들고 있다. 그리고 EPA 및 USACE로부터의 이중의 허가를 요하는 경우 혼선, 지연, 비용, 불확실성이 발생할 수 있다는 점도 판시하고 있다.

되지 아니한 문서상으로 그 둘의 관계를 정해 놓은 것이 있었고, 그것이 합리적이라 볼 수 있으므로, 위 사건의 경우 404조만이 적용되어 USACE의 허가만으로도 충분하다는 것이다.[49)]

(2) 반대의견

소수의견은 먼저 현탁액이 알미늄, 주석, 납, 수은 등을 포함하고 있고, 그것이 호수의 생물을 죽일 것이라는 점이 명백하다고 하는 인식을 서두에 깔고 있다.

소수의견의 주요 내용은 원심의 판단이 문리적 해석에 부합한다는 것이다. 원심은 원고들의 주장 내용인 306(e)는 “새로운 오염원의 소유자 또는 운영자가 그 원천에 적용되는 이행기준(any standard of performance)을 충족하지 못하면 위법”이라 규정하고 있다는 점, 당해 규정에 있어 어떤 예외규정도 두고 있지 아니하다는 점, 거품부유선광방식의 금채광 및 그에 의한 부산물에 대한 어떤 기준도 EPA가 채택하고 있지 아니하다는 점 등을 근거로, CWA가 명확하게 매립물에 대해서도 306조가 적용되어야 함을 천명하고 있으므로, 그와 다른 행정해석은 아무런 의미가 없다고 한다. 다수의견이 Chevron 판결을 사실상 원용하고 있지만, 의회의 의사가 명확한 이상 당해 판결을 원용하는 것은 처음부터 불가능하다는 것이다.[50)][51)]

---

49) 파기환송에 참여하기는 하였지만, 다른 논거를 제시하고 있는 브라이어대법관은 매립물과 306조의 오염물을 구분할 수 있다고 주장한다. 매립물(fill material)이라 하더라도 그것이 오염된 것이라면 오염물로 볼 수 있고, 단순한 암석이라면 오염물로 보지 아니할 수 있다 한다. 매립물에 화학물 등이 섞여 있지 아니하다면 굳이 406조에 따라 EPA의 심사를 받게 할 이유가 없다는 것이다. 오염된 물건을 해수면을 상승시킬 수 있는 한 매립물이라 주장하려는 시도가 있을 수 있다는 반대의견에 대해서는 USACE의 404조 관련 계획에 대하여 그것이 도시에 대한 수도공급, 조개나 어류서식지, 야생동물, 레크리에이션활동에 받아들일 수 없는 악영향이 있는 경우에는 비토권을 행사할 수 있다는 점(1344(c))도 든다.

50) 소수의견은 CWA의 서문에 미국의 수역의 화학적, 물리적, 생태학적 완전성을 확보하고 유지하기 위하여 제정되었고, 법제정자가 강, 호수, 시내, 대양을 쓰레기처리시스템으로 사용하는 것은 허용되지 아니한다고 법 제정자가 말하고 있다는 점, 모든 오염물을

(3) 소 결 론

위 사건에서는 Rapanos 사건과 반대로 환경을 보호하고자 하는 입장의 소수의견이 법문, 특히 306(e)의 의미가 명확하여 Chevron 판결이 적용될 수 없다 주장하는 반면, 그에 비하여 덜 환경친화적이라 할 수 있는 다수의견은 그 의미가 명확하지 아니하다고 보아 Chevron 판결과 동일한 논리를 적용하고 있다. 특기할만한 점은 United States v. Mead Corp. 사건에 의하면 본건이 Chevron 판결을 적용할 수 없는 경우임에도 불구하고 그와 동일한 결론을 도출하였다는 점이다.

3. Entergy v. Riverkipper 사건[52)]

가. 사 안

Entergy Corporation은 원자력 및 화력발전소를 운영하고, 그로부터 산출되는 전기를 판매하는 회사이다. 발전 과정에서 많은 열이 발생하는데 그를 식히기 위하여 강으로부터 다량의 물을 흡입하여야 한다. 그런데 그 흡입 과정에서 크기가 큰 어류들은 흡입구에 흡착되고,[53)] 작은 생물들은 아예 흡입되

통제하기 위하여 402조를 두고 있고 그에 따라 National Pollution Discharge Elimination System을 운용하고 있는 반면, 404는 기본적으로 통일되고 기술에 기반을 둔 오염통제기준이 되지 아니한다는 점, 수면을 높일 수 있는 것이라면 무엇이든 매립물로 보아 404조만이 적용된다면 오염물도 얼마든지 402조에 의한 규제를 피할 수 있다는 점 등을 근거로 제시하고 있다.

51) 소수의견은 자신의 해석이 타당하다는 근거로, 다수의견이 "선광방식으로부터 나오는 처리수(process water)를 미국의 수역(waters)에 방출하는 것은 금지된다."는 규칙(40 CFR 440.104(b)(1))에 위배된다고 하는 점을 들고 있기도 하다. 그러나 당해 조항은 "there shall be no discharge of process wastewater to navigable waters from mills that use the froth floatation process"라 하고 있어 호수에서 하류로 방류되는 경우에만 적용된다 볼 수 있는 여지도 없지 않다.

52) Entergy Corp. v. Riverkipper, Inc,, 129 S.Ct. 1498 (U.S. 2009).

53) 'Impingement'라 한다. 사전적 의미로는 침해인데, 위와 같이 해석하였다.

어,[54] 죽거나 다치는 일이 발생하게 되었다. 당해 현상은 모든 발전소에서 공통으로 발생하는데, 그로 인한 미국 내 피해는 어획 활동 관련 피해만으로도 일년에 약 7-8천만 달러에 달하고, 생태계에 미치는 영향이나, 어획활동과 무관한 수생생물에 대한 피해 등까지 합치면 그보다 훨씬 크다고 한다. 한편, 원고인 Riverkipper는 허드슨 강과 그 지류의 환경을 보호하기 위한 시민단체이다.[55]

나. 주된 쟁점

CWA는 위와 같은 피해를 막기 위하여 냉각수 흡입 시설의 설치장소, 디자인, 건설, 용량은 환경에의 악영향을 최소화하기 위하여 '이용가능한 최상의 기술(Best Available Technology, "BAT")'를 사용하여야 한다고 규정하고 있다.[56]

이 BAT 强制 규정과 관련하여 EPA는 단계별로 규칙을 만들었다. 우선, 新規시설에 대해서는 2001년에 계산된 피해 수치 대비 피해규모가 98% 감소할 수 있도록 처리수의 재활용(closed-cycle)을 할 수 있는 장치를 도입하도록 하였다. 旣存시설에 대하여는 2004년에 규칙을 제정하였는데, 원칙적으로 이들 시설도 재활용 장치를 도입하도록 함으로써 큰 어류들의 피해는 계산된 피해 수치 대비 80~95%, 작은 수생생물의 경우에는 60~90% 감축할 수 있도록 하여야 한다고 한다.[57]

그런데 당해 규칙에는 旣存시설에 관한 한 반드시 재활용장치를 설치하지 아니하여도 될 수 있도록 대체적 방안을 사용할 수 있는 길을 열어 놓았다. 즉, 행정청이 예상한 것보다 소요되는 비용이 현격하게 크거나(significantly greater than), 그 비용과 편익을 분석(Cost-Benefit Analysis, "CBA")하여 전자가 현격하게

54) 'Entrainment'라 한다.

55) http://www.riverkeepers.org/.

56) CWA 316(b). 33 U.S.C. §1326 (b), "the location, design, construction, and capacity of cooling water intake structures reflect the best technology available for minimizing adverse environmental impact"

57) 40 CFR 125.94(b)(1), (2).

클 경우에는, 재활용시설을 만드는 대신 기존기술을 활용하거나, 추가적 어류보호기술을 사용하거나, 어류 등에 대한 피해회복수단을 강구하는 등 다른 방법을 사용하여 위 목표를 달성하여도 된다는 것이다.58) 피고인 Entergy Corporatoin도 당해 방법에 따른 허가를 받았다.

문제는 그와 같은 대체적 방법이 CWA가 규정하는 '이용가능한 최상의 기술(BAT)'과 부합하느냐 여부였다. 원고인 Riverkipper는 EPA 규칙에 반영되어 있는 대체적인 방법들은 CWA가 요구하고 있는 '이용가능한 최상의 기술'에 부합하지 아니한다고 주장했다. 이는 발전소 운영주체가 비용이나 편익을 왜곡하여 산정할 수 있으며, 신기술을 발전시키는데 저해요인으로 작용할 수 있고, 동일한 목표를 달성한다고는 하지만 목표 달성 여부에 대한 심사도 사실상 어려워 CWA의 입법취지를 달성하기 어렵다는 점 때문이었다. 원심인 제2순회재판소도 그러한 주장을 받아 들였다.59)

다. 대법원의 판단

(1) 다수의견

다수의견은 원심의 판단을 Chevron 판결을 이용하여 파기 환송하였다.

그 제1단계로 BAT라는 용어가 명확한 용어라 볼 수 없다고 한다. 다수의견은 의회가 BAT라는 용어 내에 CBA가 포함되는지 여부를 결정하지 아니하였다고 보았다.60) 그 결과 Chevron 판결이 적용될 여지가 생겼다.

제2단계로, 그러한 경우 행정이 한 해석은 그 해석이 합리적인 한 사법에 의하여도 존중되어야 한다. 즉, 행정이 BAT 속에 CBA가 포함된다고 해석하는 경우, 그러한 해석이 합리적 범위 내에 있는 한, 비록 그러한 해석이 최상

---

58) 40 CFR 125.94(a)(5)(i), (ii).

59) Riverkeeper, Inc. v. USEPA, 475 F. 3d 83 - Court of Appeals, 2nd Circuit 2007.

60) 다른 용어, 즉, "경제적으로 실현가능한 최상의 이용가능기술"이나 "이용가능한 확실한 통제기술" 등은 CBA를 배제하는 듯 보이지만, BAT라는 용어가 CBA를 배제하는지 여부는 분명하지 아니하다고 한다.

의 입법해석결과라거나 또는 가장 합리적인 해석방법에 해당하지 아니한다고 하더라도, 행정의 결정은 존중되어야 한다고 한다.61)

그 다음 단계로 BAT 속에 CBA가 포함되는 것으로 해석하는 것이 합리적 판단으로 볼 수 있다고 한다. 다수의견은 BAT가 특정 상품을 가장 잘 만들 수 있는 기술을 의미할 수도 있지만, 당해 상품을 가장 효율적으로 만들 수 있는 기술을 의미할 수도 있다고 해석한다. 그리고 CWA에는 "환경에의 악영향을 '최소화'하기 위하여"라는 단어가 나오는데, 이 때 최소화의 의미에 대해서도 정도의 문제로 볼 수 있으며, 같은 법의 다른 용어 例를 보면 "오염물방출의 박멸", "극단적인 문서작업의 최소화" 같은 표현이 있는바, 그에 비해서는 오히려 약한 개념이라 볼 수 있다고 주장한다.

그리하여 결과적으로 BAT에 CBA를 포함시킨 행정의 해석은 존중되어야 한다고 한다.62)

(2) 소수의견

소수의견은 의회가 사용한 BAT라는 개념으로부터, 의회가 스스로 그 내용을 장악하려 하고자 하는 의사만을 찾을 수 있을 뿐, 행정에게 그 해석을 위임하고자 하는 의사는 찾아 볼 수 없다고 한다. 그러므로 당해 용어의 해석 과정에서 CBA가 포함될 수 있다고 한 EPA의 결정은 허용될 수 없고, 그 결정이 합리적인지 여부는 따져 볼 필요도 없다고 한다.

---

61) Chevron U.S.A., Inc. v. Natural Resources Defense Council, Inc., 467 U.S. 837 (1984).

62) 브라이어대법관은 '이용가능한 최상의 기술'이라는 개념을 의회가 스스로 정의내리지 아니하였다는 점에서 행정에게 해석의 여지는 있다 볼 수 있다고 한다. 그러나 그 해석상의 합리성에 대해서는 더 살펴보아야 한다는 견지에서 원심을 파기 환송하는 다수의견에 찬동하였다. 실질적 내용상으로는 소수의견에 더 가까운데, CWA 입법과정에서 CBA를 허용하면 허가절차가 지연되고, 비용이나 편익을 왜곡하여 산정할 수 있으며, 신기술을 발전시키는데 저해요인으로 작용할 수 있다는 점 등을 감안하여 CBA를 제한하려고 하는 의사가 있었던 것으로 보인다고 한다. 다만, 그렇게만 해석하는 경우 경제적 문제가 발생할 수 있다는 점 때문에 위와 같이 판시한 것으로 보인다.

(3) 소 결 론

위 사건에서는 Rapanos 사건과 반대로 환경을 보호하고자 하는 입장의 소수의견이 법문, 특히 306(e)의 의미가 명확하여 Chevron 판결이 적용될 수 없다 주장하는 반면, 그에 비하여 덜 환경친화적이라 할 수 있는 다수의견은 그 의미가 명확하지 아니하다고 보아 Chevron 판결과 동일한 논리를 적용하고 있다.

Ⅲ. 판결에 비추어 본 불확정개념 논의

1. 불확정개념의 해석에 한정하여 본 위 각 사건의 분석

앞서 본 CWA 관련 사건들은 모두 법률에서 사용된 불확정개념 또는 법률이 명확히 해석되는지 여부가 문제되는 부분과 관련하여 논쟁이 발생한 것이다. 그런데 연방대법원은 어느 경우에는 문제되는 법률 개념이 불확정개념에 해당한다고 보아 Chevron 판결을 적용하여 행정의 해석을 존중하고, 어느 경우에는 불확정개념에 해당하지 아니한다고 보아 Chevron 판결을 적용하지 아니하여 행정의 해석을 따르지 아니한다.

그런데 세 사안을 비교하여 보면 불확정의 정도와 판단의 결과가 서로 잘 맞지 아니하는 듯한 느낌이 없지 않다. 유일하게 확실한 것은 세 판결 모두 환경이익 측면에서 불리한 판결이라는 점이다. 이 글의 제목을 '불확정개념의 해석과 환경법의 퇴보'라 붙인 것도 그 때문이다.

가. Rapanos v. United States 사건

라파노스사건에서 주된 쟁점이 된 것은 문제의 습지가 CWA 소정의 the waters of United States라 볼 수 있는지 여부였다. CWA가 시행된 이래 30여년 이상 문제의 습지와 같은 지역은 위 waters 개념에 포함된다고 해석하여 오고 있었다. USACE는 전통적인 의미에서의 항행가능수역 이외에 그에 인접한 습지도 waters에 포함된다는 규칙을 제정하고 있었고, 그렇게 해석하는 것이 수질 환경에 도움이 되기도 했다.

그런데 다수의견은 USACE가 제정한 규칙의 효력을 부인한다. 그러나 그와 같은 결론을 도출하기 위해서는 Chevron 판결의 적용여지를 부인하여야 하였다. 그리하여 다수의견은 법률을 통하여 살펴볼 수 있는 입법의 의사가 명확하여, Chevron 판결이 적용될 여지가 없다고 말하여야 하였다. 그 결과 waters가 불확정개념이 아니라는 결론으로 흐르지 아니할 수 없었다.

그러나 그와 같은 해석이 타당한 것인지에 대하여는 의문의 여지가 없지 않다. 무엇보다 waters가 "지표면에 영속적으로 물이 흐르는 곳"이라는 해석에 의문의 여지가 없다 보기 어렵다. 사안의 습지는 강이나 호수로부터는 32킬로미터 정도 떨어진 위치에 있었지만, 실개천이나 배수로를 통하여 강이나 호수로 연결되어 있었다. CWA의 입법목적을 전통적 의미의 항행가능수역의 수질보호로 한정한다고 하더라도, 문제의 습지가 실개천이나 배수로를 통하여 전통적의미의 항행가능수역과 연결되어 있다는 점을 감안한다면, 당해 습지도 전통적의미의 항행가능수역의 수질에 위협을 가할 수 있었다. 그러므로 CWA의 입법취지를 감안한다면 waters를 다수의견과 같이 해석함은 적정하다 보기 어려웠다.

더 나아가 대법관들 사이에서 의미의 명확성을 가지고 4:4로 팽팽히 맞서고 있다는 현실 그 자체가 waters라는 용어의 의미가 명확하지 아니하다는 점을 반증한다. 다른 두 사건의 경우 용어의 명확성에 대하여 다투고 있었지만, 모두 명확하지 아니하다는 결론으로 흘렀고, 凡人도 아닌 대법관 사이에마저도 해석에 다툼이 있는 정도라면 불확정개념으로 보는 것이 타당하다는 측면에서 본다면 그러한 결론을 비난하기 어려운 점이 없지 않았는데, Rapanos 사건은 반대였던 것이다.

나. Coeur Alaska v. Southeast Alaska Conservation Counsil 사건

재미있게도 라파노스 사건에서 다수의견, 즉, Chevron 판결의 적용여지가 없다고 주장하였던 대법관들은, Coeur Alaska 사건에서는 Chevron 사건과 동일한 논리를 적용하여야 한다고 판결하였다. Coeur Alaska 사건에서 종전의 실무 방식은 현탁액은 CWA 소정의 매립물이고, 매립물에 관한 한 402조의 적용여지가 없어 허가권자는 USACE만이 된다는 것이었다.[63)]

매립물에 대해서는 404조가 적용되지 아니한다는 문구가 402조에 있었다면 다수의견은 쉽게 환경단체의 주장을 내칠 수 있었을 것이다. 그런데 402조에 그와 같은 문구가 없고, 달리 402조와 404조의 관계를 규정한 조항도 없었으며, 오히려 402조 및 그 근거가 되는 301조, 306조의 내용을 살펴보면 설사 404조의 매립물에 해당하더라도 402조에 의한 심사를 따로 받아야 한다고 해석될 여지도 있음을 발견하게 되었다. 그에 따라 다수의견은 매립물에 대하여 402조에 따른 심사를 받아야 하는지 여부에 대하여 의회가 애매한 태도를 취하고 있다고 판단함으로써 Chevron 판결에 의지하게 된다. 이미 행정 실무상으로는 매립물에 대해서 402조를 적용하지 않고 있었기 때문이다.

그런데 실무처리 내용에 불구하고 USACE나 EPA가 제정한 규칙상으로는 매립물에 대하여 402조를 적용하지 아니하여도 된다는 문구가 없었다. 그러므로 위 사안은 Chevron 판결이 적용될 수 있는 전형적인 사안이 아니었다. Mead 사건[64)]에서 연방대법원은 (i) 의회가 행정에게 법을 실행하기 위하여 규칙을 만들 권한을 위임하고, (ii) 그 권한 행사 결과가 공표된 경우에 한하여, Chevron 판결이 적용될 수 있다고 하고 있었다. 그런데 위 사건에서는 공표된 규칙을 찾아볼 수 없었다. 유일하게 찾을 수 있었던 근거가 Ragas Memorandum 이었는데, 그 역시도 외부로 공표된 것은 아니었다. 그러함에도 불구하고 다수의견은 매

---

63) Koons, Jennifer (June 22, 2009). "Supreme Court Backs Army Corps, Mining Company in Alaska Water Case". The New York Times. Retrieved June 24, 2009.

64) United States v. Mead Corp., 533 U.S. 218 (2001).

립물에 대하여 402조를 적용하지 아니하는 행정의 해석을 존중하여야 한다고 하여 Mead 판결과 달리 사실상 Chevron 판결을 적용하고 있다.

이러한 해석은 비난 받을 가능성이 적지 아니하였다. Chevron 판결을 적용하기 위하여 402조, 306조의 의미가 명확하지 아니하다고 하고 있지만, 306조의 문언을 보면 앞서 Rapanos 사건에서 의미가 명확하다고 본 waters 보다는 오히려 더 명확한 편이었다. 더 나아가 당해 사건의 경우에는 規則(regulation) 중에서 402조의 적용을 배제할 수 있는 근거조항이 없다는 점에서 Chevron 판결을 적용할 수 없는 경우이기도 했다.

환경보호의 측면에서도 문제가 많았다. 물론, 다수의견도 문제의 호수가 오염될 가능성을 전혀 도외시할 수는 없었다. 그래서 나온 것이 Ragas Memorandum의 내용 중에 호수에 대한 현탁액 방출과 관련하여 허가를 한 USACE가 전문가로 구성되어 있고, 그들의 판단에 따르면 현탁액이 호수를 넓고 얕게 하여 더 많은 생물이 살 수 있게 될 것이라고 한다는 부분이 들어 있다는 지적을 하는 것이었다. 그러나 그러한 믿음이 얼마나 타당한 것인지는 의심의 여지가 없지 않았다. 문제의 현탁액 속에 알루미늄, 주석, 납, 수은들도 포함되어 있다는 점이 심리과정에서 나타나 있는 상황이라면 최소한 문제의 호수가 오염될 여지가 없지 않다는 생각을 할 수 있었다. 그러함에도 불구하고 환경단체의 주장을 받아들이지 아니할 수 있었던 수단이, Ragas Memorandum에 있는 내용인, 호수 그 자체로의 현탁액의 유입에는 402조가 적용되지 아니하지만, 그것이 전통적의미의 항행가능구역으로 흘러들어가게 될 때는 402조가 적용될 수 있다는 것이었다. 이것이 말하는 것은 최소한 전통적 의미의 항행가능수역에 오염물이 유입되는 것은 막을 수 있을 것이니, 실무의 입법해석이 나름 합리적이라 볼 수 있다는 것이다. 그러나 그를 거꾸로 해석하면 하류로 방류만 되지 아니한다면 호수 그 자체의 오염에는 신경 쓰지 아니하겠다는 말이 된다.

다. Entergy v. Riverkipper 사건

사건 당시 행정의 실무는 EPA 제정 규칙에 따른 CBA 결과에 의해 경우에 따라서는 재활용장치를 이용하지 아니할 수 있다는 것이었다. 다수의견은 그와 같은 행정의 실무(행정규칙)를 그대로 따르고자 하였다. 그러기 위해서는 CWA에서 사용되고 있는 BAT가 기술적 측면에서 보았을 때 최상의 기술을 말하는, 명확한 용어라 해석하여서는 아니 되었다. 그리하여 BAT는 명확한 용어가 아니며, CBA가 포함될 수 있는지 여부를 의회가 결정하지 아니하였다는 결론을 내린다. 그 이후 BAT에 CBA가 포함된다 해석하는 것이 합리적 해석이라는 결론을 내려야 하는데, 그에 걸리는 부분이 CWA에서 "환경에의 악영향을 최소화하기 위하여"라는 부분이었다. 당해 부분에 대해서도 최소화라는 용어보다 강한 어조의 다른 표현들이 CWA에 있다는 점에서 "최소화"라는 문언적 의미에 너무 구애될 필요가 없다는 태도를 취한다.

이 판결에 대해서도 비판의 여지가 없지 아니하다. 소수의견이 말하는 바와 같이 Best Available Technology(BAT) 이라는 용어는 기술적인 측면을 언급한 것으로 해석하는 것이 문언 그 자체에 충실한 해석으로 보이는 면이 없지 않다. 다수의견을 제시한 대법관들은 Rapanos 사건에서 waters를 애매하지 아니한 명확한 용어라 하였는데, 위와 같은 BAT라는 용어는 최소한 waters 보다는 덜 애매한 용어로 보인다.

2. 우리 행정법에 대한 시사점

가. 불확정개념의 효력

미국 연방대법원은 불확정개념이 사용되는 경우 議會의 意思가 무엇인지 파악하는 것을 최우선의 과제로 보고 있다.[65] 반대로, 의회가 어떤 사안에 대하여 불명료한 용어를 사용하여 명확한 해법을 만들어 두지 아니하였다면, 행정에게 해석의 여지를 남긴 것이라 해석하는 것이 일반적이다. 물론 미국도 Waymann 판결[66]에서 "(의회가) 중요한 사항에 대하여는 직접 결정을 내리고,

65) 독일 역시도 판단여지의 근거로서 1990년대 이후에는 判斷授權說이 주장되고 있다. 박정훈, 전게 논문, 256면.

기타의 부분에 대해서는 위임할 수 있다."는 기준을 제시하였고, Hampton 판결[67]은 의회가 수권의 목적과 내용을 명확히 규정함으로써 행정부가 이를 따를 수 있도록 해야 한다는 고려 하에 "明瞭한 原則"을 授權 基準으로 제시하기도 하였다. 그러나 무엇이 "명료한 원칙"인지에 대해서는 Krislov가 "역사적으로 법원은 진정한 단서를 발견하지 못한 채 의회의 지침들이 전혀 구속력을 가지지 않는 것으로 생각되는 경우에도 이들 지침의 합헌성을 인정해 왔다. 대부분의 판결에서 이 점을 지적하고 있으며, 공익(the public interest)을 의회의 위임에 대한 충분히 명료한 원칙으로서 인정한 판례들을 최선의 증거로서 인용하고 있다."고 서술하고 있는 것처럼[68] 구체적인 내용을 찾아보기 힘든 것이었다. 실제의 사례를 보면 수권 법률에 사용된 "정당하고 합리적인 기준", "공공의 편의와 필요", "공공의 이익" 등의 기준에 대하여 그 의미의 모호성, 불명확성에 불구하고 수권법률 자체를 위헌으로 보지 아니하였다.

반면, 우리 헌법재판소의 결정들을 보면 議會의 意思보다 文理에 치중하는 듯한 해석을 하는 경향이 없지 아니하다. 특히 불확정개념을 이용한 위임규정의 효력을 부인하는 경우 그러한 경향을 보인다. 자유권이 재산권에 영향을 미치는 행정법, 예컨대, 환경법, 세법의 경우 법률에 사용된 불확정개념은 그 의미만으로 대강의 내용을 예측할 수 있어야 하고, 그렇지 아니하면 위헌을 면할 수 없다는 판단을 쉽게 찾아 볼 수 있다.[69] 이점 우리 헌법재판소가 의회의 의사보다도 문언 그 자체에 천착하는 듯한 느낌을 받을 수 있는 대목이다. 미국이 제헌 헌법 때부터 권력분립에 대하여 강하게 규정하고 있으면서도 이

---

66) Wayman v. Southard, 23 U.S. 10 Wheat. 11 (1825).

67) J. W. Hampton, Jr. & Co. v. United States - 276 U.S. 394 (1928).

68) Samuel Krislov, The New Separation and Delegation of Powers Doctrine, in Handbook of Regulation and Administrative Law, 1994, 60. 조홍식, "분산이익소송에서의 당사자적격-삼권분립과 당사자적격, 그리고 사실상의 손해의 함수관계", 「판례실무연구Ⅳ」, 박영사, 2000. 9, 홍준형·송석윤, 「위임입법의 한계에 관한 연구」, 헌법재판소, 1996, 262~263면에서 재인용.

69) 헌법재판소 1991. 7. 8. 선고 91헌가4 결정; 2001. 9. 27. 선고 2001헌가5 결정; 1998. 4. 30. 선고 95헌바55 결정; 1994. 6. 30. 선고 93헌바9 결정.

미 살펴본 바와 같이 法律留保의 원칙은 사실상 사문화되고, 法律優位의 원칙만이 남아 있다 보아도 과언이 아닌데,[70] 우리나라의 경우에도 입법의 한계를 고려하여 본다면 법률유보 원칙을 너무 편협하게 해석할 일만은 아니다.

나. 불확정개념에 대한 사법심사여부 및 강도

미국은 입법으로 불확정개념에 대한 행정의 결정이 임의적·자의적(Arbitrary and Capricious)이지 아니하면 취소하지 아니하도록 하고 있다. 그런데 그 해석과 관련하여 Chevron 판결은 행정의 결정이 입법에 대한 最上의 해석이나 가장 합리적인 해석이 아니라 하더라도 무방하다는 입장을 취한다. 즉, 최상의 해석이나 가장 합리적 해석이 아니라 하더라도 합리적 해석으로 볼 여지가 있는 이상 존중되어야 한다고 한다. 그 결과 사법심사의 강도가 현저히 약하여졌다고 볼 수 있다.

그러한 경향은 위 Coeur Alaska 사건이나 Entergy 사건에서 찾아 볼 수 있다. Coeur Alaska 사건에서 다수의견의 결정은 호수 그 자체의 수질은 포기하겠다는 의사와 마찬가지라 볼 수 있고, Entergy 사건에서의 다수의견은 환경기술의 개발이 외면되는 결과가 초래될 것이라는 우려를 낳게 한다. 그러한 점에서 본다면 행정해석이 합리적인 것인지 여부에 대한 의심의 여지가 없지 아니함에도 불구하고 연방대법원은 합리적이라 보고 있는 것이다. 어쨌든 미국의 경우 불확정개념의 경우에도 그 관련 행정의 해석이 임의적·자의적인지 여부를 심사하여 그 기준에서 일탈하지 아니하면 합리적이라 보아 존중하고, 기준에서 일탈하면 재량의 남용(abuse of discretion)이라 보아 위법하다 보는 과정을 거치고 있다. 불확정개념에 대하여 판단여지설을 주장하면서 사법심사의 대상에서 제외된다고 주장하는 일부 국내 학설과는 대비되는 대목이다. 불확정개념의 경우에도 사법심사의 강도가 문제될 뿐 사법심사의 대상에서 제외시켜서는 아니 된다.

---

70) 이에 대한 자세한 내용은 김성균·이비안, "본질성이론의 관점에서 본 불확정개념의 효력", 「조세법연구」, 제14집 제1호, 2008. 4, 참고.

다. 불확정개념 해당여부에 대한 판단

위 세 판결을 보면 waters, BAT 등 용어가 불확정개념에 해당하는지 여부 그 자체만으로도 많은 다툼이 있는 것을 발견할 수 있었다. 우리 헌법재판소는 불확정개념을 사용한 위임규정의 위헌여부를 판별함에 있어 예측가능성을 기준으로 제시하고 있고, 당해 예측의 주체로서 一般人을 기준으로 하고 있다.[71] 그런데 심지어 憲法裁判所 裁判官들 사이에서 예측가능성을 두고 치열한 논전을 벌인 이후임에도 불구하고 문제되는 용어가 예측가능성이 있어 합헌이라 해석하는 경우가 적지 않다. 이는 예측가능성이라는 개념이 假裝개념이라는 점을 알 수 있는 대목이다. 어찌 보면 헌법재판소 재판관들의 평등권, 환경권 및 재산권 중 무엇을 더 우선시 하는가라는 기본권 사이의 선호체계가 특정 불확정개념의 유무효를 결정하고 있다 보는 것이 더 정확해 보이는 면이 없지 않다.

이 글에서 살펴 본 미국의 세 판례 역시 동일하다. 재산이나 경제적 가치에 비하여 환경가치에 대한 고려 정도가 어느 정도인지 여부가 특정 단어를 불확정개념으로 볼 것인지 여부를 가르는 직접적인 기준이 되고 있다 보아도 과언이 아니다.[72] 다수의견이, 보다 덜 명확해 보이는 waters라는 개념에 대하여 명백하다 보는 반면, 보다 더 명백해 보이는 BAT에 대하여는 명백하지 아니하다 주장하는 이유는 그로써 해석 가능할 것이다.

---

71) 헌법재판소 1998. 7. 16. 선고 97헌바23 결정; 1992. 2. 25. 선고 89헌가104 결정; 1989. 12. 22. 선고 88헌가13 결정 등.

72) 세 판결을 보면 어떤 경우는 다수의견이, 어떤 경우에는 반대의견이 Chevron 판결을 원용하고 있음을 알 수 있다. 반면, 다수의견 및 반대의견에 서는 사람들의 구성은 매 사건에서 거의 동일하다. 이는 Chevron 판결이 보여주는 사법소극주의 입장 그 자체는 중요한 것이 아니고, 각 대법관이 다른 기본권에 비하여 환경권에 대하여 어느 정도 우선권을 두느냐가 더 중요한 문제라는 점을 보여준다. 그 판단 결과에 따라 Chevron 판결의 원용여부가 가려지고, 다시 그 결과에 따라 특정 개념이 불확정개념인지가 가려진다. "불확정개념여부 → Chevron 판결원용여부 → 환경이익보호여부"의 순서로 판단되는 것이 아니라 그 반대의 순으로 판단되고 있는 것이다. 외견상으로 불확정개념이 獨立變數인 것처럼 보이지만, 실제는 從屬變數일 가능성이 높다.

이점 불확정개념이란 문리 그 자체만으로 판단되는 개념이 아니고, 기본권에 대한 선호체계에 따라 해당여부가 달라질 수 있는 개념임을 반증하는 것이라 하겠다.

라. 심사기준의 의미

미국의 경우 불확정개념 관련 행정결정에 대한 위법심사기준은 당해 결정이 임의적·자의적(Arbitrary and Capricious)이라 볼 수 있느냐 여부이다. 임의적·자의적이지 아니하다면 合理的이라 보아 행정의 결정을 존중하고, 그렇지 아니하다면 재량남용(Abuse of Discretion)으로 보아 위법하다고 한다. 우리나라에서는 불확정개념 관련 행정결정에 대한 사법심사의 기준에 대하여 달리 논의되지 아니하지만, 재량과 불확정개념을 구분하지 아니하는 입장에서는 재량에 있어서의 일탈·남용이라는 기준을 그대로 적용하여도 무방할 것이다.

다만, 사견으로는 逸脫·濫用 및 위법하다 볼 수 없는 不當이라는 개념의 기준을 객관적으로 구분할 수 있는지 여부에 대하여 회의적이다. 살펴 본 세사건 모두에서 발견할 수 있는 점은 환경에 대한 가치를 어느 정도 두느냐에 따라 불확정개념에 해당하는지, 행정의 결정이 임의적·자의적이라 볼 수 있는지 여부가 갈라진다는 점이었다. 어쩌면, 불확정개념 해당 여부는 물론, 일탈·남용, 부당이라고 하는 개념 모두가 基本權에 대한 選好體系를 가장하기 위한 假裝개념인지도 모른다.

마. 사법적극주의, 사법소극주의

더 나아가 사법적극주의, 사법소극주의라는 행정의 결정에 대한 사법통제의 강도에 대한 언급도 가장개념에 불과한 것인지 모른다. 앞서 Rapanos 사건은 행정의 결정을 내치고 있다는 점에서 사법적극주의입장에 가깝다. 반면, 다른 두 사건은 사법소극주의 입장에 가깝다. 그러나 세 경우 모두 환경비친화적인 다수의견의 견해라는 점을 감안하면, 사법적극주의·사법소극주의라는 용어는 기본권에 대한 선호체계의 발현과정에서 결과적으로 그렇게 비추어질 뿐인 면이 적지 아니하다.

살펴 본 세 사안 모두 하급심은 환경친화적 판결을 하였고, 연방대법원은 환경 비친화적 판결을 하였을 뿐, 일관하여 행정의 결정을 내치고 있거나 존중하거나 하고 있는 것은 아니다. 이점 하급심은 사법적극주의, 연방대법원은 사법소극주의를 따르고 있는 경향을 보인다는 세간의 인식이 그리 올바른 것이라 볼 수 없다는 점을 보여주고 있다.

바. 핵심주제로서의 기본권에 대한 가치체계

이상에서 불확정개념 該當與否, 불확정개념의 有無效與否, 불확정개념의 사법심사 기준으로서의 임의성·자의성(우리식으로 말하면 逸脫·濫用), 사법심사의 强度 등이 모두 판단자의 기본권에 대한 가치체계와 연동되어 있다는 점을 알 수 있었다.

유일하게 중요하게 작용한 것은 위와 같은 용어들이 아니라 환경에 대한 의지였다. 최근 Massachusetts v. EPA 사건[73]과 같은 예외적인 사건이 있긴 하였지만, 위 세 사건에서 공통적인 부분을 꼽으라면 모두 환경 비친화적 판결이라는 점이다. 환경 비친화적 판결을 이끌어 내기 위하여 어느 경우에는 Chevron 판결을 적용할 수 있다 하고, 어느 경우에는 적용할 수 없다고 하는 상반된 판결을 하고 있다. 또한, 같은 목적을 위하여 어느 경우에는 행정의 판단이 임의적·자의적이라 하고, 어느 경우에는 그렇지 아니하다는 판결을 하고 있다. 다른 한편, 그러면서도 그 표결 결과가 5:4 내지 6:3이고 파기환송 이유까지 들여다보면 4:4 내지 4:3인 사건들이 대부분이라는 점을 알 수 있는데, 이는 결국 대법관의 구성이 사안에 미치는 영향이 작지 아니함을 잘 알려 주는 것이라 할 수 있다. 그러한 점에 비추어 본다면, 현재 대법원장만이 제청권을 갖는 대법관 인선 절차는 再考해 볼 필요성이 크다 보지 아니할 수 없다.

---

73) Massachusetts v. EPA 549 U.S. 497 (2007).

Ⅳ. 結論(보이는 손과 Chevron 판결)

마지막으로 Chevron 판결이 우리 현실에 맞는 것이라 볼 수 있는지 여부에 대한 언급을 하여야겠다. 미국의 경우 활발한 시민단체 운동이 있기도 하거니와 각종 변호사단체들이 입법에 적극적으로 관여하는 등 비교적 입법과정에 있어서의 통제가 우리나라에 비해서는 잘 이루어지고 있는 편이다.[74] 행정에 대한 통제와 관련하여서도 환경문제와 관련하여 적극적으로 소송이 제기되고 있고, 그러한 소송 과정에서 시민단체들에게 비교적 넓게 원고적격이 인정되고 있기도 하다.

반면, 각종 기업 등 이익단체의 압력에 취약해질 수밖에 없는 것이 현재 의회의 실정이기도 하다. 보이지 아니하는 다수의 이익을 대변하는 것이 아니라 보이는 일부 단체들의 이익을 대변하기 쉬운 조직이기도 하다. 그 점 행정부 역시 다르지 아니하다. 오히려 입법보다 행정이 취약한 면을 보이고 있다. 미국에서도 온실가스를 *危害大氣汚染物質*로 보는 것과 '사실상' 같은 입장을 취하는 판결(Massachusetts v. EPA 사건) 등 보기 드물긴 하지만, 연방대법원이 적극적 판결을 하는 경우를 찾아 볼 수 있는데, 특히 위 판결은 그 동안 행정이 국민 모두의 이익보다는 특정 자동차 단체의 이익을 더 비호하여 왔다는 의심이 바탕에 깔렸기 때문에 가능하였다 보는 시각이 없지 아니하다.

이러한 점은 우리나라라 하여 다르지 아니하다. 오히려 입법이나 행정이 보이는 손에 의하여 좌우되는 정도가 다른 선진제국과 비교하여 작다 보기 어려운 것이 사실이다. 그러한 상황에서 合理性이라는 기준만으로 행정결정의 위법성 판단을 피해간다면 특정 단체의 이익을 제외한 기타 국민의 이익은 도외시되는 결과로 귀착될 가능성마저 있을 수 있다.

앞서 불확정개념과 관련한 각종 논점에 있어 기본권의 선호체계가 가장 중요한 요소라는 점을 살펴보았다. 이는 불확정개념은 재산권, 자유권 및 환경

---

74) 특정 조항의 개정과 관련하여 뉴욕변호사협회 등 유관기관으로부터 제출된 장문의 의견서를 찾아보는 일이 어렵지 아니하다.

권, 평등권 사이의 대립관계에서 언제든지 그 해석을 달리 할 수 있는 개념임을 말한다. 그런데 의회의 입법이나, 당해 입법을 근거로 한 행정의 행정결정이 국민 다수의 이익을 대변한다는 보장이 없는 상황이라면, 당해 입법 내지 행정에 대한 통제역할을 할 수 있는 다른 방법이 있지 아니하면 아니 되고, 그러한 측면에서 마지막으로 기댈 수 있는 곳이 법원이라 볼 수 있는 면이 없지 않다.

그러한 면에서 볼 때 합리적인 한 최상의 결정이 아니거나 가장 합리적인 결정이 아니라 하더라도 행정의 결정은 존중되어야 한다는 Chevron 판결은 그 참고에 있어야 유의하여야 할 점이 없지 아니하다.

Chapter 03

利益衡量의 입장에서 바라본 행정법 : 不確定槪念

Ⅰ. 序 論

불확정개념과 관련한 그 동안의 논의들을 살펴보면 그리 통일되어 있다는 느낌을 받지 못한다. 그 중요한 이유는 불확정개념에 대한 논의가 1955년 Bahof로부터 진행되기 시작하여 독일에서조차 완전히 이의 없이 정립된 견해가 있다 보기는 어렵기 때문일 것이다.

현재까지 불확정개념과 관련하여 논의되는 주요한 내용을 요약해 보면 다음과 같다. 불확정개념이란 그 개념 자체로는 그 의미가 명확하지 않고 해석의 여지가 있는 개념을 말한다.[1] 불확정개념을 해석 적용함에 있어 둘 이상의 상이한 판단이 행하여 질 수 있고 행정기관에게 판단여지가 인정되는 경우 행정기관의 판단은 법원에 의한 통제의 대상이 되지 아니한다는 것이 판단여지설이다.[2] 이에 대하여 혹자는 불확정개념은 원칙적으로 무제한적 사법심사가 허용되어야 하며, 다만 부득이한 경우 예외적으로만 판단여지가 인정되어 사법심사가 배제된다고 함이 독일의 경향이고, 이러한 태도는 우리나라의 경우에도 도입되어 있다고 한다.[3] 또한, 혹자는 불확정개념의 적용에 관하여 객관적 기준이 결여되어 있어 법원의 판단으로 행정청의 신중한 판단을 대체하는 것이 타당하지 않은 경우에 한하여, 즉 고도로 전문적이고 기술적인 판단이나 고도로 정책적인 판단에 속하는 불확정개념의 적용에 한하여, 사법심사가 제한된다고 보아야 한다고 한다.[4] 어쨌든, 이상의 각 견해는 불확정개념과 관련

1) 박균성, 「행정법론(상) 제12판」, 박영사, 2013, 284면.
2) 박균성, 상게서, 284면.
3) 홍정선, "불확정개념과 재량개념", 「이화여대 사회과학연구논총」, 7집, 1987, 28면.
4) 박균성, 상게서, 284면.

하여 사법심사를 일부 또는 전부 배제하고자 한다는 점에서는 동일하다. 그리고 그러한 한도 내에서 불확정개념과 재량개념은 구분의 의의가 있다고 한다. 다만, 판례는 반대의 입장이다.[5] 불확정개념이 가진 다의적인 사전적 의미와 달리 구체적 상황 하에서는 하나의 정당한 의미만이 있을 뿐이기 때문에 사법심사의 대상이 되어야 한다고 하는 견해도 적지 않다.[6]

그런데 불확정개념과 관련하여 이상의 논의 이전에 더 먼저 논의되어야 하는 것이 있다. 그것은 불확정개념에 법적 효력을 인정할 수 있느냐의 문제이다. 침익적 행정행위의 요건으로서 불확정개념이 사용되는 경우, 종래의 법치주의의 관점에서 볼 때, 당해 규정의 법적 효력이 인정될 수 있다고 보기에는 선뜻 내키지 아니하는 면이 있을 수밖에 없다. 수익적 행정행위의 경우에도 다를 바 없다. 한정된 국가의 자원을 생각해보면 특정한 계층에 대한 수익적 행정행위가 다른 계층에 대해서는 불이익하게 작용할 수 있다는 면도 있거니와, 수익을 받고자 하는 자의 입장에서 수익을 얻을 수 있을지 여부가 불투명하게 된다는 문제점도 발생할 수 있어 수익적 행정행위에 사용되는 불확정개념의 법적 효력도 의심할 필요성이 없지 아니하다.

특히 이러한 문제를 심각하게 생각하지 않을 수 없는 곳이 環境法, 經濟法, 稅法 등 분야이다. 환경법에서는 일찍이 법률에서 불확정개념만을 사용하여 재산권, 자유권을 제한하는 경우가 적지 아니하였다. 또한, 불확정개념을 이용하여 행정에게 입법을 위임함으로써 그로 인하여 재산권, 자유권을 제약받는 국민들의 예측가능성을 해하는 경우도 없지 아니하였다. 그러한 경우 당해 법령의 법적 효력을 인정할 수 있을까? 언뜻 보면 부정적 결론으로 귀결될 수 있을 듯 보이는 이 질문은 환경법, 경제법, 세법 등 분야에서 불확정개념을 사용하여 입법하여야 할 필요성이 절실히 요구된다는 점 때문에 전혀 간단한 문제가 될 수 없게 되었다.

필자는 이미 다른 논문에서 불확정개념의 법적 효력에 대하여 검토한 바 있다.[7] 이 글의 주된 목적은 행정법 총론 차원에서 학생들에게 소개하고 있는

---

5) 시험의 채점기준과 관련한 대법원 1964. 6. 30. 선고 63누194 판결, 교과서검정행위와 관련한 대법원 1992. 4. 24. 선고 91누6634 판결 등.

6) 홍정선, 상게논문, 26면.

불확정개념 관련 논의들이 타당한지 여부에 대한 것이고(Ⅲ), 당해 부분에 논의를 집중하고자 한다. 다만, 그 관련 이해를 위하여 불확정개념 효력 관련 논의가 필요한 부분이 있는바, 당해 한도 내에서만 그를 소개할 예정이다(Ⅱ).

Ⅱ. 불확정개념의 效力 與否

1. 불확정개념의 效力 與否

가. 기본권 충돌 현상의 일상화

근대 프랑스, 영국 및 미국의 법률은 그 외견적 내용에 불구하고 비교적 제한된 계층의 이해관계에 충실한 것이라 볼 여지가 적지 않다. 이는 입법의 주체가 그 당시 사회의 주류를 이루고 있던 계층, 즉, 귀족 내지 부르조아 계층이었기 때문이다. 이들 귀족 내지 부르조아 계층이 그 무엇보다 중요시하였던 것은 그들의 자유 및 재산의 보호였다. 그러므로 근대 혁명 이후 입법 과정에서 주로 강조되어 온 것은 자유권, 재산권이 되지 아니할 수 없었다.[8] 그리하여 비교적 오래지 아니한 시점까지도 자유권 및 재산권 중심의 이론 구성이 지속되어 왔고, 그러한 이상 기본권 주체들 사이의 기본권 충돌 현상이 있다고 하더라도 그러한 충돌현상이 현재만큼 두드러지지는 아니하였다.

---

7) 김성균·이비안, "본질성 이론의 관점에서 본 불확정개념의 효력 - 세법을 중심으로 -", 「조세법연구」, 제14집 제1호, 2008, 참조.

8) 법치주의의 시발점이라고 하는 Magna Carta의 본문 제1조는 종교에 대한 것이지만, 제2조는 왕이 귀족에게 일정 금액 이상을 징수할 수 없다는 내용이었다. 1628년의 권리청원이나 1689년의 권리장전도 귀족들이 왕과의 싸움에서 자신들의 기득권을 지키기 위하여 나타난 것이었다. 1789년의 프랑스혁명은 신흥 부르주아 계층들이 자신들의 의사와 무관하게 세금을 징수하려다가 발생한 것이었다. 독일의 근대화는 노동자의 점증하는 노동자 세력에 맞서 왕과 부르주아가 타협을 하는 과정에서 달성되게 된다. 특히 독일의 경우 1900년대 직전까지만 하더라도 독일의 정치 상황 속에서 재산권, 자유권만이라도 행정으로부터 확보하고자 하는 노력이 계속되어 오기도 했다(이창희, 「세법강의」, 박영사, 2008, 12~3면).

그런데 현대에 이르러 상황이 일변하였다. 독일은 바이마르헌법이 형식적으로 흘렀다면, 제2차 세계대전 이후에는 국민 개개인 모두의, 헌법상의 모든 종류의 기본권이, 그 실질적인 의미를 갖게 되기에 이르렀다. 예컨대 인간다운 생활을 할 권리, 교육을 받을 권리, 환경권 등 권리들이 과거에는 프로그램적 권리라 불렸던 시절도 있었지만, 이제는 기본권이 사회통합을 위한 도구로 인식되면서 점점 더 그 권리의 실체성을 인정받고 있는 추세이다. 이렇게 국가가 보장하여야 하는 기본권의 내용이 대폭 확대되고, 그에 따라 기본권을 주장할 수 있는 주체들의 범위도 대폭 확장되어 가는 추세는 과거와 다른 문제점을 노정하게 된다.[9)]

과거에는 재산권, 자유권 중심의 입법체계만 유지하면 되었고, 그에 별다른 자원이 소요되지 아니하였기에, 기껏해야 기본권 주체 사이의 자유권, 재산권 사이의 충돌만이 검토대상이 될 수 있을 뿐이었다. 그런데 위와 같은 추세 속에서는 한정된 자원이 문제를 발생시키기 시작한다. 즉, 한정된 자원 속에서 다양한 기본권 주체 사이의 다양한 기본권을 모두 충족시키는 것이 불가능하여졌던 것이다. 물론 그러한 현상이 과거에는 없었던 것은 아니지만, 그 심도 및 범위가 폭증하였다는 점에 문제가 발생한 것이다. 그에 따라 기본권 주체 사이의 기본권 충돌 현상이 이제는 日常化되었다 보아도 과언이 아니다. 예컨대, 환경권은 자유권, 재산권과 충돌을 일으키는 경우가 적지 않다. 언뜻 보면 이해관계의 충돌이 없는 것으로 보이지만, 위헌결정의 상당부분을 차지하고 있었던 세법도 위헌소송을 제기하는 당사자인 납세의무자와 기타 납세의무자 사이의 이해관계 충돌 현상이 그 근저에 내포되어 있다.[10)]

---

9) 허영, 「한국헌법론」, 박영사, 2013, 227면.

10) 이 글에서 다루는 기본권 충돌은 헌법에서 흔히 논의하는 직접적인 충돌 이외에 자원의 분배를 매개로 한 간접적 충돌까지 포함되는 개념으로 사용하였다. 예컨대 무상급식 문제는 그 수혜를 받는 학생 및 학부모와 기타 국민 사이의 이익충돌이 있는 장면이라 볼 수 있겠다. 위 세법의 사례도 동일하다. 행정이 당면한 각 문제 중 상당한 비중을 차지하는 문제가 한정된 자원을 어떻게 배분하느냐의 문제라는 점에서 위와 같이 보는 것이 의미가 있을 것으로 생각된다. 헌법에서 논의되는 기본권의 제한도 기본권의 충돌을 피하는 한 방법으로 생각할 수 있을 것이다.

나. 국가의 임무로서의 利益衡量과 입법·행정의 業務分掌

이러한 상황 속에서 국가의 임무라 할 수 있는 사회 구성원의 기본권 실현의 극대화 과정에서 국가가 가장 중요하게 수행하여야 하는 업무는 바로 한정된 자원 속에서 우선적으로 실현하여야 하는 기본권을 무엇으로 선정할지의 문제, 즉, 기본권 사이의 우선순위를 어떻게 정할 것인지의 문제라 보아도 과언이 아니게 되었다.

우선적으로 실현하여야 할 기본권을 결정하는 방식은 무엇일까? 그것이 기본권 사이의 비교형량 작업을 통하여 이루어져야 한다는 점에 대해서는 별 이론의 여지가 없는 것 같다. 즉, 위 기본권의 실현순서를 정하는 작업은 바로 기본권 사이의 형량 작업과 다를 것이 없다.[11)]

이렇게 국가의 기본기능을 다양한 기본권 주체들 사이의 이익형량 작업이라고 정의한다면, 立法이 당해 형량작업의 일반·추상적 기준 제시를, 行政이 그 집행을 담당하는 것이 原則的인 업무분장이라 볼 수 있을 것이다.

다. 法治主義 전제조건의 파괴

(1) 이익형량이 필요한 장소의 예측 곤란 문제

그러나 그렇게 생각하는 경우 당장 발생하는 문제는 입법이 당해 기준 설정 작업을 완전무결하게 해 낼 수 있느냐의 여부이다.[12)] 완벽한 입법의 전제조건은 미래에 발생할 기본권 사이의 이익형량이 필요한 모든 경우의 수를 완벽하

11) Schlink 등 이익형량을 배척하여야 한다는 논리도 없지는 아니하지만, Lerche와 같이 사익과 사익간의 상충 문제뿐만 아니라 공익과 사익간의 상충문제조차 이익형량을 도외시하면 풀 수 없는 경우가 있다는 주장으로서는 허영, 전게서, 268~273면.

12) "법치주의 측면에서 법률은 일반적·추상적 규범으로서 행정의 모든 활동을 포섭하여 규율할 수 있다는 픽션을 전제로 하는 것이다. 여기에다가 행정도 단일하고 통일된 크기로 존재하여 직업 공무원제를 근간으로 하는 전문적 관료제에 의해 법률을 충실하게 기계적으로, 다시 말해 자기 자신의 가치판단과 의사결정을 추가하지 않고 집행한다는 법률 집행의 픽션까지 추가 된다."고 하는데(박정훈, "행정법의 구조변화로서의 '참여'와 '협력'-독일에서의 이론적 논의를 중심으로", 「행정법의 체계와 방법론」, 박영사, 2005, 244면) 이들 전제가 깨어짐을 말한다.

게 예측해 낼 수 있어야 한다는 것이다. 그래야 일반·추상적 법률을 만들어 낼 수 있기 때문이다. 자유권, 재산권이 주된 관심사였던 시대에는 그러한 법률을 만들어 내는데 어려움이 없었다. 그러나 현대에 들어서서는 사정이 완전히 달라졌다. 이미 살펴 본 바와 같이 현대 국가가 전체 국민들의 기본권을 실현하여야 하는 주체이고, 그나마 기본권의 범위도 생활권적 기본권 등으로까지 넓혀졌으며, 반면 자원의 한계 때문에 기본권 모두를 실현하는 것이 사실상 불가능한 단계에 이르렀다. 그리하여 필연적으로 거의 모든 장소에서 기본권의 우열관계에 따라 실현의 순서를 조정하여야 하는바, 당해 장소를 입법이 일일이 예상하여 규정하는 것이 사실상 불가능하기 때문이다.

이러한 입법의 한계 문제는 특히 環境法, 經濟法, 稅法 등 개별 행정법 각론에 해당하는 각 분야에서 더욱 더 심각하게 다가온다. 예컨대 환경법과 관련하여 환경권과 기타의 기본권이 충돌하는 장면을 사전에 충분히 예상하지 못하는 경우가 많다. 그러한 경우 이익형량의 일반·추상적 기준을 정한 법규를 만들어 낼 수 없다. 경제법이나 세법도 마찬가지이다. 그에 대비하여 입법이 취할 수 있는 방법은 다음의 두 가지 이다.

(i) 법률에서 불확정개념을 사용하여 행정에게 입법을 위임하고, 행정은 당해 법률 및 행정입법을 기초로 구체적인 사안에서 이익형량을 하는 방법.

(ii) 법률에서 불확정개념만을 사용하고, 행정에게 입법위임도 하지 아니하며, 행정은 당해 법률만을 기초로 구체적인 사안에서 이익형량을 하는 방법. 행정조차도 일반·추상적 이익형량 기준을 마련하는 것이 어려운 경우 이 방법을 사용하게 될 것이다.[13)]

(2) 사 례

위 (i)의 경우를 들어보자. 구 상속세법 제34조의 4[14)]는 "제32조 내지 제34조의 3의 경우를 제외하고 대통령령이 정하는 특수 관계에 있는 자로부터 현

13) 김성균 등, 전게 논문 참조.

14) 1981.12.31. 법률 제3474호로 개정되고, 1990.12.31. 법률 제4283호로 개정되기 전의 것.

저히 저렴한 대가로써 대통령령이 정하는 이익을 받은 자는 당해 이익을 받은 때에 그 이익에 상당하는 금액을 증여받은 것으로 본다."고 규정하고 있다. 현저히 저렴한 대가에 대한 구체적인 내용은 시행령에 상세히 규정되어 있었다.

다음으로 위 (ii)의 예를 들어보자. 「상속세 및 증여세법」 제2조 제3항은 包括的贈與條項이라 불리워진다. 당해 조항은 과세대상 행위인 "증여"의 개념을 "그 행위 또는 거래의 명칭·형식·목적 등과 관계없이 경제적 가치를 계산할 수 있는 유형·무형의 재산을 직접 또는 간접적인 방법으로 타인에게 무상으로 이전[현저히 저렴한 대가를 받고 이전(移轉)하는 경우를 포함한다]하는 것 또는 기여에 의하여 타인의 재산 가치를 증가시키는 것"이라 정의하고 있다. 이 정의가 불확정개념으로 점철된 것임은 누구나 인지할 수 있을 것이다. 이 조항이 2003년 신설된 계기는 위와 같은 조항이 없을 때 각종 편법 증여행위가 만연하였는데 당해 행위 하나하나를 법규에 명시하여 과세할 수 있도록 조치하면 또 다른 편법증여행위가 나오고 그에 대하여 과세할 수 없는 악순환이 계속되자 당해 문제를 일거에 해결할 필요성이 있다는 것이었다.

라. 불확정개념 有無效 判斷 基準

(1) 豫測可能性 및 明確性

과거 헌법재판소는 불확정개념의 법적효력에 대하여 종래의 법치주의의 논의에 충실한 입장에서 엄격한 잣대를 적용하고 있었다.

(가) 불확정개념을 이용한 위임규정의 경우

위 (i)의 경우와 관련하여, 즉, 법률에서 불확정개념을 사용하면서 구체적 내용을 시행령에 위임한 법률규정과 관련하여, 헌법재판소는 헌법 제75조 소정의 '구체적으로 범위를 정하여'라 함은 법률에 대통령령 등 하위법규에 규정될 내용 및 범위의 기본사항이 가능한 한 구체적이고도 명확하게 규정되어 있어서 누구라도 당해 법률 그 자체로부터 대통령령 등에 규정될 내용의 대강을 豫測할 수 있어야 함을 의미한다고 한다.[15] 또한 "本質的 내용에 관하여는 원칙적으로 법률에 明確하게 규정되어야 하고 이와 같은 사항을 대통령령 등 하위법규에 위임하는 데에는 일정한 한계가 있다고 한다.[16)]

그리하여 세법분야에선 "현저히 높은 가액"이라는 불확정개념에 대하여 합헌결정이 있었으나 다수의견은 위헌이었고,[17)] "현저히 저렴한 대가로 대통령령이 정하는 이익"이라는 불확정개념은 위헌으로 결정되었으며,[18)] "용도가 객관적으로 명확하지 아니한 것"이라는 불확정개념은 한정위헌으로 결정 된 바 있다.[19)]

(나) 법률에 불확정개념을 사용하고 달리 행정에 입법위임을 하지 아니한 경우

위에서 소개한 포괄적 증여조항에 대해서 세법학계에서는 위헌이라는 의견이 적지 않게 대두되고 있다고 한다. 실제 예측가능성 내지 명확성의 잣대를 사용하면 위 조항은 위헌이라는 판단을 면하기 힘들다. 그와 달리 예측가능하다 주장한다면 그것은 억지라 아니할 수 없다.

(2) 문제점

(가) 불확정개념을 이용한 위임규정의 경우

(1)(가) 소정의 헌법재판소 결정에 대해서는 종래부터 비판의 여지가 적지

---

15) 헌법재판소 1991. 7. 8. 선고 91헌가4 결정.

16) 헌법재판소 2001. 9. 27. 선고 2001헌가5 결정.

17) 구 상속세법(1996. 12. 30. 법률 제5193호 상속세및증여세법으로 전문개정되기 전의 것) 제34조의 2 제2항 관련 헌법재판소 2001. 8. 30. 선고 99헌바90 결정. "제34조의 규정에 해당하는 경우를 제외하고 현저히 높은 가액의 대가로서 재산을 대통령령이 정하는 특수관계에 있는 자로부터 양수한 경우에는 그 재산을 양수한 때에 있어서 재산의 양수자가 그 대가와 시가와의 차액에 상당한 금액을 대통령령이 정하는 특수관계에 있는 자인 양도자에게 증여한 것으로 본다."

18) 구 상속세법 제34조의 4(1981.12.31. 법률 제3474호로 개정되고, 1990.12.31. 법률 제4283호로 개정되기 전의 것) 관련 헌법재판소 1998. 4. 30. 선고 95헌바55 결정. "제32조 내지 제34조의 3의 경우를 제외하고 대통령령이 정하는 특수관계에 있는 자로부터 현저히 저렴한 대가로써 대통령령이 정하는 이익을 받은 자는 당해 이익을 받은 때에 그 이익에 상당하는 금액을 증여받은 것으로 본다."

19) 헌법재판소 1994. 6. 30. 선고 93헌바9 결정.

않았다. 헌법재판소는 예측가능성과 관련하여 "건전한 상식과 통상적인 법감정을 가진 사람",[20] "통상의 판단능력을 가진 사람",[21] "건전한 일반상식을 가진 자"[22]를 기준으로 그 존부를 판단하여야 한다고 한다. 그러한 점에 비추어 보면 위 "현저히 높은 가액"이라는 불확정개념과 관련하여 다수의견이 위헌의견이었음에도 그 숫자가 6인에 미치지 못하여 합헌으로 결정된 경우를 예측가능한 개념이라고 주장하는 것은 그 자체 어불성설이다. 다년간 재판업무에 종사한 헌법재판관들 사이에서도 예측가능성 여부에 대한 판단이 달라지는 개념을 일반인의 입장에서 예측가능하다고 보는 것은 정상적인 판단이라고 보기 어렵다.

또한, 헌법재판소의 결정 결과 당연하게도 자유권, 재산권 이외의 기본권이 상대적으로 경시되는 결과를 빚지 아니할 수 없었다. 위 각 사안에서 위헌으로 결정된 경우 원고인 납세의무자의 재산은 보호될 수 있었지만, 소득이 있는 곳에 과세되어야 한다는 측면을 보면 다른 납세의무자들의 평등권이 침해되는 경우라 볼 수 있었다. 즉, 불확정개념을 사용하여서라도 과세를 하려고 하는 시도가 무산됨에 의하여 유산자만이 보호되고 그 결과 걷지 못하는 세수만큼 그렇지 아니한 자들이 부담하여야 하는 형평의 문제가 발생하게 되었다. 환경법분야에선 무분별한 재산권의 행사에 맞서 불확정개념을 사용하여 환경이익을 보호하려고 하는 시도는 무위로 돌아가게 될 수 있었다.

(나) 법률에 불확정개념을 사용하고 달리 행정에 입법위임을 하지 아니한 경우

다수 학자의 입장과 달리 이익형량의 측면에서 접근한다면 포괄적증여조항은 합헌이라 판단될 가능성이 적지 아니하다. 생각건대 합헌인지의 여부는 증여세를 내야 할 납세의무자와 그가 명확성의 잣대를 이용하여 세금을 회피한 결과 그 만큼 추가적인 세금을 내야할 다른 납세의무자의 기본권 중에서 누구의 기본권이 우선되어야 하는 것인지의 측면에서 접근해 볼 필요가 있다. 편

20) 헌법재판소 1998. 7. 16. 선고 97헌바23 결정.
21) 헌법재판소 1992. 2. 25. 선고 89헌가104 결정.
22) 헌법재판소 1989. 12. 22. 선고 88헌가13 결정.

법적 증여를 받은 납세의무자가 아닌 기타의 납세의무자들은 위 조항의 위헌 소송과 관련하여 아무런 주장도 할 수 없는 사람들이다. 그들의 이익을 보호하여 주어야 하는 주체는 입법 및 행정일 수밖에 없고, 수십 년의 입법개정 경험 결과 입법이 택할 수 있는 마지막 답이 불확정개념을 사용하는 것이었다면 위 조항을 위헌이라 판단할 수는 없는 일이다.

(3) 예측가능성, 명확성 기준의 무의미성

최근에는 예측가능성이나 명확성이라는 잣대는 그대로 사용하면서도 불확정개념의 효력을 인정하는 결정 예들을 많이 찾아 볼 수 있다. 환경법에서의 사례를 살펴보자. 오수·분뇨 및 축산폐수의처리에 관한 법률(1999. 2. 8. 법률 제5864호로 개정된 것) 제5조 제1항은 "오수처리시설의 방류수수질기준은 환경부령으로 정한다."라고만 규정하고 있었다.[23] 위 규정에 의하여 관할 행정청이 과태료처분을 한 사안에서 법원이 위 조항에 대한 위헌심판을 제청하자 헌법재판소는 이미 소개한 합헌여부 판단 기준을 그대로 원용하면서도 다음과 같이 결정하였다.[24]

> 예측가능성의 유무는 당해 특정조항 하나만을 가지고 판단할 것은 아니고 관련 법조항 전체를 유기적·체계적으로 종합 판단하여야 하며 각 대상법률의 성질에 따라

23) 환경법에서 이런 정도의 규정만을 두고 있는 경우는 많이 찾아 볼 수 있다. 환경정책기본법 제10조 제1항은 "정부는 국민의 건강을 보호하고 쾌적한 환경을 조성하기 위하여 환경기준을 설정하여야 하며 환경여건의 변화에 따라 그 적정성이 유지되도록 하여야 한다."고 규정하고 있다. 이로 인하여 국민의 재산권, 자유권이 제한 될 수 있음은 물론이다. 그런데 동 제2항은 "제1항의 규정에 의한 환경기준은 대통령령으로 정한다."라고만 규정하고 있다.

24) 헌법재판소 2004. 11. 25. 선고 2004헌가15 결정. "방류수수질기준"을 불확정개념으로 볼 수 있을지는 불확정개념의 개념을 어떻게 보느냐에 달라질 수 있다. 불확정개념을 개념 자체로는 그 의미가 명확하지 않고 해석의 여지가 있는 개념이라 정의할 때 위 방류수질기준도 불확정개념에 포함될 수 있을 것이다. 참고로 불확정개념에 해당하는지 여부는 문리적 표현 그 자체만으로 판단할 수 있는 것이 아니다. 그에 대하여는 Ⅲ. 1. 나. (2) 부분 참고.

> 구체적·개별적으로 검토하여야 한다. 법률조항 자체에서 위임의 구체적 범위를 명확히 규정하고 있지 않다고 하더라도 당해 법률의 전반적 체계와 관련규정에 비추어 위임조항의 내재적인 위임의 범위나 한계를 객관적으로 분명히 확정할 수 있다면 이를 일반적이고 포괄적인 백지위임에 해당하는 것으로 볼 수는 없다. 첫째, 수질환경의 여건은 기후변화, 산업발전의 정도와 생활수준의 향상 등과 같은 경제적·사회적 상황에 따라 수시로 변동하는 것이며, 수질환경기준설정은 고도의 전문성·과학성이 필요한 영역으로서 '오수·분뇨및축산폐수의처리에관한법률'이 추구하는 자연환경과 생활환경의 청결 및 수질오염의 감소라는 공익목적을 효율적으로 달성하기 위해서는 방류수수질기준을 환경부령으로 정하여 상황에 맞게 유동적으로 대처할 필요가 있다. 둘째, 환경에 관한 일반법인 환경정책기본법과 오수·분뇨및축산폐수의처리에관한법률 제1조, 제2조 및 제5조를 유기적·체계적으로 고려하여 볼 때, 방류수수질기준의 경우에도 수질오염실태파악을 위한 측정자료로서 환경정책기본법상의 수질환경기준 항목인 수소이온농도, 생물학적산소요구량, 부유물질, 대장균군수 등을 측정항목으로 정할 것으로 충분히 예측할 수 있으며, 측정수치와 관련하여서도 환경기준을 유지할 수 있을 정도의 수준을 요구할 것으로 대강의 예측이 가능하다. 그러므로 오수·분뇨및축산폐수의처리에관한법률 제5조 제1항 중 "오수처리시설의 방류수수질기준은 환경부령으로 정한다" 부분은 방류수수질기준을 탄력적으로 규제한다는 측면에서 일정 정도의 위임의 불가피성이라는 측면, 그리고 위임의 명확성이나 수범자의 예측가능성이라는 측면에서 보아 위임입법의 한계를 벗어난 것이라고 할 수 없다.

그러나 과연 재판관들이 위 문구가 명확하거나 예측가능하기 때문에 위와 같은 판단을 하고 있는 것인지 의심스럽지 아니할 수 없다. 참고로 위 결정의 소수의견은 다음과 같이 판시하고 있다.

> 당해 법률조항만이 아니라 그 규범이 위치하는 법률 전체를 포함한 관련법조항의 체계적인 해석을 통하여 판단해야 한다는 점을 고려하더라도, 오수·분뇨및축산폐수

> 의처리에관한법률의 다른 규정과 환경에 관한 일반법인 환경정책기본법으로부터는 일반적인 수질환경의 측정기준에 관한 사항만 예측할 수 있을 뿐 어느 정도의 범위 내에서 방류수수질이 허용되는지에 대해서는 이를 예측할 수 있는 자료가 전혀 없으며, 이 사건 법률조항은 과태료부과조항인 오수·분뇨및축산폐수의처리에관한법률 제58조 제1항 제1호와 결합하여 과태료를 부과하는 구성요건적 조항이 되므로, 비록 이 사건 법률조항이 형법법규는 아니라 하더라도 이와 유사하게 기본권을 제한하는 요소가 강하다는 점에서, 위임의 명확성에 대하여 형법법규에 버금가는 엄격한 요구를 해야 하는바, 이 사건 법률조항은 입법위임의 명확성을 요청하는 헌법 제75조에 위반되는 규정으로서 위헌으로 판단되어야 한다.

같은 사안에서 헌법재판소 재판관의 일부는 명확성 내지 예측가능성이 유지되고 있다고 하고, 다른 재판관은 유지되고 있지 못하다고 판단하고 있다. 명확성 내지 예측가능성의 판단 시 그 준거 집단이 일반인이어야 함을 감안한다면, 재판관 사이에서도 의견이 통일되지 못하는 개념은 명확성 내지 예측가능성이 없다 보아야 한다. 그러함에도 불구하고 다수의견이 예측가능 내지 명확한 개념이라 본 것은 예측가능성, 명확성이라고 하는 개념은 어디까지나 가장적 유효판단기준에 지나지 아니한다는 것을 말하여 준다.

헌법재판소가 사용하는 명확성, 예측가능성이라는 기준이 적절한 이익형량을 통한 구체타당한 결론을 얻는데 한계가 있다 보니, 불확정개념의 법적효력을 인정하여야 하는 장소라 판단되는 경우에는 불확정개념이 명확하지 아니함에도 불구하고 명확하다고 억지를 부리는 것에 불과하다. 어찌 보면, 헌법재판소가 이미 너무 커버린 사회에 종래의 낡은 옷을 억지로 끼워 맞추면서 어느 경우에는 몸에 맞는다고 하고, 어느 경우에는 맞지 않다고 주장하는 것이나 다름없다.

(4) 불확정개념의 유효성 판단기준으로서의 불가피성

그리하여 불확정개념의 효력은 예측가능성, 명확성이라는 잣대가 아니라 기본권 사이의 이익형량의 관점에서 접근해 볼 필요성이 있다. 즉, 일반·추상적 이익형량 기준을 만들어야 할 입법이 당해 기준을 만들기 위한 최선의 노력을 다한 후, 마지막 수단으로 선택한 방법이 불확정개념이었는지 여부가 더 중요한 잣대가 되어야 할 것이다.

이점에서 예측가능성이나 명확성 보다 더 중요한 기준은 다수의견에서 발견할 수 있는 "불가피성"이라는 용어이다.[25] 필자가 생각하는 불가피성이란 바로 입법 및 행정 사이의 이익형량 관련 업무분장 결과 입법이 이익형량을 위한 일반·추상적 기준을 만들기 위한 최선의 노력을 다하였음에도 불구하고 당해 작업에 실패하였다는 것을 말한다. 즉, 그러한 장소에서 사용된 불확정개념이라면 명확성이나 예측가능성을 들어 그 유효여부를 판단하는 것은 결과적으로 자유권, 재산권만을 보호하는 결과로 귀착될 수 있다.

마. 법치주의의 再解釋

앞서 立法은 자신이 예측하지 못한 이익형량이 필요한 장소에 대한 대안을 마련하지 아니할 수 없었고, 그 하나가 요건을 불명확하게 규정하거나, 그와 동시에 행정에 입법을 위임하여, 행정에게 이익형량의 기준설정작업 및 이익형량작업을 맡기는 것이었다. 경우에 따라서는 충돌하는 기본권 사이의 이익형량이 필요함에도 불구하고 그러한 사실이 있을지 여부를 입법이 전혀 예측하지 못하여 재량의 여지조차 남기지 아니한 입법을 하는 경우도 있다. 이러한 경우에도 이익형량을 포기할 수 없음은 어찌 보면 당연하다. 재량행위와 관련하여 논의되는 效果裁量說[26]이 설득력을 가질 수 있는 이유는 법문상으로

---

25) 세법에서도 동일하다. 헌법재판소는 "현저히 높은 가액"이라는 불확정개념과 관련하여 "위 법률조항 중 현저히 높은 가액 부분과 같은 불확정개념이 과세요건 명확주의의 원칙에 반하여 허용될 수 없는 것인가 여부는 일률적으로 판단할 수 없고 개별적인 경우에 과세요건 명확주의의 이념과 조세법의 성질에 따른 불확정개념 사용의 불가피성을 비교형량하여 판단하여야 한다."고 하고 있다(헌법재판소 2001. 8. 30. 선고 99헌바90 결정).

26) 요건충족의 효과로서 발급되는 행정행위가 침익적 행정행위이면 기속행위이고, 수익적 행정행위이면 재량행위라고 하는 설을 말한다. 효과재량설에 대한 개요는 박정훈,

는 재량이 인정되지 아니하는 듯이 보이는 장소에서도 적절한 이익형량을 위하여 법문과 달리 이익형량을 하지 아니하면 아니되는 경우가 있기 때문이라 해석하여도 무방할 것이다.27)

어쨌든 이익형량이 국가의 주요한 기능의 하나가 되고 있는 반면, 당해 이익형량에 대한 일반·추상적 기준을 완벽하게 제공해 주지 못하는 입법의 한계가 드러난 상황에서라면, 舊來의 법치주의에 대한 해석방향도 그에 맞게 변모하여야 할 필요성이 적지 않다. 국가의 의무가 특정한 자의 기본권을 보호하는 것이 아니라 다수 당사자의 기본권 실현을 극대화하는 것인 만큼, 일체의 국가작용 역시 다수 당사자 사이의 基本權 利益衡量의 측면에서 바라보지 않을 수 없다. 이익형량은 가능한 한 立法이 하는 것이 좋겠지만 입법이 장래 필요한 이익형량 작업을 사전에 예측하여 모두 반영하는 것은 불가능하다. 그에 따라 입법이 스스로 결정한 마지막 수단이 불확정개념의 사용 및 입법위임이라고 한다면28) 그 효력을 인정하여야 한다. 그렇지 아니하고 예측가능성 또는 명확성의 원칙 잣대만으로 불확정개념의 효력을 부인하는 것은 국민의 기본권을 최대한 실현하여야 하는 국가의 의무를 외면하는 것이나 다름없는 결과를 초래한다.

이런 점에서 볼 때 불확정개념이란 입법의 업무태만이 아니라 이익형량을 끝까지 포기하지 아니하고자 하는 입법의 고민의 산물이라 불러 부족하지 아니하다. 일반·추상적 이익형량 기준을 마련하여야 할 立法이 여러 기본권 사이의 이익형량이 필요한 장소를 최대한 찾고 그에 대해 명확히 규정하고자 노력하였음에도 불구하고 실패한 결과, 최후의 방안으로 선택한 것이 이익형량을 위한 대강의 기준만을 마련하고 나머지 형량 업무를 행정에게 위임하는 것

"불확정개념과 판단여지", 「행정작용법(중범 김동희교수 정년기념논문집)」, 박영사, 2005, 253면 참고.

27) 법문이 재량여부를 판단하는 유일한 기준이 될 수 없다는 점은 "…할 수 있다."는 규정이 모두 재량규정이라 볼 수 없으며, 법규정의 문언상의 표현은 일응의 추정을 가능케 할 뿐이고 절대적인 기준은 아니라고 보는 견해(고영훈, "재량과 판단여지", 「과학기술법연구」, 9집 2호, 2003. 12, 192면) 등에서도 찾아 볼 수 있다.

28) 독일 역시도 판단여지의 근거로서 1990년대 이후에는 判斷授權說이 주장되고 있다. 박정훈, 전게논문, 256면.

이었고, 그 수단으로 사용된 것이 불확정개념이었다면 당해 불확정개념의 효력을 부인하여서는 아니될 것이다.

이 글을 의회가 불확정개념을 남용할 여지를 주고, 이로 인하여 행정의 자의적 법집행을 가능하게 하여 헌법이 국가권력에 요구하고 있는 법치주의 원리에 정면으로 반하게 되는 결과를 초래할 것이라 오인될 여지도 없지 아니하다. 그러나 불확정개념의 유효 여부의 판단 기준을 위와 같이 보는 한편, 자유권·재산권만이 중요한 것이 아니라 환경권·평등권 등 다른 기본권들도 중요하다는 점을 감안한다면 예측가능성이나 명확성이라는 잣대를 불확정개념의 효력 여부 판단 기준으로 사용할 때는 이미 지난 것 같다.

2. 法律留保

가. 불확정개념과 법률유보

행정법총론 교과서를 보면 불확정개념에 대한 논의 부분과 법률유보에 대한 논의부분이 전혀 별개의 장에서 논의되고 있음을 알 수 있다. 그러나 위 둘은 서로 떨어 뜨려 생각할 수 없다.

현행 교과서들을 보면 법률유보를 하여야 하는 범위의 측면에서 여러 학설들을 소개하고 있다. 각 학설들의 공통점은 일정한 범위에서는 반드시 법률로서 유보하여야 하지만, 기타의 부분에 대해서는 유보하지 아니하여도 된다는 것이다. 예컨대 다수가 지지하는 本質性說은 공동체나 시민에게 중요한 처분은 침해행정 뿐만 아니라 급부행정에 있어서도 법률의 근거를 요하고, 또 중요성의 정도에 비례하여 규율의 강도가 달라진다고 한다.[29] 이 학설을 거꾸로 해석하면 중요한 부분을 제외한 부분에 있어서는 최소한 입법의 공백을 행정이 메울 수 있다는 결론이 된다. 이러한 학설이 성립할 수 있는 이유는 입법이 기본권 주체들 사이의 기본권을 비교·형량 하는 기준을 제공하여야 하는 장소

29) 박균성, 전게서, 24면.

에서, 당해 기준을 제공하지 못하는 경우가 너무나 많기 때문일 것이다.

그러나 본질성설의 문제점은 위임의 범위를 內容的인 면에서 접근하고 있다는 것이다. 본질성설은 기본권과 관련하여 중요한 부분은 반드시 법률로서 위임하여야 하고, 중요성의 정도는 위임의 강도와도 관련되어 있다는 내용으로 흔히 논하여 진다. 헌법재판소의 결정도 동일하다.30) 그런데 정작 무엇이 중요한 것인지에 대해서는 아무런 설명이 없다. 독일에서도 본질성이란 기본권 관련성이라는 정도로만 제시되고 있고, 더 이상의 구체적 기준을 발견하기 어렵다.

그러나 기본권에 관련되지 아니한 행정이 있을 수 없다는 점에서 위 기준에는 별 의미를 부여할 수 없다. 혹시 자유권이나 재산권 규제에 밀접한 행정의 경우가 본질적인 부분에 대한 것이어서 엄격한 법률유보 또는 강한 정도의 명확성이 요구된다는 논리라면 이는 이미 살펴 본 현대 국가의 기능에 비추어 볼 때 더 이상 용납되기 어렵다. 결국 불확정개념 및 그를 이용한 위임규정의 효력과 관련하여 본질성 이론은 사실상 어떠한 기준도 제시해 주지 못하고 있다.31)

나. 의회유보

그리하여 원래 본질성설이 의회유보론의 입장에서 출발한 것이었다는 점으로부터 다시 한 번 생각해 볼 필요가 있다. 국가의 기본업무가 어느 기본권을 어떻게 조정할 것인지의 문제, 즉, 기본권 관련 優先權 배정 내지 衡量의 문제라고 한다면 당해 형량은 누가 담당하여야 하는가? 권력자들을 경계하는 종래의 입장에 의한다면 의당 입법이 그를 담당하여야 할 것이다. 그러나 입법이 담당하도록 하여야 한다는 것이 입법이 명확하게 예측가능한 개념만을 사용하여 위임하여야 함을 의미하는 것일까?

법률유보와 관련하여 태동된 본질성 이론은 그 태동 당시 기본권의 본질적 내용에 대하여는 법률로서 명확하고 예측가능한 정도로 규정하여야 한다는 것이 아니라, 이른바 議會留保라 표현되는 권한배분의 논리로서 제시되었던

30) 헌법재판소 1991. 4. 8. 선고 91헌가4 결정, 헌법재판소 2001. 9. 27. 선고 2001헌가5 결정.
31) 김성균 등, 전게 논문, 13면.

것이었다. 이는 입법이 스스로 행정에게 일정한 이익형량 업무를 위임하는 경우에만 행정이 당해 업무를 담당할 수 있다는 것이었다.[32] 더 나아가 그 위임문언이 명확하여야 한다거나 예측가능한 정도여야 한다는 논의는 존재하지 아니하였다. 그러한 것을 우리가 도입하는 과정에서 의당 법치주의의 이념 하에 명확하고 예측가능 하여야 한다는 구태의연한 안경을 그대로 사용함으로 인하여 본질성설의 내용이 왜곡하여 전달되었던 것이다.

다. 현대 사회 속의 법률유보

문언이 명확하여야 한다거나 예측가능하여야 한다는 입장은 한편으로 행정을 통제하여야 할 입법의 발목을 잡는 역할을 하게 된다. 명확성, 예측가능성이 자유권, 재산권을 보호하기 위한 좋은 도구였기에 자유권, 재산권이 제1의 가치를 지니고 있었던 과거에는 입법에게 그를 요구하는 것이 행정의 통제 목적에서 나쁘지 아니하였다.

그러나 이제는 자유권, 재산권뿐만 아니라 평등권, 환경권 및 기타 생활권적 기본권도 중요한 의미를 가지게 되었다. 그러한 만큼 자원의 배분을 어떻게 하여야 하는가의 문제도 발생하게 되었다. 한정된 자원을 매개로 모든 문제들에 각 기본권 주체의 이익의 형량이 필요해진 지금 그 모든 기준을 예측하여 명확하게 규정함은 불가능하다. 그러한 상황에서 행정을 통제하는 기제로서의 법률에 예측가능성, 명확성을 계속하여 요구한다면 결과적으로는 행정에게 무한한 자유를 부여하게 될 뿐이다.

참고로 미국의 경우 연방대법원은 "어떤 경우이든 법원의 유일한 관심사는 의회의 의지가 준수되었는지 여부를 확인하는데 있다. 이는 행정공무원이 발견해야 할 사실이나 조건들에 대한 정의가 광범위한 것인지가 아니라 그 정의규정이 행정공무원이 입법부의 의지에 순응하여 그 한계를 준수했는지 여부를 알 수 있을 만큼 그의 활동범위의 한계를 충분히 설정하고 있는지에 따라 좌우된다."고 판시하고 있다.[33]

---

32) 배영길, "법률유보의 원칙", 「법학연구」, 제4호, 1992, 251면 재인용.

Ⅲ. 不確定槪念과 司法審査

1. 기본권 선호체계와 불확정개념의 관계

가. 唯一한 답?

불확정개념의 해석, 적용은 어디까지나 법 認識 문제이므로 완전한 사법심사의 대상이 되는 법률문제라고 보는 견해가 있었다.[34] 즉, 불확정개념을 써서 행위의 요건을 정하고 있는 경우에도 그것을 임의로 해석하여 판단할 수 있는 여지를 행정에게 인정한 것이라 볼 수 없고, 해석에 의하여 객관적으로 확정할 수 唯一한 答이 있다 볼 수 있으며, 그러한 이상 다수의 판단가능성 간의 선택의 여지는 없다는 것이다.[35] 이렇게 불확정개념의 해석·적용이 법의 인식문제이고, 법원에 의하여 논리법칙 또는 경험법칙에 따라 일의적으로 해석될 수 있다면, 행정기관이 불확정개념으로 된 행위의 요건을 판단함에 있어서 재량권을 가질 수 없는 것은 당연하다 할 것이다. 이와 관련하여 이하에서는 구체적 사안에서 불확정개념의 해석 내지 포섭 과정에서 논리법칙 또는 경험법칙에 따라 도출될 수 있는 답이 단 하나뿐이라는 생각이 맞는 것인지 살펴보기로 한다.

나. 基本權選好體系 및 불확정개념

위 문제와 관련하여 불확정개념을 사용하는 가장 중요한 이유가 다양한 기본권 주체들의 이익 사이에서 그 형량의 적정화를 위한 일반·추상적 기준을 입법이 모두 제공해 줄 수 없다는 것이었음을 다시 한 번 상기할 필요가 있다.

---

33) Yakus v. United States, 321 U.S. 414 (1944).

34) 김남진, "행정의 형성적 자유와 판단여지", 「법학논집 : 김진웅교수 회갑기념」, 제23집, 1985, 268면.

35) 김남진, 상게서 참조. 독일의 판례들 역시 불확정개념의 적용에 있어서는 오로지 하나의 올바른 결정만이 존재할 수 있고, 그 결과 그러한 결정의 탐색은 법원의 전면적 심사의 대상이 된다는 입장을 취하여 왔다고 한다.

우리는 불확정개념의 해석과 관련하여 판단자들의 가치관이 첨예하게 대립하는 경우를 쉽게 찾아 볼 수 있다.

(1) 우리나라의 예

포괄적증여조항의 경우를 생각해 보자. 앞서 본 바와 같이 재산권, 자유권을 앞세우는 사람들의 경우 가급적 불확정개념으로 점철된 포괄적증여조항의 효력을 부인하려 할 것이다. 설사 그 효력이 인정된다 하더라도 개별적 편법적 증여사안을 포괄적 증여조항에 포섭시키려 들지 아니할 것이다. 반대로 평등권을 앞세우는 사람들의 경우에는 포괄적 증여조항을 위헌이라 보지 아니함은 물론, 가급적 편법적 증여 사안을 포괄적 증여조항에 포섭시키려 할 것이다.

이렇듯 불확정개념의 해석과 관련하여 자유권, 재산권 및 평등권, 환경권 등 사이에 어느 기본권을 우선시 할 것인지 여부에 대한 다툼이 심한 경우를 쉽게 찾아 볼 수 있다. 이는 불확정개념이라고 하더라도 상황에 따라 유일한 답이 있는 것이 아니라 기본권들 중 어느 기본권에 더 우선권을 주어야 하는지 여부에 대한 입장, 즉, 基本權選好體系에 따라 서로 다른 결론이 도출될 수 있음을 보여주는 것이다.

(2) 미국의 예

다른 예로서 환경법과 관련한 미국의 판례를 살펴본다. 미국 연방대법원의 판결 중에는 특정한 개념이 불확정개념이냐를 두고 다투는 경우가 적지 않다. 이는 Chevron 판결[36]이 법률에 사용된 불확정개념의 경우 그에 대한 행정의 해석이 合理的인 한 행정의 해석을 존중(defer)하도록 하고 있기 때문이다. 즉, 행정의 해석에 찬동하는 법관들은 법률상 사용된 개념을 불확정개념이라 보고자하고, 찬성하지 아니하는 법관들은 명확한 개념이어서 행정의 해석을 따를 이유가 없다 판단하고자 한다. 그런데 행정의 해석에 찬동하는지 여부는 각 대법관의 기본권선호체계와 직접 관련된다. 즉, 기본권선호체계가 특정 개

36) Chevron U.S.A., Inc. v. Natural Resources Defense Council, Inc., 467 U.S. 837 (1984).

념이 불확정개념인지 여부를 결정하게 되는 것이다.

이를 예를 들어 살펴보기로 하자. 2000년대 후반 이후 미국에서는 그 이전과 달리 환경에 친화적이지 아니한 판결들이 상당수 나오게 되었다.

① Rapanos v. United States 사건[37](이하 "Rapanos 사건")은 강과 연결된 습지를 수질환경법(Clean Water Act, CWA) 상의 許可 없이 매립한 행위에 대한 연방의 제재조치와 관련한 사건이다. 당해 사건 이전까지 행정관청은 CWA 소정의 'waters' 라는 개념을 넓게 해석하여 습지도 당해 개념에 포함된다고 보고 있었다. 반면, 대법원은 waters라는 개념이 항상 물이 흐르는 강 등을 의미하는 명확한 용어라 판단하였다. 이렇게 waters를 불확정개념이라 보지 아니하는 이상 Chevron 판결은 적용될 여지가 없었다. 즉, 법원이 행정관청의 해석을 따를 필요가 없게 되었다. 습지가 waters 개념에 포함된다는 행정의 해석을 따를 필요가 없어진 결과 그 매립행위도 허가를 받을 이유가 없게 된 것이다.

② Coeur Alaska, Inc. v. Southeast Alaska Conservation Council 사건[38](이하 "Coeur Alaska 사건")은 알래스카 소재 금광 채굴 및 금 추출 시 발생하는 부서진 암석, 주석, 납, 수은, 화공약품이 뒤섞인 현탁액(tailings slurry)을 인근 호수에 버리는 것에 대하여 환경청(Environmental Protection Agency, "EPA")의 허가를 받아야 하는지 여부가 문제된 사건이다. 당해 사건 이전까지 EPA는 위와 같은 사안에서 자신에게 허가권이 없다고 스스로 판단하고 있었다. 법원은 배출제한선(effluent limitation guidelines)를 만들어 기존 및 신규 오염원으로부터의 오수의 방출(discharge)을 최대한 제한하여야 한다는 EPA의 의무를 규정한 CWA 306(e)의 의미가 명확하지 아니하다고 보았다. 명확하지 아니하다고 본 결과 Chevron 판결에서의 논리에 따라 EPA의 해석을 따라야 하였고, 그 결과 허가를 받지 아니하여도 된다는 판결을 하였다.

---

37) Rapanos v. United States, 547 U.S. 715 (2006).

38) Coeur Alaska, Inc. v. Southeast Alaska Conservation Council, 486 F. 3d 638, 654~655 (2007).

③ Entergy v. Riverkipper 사건[39](이하 "Entergy 사건")은 발전소가 강 등으로부터 냉각수를 유입하는 과정에서 많은 수생생물이 피해를 입는다는 점을 감안하여 냉각시설 설치시 그 당시의 'Best Available Technology("BTA")'를 사용하도록 하고 있는 CWA의 해석관련 사안이었다. 행정관청은 위 BTA 개념을 해석하면서 비용이 너무 많이 드는 경우에는 동일한 목표를 달성한다는 전제하에 그 당시 가장 좋은 기술인 冷却水 再活用 장치 사용 이외의 다른 방법을 사용하는 것도 가능하다는 규칙을 만들었다. 연방대법원은 위 BTA라는 개념이 불확정개념이라 판단하였다. 그 결과 Chevron 판결에 따라 행정규칙의 내용을 따를 수 있었고, 결과적으로 냉각수재활용 장치를 사용하지 아니하여도 무방하다는 판결을 하였다.

위 사건과 관련하여 재미있는 점을 간추려 보면 다음과 같다.

i) Rapanos 사건에서 문제된 "waters"라는 개념이 다른 두 사건에서 문제된 CWA 306(e)나 BTA라는 개념에 비하여 오히려 덜 명확한 것이라 볼 수 있었음에도 불구하고, 결과는 "waters"라는 개념만이 불확정개념이 아니라는 판단을 받았다.

ii) 위 각 사건 모두 환경비친화적 판결이었다. 재미있는 점은 환경비친화적 판결을 이끌어 내기 위하여 Rapanos 사건에서는 "waters"가 불확정개념이 아니어서 행정의 해석은 무시하여도 된다는 입장을 취한 반면(사법적극주의), 다른 두 사건에서는 불확정개념이어서 행정의 해석을 존중하여야 된다는 입장(사법소극주의)을 취하였다.

iii) 위 각 사건은 연방대법원 대법관 사이에서 첨예하게 의견이 갈린 사건들이다. 중간적 견해를 제외하면, Rapanos 사건은 4:4, 다른 두 사건은 4:3이었다. 그런데 Rapanos 사건에서 Chevron 판결의 적용여지가 없다(사법적극주의)고 판단한 대법관들은 Coeur Alaska 사건 및 Entergy 사건에선 모두 Chevron 판결을 적용하여야 한다(사법소극주의)는 입장에 서 있었다.

---

39) Entergy Corp. v. Riverkipper, Inc., 129 S.Ct. 1498 (U.S. 2009).

위 내용 중 i)이 말하는 것은 불확정개념에 해당하느냐의 문제는 개념 그 자체로 결정되는 것이 아니라는 점이다. 즉, Chevron 판결의 적용필요성에 따라 어떤 경우에는 불확정개념으로, 어떤 경우에는 불확정개념이 아닌 것으로 판단되어 질 수 있었다.

위 ii)가 말하는 것은 대법관이 환경비친화적 판결을 내려야겠다는 생각을 먼저 하고 그에 맞추어 Chevron 판결 적용여부를 결정한다는 것이다.

위 iii)이 말하는 것은 사법적극주의·사법소극주의란 환경비친화적 판결을 도출하는 과정에서 채택된 도구일 뿐, 특정 대법관이 그 중 한 경향을 끝까지 고수하는 것은 아니라는 점이다. 즉, 사법적극주의, 사법소극주의란 그 자체에 의미를 부여할 수 있는 것은 아니라는 점이다.

종합적으로 보아 이상의 사실이 말하는 점은 사법적극주의·사법소극주의 여부, 불확정개념에 해당하는지 여부는 개념의 辭典적 의미로 결정되는 것이 아니라는 점이다. 위 각 사건들에서 다수의견에 선 대법관들은 환경권과 기타의 기본권을 비교하여 후자에 우선권을 두고자 하는 입장에서, Chevron 판결의 채용여부를 결정하였고, 다시 그 결과에 따라 법률에서 사용되는 개념이 불확정개념인지 여부를 결정하였던 것이다. 즉, "불확정개념 해당 여부 → Chevron 판결 원용 여부 → 행정의 해석 존중 여부"의 순서로 판단되는 것이 아니라, 그 반대의 순으로 판단되고 있었던 것이다. 이로써 외견상으로 불확정개념이 獨立變數인 것처럼 보이지만, 실제는 대법관의 기본권선호체계에 따른 從屬變數라는 점을 알 수 있다.

(3) 유일한 답의 존재 여부

불확정개념이 상충하는 기본권 주체들 사이에 서로 충돌하는 기본권을 이익형량 하여야 하는 장소에 주로 쓰이고, 그것도 장래 이익형량이 필요한 기본권 충돌 장소를 미리 일반·추상적으로 예견함에 있어 입법의 능력에 한계가 있기 때문에 쓰인다는 점을 감안한다면, 불확정개념을 논리법칙 또는 경험법칙에 따라 일의적으로 해석할 수 있는 경우는 오히려 많지 아니하다. 위에서 보았지만, 불확정개념이란 기본권선호체계에 따라 얼마든지 그 내포 또는 외연이 달라질 수 있는 개념에 불과하다. 설사 불확정개념이 가치개념이 아니라 경험개념이라 하더라도 결론은 달라지지 아니한다. 경험개념 그 자체는 過去의 추세를 말하여 줄 뿐 미래에 이익형량이 필요한 모든 사항까지 해결하여 주는 지침이 되지는 못한다. 그러므로 경험개념이 사용되었다 하여 그 해석이 과거의 우리 경험과 정확히 일치하는 의미로 해석되어야만 하는 것은 아니다. 언제든지 당해 경험개념은 판단자의 기본권선호체계에 따른 결론에 맞추기 위하여 기존의 경험과 다른 의미로 변신할 수 있다 보아야 한다.

다. 소 결 론

이상에서 살펴본 바에 따르면 불확정개념이 마치 특정한 상황 속에서 단 하나의 답만이 도출될 수 있는 것인 양 생각하는 것은 그리 타당하다 보기 어렵다. 즉, 불확정개념은 特定한 狀況에 대입하여서도, 판단자의 기본권선호체계에 따라, 여러 選擇枝가 있을 수 있는 것이다. 그러므로 불확정개념은 (ⅰ) 최소한 특정한 상황에 관한 한 일의적으로 해석될 수 있고, (ii) 그러한 이상 사법심사의 대상에서 제외될 수 없다고 하는 입장은, 위 (ⅰ) 측면에서 벌써 타당하지 아니하다 볼 수 있다. 그리하여 사법심사의 대상에서 제외될 수 없다는 주장을 위해선 다른 논거가 필요하게 되었다.

2. 불확정개념에 대한 사법심사

가. 입법 연혁

미국은 문언상 불확정해 보이는 개념이 있다 하더라도 당해 개념을 통한 의회의 의사가 명확하다면 Chevron 판결을 적용할 여지가 없다고 한다. 반면, 명확하지 아니하다면 문제되는 법률과 관련한 행정청의 해석이 合理的인 이상 당해 행정청의 해석은 존중(defer)되어야 한다고 한다. 그리하여 불확정개념과 관련한 한 사법심사의 강도가 현저히 떨어지게 되었다.

반면, 독일의 경우 불확정개념에 대하여 판단여지설이 대두되었다. 독일은 재량의 폭을 줄이고자하는 취지에서 法律效果부분에 사용된 불확정개념에 대하여만 재량의 여지를 인정하여 왔다. 要件부분에 사용된 불확정개념은 원칙적으로 재량의 근거로 삼을 수 없다는 입장이었다.[40] 그 결과 후자의 경우에는 행정의 판단을 사법이 전면적으로 심사하여야 하게 되었다. 원래 독일이 재량의 폭을 줄이고자 하였던 이유는 과거 재량결정이 취소소송의 대상에서 제외되었었기 때문이었다. 그러나 裁量瑕疵論에 의거 재량결정도 사법심사의 대상이 될 수 있게 된 현재는 더 이상 과거와 같이 재량의 폭을 줄여야 할 특별한 이유가 없게 되었다. 그러므로 굳이 재량과 불확정개념을 구분할 이유가 없을 수 있었다.

그러나 불확정개념에 대한 쓰라린 기억을 가지고 있는 한편, 같은 취지에서 요건재량을 인정하고 있지 아니하여 온 독일은, 불확정개념을 여전히 재량규정과 구분하였다. 그러나 행정보다 인적, 물적 능력이 좀 더 우월하다고 보기 어려운 사법이 행정의 결정을 전면적으로 심사하는 데에는 한계가 있을 수밖에 없었다. 그리하여 불확정개념에 대한 사법심사를 제한하기 위한 도구로서 판단여지설이 대두되었다. 즉, 불확정개념에 대해서는 재량은 있을 수 없지만 일정한 조건하에서 행정청에게 판단여지가 인정됨으로써 법원의 전면적 사법심사가 제한된다고 한다.[41]

이 표현 속에서 재량은 효과부분에 대한 意志의 문제로, 판단여지는 요건부분에 대한 認識의 문제로 각 구분하는 독일의 통설, 판례의 입장을 엿볼 수 있겠다. 그러나 동일한 내용의 규정을 재량규정으로도, 불확정개념을 이용한 규정으로도 만들 수 있음을 감안한다면[42] 설득력이 떨어진다는 점을 부인할

---

40) 박정훈, 전게논문, 253면.

41) 박정훈, 전게논문, 250~8면 참조.

42) 예컨대 "직무상이익과 배치되는 경우에는 부업의 승인이 거부된다."는 규정과 "부업의 승인은 거부될 수 있다."는 규정은 사실 동일한 사안을 규정하고 있다 볼 수 있다(고영훈, 전게논문, 213면의 예를 인용하였다).

수 없다.[43)]

전반적으로, 미국의 경우에는 Chevron 판결 이후 의회가 명확히 규정하지 아니한 곳이라면 행정에게 자유의 여지를 인정하지만, 독일에서는 의회가 불확정개념으로서 행정에게 授權하는 경우에 한하여 행정에게 자유의 여지가 생긴다고 해석한다는 점에서 외형상으로는 차이가 있다. 이점 과거의 역사적 경험 때문에 불확정개념에 대하여 긴장의 끈을 놓지 아니하고자 하는 독일의 입장을 나름 이해할 수 있겠다.

나. 사법심사 배제 여부

(1) 비교법적 검토

미국의 경우 Chevron 판결은 불확정개념이라 하여 무조건 행정의 해석 내지 포섭을 따른 것이 아니라, 당해 행정의 해석 내지 포섭이 임의적·자의적(arbitrary and capricious)인 경우에는 재량을 남용한 것으로 보아(abuse of discretion) 취소된다 보고 있다.[44)] 그러므로 불확정개념이라 하여 사법심사에서 배제되는 것은 아니며 단지 強度면에서 완화된 사법심사의 대상이 될 뿐이라 볼 수 있다.

독일의 경우에도 판단여지가 인정되는 경우라 하더라도 절차규정의 위반, 기초사실의 부정확성, 일반적인 평가기준의 위반, 평가요소의 착오, 자의적 판단, 평등원칙 등 헌법원칙의 위반이 있으면 판단여지의 하자가 성립되어 위법하게 된다고 한다. 따라서 판단여지가 인정되더라도 사법심사가 전부 배제되

---

43) 위 각주의 사례에서 전자는 불확정개념을 이용한 것이고, 후자는 재량규정을 이용한 것이다. 이를 두고 전자의 경우에는 불확정개념의 문제, 즉, 법을 적용함에 있어 포섭의 단계에서 특정한 사실관계가 법률요건에 해당하는가의 문제로서 법적문제이고, 구체적 상황 하에서 하나의 정당한 해석적용만이 있을 뿐이므로 사법심사의 대상이 되고, 후자의 경우에는 행정에 재량이 인정되고 있으니 그에 대한 사법심사는 행정의 판단이 이른바 일탈·남용에 이르지 아니하는 한 불가능하다 본다면, 그것은 어색하기 그지없는 결론이 될 것이다.

44) APA §706(2)(A).

는 것이 아니라 위와 같은 사항들만 심사할 수 있다는 의미에서 그 심사의 밀도 내지 강도가 제한될 뿐이라 한다.45)

반면, 우리나라의 견해들 중에서는 단순히 사법심사가 배제된다는 표현을 사용하고 있는 경우가 적지 아니하다.46)

(2) 이익형량 입장에서의 검토

(가) 일반적인 경우

생각건대 효과 부분에 있어 재량을 인정하는 규정들도 법률효과를 줌에 있어 요건이 되는 세세한 요소들을 모두 규정할 수 없어 재량규정으로 규정한 경우가 대부분이라 할 수 있다.

불확정개념 역시 사정이 다르지 아니하다. 효과재량규정과 불확정개념이 사용되는 장소의 차이점을 굳이 찾아보자면, 재량규정은 그나마 행정이 형량하여야 할 상황 또는 요소들의 상당 부분을 파악하고 있는 경우가 많은 반면, 불확정개념이 사용되는 경우에는 그러한 파악조차 어려운 경우가 많다는 정도로 요약할 수 있을 것이다.

반면, 그렇지 아니함에도 불구하고 재량규정이나 불확정개념이 사용되었다면 그 규정의 법규로서의 효력을 의심해 볼 필요가 있다. 그러한 규정들은 행정이 고의적으로 형성의 자유47)를 누리기 위한 시도에서 만들어진 규정에 불과할 가능성이 높기 때문이다. 특히 의원입법이 사실상 행정입법화되어 가고 있는 추세 하에서는 그러한 점에 대한 높은 경계심이 요구된다.

법치행정의 중요한 한 가정인 미래에 이익형량이 필요한 모든 사안들을 예측할 수 있어야 한다는 부분이 파괴된 것은 분명하다. 그리고 그 때문에 나온

45) 박정훈, 전게논문, 257면.

46) 조헌수, "병역소집처분의 기속행위성", 「행정판례평석」, 2011, 201~207면.

47) 불확정개념을 행정의 능률 문제로 접근하거나 "행정의 형성적 자유 및 판단의 여지는 행정에 대한 사법심사와 대립상태에 놓여있다."고 보는 견해가 없지 않지만, 이는 다소 위험한 인식이 될 가능성이 높다. 예컨대 "오수처리시설의 방류수수질기준"이라는 불확정개념의 해석상 형성적 자유가 인정된다하여 행정이 방류수질기준을 매우 느슨하게 적용하는 경우 주변인들의 환경권은 어떻게 보호할 것인가?

것이 재량규정이나 불확정개념이라 볼 수 있다는 점도 이미 살펴본 바와 같다. 그러나 이런 개념들이 입법이 스스로의 역할을 포기한 것이라 볼 수 없다. 오히려, 제대로 사용되는 한, 입법이 스스로의 한계를 깨달아 장래 기본권 사이의 이익형량이 필요한 장소에서 이익형량을 할 수 있도록 하기 위하여 마지막으로 사용하는 도구들이 재량이나 불확정개념이다. 그러므로 이들 개념들은 비록 법치행정의 한계에서 나온 것이기는 하지만, 그렇다고 하여 법치행정을 포기한 결과라 볼 수는 없다. 즉, 재량규정이나 불확정개념은 그 자체 법치행정을 위한 마지막 보루인 것이지, 법치행정의 예외 현상이라 볼 수 있는 것은 아니다.

이렇게 재량규정이나 불확정개념이 법치행정을 포기하지 아니하려고 하는 마지막 보루라면, 최소한 행정이 입법의 의사를 따른 것인지를 통제하여야 할 기제가 있어야 함은 당연하고 그것이 사법의 역할이기도 하다. 입법이 이익형량이 필요한 장소를 모두 예측할 수 없어 효과재량 규정이나 불확정개념 규정을 사용하였을 뿐이고, 행정에게 이른바 "형성의 자유"를 부여한 것은 아니라는 점을 생각하여 본다면, 사법은 설사 입법이 의도하는 바가 명확히 읽히지 아니하는 경우라 하더라도 행정이 특정한 사안에 당하여 적절한 이익형량을 하고 있는지 여부를 심사할 필요성이 있음을 부인할 수 없다.

더구나 실질적으로도 이미 미국의 각 예에서 보았듯 법관의 기본권선호체계에 따라 불확정개념에 해당하는지 여부부터 좌우될 수 있다는 점을 살펴보았는바, 이는 불확정개념이 사용된 장소가 사법의 판단을 배제하는 것이 아니라, 오히려 적극적으로 법관의 기본권선호체계를 발현하는 장소임을 알 수 있기도 하다. 결국 불확정개념의 경우에도 재량규정에 있어서와 마찬가지로 사법의 배제란 있을 수 없고, 사법의 자제만이 문제될 뿐이다.

(나) 議會가 기본권의 우열관계를 결정한 경우

1) 의회의 의사 및 그 존중

불확정개념에는 판단자의 기본권선호체계에 따라 다양한 選擇枝가 있을 수 있다는 점이 행정에게 그 중 아무 것이나 선택할 수 있는 자유를 부여하는 것이라 볼 수는 없다.

미국은 종래부터 "어떤 경우이든 법원의 유일한 관심사는 의회의 의지가 준수되었는지 여부를 확인하는데 있다."고 하고 있다. 그리하여 Chevron 판결의 적용여부에 있어 가장 먼저 살펴야 할 점은 의회의 의사가 무엇이냐는 점이었다. 즉, 미국 연방대법원은 불확정개념으로 보이는 개념이 사용되는 경우라 하더라도 議會의 意思를 살펴 그 의사가 명확하게 읽히는 경우라면 Chevron 판결의 적용여지는 없다고 한다.

독일의 본질성 이론도 본질적인 내용은 명확히 규정하여야 한다는 내용이 아니라 立法授權論에 가까운 논의였다.[48] 판단여지설의 인정근거와 관련하여 몇 의견이 있지만, 1990년대 이후에는 인식의 권한이 입법자로부터 주어졌는지 여부를 기준으로 하여야 한다는 判斷授權說이 주장되고 있는데[49] 의회의 의사를 중심으로 판단한다는 점에서는 미국의 경향과 공통되는 점을 발견할 수 있다.

이러한 점은 우리나라에도 시사하는 바 크다. 예컨대, 포괄적증여조항을 두고 있는 것은 편법적 증여를 통하여 이익을 얻는 수증자의 재산권, 자유권을 보호하려는 의사라기보다는 그에게 과세를 하지 않을 경우 발생할 수 있는 다른 국민에 대한 조세부담의 전가를 막고자하는 의사의 발로라 볼 수 있다. 그러한 입법의 의사를 헌법재판소의 태도와 같이 예측가능성으로 대표되는 자유권, 재산권 중심의 기준[50]에 의하여 무시한다면 이는 국민이 입법을 통하여 설정한 기본권가치형량체계를 입법만큼 민주적정당성을 부여 받지도 아니한

48) 원래 불확정개념이란 독일의 학설, 판례에서 연유하는 용어이다. 독일에서는 법규의 요건부분에 사용된 추상적, 다의적 또는 불명확한 개념을 불확정개념이라 보았다(박정훈, 전게논문, 251면). 그러나 문리적 기준에 따라서는 불확정개념으로 보이는 경우라 하더라도 의회의 의사를 살펴 기본권선호체계가 뚜렷이 읽히는 경우라면 불확정개념이라 하여 행정에게 판단의 여지를 남겨 놓았다 해석할 수는 없다.

49) 박정훈, 전게 논문, 256면.

50) 구체적인 위임의 범위는 규제하고자 하는 대상의 종류와 성격에 따라 달라지는 것이어서 일률적 기준을 정할 수는 없지만, 적어도 위임명령에 규정될 내용 및 범위의 기본사항이 구체적으로 규정되어 있어서 누구라도 당해 법률로부터 위임명령에 규정될 내용의 대강을 예측할 수 있어야 한다고 한다는 헌법재판소 1991. 7. 8. 선고 91헌가4 결정 등을 말한다.

헌법재판소가 무시하겠다는 것에 다름 아니다.

불확정개념을 해석함에 있어 가능한 해답은 여러 가지일 수 있다. 그러나 입법이 의도하는 바가 무엇인지 여부의 측면에서 접근한다면 포괄적 증여조항으로서 포섭할 수 있는 편법적 증여의 양태는 무척 넓게 해석하는 것이 타당할 수밖에 없다. 그런데 그와 달리 행정이 포섭의 범위를 좁게 해석하여 집행하고, 한편, 포괄적 증여개념이 불확정개념으로 점철되어 있다하여 헌법재판소마저 그에 찬동한다면, 기타 납세의무자를 우선하여 보호하여 주고자 하는 입법의 의사는 어떻게 되는 것인가?

이상에서 알 수 있는 바는 (i) 불확정개념이 행정에게 이익형량 판단상의 自由를 준 것이 아니라는 점, (ii) 비록 입법이 불명확한 개념을 사용하여 행정이 취하여야 할 행동의 지침을 가이드라인 방식으로만 주기는 하였지만, 어쨌든 입법이 행정이 따라야 할 기준을 준 이상, 그러한 기준을 따랐는지의 여부를 감시할 자가 필요하다는 점이다. 불확정개념이 행정에게 自由를 선사하는 것이라 해석하는 경우에는 사법심사를 할 이유는 없어진다. 그러나 불확정개념이 행정에게 가이드라인을 제시한 것이라면 행정은 그를 따라야 할 의무가 있고, 당해 의무의 수행여부는 제3자가 감시하지 아니하면 아니 된다. 현재로서는 그 감시자가 사법이어야 함은 물론이다.

2) 행정의 판단여지?

위에서 든 포괄적증여개념은 불확정개념으로 점철되어 있긴 하지만, 의회의 의사가 명확한 경우라 볼 수 있다. 그러므로 그러한 경우에는 의회의 의사에 따라 행정은 행정결정을 하여야 하고, 그 여부에 대하여 사법은 높은 강도의 사법심사를 할 수 있다 보아야 한다.

다만, 대법관이나 헌법재판소 재판관이 의회와 다른 기본권가치체계를 가지고 있는 경우에는 당해 불확정개념에 대하여 의회의 의사를 명확히 알 수 없다고 판단할 가능성이 있다.[51] 이는 법률문장 그 자체로는 의회가 특정한

---

51) 그러한 경우 우리나라라면 위헌이어서 무효라 할 것이고, 미국이라면 Chevron 판결에 따라 행정의 의사를 합리적인 한 존중하여야 한다는 입장을 취하게 될 것이다.

문제에 대하여 명확한 의사를 밝히고 있는지 여부를 잘 알 수 없는 경우가 적지 아니하기 때문이다. 의회의 의사를 파악함에 있어 법률제정자의 의도, 입법시의 각종 문서 등도 참고의 대상이 되지만, 결국은 법관의 의회의 의사에 대한 해석에 의존할 수밖에 없기도 하다. 그리하여 대법관들 사이에서 같은 개념을 두고도 혹자는 의회가 의사를 명확히 밝히고 있다고 하고, 혹자는 그렇지 아니하다고 하여 견해가 나뉘는 경우를 종종 발견할 수 있다. 사견으로서는 우리나라의 포괄적증여개념의 경우에는 의회의 기본권선호체계가 분명히 드러나 있어 보이는 반면, 앞서 소개한 미국의 세 판례 사안의 경우에는 그 만큼 뚜렷한 것 같지는 않다.

다. 사법심사의 强度

(1) 사법적극주의와 사법소극주의

불확정개념에 대하여 사법심사를 한다고 하더라도 그 심사강도를 어떻게 할 것인지가 문제된다. 우선 미국의 경우를 살펴보자. 미국은 1984년의 Chevron 판결 및 그 이후 일련의 판결을 통하여 (i) 의회가 특정한 문제에 대한 명확한 입장을 밝히고 있지 아니하고, (ii) 문제되는 법률과 관련한 행정청의 해석이 合理的(reasonable)이라면, (iii) 설사 그 해석이 最上의 입법해석이나 가장 합리적인 입법해석이라 볼 수 없다 하더라도, (iv) 당해 행정청의 해석은 존중(defer)되어야 한다고 한다. 그리하여 불확정개념과 관련한 한 사법심사의 강도가 현저히 떨어지게 되었다.[52)]

그 결과 사법심사의 강도와 관련하여 미국연방대법원은 전반적으로 사법소극주의의 입장에 서있다 평가되고 있다. 즉, 미국연방대법원은 법원의 적극적 대체적 판단을 자제하며 제한된 범위 내에서 재량남용(abuse of discretion)만을 판단하는 소극적 자세를 보이고 있다.

그 대표적인 경우가 이른바 현대 행정에서의 고도의 기술적·과학적 사실,

---

52) Chevron U.S.A., Inc. v. Natural Resources Defense Council, Inc., 467 U.S. 837 (1984).

미래예측에 관한 불확정한 사실 등에 대한 판단과 관련된 것이다.[53] 이에 대하여 연방대법원은 이러한 문제에 대한 해결권한은 의회에 의해 행정청에 부여되는 것이고 불확실한 상황과 기술적인 상황을 고려 분석하여 적절한 판단을 하는 것은 사법보다 행정이 더 기능적으로 잘 수행할 수 있다는 기본적 입장을 취하고 있다고 한다.[54]

---

53) 국내에서는 판단여지와 관련하여 동일한 논의가 제기되고 있다. 다만, 사견으로는 (1) 고도로 기술적인 사실관계의 확인이나 고도로 정책적인 판단에 속하는 경우에 판단여지가 있을 수 있다는 것은 우선, 거꾸로 고도로 기술적인 사실관계의 확인이 필요한 경우가 아니거나 고도의 정책적 판단에 속하는 경우가 아니면 수개의 선택지가 있을 가능성이 없다고 오인될 수 있다는 점에서 타당하지 아니하다. 이익형량이 필요한 장소이면서도 그 장소를 미리 예견 못하는 장소가 비단 고도로 기술적인 사실관계가 개입된 경우로 한정된다고 본다면 그것은 오산이다. 앞서 본 상속세 및 증여세법 상의 포괄적증여개념이 고도로 기술적인 사실관계가 개입된 것이라 보기는 어렵다. 환경권과 재산권이 대립하는 장소를 예정하지 못하여 불확정개념을 사용하고 있는 장소가 반드시 고도의 기술적 사실관계가 개입된 곳으로 한정되는 것도 아니다. (2) 더욱 문제될 수 있는 부분은 고도로 기술적이거나 정책적인 사항이라고 해서 판단여지가 인정되고, 그 결과 사법심사의 대상에서 제외된다고 한다면 불확정개념을 이용한 이익형량이 잘못되었음에도 불구하고 그에 대하여 침해된 이익을 보호할 수단이 없게 되는 문제가 발생할 수 있다는 점이다. 즉, 고도로 전문적인 부분 내지 고도로 정책적인 부분이라고 해서 행정이 적절하게 이익형량을 한 결과 처분을 하였는지 여부에 대하여 사법이 판단할 수 없다면 점점 더 복잡다기하여지는 현대 사회에 있어서 거의 대부분의 영역에 있어 사법은 행정의 판단을 통제할 수 없다는 결론으로 귀결될 수 있다. 이러한 입장이 타당하지 아니함은 물론이다. 교과서 차원에서 전문적, 정책적 부분의 예로 들고 있는 것은 대학의 일정수의 학생의 수용능력의 판단, 감정평가사시험에서의 합격기준의 선택 등의 문제이다. 이들은 사실 사법이 판단을 하더라도 행정의 판단보다 자신의 판단을 앞세우기에 부적절하다고 판단할 수 있는 부분에 불과하다. 즉, 사법이 판단은 할 수 있으되, 그 결과가 행정의 판단에 비하여 우월함이 명확하지 아니한 이상 행정에 앞세우지 아니하겠다는 의지를 표현한 사례에 불과하다. 그러나 침익행정이나 급부행정과 관련한 기준을 불확정개념으로 만들어 둘 수밖에 없는 경우에도 처음부터 사법심사를 하지 아니하겠다고 판단해버린다면 그와 관련된 기본권 주체들은 행정의 그릇된 판단에 의해 침해된 자신의 기본권을 보호받을 수 있는 길이 없어진다. "오수처리시설의 방류수수질기준" 등으로 대표되는 환경법에 있어서 환경이익, 포괄적증여조항과 관련한 일반 납세의무자의 평등권 등이 바로 그것이다.

54) 조원경, 「불확정개념에 대한 사법심사 강도」, 서울대학교 석사학위논문(2003), 81면.

그러나 이에 대하여 ① 사법도 전문 감정을 통해 미래사실에 대한 예측을 수행할 수 있고, ② 통제에 의한 권력분립원칙 및 국민의 권리보호도 지켜져야 할 헌법적 원리이며, ③ 실질적 증거심사 자체가 법원이 증거를 가치 평가하여 사실을 새롭게 판단하는 것이 아니라 행정의 판단의 적절성 여부만을 검토하는 것이므로 예측불가능한 사실에 관하여도 구별 없이 실질적 증거심사가 이루어져야 한다는 비판적 견해들이 있고, 미국의 순회법원 역시 사법적극적인 태도를 취하고 있다고 평가되고 있다.[55)]

(2) 사법심사의 기준 및 그 무의미성

미국의 경우 불확정개념 관련 행정결정에 대한 위법심사기준은 당해 결정이 임의적·자의적(arbitrary and capricious)이라 볼 수 있느냐 여부이다. 임의적·자의적이지 아니하다면 合理的이라 보아 행정의 결정을 존중하고, 그렇지 아니하다면 재량남용(abuse of discretion)으로 보아 위법하다고 한다. 우리나라에서는 불확정개념 관련 행정결정에 대한 사법심사의 기준에 대하여 달리 논의되지 아니하지만, 재량과 불확정개념을 구분하지 아니하는 입장에서는 재량에 있어서의 일탈·남용이라는 기준을 그대로 적용하여도 무방할 것이다.

한편, 행정결정의 위법 심사 사유로서의 임의성·자의성 내지 일탈·남용이라는 기준은 일응 명백해 보이는 듯하지만, 실제로는 그렇지 못한 경우가 적지 않다. Chevron 판결은 불확정개념과 관련한 행정청의 결정이 합리적이라면 그 결정을 존중하여야 한다고 한다. 그런데 개별 사안을 보면 무엇이 합리적인 것인지 여부에 대한 뚜렷한 기준이 있다 보기는 어렵다. 특히 그를 판단함에 있어 위 (1)(iii)에서 보듯 설사 행정청의 해석이나 포섭이 最上의 것이거나 가장 합리적인 것이라 볼 수 없다 하더라도 합리적이라 판단할 수 있는 여지가 있다는 대목에 이르러서는 적법과 위법의 경계가 무척 모호하다는 점을 알 수 있겠다.

---

55) 조원경, 전게논문, 82면.

예컨대 앞서 본 Coeur Alaska, Inc. v. Southeast Alaska Conservation Council 사건[56] 및 Entergy v. Riverkipper 사건[57]에서는 법률이 불확정개념을 사용하고 있다고 보았고, 그 결과 환경비친화적인 행정의 당해 개념 관련 해석 및 포섭이 합리적이어서 존중하여야 한다는 판단을 하였다. 그러나 Coeur Alaska 사건의 경우 대법원 다수의견을 따르면 폐기물을 버리는 호수 자체의 오염을 피할 수 없고, Entergy 사건의 경우에도 냉각수재활용기술의 발전에 지대한 장애가 발생하는 결과로 연결될 수 있다는 점에서 행정청의 판단이 반드시 합리적이라 볼 수 있는지, 즉, 임의적·자의적이 아니라 볼 수 있는지는 의문의 여지가 없지 않았다.

이러한 결과를 접하면서 드는 생각은 위 각 사건에서의 대법관들이 "① 불확정개념에 해당하는지 여부 → ② 행정의 불확정개념 해석, 포섭이 임의적·자의적이라 볼 수 있는지 여부 → ③ 그 결과 행정의 해석, 포섭의 존중 → ④ 그 결과 특정 기본권의 타 기본권에 대한 우선보호 여부 관련 이익형량 종료"의 논리 순서대로 판단을 한 것이 아니라는 점이다. 앞서 불확정개념에의 해당여부 판단에 있어서도 언급하였지만, 실제로는 ④ → ③ → ① → ②의 순서대로 판단되는 경향이 더 많다고 볼 수 있다.

위 각 사건에서 대법관들은 환경이익보다는 그를 보호하기 위하여 드는 비용의 과다함 또는 산업계의 경제적 어려움에 더 중점을 두고자 하였고(④), 그 결과 자원개발의 필요성[58] 또는 산업계의 경제적 어려움[59]을 감안하여 환경비친화적 입장에서 법률을 집행하고 있던 행정을 옹호할 필요성이 있었으며(③), 그리하여 법문에 사용된 개념이 불확정개념이고(①), 행정의 당해 불확정개념의 해석 및 포섭이 임의적·자의적이지 아니하여 남용되었다고 볼 수 없다(②)는 판단에 이르게 된 것이다.

---

56) Coeur Alaska, Inc. v. Southeast Alaska Conservation Council, 486 F. 3d 638, 654~655 (2007).

57) Entergy Corp. v. Riverkipper, Inc,, 129 S.Ct. 1498 (U.S. 2009).

58) Coeur Alaska 사건.

59) Entergy 사건.

이러한 거꾸로 선 논리구조는 우리나라의 경우에도 종종 찾아 볼 수 있다. 우리나라의 경우 재량결정의 위법심사 사유로 사용되는 逸脫·濫用이라는 기준이나, 위법하다 볼 수 없는 不當이라는 개념은 아무리 분석하더라도 그 내포 및 외연이 뚜렷하게 잡히지 아니한다. 하지만, 위 미국의 사례를 보면 그와 같은 현상은 너무나 당연한 것임을 알 수 있다. 극단적으로 보면 일탈·남용, 부당이라고 하는 개념 모두가 基本權에 대한 選好體系를 가장하기 위한 假裝개념인지도 모른다. 요컨대 일탈·남용, 부당의 구분점을 찾으려는 시도는 헛된 시도이다.

(3) 사법적극주의 및 소극주의 구분의 무의미성

동일한 논리는 사법적극주의, 사법소극주의라는 행정의 결정에 대한 사법통제의 강도에 대한 언급도 판사들의 기본권 선호체계를 가리기 위한 假葬개념에 불과한 것이라는 논의로 이끌어 갈 수 있다. 앞서 본 Rapanos 사건은 행정의 결정을 내치고 있다는 점에서 사법적극주의 입장에 가깝다. 반면, 다른 두 사건은 사법소극주의 입장에 가깝다. 그러나 세 경우 모두 환경비친화적인 다수의견의 견해라는 점을 감안하면, 사법적극주의, 사법소극주의라는 용어는 기본권에 대한 선호체계의 발현과정에서 결과적으로 그렇게 비추어질 뿐인 면이 적지 아니하다.

즉, 사법적극주의, 소극주의라는 각 용어가 행정의 결정에 대한 존중여부로 구분가능한 개념이라면, 대법관들이 보다 더 주시하는 내용은 행정의 결정에 대한 존중 여부보다는 자신의 기본권 선호체계 그 자체이다. 환경비친화적인 대법관 입장에서 환경친화적인 행정의 결정을 내치기 위해서는 외견적으로는 최소한 사법적극주의 입장을 취하지 아니할 수 없었다는 점을 주시할 필요성이 있다.

3. Chevron 판결의 수용?

각종 기업 등 이익단체의 압력에 취약해질 수밖에 없는 것이 현재 의회의 실정이다. 보이지 아니하는 다수의 이익을 대변하는 것이 아니라 보이는 일부 단체들의 이익을 대변하기 쉬운 조직이기도 하다. 그 점 행정부 역시 다르지 아니하다. 미국에서도 Massachusetts v. EPA 사건[60]에서 보기 드물게 연방대법원이 적극적으로 온실가스를 危害대기오염물질로 보는 것과 '사실상' 같은 입장을 취하고 있는데, 이는 그 동안 행정이 국민 모두의 이익보다는 특정 자동차 단체의 이익을 더 비호하여 왔다는 의심이 바탕에 깔렸기 때문이라 보는 시각이 없지 아니하다.

이러한 점은 우리나라라 하여 다르지 아니하다. 그러한 상황에서 Chevron 판결의 合理性이라는 기준만으로 행정결정이 위법성 판단을 피해간다면 특정 단체의 이익을 제외한 기타 국민의 이익은 도외시되는 결과로 귀착될 가능성마저 있을 수 있다.

앞서 불확정개념과 관련한 각종 논점에 있어 기본권의 선호체계가 가장 중요한 요소라는 점을 살펴보았다. 이는 불확정개념은 재산권, 자유권 및 환경권, 평등권 등 사이의 대립관계에서 언제든지 그 해석을 달리 할 수 있는 개념임을 말한다. 그런데 의회의 입법이나, 당해 입법을 근거로 한 행정의 행정결정이 국민 다수의 이익을 대변한다는 보장이 없는 상황이라면, 당해 입법 내지 행정에 대한 통제역할을 할 수 있는 다른 방법이 있지 아니하면 아니 되고, 그러한 측면에서 마지막으로 기댈 수 있는 곳이 법원이라 볼 수 있는 면이 없지 않다. 그러한 면에서 볼 때 합리적인 한 최상의 결정이 아니거나 가장 합리적인 결정이 아니라 하더라도 행정의 결정은 존중되어야 한다는 Chevron 판결은 그 참고에 있어야 유의하여야 할 필요성이 있다.

60) Massachusetts v. EPA 549 U.S. 497 (2007).

Ⅳ. 結 論

이상에서 불확정개념 該當與否, 불확정개념의 有無效與否, 불확정개념의 사법심사 기준으로서의 임의성·자의성, 逸脫·濫用, 사법심사의 强度 등이 모두 판단자의 기본권선호체계와 연동되어 있다는 점을 알 수 있었다. 그러므로 위와 같은 각 논점에 대한 객관적이고 통일된 이론 구성은 어찌 보면 의미 없는 시도가 될 가능성이 적지 않다.

그렇다면 중요한 것은 어떤 기본권선호체계를 보유한 사람을 헌법재판소 재판관, 법관으로 선임할 것인가의 문제만이 남는다. 즉, 법률에서 사용된 불확정개념의 유무효를 판단하는 헌법재판소 재판관은 물론, 유효한 불확정개념임을 전제로 임의성·자의성, 逸脫·濫用, 사법심사의 强度 등을 결정하는 대법관의 인선 방식이 문제될 수 있는 것이다. 기본권선호체계는 국민의 그것과 일치하여야 하고, 이는 민주적정당성의 문제로 귀결되느니만큼, 현재 대법원장만이 제청권한을 보유하고 있는 대법관 인선 방식이라거나, 대통령·대법원장·국회가 나누어 가지고 있는 헌법재판소 재판관 인선 방식은 재검토의 필요성이 적지 않다.

Chapter 04 利益衡量의 입장에서 바라본 행정법 : 裁量行爲

Ⅰ. 序 論

행정법 중에서도 각론에 해당하는 각 법률분야를 검토하다보면, 종래의 행정법 이론으로는 구체타당한 결론을 얻어 내기 어려운 부분이 적지 아니함을 찾아 볼 수 있다. 그 한 예가 환경법 분야에서 시행령이나 시행규칙에 국민의 재산권이나 자유권에 영향을 미치는 내용이 규정되어 있으면서도 구체적인 위임규정을 법률에서 찾기 어렵거나, 위임규정이 있기는 하나 불확정개념을 사용하고 있는 경우이다.[1] 종래의 법치주의 이론이나 헌법재판소 결정[2]을 따르는 경우, 재산권이나 자유권을 침해할 수 있는 내용이라면 당해 내용은 법률 자체에서 명확하게 규정하거나 구체적으로 범위를 정하여 행정에 그 입법

---

1) 몇 가지만 예를 들어 보자. ① 환경정책기본법 제10조 제1항은 "정부는 국민의 건강을 보호하고 쾌적한 환경을 조성하기 위하여 환경기준을 설정하여야 하며 환경여건의 변화에 따라 그 적정성이 유지되도록 하여야 한다."고 규정하고 있다. 이로 인하여 국민의 재산권, 자유권이 제한될 수 있음은 물론이다. 그런데 동 제2항은 "제1항의 규정에 의한 환경기준은 대통령령으로 정한다."라고만 규정하고 있어 헌법 제75조 소정의 구체적 위임을 하고 있는지 여부에 대한 의심의 여지가 없지 않다. 물론 같은 법 제11조가 제10조의 규정에 의한 환경기준이 적절히 유지되도록 환경에 관련되는 법령의 제정과 행정계획의 수립 및 사업의 집행을 할 경우에는 1. 환경악화의 예방 및 그 요인의 제거, 2. 환경오염지역의 원상회복, 3. 새로운 과학기술의 사용으로 인한 환경위해의 예방, 4. 환경오염방지를 위한 재원의 적정배분을 고려하여야 한다고 하고 있지만 그것만으로 충분한 위임이 되었다고 보기는 어렵다. ② 하수도법 제7조 제1항은 공공하수처리시설, 분뇨처리시설 및 개인하수처리시설의 방류수수질기준은 환경부령으로 정한다라고만 규정하고 있고 있을 뿐이다. 그러함에도 불구하고 헌법재판소 2004. 11. 25. 선고 2004헌가15 결정은 위 조항이 포괄위임입법금지의 원칙을 위배하였다고 볼 수 없다고 한다.

2) 헌법재판소 2001. 9. 27. 선고 2001헌가5 결정.

을 위임하여야 한다. 그러나 환경법 관련 시행령이나 시행규칙 중에서는 불확정개념을 사용하고 있는 위임법률이 위와 같은 기준을 충족하지 못하여 당해 시행령, 시행규칙뿐만 아니라 불확정개념을 사용하고 있는 위임 법률 자체도 위헌을 면치 못한다고 볼 수 있는 경우가 적지 아니하다. 그런데 과거와 달리 헌법재판소가 위와 같은 법규들이 위헌임을 선언하지 아니하는 경우를 종종 찾아 볼 수 있다. 이는 당해 규정의 필요성을 대법원이나 헌법재판소도 인식하기 때문이다. 학자들 중에서도 환경법의 경우에는 위임에 있어 엄격한 기준을 사용하는 것은 문제가 있다는 견해를 보이기도 한다.

그러나 환경법도 행정법의 일부인 이상 환경법 특유의 사정 내지 필요성만을 근거로 하여 행정법의 일반이론을 내칠 수 있다고 강변함에는 한계가 있을 수밖에 없다. 특유의 사정을 들자면 환경법뿐만 아니라 경제법, 세법 등 분야 역시도 마찬가지이다.[3] 행정법의 각 각론 분야마다 특수한 사정을 주장하기 시작하면 행정법 총론은 아무런 의미가 없는 공허한 주장의 집합체에 지나지 아니하게 된다. 행정법 총론이 각론에 해당하는 각 행정법 분야에 있어서의 구체·타당한 결론을 도출해 주기 위한 도구라는 점을 생각해볼 때, 총론이 환경법, 경제법, 세법 등 행정법 각론 분야의 구체적 사안을 해결해 주지 못하는 장면이 늘어난다는 것은 그리 반가운 현상이라 볼 수 없기도 하다.

그와 관련하여 필자는 최근 논의되는 이익형량의 관점에서 행정법 총론의 각 이론 분야를 관찰해 보는 것이 어떨까하는 생각을 하게 되었다. 그 직접적인 계기는 위에서 살펴본 불확정개념을 이용한 위임규정의 위헌성여부 내지 위임법률에 의하여 제정된 시행령이나 시행규칙의 위헌 내지 위법성 여부 문제를 어떻게 해결하여야 하는가의 문제였다. 그러나 당해 문제를 해결함에 있어 그 도구로서 사용하게 된 이익형량이라는 기준은 행정법의 다른 문제점들, 예컨대 공권이론이나 재량행위, 무하자재량행사청구권, 손실보상 등 문제를 검토함에 있어서도 유용한 도구가 될 수 있을 것으로 판단된다. 사실 그러한

3) 자세한 내용은 김성균·이비안, "본질성이론의 관점에서 본 불확정개념의 효력 -세법을 중심으로-", 「조세법연구」, 제14권 제1호, 2008, 99~135면 참조.

생각은 이미 다른 학자들에 의하여 상당 부분 제기되고 정리되고 있는 상태이다.[4] 그러한 측면에서 볼 때 본 글은 이미 많은 학자들이 주장한 부분을 필자의 입장에서 재정리 하는 정도의 의미 밖에 없는 면이 없지 아니하다. 그러함에도 재정리가 필요하다는 생각을 하게 된 직접적인 계기는 행정법을 강의하면서 초심자들이 행정법의 난해함을 호소하는 경우가 적지 아니함을 보아 오고 있기 때문이다. 초심자들이 행정법에 대하여 난해함을 호소하는 가장 큰 이유는 행정법이 그 역사가 짧고 아직 발전 도상에 있는 법 분야이기 때문일 것이다. 행정법 총론의 여러 이론들이 모두 단절되어 따로 움직이는 듯이 보이는 부분이 많은 것도 같은 이유에 기인한 면이 적지 아니한 듯하다. 그렇다면 행정법 총론의 각 이론들을 이익형량의 입장에서 재해석하여 봄으로써 모든 이론 분야에 일관성이 있는 설명이 가능하다는 점을 제시하여 학생들의 행정법 이해에 도움이 될 수 있는 도구로 삼아 보는 것도 의미 있는 작업이 될 것이다.

본 글은 우선 이익형량을 행정법의 각 문제를 해결함에 있어 중심적인 요소로 삼고자 하는 이유를 국가의 기능 측면에서 살펴보고(Ⅱ), 그러한 관점에서 재량행위에 국한하여 그에 대한 기존의 논의들을 건축허가를 중심으로 재검토하여 보기로 한다(Ⅲ).

Ⅱ. 국가의 기능

1. 문제의 소재

종래 법치행정에 대한 기본적 입장의 한 단초는 위임입법과 관련한 헌법재판소 결정으로부터 찾아 볼 수 있다. 헌법재판소는 헌법 제75조 소정의 "법률에서 구체적으로 범위를 정하여"라는 부분에 대하여 다음과 같이 판시하고 있다.

4) 이익형량과 관련한 깊은 글은 Robert Alexy의 글(박정훈 역, "법체계와 실천이성") 참고. 박정훈, "법체계와 실천이성", 「행정법의 체계와 방법론」, 박영사, 2005, 489~510면.

> 헌법 제75조에서 "대통령은 법률에서 구체적으로 범위를 정하여 위임받은 사항과 법률을 집행하기 위하여 필요한 사항에 관하여 대통령령을 발할 수 있다"고 규정함으로써 위임입법의 근거를 마련함과 동시에 위임은 '구체적으로 범위를 정하여' 하도록 하여 그 한계를 제시하고 있는바, '구체적으로 범위를 정하여'라 함은 법률에 대통령령 등 하위법규에 규정될 내용 및 범위의 기본사항이 가능한 한 구체적이고도 명확하게 규정되어 있어서 누구라도 당해 법률 그 자체로부터 대통령령 등에 규정될 내용의 대강을 예측할 수 있어야 함을 의미하고(헌재 1991. 7. 8. 91헌가4, 판례집 3, 336, 341), 이러한 예측가능성의 유무는 당해 특정조항 하나만을 가지고 판단할 것은 아니고 관련 법조항 전체를 유기적·체계적으로 종합 판단하여야 하며, 각 대상법률의 성질에 따라 구체적·개별적으로 검토하여야 하고 위임의 구체성·명확성의 요구 정도는 그 규율 대상의 종류와 성격에 따라 달라질 것이지만 위임의 명확성의 요건이 완화될 수 있는 경우에도 국민의 기본의무인 납세의무의 중요한 사항 내지 본질적 내용에 관하여는 원칙적으로 법률에 명확하게 규정되어야 하고 이와 같은 사항을 대통령령 등 하위법규에 위임하는 데에는 일정한 한계가 있다.[5)]

위 결정에 따르면 적어도 위임명령에 규정될 내용 및 범위의 기본사항이 법률에 구체적으로 규정되어 있어서 누구라도 당해 법률로부터 위임명령에 규정될 내용의 대강을 예측할 수 있어야 한다고 한다. 그리하여 설사 시행령이나 시행규칙이 법률의 상세한 내용을 규정하고 있더라도 법률 그 자체만으로 시행령에서 어떠한 내용이 규정될지 대강의 내용을 예측할 수 없다면 시행령, 시행규칙뿐만 아니라 법률 그 자체도 그 효력을 상실한다. 이러한 입장은 예측가능성으로 대표되는 자유권, 재산권의 보장의 측면을 강하게 내포하고 있는 것이라 볼 수 있다.

이로 인하여 문제가 발생하는 대표적인 행정법 분야가 環境法 등 이른바 행정법 각론에 해당하는 분야이다. 일찍이 환경법 등 행정법 각론 분야에서는

---

5) 헌법재판소 2001. 9. 27. 선고 2001헌가5 결정.

不確定槪念의 폭넓은 사용을 주창하여 오고 있는 견해가 적지 아니하였다. 이는 다음과 같은 배경에서 출발한다.

입법이 환경과 관련하여 규정하여야 하는 사안을 충분히 예상하지 못하는 경우에는 일반·추상적 법규를 만들어 낼 수 없다. 입법은 그를 대비하여 행정에게 당해 사안에 대한 판단을 하도록 할 필요성이 적지 아니하다. 그러나 당해 사안을 미처 예상하지 못하고 있는 상황 속에서는 법률 그 자체적으로 불확정개념을 사용하거나, 법률에서 불확정개념을 사용하여 폭넓은 위임을 하지 아니할 수 없게 된다. 그런데 ① 환경법과 관련하여서는 환경 문제가 재산문제와 첨예하게 대립하는 경우가 많다. 이 경우 직접적으로 재산적 피해를 입게 되는 자들은 적극적으로 환경관련 법률의 효력을 부인하고자 하는 목적하에 헌법 제75조를 도구로 이용하여 위 헌법재판소 결정에서와 같은 주장을 하게 될 것이다. 그러한 주장을 법원이나 헌법재판소에서 인용하는 과정에서 재산권은 보호될 수 있었으나, 결과적으로 환경권이 보장되지 못하는 결과가 발생하는 경우가 적지 않았다. ② 세법분야에서도 동일한 현상이 발생한다. 헌법 제75조를 근거로 효력이 부인되는 조세법률 대부분은 유산자 내지 고소득자들에 대한 과세 관련 조항이다. 이들 유산자 내지 고소득자들이 적극적으로 소송을 제기하여 관련 불확정개념을 이용한 위임법률의 효력이 부인되는 결과 세수의 보충을 위하여 상대적으로 그렇지 아니한 사람들에 대한 과세가 강화되는 현상이 발생하곤 했다.[6] 이는 헌법 제75조에 대한 헌법재판소의 해석이 재산권, 자유권을 보호하는 데에는 효과적이었으나 결과적으로 환경권(위 ① 경우)이나 평등권(위 ② 경우)이 소홀히 다루어지는 결과를 초래하고 있음을 말하여 준다.

이러한 점은 한편으로는 현대의 행정소송 시스템 문제와도 관련되어 있다. 현재의 행정소송은 이른바 個人的 公權을 기초로 소송을 제기하는 자에 대하여 일정한 답을 주도록 하고 있는 구조이다. 소송 구조상 개인적 공권을 주장

---

6) 또한 증권규제법령과 관련하여 상세한 규제 내용은 시행령이나 시행규칙도 아니고 행정규칙 단계에서 이루어지고 있기도 하거니와 이들 행정규칙에 대한 위임규정의 구체성이 헌법재판소의 기준에 턱없이 부족하다는 사실도 쉽게 찾아 볼 수 있다.

하는 자와 국가 등 사이의 대심구조로 진행되고 있는 것이다. 사인과 사인이 부딪히는 민사소송의 경우에는 각 사인들이 그들의 이해관계를 적극적으로 주장 및 입증함으로써 자신들의 이해관계를 지키고자 한다. 그러나 현재의 행정소송 구조 속에서는 공권을 주장하는 자 이외의 자들의 목소리는 소송의 뒤편에 숨고 만다. 그나마 그들의 이해관계가 당장 침해될 가능성이 있다면 자신들의 이해관계를 주장하겠지만, 당장 침해되지도 아니하고, 침해된다고 하더라도 간접적인 침해에 불과한 경우에는 그들은 영원히 말없는 자들이 되고 만다.[7] 수많은 소비자의 목소리보다는 특정 기업의 목소리가 입법과정에서 더 많이 반영되는 것을 적지 않게 찾아 볼 수 있는데 그러한 현실이 행정소송의 과정에서도 벌어지고 있는 것이다.

한 사례를 들어보자. 어떤 자가 경치 좋은 강변에 러브호텔을 건축하고자 한다. 그 경우 강이 오염될 가능성이 있다. 그러나 당해 오염피해는 주변 사람들 입장에서는 단기적으로는 그리 심각한 피해로 다가오지 않는다. 그 결과 행정청이 건축허가를 불허하는 처분을 하는 경우 러브호텔을 건축하고자 하는 자는 자신의 이익을 행정소송의 과정에서 충분히 개진하는 반면, 주변사람들이 그들의 이익을 개진할 가능성은 높지 아니하다. 하물며, 당해 강 인근의 주민이 아닌 일반 국민의 입장에서는 자신이 입는 환경권 상의 피해에 대하여 둔감한 것이 오히려 당연한 것이기도 하다. 현재의 판례에 따르면 인근주민이 아닌 일반 국민의 경우 위와 같은 사안에서 건축허가 처분이 있었다고 할 때 그 처분의 취소를 구할 원고적격조차 인정받지 못하기도 한다.[8] 세무 소송의 경우에도 예컨대 특정 증여세 조항의 위헌을 다투는 사건에서 당해 조항이 위헌선언이 되면 상대적으로 더 많은 조세 부담을 하여야 할 일반 국민은 당해 사실을 자신의 법익침해로서 주장하지 못한다. 즉, 행정소송을 통하여 자신의 기본권이 침해당하였다고 주장할 수 있는 길을 현재의 판결은 무척이나 좁게 보고 있어 소송을 통한 환경권 또는 평등권을 확보하고자 하는 노력이 원천적

7) 김성균 등, 전게 논문, 131면 참조.
8) 대법원 2002. 6. 14. 선고 98두1857 판결.

으로 봉쇄되어 있다.

그 결과 헌법재판소의 헌법 제75조에 대한 해석에 대하여 비판적 견해가 적지 아니하였다. 그러나 그러한 지적에도 불구하고 법치주의, 특히 그 한 내용으로서의 명확성의 원칙이 항상 발목을 잡고 있다는 점은 더 이상의 논의 진전을 어렵게 하는 한 이유가 되고 있다. 이로부터 법치주의의 한계점을 인식하고 그를 뛰어 넘는 새로운 견해의 도출이 필요하지 아니할 수 없었다. 그 한 단초는 국가의 기본 기능에 대한 재해석으로부터 출발하는 것이다.

2. 국가의 기능으로서의 이익형량

영국의 1215년 대헌장(Magna Carta)이나 1689년 권리장전(Bill of Rights)을 이끌어 낸 주된 주체는 귀족이나 부르조아 계층들이었다. 그러므로 대헌장이나 권리장전에 그들의 이익에 부합하는 재산권 및 자유권 관련 내용이 주된 부분을 차지하는 것은 당연한 일이었다. 특히 대헌장 본문 제1조는 종교에 대한 것이지만, 제2조는 재산권, 즉, 세금문제에 대한 것이었다. 권리장전도 재산권에 대한 내용이 중심이 된 것이었다. 이는 위 귀족이나 부르조아 계층들의 주된 관심사가 무엇이었는지를 잘 말하여 준다. 결국 위 시점까지는 주체 측면에서는 귀족이나 부르조아라고 하는 한정된 자들만이 관심의 주체가 되고, 내용 측면에서는 재산권, 자유권만이 문제되고 있었음을 알 수 있다.

그러나 현대 사회는 귀족이나 부르조아 계층만이 아니라 모든 국민이 주체가 되어야 하는 사회이다. 그러므로 모든 국민의 기본권 모두가 중요한 사회가 되었다고 볼 수밖에 없다. 또한, 국민의 기본권의 최대한의 실현이 사회통합의 기본 전제가 되고 있기도 하다.

그런데 그러한 과정에서 문제가 발생하였다. 과거에는 한정된 사람들, 즉, 부르조아 계급들의 한정된 기본권, 즉 재산권, 자유권만이 문제되었기에 기본권 충돌 문제가 발생할 여지가 비교적 적었다. 그러므로 재산권, 자유권 중심의 법률구성을 하여도 별다른 문제점이 발생하지 아니할 수 있었다. 그러한 역사적 배경에 따라 재산권, 자유권의 보장이 신성불가침의 권리로서 논의될 정도에 이르게 되었었다는 점이 현대의 행정법에 그 영향을 적지 않게 미치고 있음을 살펴보는 것은 그리 어려운 일이 아니다. 위에서 언급한 위임입법 관련 불확정개념의 효력 문제와 관련하여 우리 헌법재판소가 견지하고 있는 기본적인 입장도 자유권, 재산권에 대한 강한 보호 입장에 서있는 것이라 볼 수 있다.9) 예측가능성이란 재산권과 자유권을 보호하는 가장 중요한 수단이기 때문이다.

그러나 기본권을 보장받고자 하는 사람들의 폭이 종래의 귀족, 부르조아 계급으로부터 일반국민으로 대폭 넓어지면서 국민들 사이의 기본권 충돌 문제가 발생할 여지가 현저히 증대하게 되었다. 이에 자유권, 재산권 중심의 사고방식은 중대한 도전을 받게 된다.

한편, 그에 더 기폭제가 된 것은 보장되어야 할 기본권 종류의 확대 현상이다. 종래와 달리 재산권, 자유권만이 아니라 환경권, 인간다운 생활을 할 권리, 교육을 받을 권리 등 국가가 보장하여야 하는 기본권의 내용이 대폭 확대된 것이다. 이렇게 기본권 주체의 폭 및 보장하여 주어야 하는 기본권의 범위가 폭증하면서 다양한 기본권 주체들 간의 기본권 상충 현상은 일상화되어 가고 있다.10)

---

9) 이렇게 보는 것이 19세기 이후 법학의 발전 특히 2차 대전 이후의 법치주의의 발전을 무시하고 지나치게 단순화를 시킨 것이 아니냐는 비판이 있을 수 있다. 원래 법치주의는 정치적구조원리로서 논의되기 시작하였다. 그런데 독일 사회의 정치적 후진성 때문에 2차 대전 전까지만 해도 국민의 자유와 권리를 행정권으로부터 보호하는 행정작용의 한계적 형식적 원리로 변질될 수밖에 없었다(허영, 「한국헌법론」, 박영사 (2013), 222면 참조). 독일 법을 간접적으로 수입하는 과정에서 우리나라도 그에 의한 영향을 받은 점은 부인하기 어렵다. 특히 2차 대전 이후에도 법률유보의 강도 측면에서 논의되는 내용을 보면 여전히 예측가능성의 잣대가 적지 아니한 역할을 하고 있음은 쉽게 발견할 수 있다.

10) 교과서 차원에서 논의되는 사례들을 보면 다음과 같다. ① 위법한 유흥음식점허가의 경우, 허가 상대방이 아닌 다른 사업자(경업자)에게 그 사업상 이익을 헌법상 재산권, 직업의 자유 등을 원인으로 허가처분의 취소를 구하는 원고적격을 인정할 수 있는가? ② 환경영향평가대상지역 밖에 거주하는 국민에게 헌법상 환경권에 근거하여 공유수면매립허가면허처분의 취소송을 제기할 원고적격을 인정할 수 있는가? ③ 다른 사람의

그와 관련하여 또 하나의 기폭제가 되고 있는 것이 바로 유한한 자원의 문제이다. 종래 자유권과 재산권 문제에 천착하던 시기에는 유한한 자원 문제는 문제될 소지가 비교적 적었다. 그러나 복지국가로 넘어 오면서 각종 행정 정책 관련 재원조달이 본격적으로 문제되기 시작하였다. 환경법적 측면에서의 문제점을 제외하고도, 현재 정부가 추진하는 이른바 4대강 사업이 문제되는 이유 중 하나는 복지행정이나 기타 행정의 재원을 잠식함으로써 상대적으로 일부 국민의 기본권이 실현될 수 없게 되었는데, 당해 기본권이 과연 4대강 사업으로 얻는 이익에 비하여 보호 순위에 있어 후위에 놓임이 마땅하다 볼 수 있느냐이다.[11)]

유한한 자원 및 보호하여야 하는 기본권의 주체·내용이 다양화된 상황 속에서 모든 사람의 기본권을 충족시켜주는 것은 불가능하다. 그 결과 사회 구성원의 기본권을 어떤 방식으로 선후관계를 형성함으로써 국민 전체의 입장에서 보아 실현되는 기본권의 극대화를 기할 수 있느냐의 문제가 중대한 문제로 떠오르게 되었다.

이러한 과정에서 기본권 사이의 충돌 문제가 발생하는 것은 당연한 일이다. 사실 기본권의 경합 및 상충 부분에 대한 논의는 헌법적 차원에서 오래 전부터 논의되어 오고 있었다.[12)] 특히 基本權의 對私人的 效力을 인정하는 경우 필연적으로 기본권 충돌 문제가 초래된다. 헌법학계에서는 기본권 충돌의 문제는 기본권을 서로 제한함으로써 해결할 수 있는바, 그 결과 기본권 제한의 문

사생활상의 비밀이나 기밀 등 공익을 검토하여 볼 때 일반인의 공문서의 열람·복사 신청에 대하여 응하여야 하는가? 헌법재판소 1989. 9. 4. 선고 88헌마22 결정. ④ 국가안전보장, 질서유지 또는 공공복리를 검토하여 볼 때 구속피고인 피의자의 접견권을 인정하여야 하는가? 대법원 1992. 5. 8. 선고 91부8 판결.

11) 박정훈 교수는 현대사업의 복잡화와 가치다원화주의로 인해 공익은 이제 실체적으로 확정될 수 있는 크기로 이미 존재하는 것이 아니라 절차를 통해 대립하는 다양한 이익들이 현출되고 이를 형량·조정함으로써 비로소 정립되어지는 것으로 이해된다고 한다(박정훈, 전게서, 244면 이하). 박정훈, "행정법의 구로변화", 「행정법의 체계와 방법론」, 박영사, 2005, 244면 이하.

12) 서울고등법원 1996. 11. 21. 선고 95나41804 판결은 헌법상의 환경권에 대사인적 효력을 인정하고자 하였다.

제와 기본권 충돌의 문제는 기본적으로는 다르지 않다고 한다. 그러나 기본권이 충돌하지 아니하는 장소를 찾아보기 어려운 것이 실정이고, 특히 환경권을 비롯한 사회적기본권이 문제되는 장소에서는 예외 없이 기본권 충돌 문제가 일상화되는 상황이라면 기본권의 제한이라는 표현을 사용하는 것 자체가 어색한 일이기도 하다. 오히려 기본권이란 특정한 이익의 존재만을 알려 줄 뿐 그 이익의 실현을 바로 보장해 주는 도구는 아니라고 하는 것이 현실에 가까울 정도이다.

한편, 헌법학계에서 의도한 바는 아니겠지만 헌법학계에서 논의하는 기본권의 충돌은 기본권의 충돌이 현실화된 경우에 한정되는 듯한 느낌을 주고 있다. 그러나 위에서 살펴 본 바와 같이, 행정소송을 하는 자의 권리와 이해가 상반되는 직간접적으로 연결되어 있는 수많은 사람들이 존재하는 것이 적지 아니한 것이 현실이다. 특히 행정소송의 과정에서 말하지 아니하는 다수의 사람들 및 그들의 기본권은 어떻게 보호되어야 하는가? 기본권의 충돌이 전면적으로 현재화되어 있지 아니한 경우, 재산권·자유권을 주장하며 소송을 제기하는 자의 반대편에 속하는 자들의 이익은 그 아닌 다른 누군가가 대신 챙겨주어야 할 필요성이 발생한다. 그 역할을 담당하여야 하는 주체가 바로 국가, 구체적으로는 입법, 사법 및 행정일 수밖에 없다.13)

이상의 인식으로부터 국가의 기능을 바라본다면 국가의 기본임무는 한정된 자원 속에서 다양한 기본권 주체들 간의 기본권의 실현을 극대화하기 위하여 기본권 실현 순서에 있어 일정한 우선순위를 정하고 그를 집행하여 나가는 것

13) 이러한 측면에서 보면 종래 헌법 이론 중에서 기본권, 특히 사회적기본권 부분은 프로그램적 권리에 불과하다는 견해도 비난 받을 이유가 없어진다. 위 이론은 법률로서 그 보장을 실현할 수 있는 경우가 아니라면 장식적 권리에 불과하다는 것이 그 기본 내용이다. 그런데 다양한 기본권 속에서 어느 기본권에 우선순위를 부여할 것인지의 문제가 대두되는 상황이라면, 즉 헌법에 기본권으로 기재되어 있다고 해서 바로 내 기본권을 보장해 달라고 하는 것이 유한한 자원속에 다양한 기본권 주체들이 있는 상황에서 불가능한 상황이라면, 위 이론이 틀렸다고 말하기 힘든 상황이 발생한다. 기본권이나 조리를 이유로 하여 인정될 수 있는 이익도 공익 또는 다른 사익과의 비교형량을 통하여서만 비로소 공권화될 수 있는 것이기 때문이다.

이라고 보아도 무방할 것이다. 그리고 당해 우선 순위를 일반·추상적으로 정하는 업무는 立法이, 그 집행 과정은 行政이 담당하는 것을 원칙적인 업무 분장의 내용이라 보아도 무리가 없을 것이다.

그런데 위 기본권의 실현순서를 정하는 작업은 기본권 사이의 형량 작업과 다를 것이 없다.[14] 종래 헌법학계에서는 기본권의 상충문제를 해결함에 있어 혹자는 헌법 제37조 제2항의 일반유보에 따라 이익형량, 과잉금지, 비례의 원칙으로 해결할 수 있으므로 따로 논의할 필요성이 없다고 하고,[15] 혹자는 이익형량에 의한 해결방법을 주장하고 있기는 하지만,[16] 실제 내용에 있어서 공통점은 이익형량에 의한 방법으로 해결하여야 한다는 것이었다. 행정법을 검토함에 있어 부딪히는 각 문제에 있어서도 위와 같이 기본권 사이의 이익형량을 적정히 처리함과 관련하여 도움이 될 수 있는 도구가 될 수 있는지 여부의 측면에서 접근할 필요성이 적지 아니하다.

3. 발생하는 문제들

이렇게 국가의 기본기능을 다양한 기본권 주체들 사이의 이익형량 작업이라고 정의 내린다면 최우선적으로 검토해 보아야 하는 것은 당해 업무를 어떻게 분장할 것인가의 문제이다. 전통적인 입장에 따르면 입법이 당해 형량작업의 일반적·추상적 기준 제시를, 행정이 그 집행을 담당하는 것이 원칙적일 것이다.

그러나 그렇게 생각하는 경우 당장 발생하는 문제는 입법이 당해 형량작업을 완전무결하게 해 낼 수 있느냐의 문제이다. 완벽한 입법의 전제조건은 미

---

14) Schlink등 이익형량을 배척하여야 한다는 논리도 없지는 아니하지만, Lerche와 같이 사익과 사익간의 상충 문제뿐만 아니라 공익과 사익간의 상충문제조차 이익형량을 도외시하면 풀 수 없는 경우가 있다는 주장으로서는 허영, 「한국헌법론」, 박영사, 2013, 271~273면.

15) 김철수, 「헌법학신론」, 박영사, 2013, 361~362면.

16) 허영, 상게서, 271~275면.

래에 발생할 이익형량이 필요한 모든 경우의 수를 완벽하게 예측해 낼 수 있는데 있다. 그래야 일반적·추상적 법률을 만들어 낼 수 있기 때문이다. 그러나 당해 작업은 지난하기만 하다. 이미 살펴 본 바와 같이 현대 국가가 전체 국민들의 기본권을 실현하여야 하는 주체이고, 그나마 기본권의 범위도 생활권적 기본권 등으로까지 넓혀졌으며, 반면 자원의 한계 때문에 기본권 모두를 실현하는 것이 사실상 불가능한 단계에 이르렀기에, 필연적으로 거의 모든 장소에서 기본권의 우열관계에 따라 실현의 순서를 조정하여야 하는바, 당해 장소를 입법이 일일이 예상하여 규정하는 것이 사실상 불가능하기 때문이다.

이러한 입법의 한계 문제는 특히 環境法 등 행정법 각론에 해당하는 각 분야에서 더욱 더 심각하게 다가온다. 입법이 재산권과 환경권을 비교·형량 할 필요성이 있는 장소를 모두 예측할 수 없는 상황 속에서는, 적용하여야 할 이익형량의 기준이 제공되지 아니하는 공백부분들이 있게 마련이다. 그러한 공백을 불확정개념을 이용하여 메우려고 한 입법의 시도가 종래 자유권·재산권 중심의 법학에서는 합헌적으로 인정되기 어려웠다. 그 결과 환경권이 상대적으로 소홀한 취급을 당하는 결과가 발생하게 되었다. 앞서 보았던 헌법재판소의 결정을 그대로 따르는 경우 강변에 건축을 하고자 하는 자의 자유권, 재산권은 보호되지만, 상대적으로 인근주민의 환경권은 보호되기 힘든 결과가 초래된다는 것이 그 대표적인 예이다. 경제법이나 세법에서도 동일한 현상이 발생한다. 세법의 경우 유산자가 세금을 내지 아니할 경우 상대적으로 더 많은 세금을 부담하여야 할 다른 국민들의 평등권이 문제되는데 당해 평등권은 근대사회에서는 자유권·재산권에 비하여 그 중요성이 현격히 부각되지 아니하는 분야였다. 헌법재판소의 결정을 도구로 이용하는 경우 불확정개념을 사용한 세법은 상당 부분 그 효력이 부인되고, 유산자·고소득자를 제외한 다른 납세의무자들이 더 많은 세금을 부담하여야 하는 일이 발생한다. 물론 이상의 현상이 헌법재판소가 의도적으로 그러하였던 것이라 보기는 어렵다. 다만, 근대법학이 자유권·재산권 중심의 이론을 전개하였고 그러한 것을 현재도 그대로 받아쓰고 있기 때문에 나타나는 현상일 뿐이다.

사실 행정법에 있어서의 상당 부분의 문제는 입법의 한계로부터 파생되는 것이다. 이미 법치주의의 중요한 가정인 "입법의 완전무결성의 가정"이 무너졌음은 선배 학자들이 지적하고 있는 바와 같다.17) 그러한 상황에서 종래의 법치주의에 충실한 잣대, 즉, 예견가능성 또는 명확성의 원칙을 고수하는 경우 재산권·자유권 중심의 법학이 될 수밖에 없다는 점은 이미 살펴보았다. 불확정개념 문제는 입법의 한계를 스스로 자각한 입법이 구체적이지 못하나마 이익형량의 기준을 행정에게 제시하기 위한 마지막 수단이라 볼 수 있다. 행정법이 문언상으로는 행정에게 재량권을 부여하지 아니하고 있는 듯 보이는 장소에서도 재량권을 인정하고자 하는 이유는 무엇일까? 재량권을 인정하지 아니하는 경우 기본권 간의 적정한 이익형량이 불가능한데, 정작 입법이 그

---

17) 박정훈 교수의 견해를 필요한 부분만 발췌하여 전거해 본다(박정훈, 전게서, 244~8면). "법치주의 측면에서 법률은 일반적 추상적 규범으로서 행정의 모든 활동을 포섭하여 규율할 수 있다는 픽션을 전제로 하는 것이다. 여기에다가 행정도 단일하고 통일된 크기로 존재하여 직업공무원제를 근간으로 하는 전문적 관료제에 의해 법률을 충실하게 기계적으로, 다시 말해 자기 자신의 가치판단과 의사결정을 추가하지 않고 집행한다는 법률집행의 픽션까지 추가된다 … 법률의 완전성이라는 픽션은 (독일) 기본법 제20조 제3항에서 행정은 '법률과 법' (Gesetz und Recht)에 구속된다고 규정됨으로써 이미 헌법 차원에서 취약성을 보이고 있다. 법률이 행정에게 전통적 의미의 재량권을 부여하는 것만으로는 아직 그 픽션이 깨어지는 것은 아니었다. 법률이 요건-효과의 조건적 프로그램 (Konditionalprogramm)을 취하고 있는 한, 요건 부분의 불확정개념은 법개념으로서 완전한 사법심사의 대상이 된다는 효과재량설과 효과 부분에만 인정되는 재량 또는 법률의 입법취지에 구속됨으로써 법률의 규율력이 손상되지 않는다는 재량하자설에 의거하여 법률의 완전성이 명목만이라도 유지할 수 있었기 때문이다. 그러나 도시계획법 등 1960년대부터 계획법률이 다수 제정되면서 이제 법률은 목표-수단의 목적적 프로그램 (Finalprogramm)으로서 행정에게 광범위한 형성의 자유 (Gestaltungsfreiheit)를 부여하는 것이 되었고, 이러한 계획법규상의 목적 조항에 대하여, 효과재량설에 말하는 요건상의 불확정법개념과는 달리, 전면적 사법심사가 제한되는 '계획재량'이 인정되게 되었다. 그럼으로써 의회는 법률을 통해 행정을 통제하여 자신이 갖는 민주적 정당성을 행정에게 이전시킬 수 있다고 하는 (의회)민주주의의 픽션과 법원은 법률에 의거하여 행정에 대한 국민의 권리구제를 실현시킬 수 있다고 하는 법치주의의 픽션은 드디어 깨어지게 된다. 여기에 고도로 추상적인 불확정개념을 요건으로 하는 환경·경제 관련 법률이 추가되면서 도시계획·환경행정·경제행정은 행정법의 구조변화를 일으키는 주무대가 되었다."

기준을 따로 마련하지 아니하고 있는 경우가 많기 때문이다. 헌법 조문상으로는 법률, 시행령, 시행규칙 이외의 법형식에 대하여 법규성을 인정하기 어려움에도 불구하고 행정규칙에 대하여 법규성을 인정하고자 하는 움직임이 발생하는 이유도 입법의 한계 때문이다. 법령상으로는 특정한 권리를 인정하고 있는 것으로 보기 어려운 장소에서도 개인적 공권이라는 이름하에 권리를 뽑아내고자 하는 이유도 이익형량의 기준을 세세히 마련하지 못하는 입법의 한계에 따른 움직임에 다름 아니다. 손실보상의 범위를 결정함에 있어 논의되는 이른바 '사회적 제한'이라는 용어 역시 선험적으로 주어지는 것이 아니라 이익형량의 결과 양보될 수밖에 없는 기본권과 관련하여 나오는 것인데 이를 입법이 구체화하기 어렵기에 사용하는 개념일 뿐이다. 이들 중에서 이하에서는 재량행위에 대해서만 먼저 살펴보기로 한다.

Ⅲ. 이익형량의 입장에서 본 재량행위

1. 재량행위의 범위

가. 건축허가 관련 대법원의 판단

종래 건축허가는 기속행위라 보았고, 그러한 이상 일정한 요건을 충족하면 반드시 건축허가를 하여야 하는 것으로 해석하여 오고 있었다.

그런데 대법원은 건축주의 이익과 다른 기본권 주체 사이의 이익을 비교·형량하여 경우에 따라서는 건축주의 이익을 배제할 수 있다고 한다.[18] 당해 사

18) 대법원 1999. 8. 19. 선고 98두1857 전원합의체 판결. 그에 대한 평역으로는 김동희, "건축허가처분과 재량", 행정판례연구(2000), 17~32면; 정훈, "환경보호와 법치국가 원리의 충돌: 독일의 판례와 학설을 중심으로", 「환경법연구」, 제25권 제2호, 2003. 12, 431~450면; 박영하, "조례에 정한 준농림지역 내의 숙박시설 설치제한지역에 대한 시장의 지정·고시 유무가 건축허가 여부를 결정하는 요건인지 여부", 「국민과 사법 : 윤관 대법원장 퇴임기념」, 박영사, 1999, 684~686면; 이덕연, "서산시청 상대, 건축허가불허처분취소소송", 법률신문 2842호, 1999.12. 참조.

안은 원고가 1996. 11. 13. 피고인 서산시 시장에게 국토이용관리법상 준농림지역 내에 있는 사건 토지에 지상 3층 지하 1층의 숙박시설(여관)의 건축허가 신청을 하였으나, 피고 행정청이 1996. 11. 19. 사건 토지가 경관이 수려한 농촌지역에 위치하고 있고, 당해 장소에 숙박시설이 들어서는 경우 퇴폐분위기를 조성하여 지역의 건전한 발전을 저해할 우려가 있으며 "준농림지역 안에서의 행위제한에 관한 조례로 숙박시설 건축을 제한하고 있다는 이유로" 그 허가의 신청을 거부한 사건이다. 위 사건에서 원고는 자신의 건축허가신청은 건축법 등 관계법규에서 정하고 있는 어떠한 제한사유에도 배치되지 아니하고, 준농림지역 안에서의 건축허가 등을 제한할 목적으로 제정된 조례에도 어긋나지 아니함에도 건축허가를 거부한 것은 위법하다고 하여 당해 거부처분을 취소하여 달라는 소송을 제기하였다.

그런데 위 " " 속의 내용은 사실에 부합하지 아니하는 것이었다. 위 사안과 관련한 법령상의 정황은 다음과 같다. 국토이용관리법상 준농림지역에 숙박시설 건축이 무분별하게 들어섬으로써 농어민의 건전한 정서를 해치고 환경을 오염시킴은 물론 자연경관을 훼손하는 등 폐해가 발생하기에 이르자 내무부장관이 1994.4.경 전국 일원의 준농림지역에 숙박시설의 건축허가를 억제하도록 지시하였다. 그러나 건축허가는 종래 강학상의 허가로서 기속행위라고 보아왔기 때문에 건축허가권자로서는 신청 건축물이 건축법, 도시계획법 등의 관계 법령에서 정하는 제한에 배치되지 아니하는 이상 당연히 건축허가를 하여야 하였다. 그러므로 관계법령에서 정하는 제한사유가 없는 이상 위와 같은 공익상의 필요를 이유로 바로 그 허가신청을 거부할 수는 없었다. 그에 따라 내무부장관의 위와 같은 지시에 불구하고 준농림지역의 숙박시설 신축을 규제할 마땅한 법령이 없는 이상 그에 따른 폐해를 줄일 수 있는 실효적 방안을 찾기 어려웠다. 이에 사건 당시 적용되던 국토이용관리법 제15조 1항 4호의 위임에 따른 국토이용관리법시행령 제14조 1항은 1995.10.19.자 개정에 의하여 준농림지역 안에서의 토지이용 제한행위의 하나로서 '지방자치단체의 조례가 정하는 지역에서 숙박업 등을 영위하기 위한 시설 중 지방자치단체의 조례가 정하는 시설의 설치'를 규정한 제4호를 신설하게 되었고, 각 지방자치단체는 개정 시행령의 위임에 의하여 조례를 제정하기에 이르렀다. 그런데 설치제한에 관한 규정형식이 지방자치단체에 따라 달라 그 제한기준만을 규정한 조례가 있는가 하면 제한기준 외에 지방자치단체의 장으로 하여금 그 기준에 의한 설치제한지역의 지정·고시를 하도록 정한 예도 있었다. 서산시 조례는 후자의 형식을 취하여 제한지역지정 기준으로서, 1. 교육에 영향을 주는 지역, 2. 지역주민의 정서함양 및 생활환경에 영향이 있는 지역, 3. 지역발전 및 장래의 지역개발사업에 지장을 초래할 것이 예상되는 지역, 4. 기타 명승·사적·유적지·자연경관·환경보전·관광자원보전 등을 위하여 필요하다고 판단되는 지역이라고 규정하고 이와 아울러 시장으로 하여금 위 기준에 의하여 제한지역을 지정·고시하도록 규정하였다. 위 조례 제정 후 준농림지역 안에서의 숙박시설 등 설치제한 필요성에 대한 공익상 요청이 더욱 강해지면서 원칙적으로 이를 제한하는 방향으로 위 시행령을 다시 개정하는 작업이 진행되기에 이르자 피고(서산시장)는 그 개정시까지 제한지역지정을 유보하였다. 피고는 "제한지역의 지정·고시가 되지 아니한 상태에서" 원고가 1996.11.13. 준농림지역 안의 숙박시설 건축허가 신청을 한 데 대하여 같은 달 19. 위 조례에 의한 제한을 이유로 이를 반려하는 이 사건 처분을 하였다.[19)]

결국 위 사안에서 건축허가를 하지 아니할 수 있는 어떠한 법령상의 근거도 없었던 셈이 된다. 그러므로 위 사안에서 건축허가를 허가하지 아니할 수 있는 길은 종래의 건축허가를 기속행위로 보는 해석 방향을 바꾸는 것 이외에는 달리 길이 없었다. 그러함에도 불구하고 대법원 다수의견은 다음과 같이 판단하면서 원고의 청구를 기각하는데 그치고 말았다.

> 이러한 관계 법령의 규정을 종합하여 보면, 위 조례 제4조 제1항 각 호에 규정된 지역이라는 구체적인 취지의 지정·고시가 행하여지지 아니하였다 하더라도, 위 제4

19) 위 개요는 박영하, 전게논문, 684~685면을 인용하였다.

> 조 제1항 각 호에서 정하는 기준에 맞는 지역에 해당하는 경우에는 숙박시설의 건축을 제한할 수 있다고 할 것이고, 그러한 기준에 해당함에도 불구하고 무조건 숙박시설 등의 건축허가를 하여야 하는 것은 아니라고 할 것이며, 위 조례에서 정한 요건에 저촉되지 아니하는 경우에 비로소 건축허가를 할 수 있는 것으로 보아야 할 것이다. 부연하면, 그러한 구체적인 지역의 지정·고시 여부는 숙박시설 등 건축허가 여부를 결정하는 요건이 된다고 볼 수 없다고 할 것이다.

사실 법문만 따져서는 이런 결론에는 무리가 있었다. 보충의견 중에서는 "원래 법규의 규범적인 의미내용은 그 문언을 문법구조대로 해석하는 것이 원칙일 것이나, 그러한 해석이 전체 법질서와의 관련에서 평가모순을 초래하는 경우에는 형식적인 자구해석만을 고집하여서는 아니 되고, 가능한 어의와 의미관련의 범위 안에서 그러한 모순을 피할 수 있는 방법으로 합목적적으로 해석되어야 하며, 그러한 해석은 필요하기도 할 뿐 아니라 법규의 해석·적용과 함께 법형성의 기능까지 동시에 담당하고 있는 법원의 임무이기도 한 것이다."는 판단을 부가하여 대법원 스스로 법문의 문법적 해석과 다른 해석을 하고 있음을 스스로 자인하고 있기도 하다.

소수의견은 이점을 정면으로 지적하여 "건축법 소정의 건축허가권자는 개개의 건축허가신청이 국토이용관리법 등의 관계 법규에서 정한 제한에 배치되지 않는 이상 당연히 건축허가를 하여야 하는바, 국토이용관리법 제15조 제1항 제4호 및 같은 법 시행령 제14조 제1항 제4호의 규정의 위임에 의한 서산시 조례가 적용되는 준농림지역이라고 하더라도 위 조례 제4조 제1항의 규정에 따라 시장의 지정·고시에 의한 구체적인 제한지역과 제한 대상 시설의 범위가 정하여지지 않는 한 위 조례에 규정한 제한지역 지정·고시에 관한 일반적인 기준만을 들어 건축법상의 건축허가를 거부할 수는 없다."라고 판단하고 있다.

나. 이익형량과 재량행정의 범위

위 보충의견 및 소수의견에서 보는 바와 같이 다수의견에는 문제가 없다보기 어려웠다. 조례가 요구하는 지정·고시가 없음에도 불구하고 건축허가를 하지 아니할 수 있다는 해석은 조례의 내용과 배치되는 것이기 때문이다. 그러함에도 불구하고 다수의견과 같은 해석을 한 이유는 무엇일까?

이는 바로 원고의 재산권과 주변 사람들의 환경권 사이의 이익형량을 하여볼 때 환경권을 보호하여야 할 필요성이 적지 아니하여 원고의 재산권을 제약하지 않으면 아니 되는 사정이 있다고 보았기 때문이다. 익히 알려지고 있다시피 종전의 대법원 판결에 의하여 건축주의 이익은 보호될 수 있을지 모르나 환경권은 보호될 수 없는 폐단이 발생하고 있었다. 그 결과 대법원은 건축허가를 기속행위라 보는 확립된 판례에 불구하고 종전과 달리 건축주의 이익과 환경권을 비교·형량 하여 경우에 따라서는 건축주의 이익을 배제할 수 있다고 본 것이다. 이는 당장 소송을 통하여 직접적인 소송을 제기하는 자의 기본권 이면에 말없이 도사리고 있는 다른 기본권 주체들의 기본권을 감안하여 이익형량을 하여야 할 필요성을 자각하였기 때문이기도 하다. 즉, 기본권의 현재적 충돌 뿐 아니라 잠재적·장래적 충돌의 경우까지 감안하여 이익형량을 할 필요성이 있고, 더 나아가 당해 충돌의 대상이 되는 이익의 주체자들이 말 없는 다수인 경우 그러한 자들의 이익까지 감안한 이익형량을 하여야 한다는 점을 자각한 것이라 볼 수 있다.

그러나 그러한 판단의 필요성에 집착한 나머지 굽은 논리를 채용한 것은 아쉬운 일이 아니라 할 수 없다. 위 판결은 필요성이 문리해석 결과를 뒤엎은 것에 다름 아니다. 그렇다면 어떤 방식으로 위 문제를 해결하여야 하였을까?

위 사건이 문제된 첫 번째 계기는 입법의 불완전성이다. 입법의 기본기능이 이익형량 관련 일반적·추상적인 기준을 설정하는 일임은 앞서 본 바와 같다. 그러나 이익형량을 위한 일반적·추상적 기준을 빠짐없이 마련하는 것은 사실상 불가능하다. 그 결과 일반적·추상적 기준을 마련해 주지 못한 곳이 있을 경우 이익형량 작업을 포기하여야 하는지 여부에 대한 문제가 발생하게 된다.

두 번째 계기이자 보다 직접적 계기는 종래 건축허가가 기속행위라 보는 입장에 서 있었다는 점이다. 건축허가를 위하여 요구되는 요건을 충족하는 이상 건축허가는 반드시 하여 주어야 하는 것으로 해석되어 오고 있었던 것이다. 즉, 판례 및 다수설은 건축행위는 본래 인간의 자연적 자유에 속하지만 경찰상 목적을 위하여 건축을 일반적으로 금지하고 일정한 요건에 해당하는 경우 그 금지를 해제하여 자연적인 건축의 자유를 회복시켜 주는 것이 건축허가이므로 요건에 해당하는 한 건축을 허가하여야 한다고 해석하고 있었다.

이러한 두 계기 속에서, 법이 요구하는 건축허가의 요건은 사실 모든 기본권 주체의 기본권을 비교형량 함에 필요한 기준을 모두 다 반영한 것은 아니었다는 점－즉, 위 첫 번째 문제가 해결되지 아니한 상태라는 점에서－문제가 발생한다. 첫 번째 문제점이 해결되어 있지 아니함에도 불구하고, 두 번째와 같은 기준을 사용함으로써 문제가 발생하게 된 것이다.

다. 이익형량과 법의 자살

통상 법률에서 구체적인 권리를 부여하고 있는 경우 당해 권리부여는 헌법상 각종 기본권을 비교·형량하여 본 결과 다른 기본권에 앞서 우선적으로 보호할 필요성이 있다는 입법의 판단을 구체화한 것이라 볼 수 있다. 그러므로 당해 판단이 헌법재판소에 의하여 위헌임이 결정되지 아니하는 이상 당해 권리를 부인하기는 어렵다. 건축허가의 경우에도 종래에는 법률이 정하는 요건을 충족한다면 건축허가를 하여야 하는 기속행위로 보아 오고 있었고, 그러한 이상 위와 같은 대법원의 입장은 이해하기 어려운 면이 없지 않았다. 위 사건의 소수의견도 같은 입장에 서있다 볼 수 있다. 당해 소수의견을 소개하면 다음과 같다.

> 서산시 조례에서 정한 바에 따른 시장의 구체적인 제한지역의 지정·고시가 없는 상태에서 다수의견과 같이 개별적인 건축허가에 있어 그 조례에서 정한 일반적인 기준만을 근거로 한 피고의 처분을 적법하다고 판단하는 것은, 결국 피고로 하여금 주민

의 대표로 구성된 시의회에서 조례제정권에 의하여 제정하고 자신이 공포한 조례의 규정을 무시하고 법규의 근거 없이 개인의 자유와 권리를 제한하는 것을 법원이 적법하다고 판단하는 셈이 되어 납득하기가 실로 어렵고 보다 근본적으로는 주민자치 내지 민주주의의 원칙에도 반하는 것이 아닌지 의아스러울 뿐만 아니라, 환경보호 등의 공익을 위하여 그 현실적 필요성이 절실하다는 이유로 국민의 법적 안정성과 예측가능성 보장을 위한 법의 지배 내지 법치 행정의 이념이라기보다 큰 법적 가치를 법원 스스로 훼손시키고 법의 해석·적용을 통한 국민의 자유와 권리 구제라는 법원의 헌법적 역할에서도 벗어나는 것이 아닌지 의문이 아닐 수 없는 것이다.[20]

위 소수의견을 이익형량의 입장에서 재해석하여 보자. 건축허가는 기속행위이다. 기속행위로 보는 경우 법령상 요건을 충족하는 이상 건축허가 신청자의 개인적 공권을 인정하여야 한다. 그리고 법률이 특정 권리를 인정하고 있는 한 다른 기본권 주체와의 기본권 형량이 필요하다는 이유만으로 당해 권리를 부인하여서는 아니 된다. 이익형량은 다른 이익주체들 간의 이익의 우선순위를 정하고자 하는 것인데 그 이익의 기준이 되는 것이 헌법상의 기본권인 이상 결국 기본권상의 우열을 가려 우선순위를 정하자는 것이다. 그러나 그렇게 하다 보면 입법이 법률을 통하여 인정한 권리를 헌법상의 기본권만을 이용하여 부인하는 결과가 발생할 수 있다. 즉, 법관이 자기의 價値觀에 따라 보다 중요하다고 생각되는 권리를 우선시킴으로써, 그것보다 열위에 있다고 생각되는 기본권은 설사 그것이 국민의 자유와 권리라 하더라도 제한할 수 있게 된다. 그리하여 국민의 자유와 권리는 법률로써만 제한할 수 있다는 헌법 제37조 제2항의 규정이 그 의미를 상실하게 되는 일이 발생할 수 있다. 이익형량 입장을 앞세우다 보면 법관은 법률을 무시하고 자기 입맛에 맞는 기본권을 끌어들여 자기의 결론을 정당화시킬 수 있게 되고, 과거 어렵게 지켜온 자유권이 유린되는 결과가 발생할 수도 있다.[21] 그로부터 볼 수 있는 바와 같이

20) 대법원 1999. 8. 19. 선고 98두1857 전원합의체 판결.

이익형량을 확대하고자 하는 입장은 “법의 자살”을 초래할 우려가 적지 않다.[22] 이상의 논의의 다른 표현으로 볼 수 있는 전 대법관 이회창의 견해를 소개한다. 조세법과 관련된 언급이다.[23]

> 담세력에 상응한 평등과세와 납세자의 개별적 상황에 맞게 차등을 둔 공평한 과세는 바로 조세정의의 실현이고 이러한 조세정의가 법관의 공정한 가치판단에 의하여 현실화되는 것이다. 다만, 진실의 열매가 저 너머에 보이더라도 개인의 기본권보장이라는 담장을 짓밟고 넘어가야만 따올 수 있는 것이라면 차라리 그 열매를 포기하려는 것이 적법절차주의의 기본정신이고 이것은 조세법률주의의 기본정신과도 상통하는 것이다. 조세공평의 추구를 조세법률주의의 ‘권리 보장적 기능’을 다치지 않

---

21) K. Hesse 등은 기본권의 대사인적 효력에 대한 이론 구성과 관련하여 사인간의 사적인 법률관계를 규율하는 것은 우선은 사법이기 때문에 기본권은 이 사법의 일반원칙이라는 매개물을 통해서 간접적으로 사인 상호간에도 적용될 수 있을 뿐이며(간접적 사인효력설), 기본권이 직접 사인 상호간의 법률관계에도 적용된다고(직접적 사인효력설) 볼 수는 없다고 한다(허영, 전게서, 258~265면). 이러한 입장은 후자의 입장을 취하는 경우 법적 명확성이 훼손된다는 것도 한 근거로 하고 있는바, 이는 러브호텔사건에서의 소수의견과 동일한 입장이라고 할 수 있다. 또한, 공법상 계약의 경우 해제, 해지를 순수한 사법 관계만을 적용할 것이냐, 형식적 당사자 소송의 범위를 넓게 볼 것이냐의 문제 등도 모두 이익형량의 문제 및 위 문제와 관련되어 있다.

22) Schlink 등이 주창하는 이익형량 배척론의 입장이다. 그에 대해서는 허영, 전게서, 79면. 위 사건과 관련한 이덕연의 전게 글(“처분 당시의 법률과 시행령에 의해 조례에 위임하였고, 조례를 통해 일반적인 기준제시와 함께 다시 구체적인 제한지역의 지정을 단체장에게 위임하고 있는 법규의 효력이 합목적적 해석에 의해서 부인 또는 제한될 수 있다는 입론은 법원이 입법자의 위임입법결정의 의미와 기능을 전면적으로 무시하고 대체입법을 할 수 있다는 결론에 이른다. 법적 안정성과 예측가능성의 보장은 정책적인 차원의 개별적인 합목적성이나 현실적인 필요성에 의해서 결코 부인되어서는 아니 되는 거시적인 차원의 보다 큰 법가치이다. 또한 이 법가치의 훼손에 따르는 역작용은 전방위적이고, 중차대한 것일 수밖에 없다. 합법성이 합목적성에 우선되는 논리는 법치국가이념의 핵심이고, 그것은 환경보전경우에도 예외일 수 없다.”)도 결과적으로는 같은 취지이다.

23) 이회창, “조세법률주의 -그 권리보장적 기능과 관련하여-”, 「조세사건에 대한 제문제(재판자료 제60집)」, 법원행정처, 1993, 22면. 이러한 논증이 자유권, 재산권을 우선하여 보장하게 되는 결과로 귀착될 것이라는 점에는 의심의 여지가 없을 것 같다.

는 범위 내에서 허용하려는 것은 조세공평의 원칙을 경시해서가 아니라 그 남용을 예방하기 위해서인 것이다.

위와 같은 소수의견의 태도는 일견 타당한 면이 없지 아니하다. 법률에서 일정한 권리를 인정하고 있음에도 불구하고 기본권의 형량이라는 미명하에 당해 권리를 부정하는 것은 곧 "법의 자살"에 다름 아닐 수 있다. 공법상계약도 계약인 이상 민사법상의 해제, 해지의 법리를 그대로 적용하여야 함에 불구하고 공법상 원리를 적용하여야 한다는 견해[24)]도 그러한 입장에서 보면 비난을 면할 수 없다. 헌법학계에서도 기본권의 제3자적 효력에 대한 문제점으로서 ① 법적명확성과 확실성이 적지 않게 침해되고, ② 법관의 가치관에 따라 법률이 인정하는 권리를 인정할 수도 부인할 수도 있게 되며, 그러한 경우 법치국가 원리와 부합하기 어렵고, ③ 사법의 독자성이 상실될 것이라는 지적이 있었는데 이러한 견해 역시 동일한 차원에서 비롯된 것이다. 재량행위에 해당하는지 여부 판단과 관련하여서도 법조문 해석상 이익형량 기회를 부여하고 있는지 명백하지 아니한 경우에도 이익형량을 할 수 있다는 해석을 늘리다보면 결국 법이 인정한 권리를 부정하는 가져올 수 있는 것이 아닌가라는 의구심을 가질 가능성이 있다. 위에서 보는 바와 같이 판사가 법조문과 무관하게 자신의 신념에 따른 결론을 정당화하는 근거로서 이익형량을 사용할 수도 있다. 이익형량의 근본적인 기준은 헌법에서 찾을 수밖에 없고, 그러한 의

24) 사법상 권리를 직접적으로 인정하고 있는 경우에는 원칙적으로 당해 사법적 권리를 이익형량을 이유로 부인하여서는 아니된다. 사법상 권리는 입법이 이익형량을 수행한 결과물이다. 그러므로 그러한 권리를 행정이나 사법이 임의적으로 제한하여서는 아니된다. 반면, 사법적 계약을 이용하여 행정을 수행하는 경우 행정에게 사법적 계약에 의한 일정한 권리·의무가 발생하게 되는데 당해 권리·의무에도 위와 같이 보아야 할 것인지에 대해서는 의심의 여지가 없지 않다. 행정은 다수의 이익을 형량하여 수행되어야 한다. 그리하여 계약 결과 권리·의무를 이익형량의 이름하에 일부 제한하여야 할 필요성이 있는 경우가 발생할 수 있기 때문이다.

미에서 이익형량법학 또는 헌법상의 기본권에서 모든 것을 찾으려 하는 법학은, "법의 자살"을 초래하는 것이라 봄에 무리가 없다.

라. 건축허가는 기속행위인가?

국가의 기능이 기본권을 통한 사회통합이지만, 국가 구성원의 기본권을 모두 충족하여 줄 수는 없는 엄연한 현실 속에서, 다른 한편 거의 모든 국가 작용 과정에서 복수 기본권 주체의 복수의 기본권이 상호 충돌하고 있다는 점에서 볼 때, 기본권의 형량 작업을 부인하는 것은 국가의 기본기능을 방기하는 것이나 다름없다 볼 수 있다.[25)]

특정 법률이 명시적으로 인정하고 있는 權利가 있다면 이는 입법이 기본권의 형량작업 결과 특정한 기본권의 우선 실현 필요성이 있음을 이미 선택한 것이라는 점에서 그를 다른 기관이 만연히 기본권 형량을 이유로 그 효력을 부인하기는 쉽지 아니할 것이다.[26)] 그러나 그렇지 아니한 경우, 즉, 이른바 법

---

25) Alexy는 규칙모델만으로는 개방흠결의 문제가 나타나고, 순수한 원리모델은 법적 안정성의 측면에서 문제가 발생하므로, 규칙/원리모델을 채택하여야 한다고 주장한다. 이에 대한 비판에 대하여 Alexy는 다음과 같이 서술하고 있다. "방법론적 반론만이 중대한 문제를 일으킨다. 이 반론은 말하자면 상반되는 원리들이 항상 존재하기 때문에 원리이론에 의거하면 그 어떤 것이라도 근거지워질 수 있고 따라서 원리들이 법체계에 속한다고 하든 속하지 않는다고 하든 아무런 차이가 없으므로, 원리들을 법체계의 구성요소로 받아들인다고 하여 얻는 것이 아무 것도 없다는 주장이다. 단지 법관의 자의적 결정이 은폐될 뿐이라고 한다. (중략) 이러한 반론은 만일 원리들의 서열 또는 가치서열이 정립될 수 있어 이로부터 간주관적(intersubjecktiv)으로 검증될 수 있는 방법에 의하여 모든 경우에 정확히 하나의 결론이 도출된다면 완전히 반박될 수 있을 것이다. 이러한 서열을 '견고한 서열'이라고 부르기로 한다. 이와 같은 견고한 서열을 정립하는 작업을 둘러 싼 토론에서 그것은 실현될 수 없는 것임이 드러났다. (중략) 견고한 서열이 불가능하다고 하여 원리이론이 가져다 줄 수 있는 것이 단지 임의로 끌어 댈 수 없는 관점 내지 화두들의 무더기에 불과하다고 할 수 없다. 아래와 같은 3개의 요소, 즉 (1) 우월조건의 체계, (2) 형량구조의 체계 및 (3) 일견우월의 체계로 이루어진 이른바 유연한 서열은 가능하다고 할 것이다", 박정훈, 전게서, 502~503면.

26) 다만, 독일연방헌법재판소는 Luth-Urteil사건에서 민사법관이 기본권규정을 무시하고 헌법이 민사법규정에 영향을 미친다는 것을 도외시하고 판결한다면 그 판결은 헌법에

률의 해석에 의하여 인정되는 권리라면 그 인정의 폭을 좁혀 해석하는 것은 얼마든지 가능한 일이다.

위 러브호텔 사안에서 대법원의 종전 태도는 건축허가는 기속행위의 하나이고 법령이 요구하는 요건을 충족한 이상 허가신청권자의 자유권은 회복되어야 할 기본권이라고 해석하는 것이었다. 당해 입장은 위 전원합의체 판결 속에서도 다투어지지 아니하고 있다.27) 그러나 그는 어디까지나 건축허가가 기속행위에 해당한다는 입법의 해석에 의한 것이었을 뿐이다. 그나마 당해 해석은 재산권·자유권의 최우선 보호라는 입장이 그 밑바탕에 깔려 있는 것이었다. 그러나 자유권과 재산권의 보호만으로도 입법의 기능을 무리없이 수행하는 것으로 볼 수 있었던 근대사회와 달리 지금은 모든 국민들의 다양한 기본권을 최대한 실현하도록 하여야 하는 것이 국가의 사명이고, 입법 역시 그러한 사명에서 벗어나지 아니하는 주체라 본다면, 위와 같은 입장은 그리 타당하다 보기 어렵다. 여러 기본권 중 재산권·자유권 우선의 사고방식에 치우친 이러한 해석은 우리 법학이 아직 근대법학에서 벗어나지 못하고 있는 한 징표라 보아도 무리가 없을 것이다.

결론적으로 다양한 기본권 주체 간의 적정한 이익형량을 위하여 위와 같은 해석을 바꿀 수 있는 사안에서 해석을 바꾸지 아니할 이유는 전혀 없다. 법률이 명백하게 인정하고 있는 債權, 物權 등 권리가 아니고, 법률의 해석에 의하여 창출된 것에 불과한 권리라면 당해 권리를 다른 기본권과의 비교형량 과정을 거쳐서 인정할지 여부를 판단해 본다고 하더라도 무리가 없다 볼 수 있을 것이다. 최근 이러한 점을 감안하여서인지 학설들 중에서는 건축허가도 일정한 한도 내에서는 재량행위라 보는 견해가 점점 나타나고 있다.28) 건축허가의 요건중 건

위반될 뿐 아니라 그 법관은 공권력의 담당자로서 그 판결에 의하여 기본권을 침해한 것이 된다고 한다. 또한 그러한 경우에 사인은 연방헌법재판소에 헌법소원을 제기할 수 있다고 한다(BVerfGE 7, 198).

27) 대법원 1999. 8. 19. 선고 98두1857 전원합의체 판결.

28) 많은 논문들이 건축법상의 건축허가와 도시계획법상의 건축허가를 구분하여 살펴보고 있다. 도시계획법상의 건축허가는 재량행위라 보아야 하고, 건축법도 건축허가시에 도시계획법상의 허가요건도 동시에 고려하도록 하고 있는 경우에는 건축법상의 건축허가도 재량행위라 보아야 한다는 견해로는 조성규, "건축허가의 법적성질과 인인의

축물의 안전성, 일조권 등 인근주민과의 이익조정에 관한 요건에의 합치여부의 판단, 지역지구제하에서의 건축제한은 기속판단이나, 건축법 제8조 제1항의 건축허가와 관련해서는 일정한 한도 내에서 판단여지 또는 재량이 인정된다는 견해[29] 등이 그 예이다. 그러나 이렇게 일도 양단적으로 어느 경우에는 기속행위에, 어느 경우에는 재량행위에 해당한다고 판단함에는 무리가 따르지 않을 수 없다. 위 기속판단이라 판단하는 장소에서도 여러 기본권 주체들 사이의 기본권이 정면으로 충돌하는 경우가 없다는 보장이 없기 때문이다.

마. 재량행위 해당여부 판단기준

건축허가와 관련된 문제는 재량행위의 범위에 대한 논의와도 연결하여 생각해 볼 수 있다. 입법이 이익형량의 일반 추상적 기준을 완전히 제공하고 있는 경우에는 행정의 재량이란 있을 수 없을 것이다. 그러나 입법이 그러하지 못하고 있고, 더 나아가 자신이 이익형량의 기준을 제공하지 않고 있으면서, 행정에게 그 권한을 위임하지도 아니한 경우를 많이 찾아 볼 수 있다. 그러한 경우라 하더라도 각 사안에서의 구체·타당한 결과를 얻기 위해서 각 기본권 주체 간의 기본권 이익형량 작업이 필요하다는 것은 말할 나위도 없다. 그 결과 법문상 행정에게 이익형량 권한이 부여되어 있는지 여부가 분명하지 아니한 경우임에도 불구하고 수익적 행위는 원칙적으로 재량행위에 해당한다는 등과 같은 학설(효과재량설)이 나올 수 있었다.[30] 이익형량의 구체적 기준을 완비하지 못한 입법의 공백을 입법의 해석을 통하여 메우고 있는 것이다.

재량행위 해당 여부 관련 구분 기준에 대한 현재의 각 학설을 보면 당해 구

보호", 「법학연구」, 제23집, 2002, 105~6면.

29) 박균성, 「행정법론(상) 제12판」, 박영사, 2013, 308면.

30) 대통령령으로 정하는 호수 이상의 주택을 건설하거나 대통령령으로 정하는 면적 이상의 대지를 조성하고자 하는 자는 사업계획을 작성하여 건설교통부장관의 "승인"을 얻어야 한다(주택건설촉진법 제33조)는 조항은 문맥상으로 이익형량의 기회를 관할청에 주는 것인지 여부가 불분명하다. 학설은 이런 경우에도 위 법조문이 수익적행정과 관련된 것이기에 행정에게 재량권을 부여하여 이익형량의 기회를 주어야 한다고 한다.

분 기준이 그리 명확하지 못하다는 사실을 발견하게 된다. 더 나아가 재량행위에 해당하는지 여부 판단에 있어 법률의 文理的 表現은 절대적인 기준이 되지 못한다고 보고 있는 견해 역시 적지 아니하다.[31] 이렇게 문리적 표현만으로도 재량행위에 해당하는지 여부를 알 수 없는 가장 큰 이유는 법문으로는 재량권을 부여하지 아니한 것으로 보이는 경우에도, 관계되는 이익 사이에 적정한 이익형량을 하여 그 결과를 반영하지 아니하면 구체·타당한 결과를 얻을 수 없는 경우가 없지 않기 때문이다. 예컨대, 앞서 본 사례에서 건축허가를 신청하는 자의 재산권뿐만 아니라 그로 인하여 영향을 받게 되는 다른 자들의 환경권까지 고려하지 아니하면 결과적으로 후자의 환경권이 보호될 수 없게 된다. 아무리 학설들을 들여 다 보더라도 재량행위인지 여부에 대한 뚜렷한 구분기준을 찾아보기 힘든 근본적인 원인은 바로 여기에 있다.

그렇게 본다면 행정법을 통하여 인정되는 개인적 공권들은, 그것이 명백하게 법문으로 권리로 인정되어 있지 아니한 이상, 종래 기속행정의 범주에 속한다고 보고 있는 것이든, 재량행정의 범주에 속한다고 보고 있는 것이든, 명시적 내지 암묵적인 이익형량을 통하여야만 개인적 공권이 인정될 수 있다는 것을 알 수 있다. 다만, 기속행정이라 해석되는 것은 기본권 이익형량의 과정에서 다른 기본권에 비하여 더 우선하여야 함이 실무를 통하여 경험적으로 인정되고 있는 정도에 이른 것이어서 그렇게 이름 붙여 진 것에 불과할 따름이다.[32] 반면, 재량행정이라 해석되는 것은 그 정도에 이르지 못하여 구체적인 이익형량의 과정을 거쳐 살아남아야만 비로소 개인적 공권으로 인정될 수 있는 것이다.

이러한 시각에서 본다면 건축허가를 기속행위로 보는 것은 건축허가 신청

31) "'… 하여야 한다.'라고 규정된 경우에도 예외적으로 재량행위로 해석하여야 할 경우도 극히 예외적이기는 하지만 있을 수 있고, '할 수 있다.'라고 규정되어 있는 경우에도 기속행위로 해석될 수 있는 경우가 있다." 박균성, 전게서, 271면.

32) 참고로 위 대법원 판결과 관련하여 김동희 교수는 독일행정법상의 예외적 승인(Ausnahmehewilligung)의 법리를 이용하여 당해 사안과 같은 경우 행정관청의 재량권을 인정할 수 있을 것이라는 취지의 설명을 하고 있다(김동희, 전게 논문, 31면). 그러나 사견으로는 예외적 승인이란 이익형량의 필요성이 있을 때 그를 허용하기 위한 한 도구에 불과하지 않나 생각된다.

자의 자유권, 재산권이 다른 기본권에 비하여 더 우월한 기본권이라 판단하는 것이나 다름없다. 그러나 그러한 판단은 한정된 자원 속에서 전체 국민의 다양한 기본권을 실현하여야 하는 현대 사회 속에서는 낡은 이론이 되고 말았다는 느낌을 벗을 수가 없다.[33] 법이 명시적으로 권리를 인정하고 있는 것이 아니라 허가, 승인, 인가 등 절차를 통하도록 하고 있는 경우에는 다른 기본권과의 이익형량의 필요성을 입법이 스스로 인식하고 있다 보더라도 무리는 아닐 것이다. "법의 자살"이란 법이 명시적으로 인정하고 있는 권리임에도 불구하고 이익형량을 통하여 부인하고자 하는 경우에나 적용될 수 있을 따름이다.

한편, 이렇게 본다면 위 대법원 판결의 보충의견 중 다음과 같은 구분도 이해하기 어려울 수밖에 없다.

> 우리 헌법은 이러한 인식에 근거하여 제35조 제1항에서 모든 국민은 건강하고 쾌적한 환경에서 생활할 권리를 가지며, 국가와 국민은 환경보전을 위하여 노력하여야 한다고 규정하여 환경권을 헌법상의 기본권으로 명시함과 동시에 국가와 국민에게 환경보전을 위하여 노력할 의무를 부과하고 있으며, 환경정책기본법은 환경권에 관한 헌법이념에 근거하여, 환경보전을 위하여 노력하여야 할 국민의 권리·의무와 국가의 책무를 구체적으로 정하는 한편(제1조, 제4조, 제5조, 제6조), 국가·지방자치단체·사업자 및 국민은 환경을 이용하는 모든 행위를 할 때에는 환경보전을 우선적으로 고려하여야 하는 것으로 규정하여(제2조), 환경권이 개인의 재산권이나 영업의 자유보다 우위에 있는 권리라고 볼 수 있는 근거를 제공하고 있는 것이다.

---

33) 김종보 교수는 다음과 같이 서술하고 있다. "전체적으로 보아서는 대법원이 건축허가를 항상 기속행위로 보는 종래의 입장에서 일정 정도 변화를 모색할 때가 된 것이 아닌가 생각된다. 물론 건축허가를 기속행위라고 함으로써 지금까지 국민의 건축자유권을 지켜온 법원의 노력은 충분히 높게 평가되어야 할 것이다. 그러나 앞서의 지적과 같이 재량행위이론은 행정행위를 이해하기 위한 개념도구일 뿐이고, 특히 여러 가지의 행위가 통합되어 있는 건축허가를 설명하기에는 적합하지 않은 것이다. 만약 어떤 법이론이 더 이상 설명적 기능을 할 수 없는 곳에서 그에 맞추어 사실을 해명하려 한다면, 이는 이미 작아진 옷에 몸을 맞추려 하는 것과 다를 바 없는 것이다."(김종보, "건축허가에 존재하는 재량문제", 「행정법연구」, 제3호, 1998, 171면).

모든 기본권은 구체적인 상황 속에서 이익형량의 과정을 거쳐 그 보호 여부가 판단될 따름이다. 그러므로 환경권을 재산권이나 영업의 자유보다 더 우위에 있는 권리라 일의적으로 이야기하는 것은 건축허가를 기속행위라 일컫는 것만큼이나 타당하지 아니할 수밖에 없다.

2. 재량행위와 이익형량

행정을 이익형량을 구체적으로 집행하는 국가작용이라 정의한다면, 재량행정이라 함은 행정에게 이익형량과 관련한 결정을 할 권한을 부여함을 의미한다고 보아도 무방할 것이다. 그러나 입법 및 행정이 이익형량과 관련한 국가작용이고, 입법이 그 일반·추상적 원칙을 정립하는 것을 담당하는 기관이며, 우리 헌법이 입법은 국회의 담당 업무라 규정하고 있는 이상 이익형량의 기준설정은 국회가 담당하여야 할 부분이 되지 아니할 수 없다.

그러함에도 불구하고 입법이 이익형량 기준을 마련하지 아니한 채 행정에게 재량이라는 단어로서 이익형량 업무를 담당시키게 된 근본적인 계기는 이익형량과 관련된 구체적인 경우의 수, 즉, 행정행위의 요건을 일일이 상세하게 규율함에 있어 입법에게 한계가 있기 때문이다. 그렇다고 볼 때 재량행정이 인정되는 부분은 국회가 기술적인 이유로 이익형량의 기준을 일일이 규정하지는 못했지만, 현실에서의 구체적 상황을 입법이 알았더라면 어떠한 요건을 추가하였을까라는 점에 대한 해석을 행정이 스스로 하여야 하는 경우에 해당한다고 할 수 있을 것이다.

그 결과 재량도 순수한 선택권을 행정에게 부여한 것이 아니라 입법기술적인 면 때문에 외견상 선택권을 부여한 것으로 보일 뿐이다. 재량의 행사에 있어 '의무에 적합한 재량'[34]일 것이 요청된다는 표현은 국가의 기본적 업무를 적정한 기본권 형량으로 보는 이상 지극히 타당한 지적이 아닐 수 없다. 자유재량의 경우에도 행정이 주어진 상황에서 찾았어야 할 가상적 요건(입법자의

---

34) 대법원 1990. 8. 28. 선고 89누8255 판결.

의사 추정)을 제대로 찾지 못한 결과 적합한 형량을 하지 아니한 경우 그러한 결과는 바로 국민의 이익, 권리의 침해로 연결될 수 있다 보아도 무리가 없을 것이다.[35)]

행정심판법은 위법과 부당을 구분하고 있는 반면, 행정 소송의 과정에서 부당을 이유로 처분을 취소할 수 없도록 하고 있다. 그러나 이점을 근거로 일정한 선택범위 내에서는 설사 그것이 부당한 것으로 판단된다고 하더라도 행정청에게 사법권의 간섭 없이 마음대로 판단할 수 있는 권한을 준 것으로 해석할 수는 없는 일이다. 위와 같은 장치는 자유재량행위와 관련하여 무엇이 정확한 답인가라는 판단이 사법도 하기 힘든 경우가 많기 때문에 일정한 한계를 벗어나지 않는 한(재량권의 일탈, 남용) 사법이 자신의 주장을 앞세우지 아니하기 위한 수단에 불과하다. 이러한 점은 개별 판례에서 법원이 “부당하나 위법하지 아니하다.”고 판단하지 아니하고, “재량권이 일탈·남용되었다 볼 수 없다.”는 표현을 사용한다는 점[36)]에서도 찾아 볼 수 있다. 왜냐하면 부당하다고 법원이 주장하는 즉시 그것이 가장 적합한 답이 아니라는 점을 자인하는 것이나 다름없고, 가장 적합한 답을 찾지 못한 재량행사인 이상 당해 재량행사의 법률적 효과는 부인되어야 할 것이기 때문이다. 결국 행정심판법이 부당과 위법을 구분하고 있고, 행정소송법이 부당한 행정행위에 대한 통제를 하지 아니하는 것은 무엇이 최상의 답인지 법원도 확신할 수 없는 경우를 대비하여 그 확신할 수 없는 범위 부분 내의 행정청의 재량행사는 그 효력을 부인하지 아니하겠다는 뜻으로 받아들여야 하고, 행정청에게 일정한 범위 내에서는 마음대로 판단할 권한을 부여한 것은 아니라는 사실을 유념하여야 한다. 그렇다고 본다면 위법은 법률의 위반이고 부당은 목적의 위반으로 그 內容상 구분이 될 수 있다고 보는 듯한 견해는 그리 타당하다 보기 어렵다.

---

35) 종래 오스트리아에서는 재량영역에 속하는 사항은 행정재판소의 관할에 속하지 아니한다는 입법례가 있었으나, 그와 같은 움직임은 고유한 통치행위의 영역을 확보하고자 한 구 역사적 배경 하에서나 가능하였던 것이기도 했다.

36) 대법원 2001. 2. 9. 선고 98두17593 판결; 2005. 7. 14. 선고 2004두6181 판결.

Ⅳ. 結 論

대법원 판결의 다수의견이나 이를 보충하는 보충의견 모두 결론은 타당할지 모르나 그에 이르는 과정은 타당하다 보기 어려웠다. 어쨌든 비록 법률상으로는 기속행위로 보인다고 하더라도 그 상위법인 헌법상 비교·형량 하여야 하는 다른 기본권 주체의 환경권이 문제되는 경우라면 비교형량 결과 그 법효과를 부인할 수 있도록 할 필요성이 있었다.

입법이 명시적으로 특정 권리를 인정하는 경우에는 당해 권리를 부정함은 위 소수의견이 말하는 이른바 "법의 자살"로 해석될 가능성이 없지 않았다. 반면, 종전 기속행위로 해석되던 건축허가의 경우 당해 법조문이 허가신청권자에게 권리를 부여한다는 내용이 직접적으로 명시되어 있는 것은 아니었다. 그러함에도 불구하고 다수설은 종전의 자유권·재산권 우선 중심의 사고 방식 하에, 건축허가는 억눌려 있던 자유권·재산권을 회복하는 것인 이상 그 회복 요건으로 법이 요구하는 요건들만 갖추면 자유권·재산권을 회복할 수 있도록 하여야 한다고 보았다. 그 결과 다수의 학설·판례는 종래 건축허가를 기속행위로 해석하고 있었고, 그에 따라 당해 건축주에게 일정한 조건부 공권이 인정되는 것으로 보고 있었던 것이다.

통상 자유권·재산권 귀속주체만이 소송을 제기하는 경우가 많아 그간 환경권 등 말하지 아니하는 권리의 귀속 주체들의 권한이 소홀하여 다루어져 온 면이 있었음을 부인할 수 없다. 유독 조세법분야에서 법치주의 -조세법률 명확주의- 와 관련한 논의들이 많이 벌어지는 이유는 조세 분야에서 재산권 침해 관련 주장이 무성하기 때문이다. 한편, 있는 자들이 그들의 권리를 적극적으로 주장하는 반면, 그로 인해 누락되는 세금을 부담하여야 하는 그렇지 아니한 자들은, 자신들이 어떠한 이익의 침해를 당하는지 모르고 지나가는 것이 일반적인 현상이다. 그러한 사정을 고려한다면 행정이 사전에 이익형량을 통해 말하지 아니하는 다수의 이익과의 조화를 도모하지 아니할 수 없다. 이익형량의 범위를 확대하는 것은 법의 자살이 아니라 말하지 아니하는 자들의 법익의 회복이다. 행정의 기본원리는 다양한 기본권 사이의 이익형량 과정을 통한 조화로운 해결이지 자유권·재산권만이 될 수는 없다.

대법원으로서는 자유권이나 재산권이 항상 다른 기본권에 비하여 우선하여 형량되어야 하는 것이 아니라는 점을 자각한 이상 (i) 종전의 건축허가 관련 조항을 위와 같이 해석하여야 할 논리 필연적 이유가 없고, (ii) 건축허가는 당해 허가신청권자의 자유권 내지 재산권과 주변 사람들의 환경권 등을 종합하여 판단함으로써 적정한 이익형량을 할 수 있도록 하여야 한다는 판단을 직접적으로 하는 것이 옳은 태도였을 것이다.[37] 그리고 그 과정에서 행정에게 일정한 이익형량을 할 수 있는 권한을 인정할 필요가 있다는 점을 감안하여 종전과 달리 건축허가를 기속행위가 아닌 재량행위로 해석하는 것이 보다 더 타당한 태도였을 것이다.[38]

그러나 결과적으로는 사실상 종래 기속행위로 보던 건축허가를 재량행위로 본 것이나 동일한 결과를 도출하고 있다는 점에서 나름 의미있는 판결이라 볼 수 있겠다.[39] 사실 대법원이 이렇게 굽은 논리로서 구체·타당한 결론을 도출

---

37) 그 결과 위 판결 이후에도 주거지역 인근에서의 숙박시설에 대하여 주민들의 생활상의 이익을 이유로 한 건축허가 불허가처분 또는 건축허가의 취소와 관련하여 숙박시설의 건축으로 인하여 인근주민들이 상당정도 생활상의 불이익을 입게 될 것은 분명하지만 이러한 이익의 보호는 관계법령상 건축허가의 제한사유가 되지는 아니한다는 취지의 하급심판결들이 이어지고 있다(서울행정법원 2001. 11. 29. 선고 2001구30861 판결; 2001. 10. 11. 선고 2001구25272 판결; 2001. 8. 30. 선고 2001구18236 판결; 2002. 2. 6. 선고 2001구43133 판결; 부산지방법원 2001. 5. 17. 선고 2000구6527 판결 등). 위 판결들이 이익형량의 결과 인근주민의 이익보다도 건축허가 신청자의 이익을 더 우선하여 보호하여야 한다는 판단의 결과인지, 아니면 건축허가가 기속행위에 속한다는 점만을 이유로 한 것인지는 판결문 상으로는 찾아보기 어려우나, 반대취지의 하급심도 찾아 볼 수 있다는 점에서 볼 때(수원지방법원 2001. 9. 19. 선고 2001구2362 판결; 서울행정법원 2001. 3. 9. 선고 2000구32242 판결; 2002. 1. 25. 선고 2001구35651 판결 등) 하급심 역시 묵시적으로나마 이익형량 결과를 판결에 반영하고 있는 것이 아닌가 한다. 이에 대한 분석은 조성규, 전게논문, 106~109면 참조.

38) 이와 달리 인근주민의 환경권의 보호는 건축허가의 재량행위성을 인정하는 것과는 논리필연적으로 연결되어 있는 문제는 아니라는 견해로서는 김남철, "건축허가의 법적성질에 관한 소고", 「공법학연구」, 제5권 제2호, 2004, 437면.

39) 위 대법원의 판결이 건축허가의 재량성을 전제로 하고 있는 것이라고 할 수 있다는 견해로는 조해연, "건축허가와 환경문제", 「환경법의 제문제(하)」, 재판자료 제95집, 2002년, 254면.

하는 경우가 드문 일은 아니다. 불확정개념의 유효성에 대한 대법원 판단도 굽은 논리를 이용하여 구체타당성 있는 결론을 도출해 내고 있다. 결국 재량행위나 불확정개념과 관련하여 대법원은 낡은 논리를 그대로 유지하면서도 구체·타당한 결론을 얻고 있는 셈인데, 언젠가는 전면적인 판단을 내릴 때가 올 것이라 생각한다.40)

참고로, 이 판결에서 건축허가가 재량행위이냐 아니냐라는 점보다도 더 중요한 내용은 위 판결이 ① 잠재적인 기본권 충돌의 장면에서 이익형량을 하여 기본권 사이의 선후를 조정하여야 할 필요성이 있을 때 그러한 필요성에 어떻게 부응할 것이냐에 대한 고민을 담고 있고, ② 형량의 대상이 된 환경권 주체들의 주장되지 아니한 이익의 대변자로서의 국가의 역할에 주안점을 두고 있다는 점이다. 특히 위 ①과 관련하여 앞으로 행정법학이 나아가야 할 바를 짐작하여 볼 수 있겠다. 이익형량의 일반·추상적 기준을 마련하여야 하는 입법의 사명은 불행히도 갈수록 충족하기 어려워지는 것이 현실이다. 그러한 현실에서 (i) 입법이 일반·추상적 기준을 마련하지 못하고 있다는 사실을 자각하여 자신이 미처 예상하지 못한 곳에서 행정이라도 이익형량을 할 수 있는 길을 열어 주어야 할 필요성이 있는 반면, 그 반대면으로 (ii) 그러한 행정에 대한 통제를 어떻게 할 것인가에 대한 고민이 더욱 절실하다 아니할 수 없다. 위 (i)과 관련하여서는 행정에 대한 위임시의 규정 강도에 대한 문제, 법률에서 사용되는 불확정개념의 효력에 대한 문제와, 위 (ii)와 관련하여서는 이익형량 관련 행정의 행정입법과 행정행위의 양 측면에서 입법과 사법이 어떻게 통제를 하여야 할 것인가의 문제와, 각 결부된다.

---

40) 김동희 교수는 "이 판결은 원고의 건축허가신청은 국토이용관리법, 같은 법 시행령 및 서산시조례의 규정에 따라 허용되지 아니하는 것이라고 보아야 할 것이므로, 시장의 거부처분은 적법하다고 판단하고 있는 점에서는, 그것은 형식적 관점에서는 종래의 판례를 변경한 것은 아니라고 볼 수도 있다. 그러나 이 사건의 경우 관계법령의 형식적 또는 문법적 해석에 따르면 당해 건축행위는 허용된다고 볼 수 있는 것임에도 불구하고, 그 목적론적 해석에 따라 당해 건축행위는 허용되지 아니하는 것이라고 하고 있고 보면, 그것은 내용적으로는 종래의 판례의 실질적 변경이라고 할 수 있을 것이다."고 하고 있다(김동희, 전게 논문, 30면).

Chapter 05

利益衡量의 입장에서 바라본 행정법 : 無瑕疵裁量行使請求權 및 申請權

Ⅰ. 序 論

최근 행정법에서는 이익형량을 화두로 하여 기존의 이론을 되짚어 보아야 한다는 논의가 적지 아니하다. 헌법은 국민이 누릴 수 있는 기본권을 규정하고 있다. 사인의 이익, 즉, 私益이란 그 어떤 것이든 헌법상 기본권에 포섭될 수 있다. 그러한 측면에서 보면 모든 사익이 보호대상이 될 수 있다 보아야 하는지 여부에 대한 의문이 발생할 수 있다. 그러나 익히 예상할 수 있다시피, 사익 상호간의 충돌문제, 한정된 자원 문제 등으로 인하여 그는 불가능하다. 그 결과 헌법상 기본권은 그 자체 집행가능한 권리라 볼 수 없는 경우가 적지 아니하다. 그리하여 사익들 사이의 相衝 문제를 利益衡量을 통하여 우선적으로 실현되어야 할 기본권이 무엇인지 여부를 결정하고, 집행하는 것이 국가의 중요한 업무라 볼 수 있기도 하다.

이렇게 기본권 사이의 이익형량 업무를 국가의 중요 기능 중 하나로 보는 경우 당해 이익형량의 일반·추상적 기준은 立法이 마련하여야 한다. 헌법은 보호하여야 할 기본권을 나열하고 있을 뿐이다. 그러므로 입법이 그 우선 실현 순서를 지정하는 역할을 맡지 아니하면 아니 된다. 그러나 각 기본권 주체들 간의 기본권 충돌이 일상화된 지금 입법이 이익형량 기준을 마련하여야 하는 장소를 미리 예견하여 일반·추상적으로 완벽하게 입법하는 것은 거의 불가능한 지경에 이르고 있다. 이를 입법의 完全無缺性 假定의 파괴 현상이라 부를 수 있는데, 당해 가정을 전제로 하는 종래의 法治主義가 제대로 작동할 수 없는 중요한 원인이 되고 있다.

이러한 현상 하에서도 여전히 논의의 중심 과제가 되어야 하는 것은 개별적 사안에 당하여 어떻게 구체·타당한 결론을 얻어 낼 것인가라는 점이다. 그러한 관점에서 본다면 종래의 公權, 裁量行爲, 不確定槪念, 行政立法 등 관련 행정법 일반이론 분야의 기존 논의를 재해석할 필요성이 없지 아니하다.

無瑕疵裁量行使請求權, 그 인접 개념으로서의 申請權도 그 예외가 아니다. 사실 입법이 그의 업무를 放棄하지 아니하고자 하는 마지막 방법이 不確定槪念 및 裁量규정의 사용이라 볼 수 있다. 그런데 재량규정을 근거로 한 행정처분의 경우 종전부터 개인적 공권 내지 원고적격을 인정할 수 있는지 여부에 대한 논란이 적지 아니하였다. 그러한 차원에서 무하자재량행사청구권이 그 존재의 근거를 찾기 시작하였다. 그러나 현재에 와서는 무하자재량행사청구권을 굳이 인정할 필요성이 있는지 여부에 대하여 논란이 적지 아니한 상황이다.

Ⅱ. 이익형량과 무하자재량행사청구권

1. 무하자재량행사청구권의 논의 배경

종래의 공권이론에 의하면 (1) 행정작용의 근거 법률로부터 행정청의 處分義務를, (2) 당해 행정작용의 근거법률 또는 관계 법률로부터 私益을 保護하고자 하는 根據를, 각 찾을 수 있는 경우에 한하여 개인적 공권을 인정할 수 있다고 보았다. 그리고 ① 대상적격 및 원고적격단계에서는 당해 공권의 침해可能性 문제를, ② 본안단계에서는 특정 행정처분에 違法性이 있는지 여부 내지 공권이 실제로 侵害되었는지 여부를, 심사하여야 한다고 한다.

문제는 재량규정의 경우 당해 규정만으로는 (i) 행정청의 처분의무를 인정하기 힘들다 볼 수 있는 여지가 있고, (ii) 관련 사익을 보호하고 있다 볼 수 있는지 여부에 대하여도 의문의 여지가 있다는 것이었다. 그러한 점 때문에 과거 오스트리아는 재량행위를 행정재판소의 심사 대상에서 제외하기도 하였다.[1)]

---

1) 홍강훈, “기속행위와 재량행위 구별의 새로운 기준”, 「공법연구」, 제40권 제4호, 2012, 292~332면.

그러나 재량행위라 하더라도 사법판단의 대상으로 삼아야 할 필요성을 부인하기는 힘들었다. 그 이유는 재량행위와 관련하여 문제되는 소송들이 대부분 거부처분의 상대방이 제기하는 소송들이었기 때문이다. 이와 관련하여 裁量瑕疵論에 힘입어 재량행위도 재량권의 남용이 있으면 본안에서 위법판단을 받을 가능성이 있으므로 일단 사법심사의 대상이 되어야 한다는 논리로써 대상적격의 관문을 통과할 수 있었다고 한다.[2)]

그에 비하여 원고적격 문제는 그 해결이 쉽지 아니하였다. 즉, 특정한 공권이 있고, 그 침해가능성이 인정되어야 소송을 제기할 수 있을 터인데 침해가능한 공권이란 것을 재량규정에서 찾을 수 있는지 여부가 문제된 것이다.

그러한 차원에서 고안된 것이 무하자재량행사청구권이다. 즉, 종전의 공권이론의 틀에 맞추어 ① 행정청에게 하자 없이 재량권을 행사하여 일정한 행정처분을 하여야 할 의무가 있고, ② 그러한 행정의 의무에 대응하여 그 근거규정에서 사인의 이익을 보호하고자 하는 의도를 찾을 수 있을 때에는, 사인도 행정에 대하여 재량의 하자를 범하지 않을 것을 요구할 수 있는 권리를 갖는데, 그것이 무하자재량행사청구권이고, 그러한 공권이 있는 이상 원고적격이 인정될 수 있다는 것이었다. 이와 같이 무하자재량행사청구권은 원래 재량행위에 대한 취소소송의 원고적격을 인정하기 위해 고안된 개념이었다고 할 수 있다.[3)]

다만, 독일에서는 위 논의와 무관하게 (1) 일찍부터 침익적 행정행위의 직접 상대방에 대해서는 기본권의 자유권적·방어권적 기능에 의거하여 바로 원고적격이 부여될 수 있다고 하여 왔다고 한다. 이를 '(직접)상대방 이론'(Adressatentheorie)이라 한다. 이 이론은 기본권의 직접적·실질적 효력이 인정되고 있는 독일 기본법(제1조 제3항) 하에서 독일의 판례·통설상 일반적으로 승인되고 있다고 하는바, 이에 의하면 처분 상대방이 제기하는 취소소송에서는 법률규정을 매개로 하지 않고 바로 원고적격이 인정될 수 있게 되었다. 그러한 차원에서 무하자

2) 행정소송법 제27조, 대법원 1991. 6. 11. 선고 91누2083 판결.
3) 김남진, 「행정법Ⅰ(제17판)」, 법문사, 2013, 107면.

재량행사청구권의 논의는 침익적 행정행위의 취소소송에서는 별의미가 없어졌다고 한다. 한편, (2) 침익적 제3자효를 갖는 이중효과적 처분에 대한 취소소송의 경우 또한 무하자재량행사청구권 자체가 당해 법률규정의 사익보호성을 전제로 인정되는 것이기 때문에 보호규범이론의 문제로 포괄되어 굳이 무하자재량행사청구권 문제를 논의할 이유는 없었다고 한다. 그리하여 무하자재량행사청구권의 주된 논의 대상은 (3) 수익적 행정행위의 발급을 구하는 소송, 즉, 수익적처분의 거부처분에 대한 취소소송 등 의무이행소송으로, 우리나라에서는 수익적처분의 거부처분에 대한 취소소송으로, 옮아가게 되었다고 한다.[4)]

2. 분 석

가. 무하자재량행사청구권과 원고적격

(1) 처분의무

종래의 공권이론에 의하면 i) 행정작용의 근거 법률로부터 행정청의 처분의무를,[5)] ii) 당해 행정작용의 근거법률 또는 관계 법률로부터 사익을 보호하고자 하는 근거를 찾을 수 있는 경우에 한하여 개인적 공권을 인정할 수 있다고 보았다.[6)]

한편 앞에서 검토하여 보았듯 재량규정의 본질은 행정이 이익형량 결과 적

---

4) 박정훈, "취소소송 사유형론 -취소소송의 대상적격과 원고적격의 체계적 이해와 확대를 위한 시론", 특별법연구 6권(2001), 134~5면.

5) 뷜러는 공권의 성립요건으로서 강행법규의 존재를 들고 있었다. 그 때문에 재량행정분야에 있어서는 공권을 인정하는 것이 쉽지 아니하게 되는 경향이 있었다. 그러나 현재 대부분의 학설은 강행법규의 존재 그 자체보다 처분의무의 존재 정도로 해석하고 있는 경향이 있고 이를 넓게 해석하고 있는 것으로 보인다(정하중, "무하자재량행사청구권의 법리와 그 실무화", 「월간고시」, 제20권 제12호(239호), 1993, 105~6면). 그 때문에 무하자재량행사청구권이 인정될 가능성도 높아졌다 볼 수 있다.

6) 김남진, 전게서, 139~140면.

절한 행정행위를 하도록 하라는 것이다. 재량행위는 입법이 이익 형량시 고려하여야 하는 형량 요소들을 모두 파악할 수 없을 때 사용하는 도구라 볼 수 있다. 만약 입법이 충돌하는 기본권 요소 및 그 충돌의 양태를 빠짐없이 예상할 수 있다면 굳이 행정에게 재량행위를 인정할 이유는 없다. 경우에 따라서는 입법이 행정에게 형량의 업무를 위임하지 아니한 장소에서도 형량이 필요한 경우가 있다. 그러한 곳에서는 법문상으로는 행정에게 형량의 업무를 위임하지 아니하였음에도 불구하고 법 해석의 차원에서 效果裁量說[7]이라는 이름하에 행정에게 형량의 권한이 있는 것으로 해석하고 있다.

어떤 경우이든 국가의 기본기능 중 하나는 相衡하는 기본권을 衡量하여 우선하여 실현할 기본권을 선정한 후 그를 보호하는 업무라 볼 수 있다. 그러한 과정에서 입법의 한계로 말미암아 나오는 것이 재량규정이라면, 재량규정이 있는 장소라 해서 국가의 利益衡量 업무 및 당해 형량 결과에 따른 私益保護 업무가 면제되었다 볼 수 없는 것은 당연하다. 그러므로 재량행위의 경우에도 행정의 처분의무를 인정함에 부족함이 없다. 재량규정이라 하더라도 적절한 이익형량을 하여 구체적인 처분을 할 의무 자체는 부인되지 아니한다. 그러한 이상, 재량규정으로부터 공권을 찾을 수 있는지 여부와 관련 하여서는, 당해 규정 또는 관계 법률로부터 사익의 보호근거를 찾을 수 있느냐의 문제만이 남는다.

(2) 사익의 보호근거

재량규정은 공익과 사익, 사익과 사익 사이의 충돌 시 그 실현에 있어 우선순위를 어떻게 선정할 것인지 여부와 관련하여, 입법의 한계를 고려하여 행정에게 일정한 업무를 위임하는 수단이다. 이러한 재량규정의 존재 이유를 생각한다면 재량행위를 규정하고 있는 조항이 사익(기본권)과 관련 있는 것이라는

---

7) 요건충족의 효과로서 발급되는 행정행위가 침익적행정행위이면 기속행위이고, 수익적행정행위이면 재량행위라고 하는 의미에서의 효과재량설을 말한다. 효과재량설의 연원 및 의미에 대해서는 박정훈, “불확정개념과 판단여지”, 「행정작용법(중범 김동희 교수 정년기념논문집)」, 박영사(2005), 252~258면 참조.

점을 인정하는 것은 어렵지 않다.

과거 상대방이론이 제기되었던 이유는, 사익의 보호근거를 법률 및 관련 법률에서만 찾아야 하는 한계 속에서, 경우에 따라 법률이나 관련 법률 속에서도 보호근거를 찾을 수 없는 경우가 있었는데, 그러한 경우라 하더라도 특히 침익적 행정의 경우에는 행위의 직접 상대방을 보호할 필요성이 있었기 때문이다. 그러나 입법의 완전무결성의 가정이 파괴된 지금에 와서는, 헌법상 기본권을 보호사익의 근거로서 직접 원용하여야만 하는 경우가 증가되고 있다.[8] 그렇다면 침익적 행정의 경우에 한하여 헌법을 사익의 보호근거로 찾을 수 있도록 한 상대방이론은 역사적인 의미만이 있을 뿐 그 이상의 의미는 찾을 수 없게 되었다.[9]

이점은 수익적행정행위라 하여 다를 바 없다. 수익적행정행위 관련 조항의 한 예로서 영업허가 경우를 들어 보기로 하자. 영업허가의 경우 허가 여부는 당해 허가신청자의 영업의 자유와 공익 사이의 비교형량을 하여 결정된다. (i) 영업허가 그 자체에서 허가신청권자의 기본권과 공익이라는 이름으로 수혜를 받는 다른 기본권 주체의 사익들이 각각 보호의 대상이 된다는 점 및 (ii) 그들 사이의 이익형량에 의하여 어떤 기본권을 더 우선할 것인지 여부가 결정될 것이라는 점을 미루어 짐작할 수 있다. 그러므로 수익적 행정행위의 경우에도 특정 사익의 보호근거를 찾을 수 있다는 점은 침익적 행정행위의 경우나 다름이 없다.

---

8) ① 재량행위의 본질은 입법이 구체적 상황을 미리 예측하고 있었다고 한다면 입법을 통하여 형량을 하였을 이익관계를 행정이 제대로 판단하고 따르도록 하자는데 있다 볼 수 있고, ② 행정이 제대로 이익을 형량 하였는지의 여부는 결국은 헌법이나 행정법의 기본원리를 따라 판단할 수밖에 없기 때문이다.

9) 참고로 Bahof도 인간의 존엄성에 최고의 헌법적 가치를 부여하고 사회국가의 원리를 강조하는 기본법의 전체적인 관점에서 개별적 법률의 객관적 의사에 초점을 두어 사익보호성 여부가 의심되는 경우에는 해당 법률은 개인의 이익을 보호하는 것으로 추정하자는 해석의 원칙을 제안하여 학계의 지지를 받았다 한다(정하중, 전게논문, 107면).

(3) 이익형량

(가) 공권인정 요건으로서의 이익형량

사익의 보호근거가 있느냐는 문제와 구체적 사안에서 당해 사익이 보호 대상이 될 수 있느냐의 문제는 별개의 문제이다. 설사 보호근거가 있는 사익이라고 하더라도 상충하는 다른 기본권 주체의 기본권과의 이익형량 심사과정을 통과하는 것만이 보호대상이 되고, 비로소 공권이라는 이름을 달 수 있기 때문이다. 헌법까지 사익보호근거를 확대하는 경우 보호 근거가 없는 사익은 있을 수 없다.[10] 그러나 사익이라고 모두 보호 대상이 될 수 없는 이유는 이익형량의 과정이 남아 있기 때문이다.

참고로 이런 이익형량 심사과정까지 통과한 사익을 공권이라 하고, 당해 공권의 존재를 소송요건이라 한다면 소송요건 심사단계에서 본안이 선취되어 버릴 가능성이 있다. 그러므로 원고적격은 공권이 성립할 가능성의 문제이지, 공권의 존부 문제가 아니라 보아야 한다.

(나) 민중소송 가능성 문제

무하자재량행사청구권을 인정하는 경우 민중소송으로 흐를 우려가 있다는 견해가 있지만, 이상과 같이 이익형량의 대상이 되는 사익의 존재를 전제로 하는 이상 그러한 우려를 할 필요는 없다 볼 수 있을 것이다. 다만, 당해 견해에 찬동하면서도 사익의 근거를 법으로 보호할 가치 있는 이익으로까지 확대하는 경우 민중소송으로 빠질 우려가 있다는 견해가 있다.[11]

그러나 (i) 공권은 상충하는 기본권 사이의 이익형량 과정에서 살아남는 사익에 대해서만 인정할 수 있는 것이라는 점, (ii) 소의 이익으로서 공권의 존재

---

10) 물론 헌법을 보충적 보호근거 규정으로 보는데 그치는지, 직접적 보호근거 규정으로 볼 수도 있는지에 대해서는 견해차가 있다.

11) 같은 의견 정하중, 전게논문, 106~7면. 무하자재량행사청구권도 권리라면 일반 공권의 성립요건과 같이 재량법규가 최소한 개인의 이익을 보호하는 경우에만 무하자재량행사청구권이 성립되며, 어떤 개인 또는 개인군의 이익을 보호하지도 않는 법규범으로부터는 특정한 행위에 대한 청구권이 발생되지 않는다고 한다.

그 자체가 요구되는 것은 아니지만, 당사자의 이익을 보호하면서도 국가의 이익을 일정한 한도 내에서 도모하기 위하여 본안판결을 받을 만한 필요가 없는 사건을 걸러내기 위한 기능을 하는 개념으로서 소의 이익이라는 개념을 만들어 둔 이상 공권이 인정될 가능성이 희박한 경우, 즉, 이익형량 과정에서 살아남기 어려운 사익의 경우에는 소의 이익 단계에서 배척할 수 있을 것이라는 점 등을 감안하여 본다면 민중 소송화 될 수 있다는 우려까지는 할 필요가 없지 아니한가 한다.

(4) 절차적 공권인지 여부

김동희 교수께서는 "법규상 행정청에 재량처분권이 부여되어 있는 경우에도 그것은 일정한 법적 한계 내의 것이라는 점에서, 행정청은 이 한계를 준수할 법적 의무가 있는 것인바, 이러한 재량행위를 규정하고 있는 관계법규의 목적·취지가 적어도 개인의 이익도 보호되는 취지인 경우에는 개인에게 당해 처분을 할 것을 구하는 권리가 인정되는 것으로서, 이 청구권도 적극적으로 행정청에게 처분을 구하는 권리라는 점에서는 기속행위의 발급을 구하는 청구권과 기본적으로 다르지 아니하다."고 한다. 그러나 "법규에 의하여 행정청에 부과되어 있는 처분의무가 기속행위와는 다르므로 그에 상응하는 사인의 공권도 내용을 달리할 수밖에 없다. 즉 법규에 의하여 행정청에 재량처분의무가 부과되어 있는 경우에는, 행정청은 처분을 할 법적 의무는 있으나, 구체적으로 어떠한 처분을 할 것인가, 환언하면 종국적 처분에 대해서는 여전히 행정청의 독자적 판단권이 인정되어 있는 바, 이것은 당해 처분이 재량처분이라는 사실의 당연한 귀결이다."고 하면서 Erichsen의 견해를 다음과 같이 인용하고 있다.[12)]

"개인의 하자 없는 재량행사를 구하는 권리는, 행정청에게 재량(처분)권을 부여하는 법규정이 개인의 이익도 보호하는 것인 경우에 성립한다. 그러한 점에서 이 청구권은 기속행위의 발급을 구하는 권리와 다르지 아니하나, 그 권

---

12) 김동희, "무하자재량행사청구권", 「서울대학교법학」, 제31권 제3, 4호, 1990, 79~80면.

리의 내용은 차이가 있다. 후자가 내용적으로 확정된 법 효과의 발생을 구하는 것인데 반하여, 전자는 행정청의 처분을 구하는 것이기는 하나, 그 내용은 다양할 수 있다. … 하자 없는 재량결정을 구하는 이른바 절차적 공권(formelle subjective Rechte)은 다만 그에 기하여 청구할 수 있는 행위와 특정성 여부에 따라 실체적 공권(materielles subjektive Rechte)과 구분될 따름이다."[13]

그에 따라 김동희 교수님은 "무하자재량행사청구권에 기하여는 개인은 원칙적으로 행정청에 대하여 특정처분을 구할 수는 없으며, 다만 재량권을 적법하게 행사하여 (어떠한) 처분을 할 것을 구하는 권리에 한정된다. 환언하면, 재량행위에 대한 개인의 청구권은 원칙적으로 종국적 처분에까지 미치는 것은 아니고, 다만 그 형성과정에만 미치는 것으로서, 이러한 의미에서 기속행위에 대한 청구권을 실체적 공권이라고 한다면, 적법한 재량행사를 구하는 청구권은 절차적 공권으로서의 제한적 속성을 가지는 것이다.[14] 이와 관련하여 절차적 공권이라는 의미가 다만 청문이나 의견진술에의 절차에의 참여권이라는 의미는 아니라는 사실에 특히 유의하여야 할 것"이라 주장하신다.[15] 즉, 절차적 공권이라고 이름을 붙였다 하더라도 실체적 권리라는 것이다.

Erichsen교수와 김동희 교수님의 각 주장은 재량행위 관련 조항에서도 사익의 보호근거를 찾을 수 있다는 점을 그 논의의 출발점으로 하고 있다. 비록 다른 기본권과의 이익형량 과정에 대한 논의는 빠져 있지만, 이익형량 결과 위 사익을 보호하여야 할 필요성이 있을 때에는 보호하여 주어야 한다는 점

---

13) H.U., Erichsen, Verwaltungsrecht und Verwaltungsgerichtsbarkeit, Ⅰ, 2. Auflage, 1984, p. 161.

14) 이렇게 무하자재량행사청구권을 절차적공권이라 보는 견해는 뷜러 및 Bahof까지로 소급하여 올라간다. 특히 Bahof는 공권을 실체적 권리와 절차적 권리로 구분하면서 후자에 청문권, 문서열람권 등 권리를 포함시키고, 무하자재량행사청구권도 그에 속한다고 하였다(정하중, 전게논문, 101~2면에서 재인용).

15) 이러한 형식의 주장에 대하여 박윤흔 교수는 "절차적 권리란 행위의 상대방이나, 이해관계인 등의 행정과정에의 절차적 참가를 요구하는 것을 내용으로 하는 절차권(Verfahrensrecht)을 말하는 것은 아니고 실체적 권리가 아니라는 것을 나타내기 위하여 그렇게 부르는 것뿐이다. 따라서 절차적 권리라고 하기 보다는 형식적 권리라고 하는 것에 더 적합할 것 같다."고 한다. 박윤흔, 「행정법(상)」, 박영사, 1989, 196~9면.

역시 인정하고 계신 것으로 보인다. 그 결과 "이 청구권도 적극적으로 행정청에게 처분을 구하는 권리라는 점에서 기속행위의 발급을 구하는 청구권과 기본적으로 다르지 아니"하고, "절차적 공권이라는 의미가 다만 청문이나 의견진술에의 절차에의 참여권이라는 의미는 아니"라 볼 수 있었다. 이상의 점까지는 본 글의 취지와 별다른 차이점을 찾아 볼 수 없다.

다만, Erichsen이 말하는 바와 같이 "청구할 수 있는 행위와 특정성 여부에 따라 실체적 공권과 구분"된다거나 김동희 교수님과 같이 "재량권을 적법하게 행사하여 (어떠한) 처분을 할 것을 구하는 권리에 한정"되고, 그 결과 "재량행위에 대한 개인의 청구권은 원칙적으로 종국적 처분에까지 미치는 것은 아니고, 다만 그 형성과정에만 미치는 것"이라는 부분에 대해서는 의심의 여지가 없지 않다.

일반 민사소송에서 채권을 근거로 하는 이행청구를 하는 경우 원고는 자신에게 일정한 청구권이 있음을 주장하면서 그와 같은 청구를 하게 된다. 그러나 소송 제기 단계에서는 청구권이 실제 존재할 것까지 요구받지는 아니한다. 실제 청구권이 존재하는지 여부는 본안에 가서 판단될 내용이다.

행정소송에 있어서도 공권의 존재가 인정되어야만 원고적격이 인정되는 것이라 볼 수는 없다. 주장 자체로 타당하지 아니한 경우를 제외한다면 원고적격은 공권이 존재함을 주장함으로써 족하다. 즉, 자신의 사익의 보호근거를 법률 또는 헌법에서 찾을 수 있고, 당해 사익이 다른 사익과의 비교형량을 통하여도 먼저 보호될 수 있는 여지가 있다고 주장하는 것 자체로 충분하다.[16] 예컨대 영업허가가 재량행위로 규정되어 있는 경우라 하더라도 원고의 기본권과 다른 기본권 주체의 기본권 사이의 이익형량을 할 때 자신의 기본권이 우선하여 보호되어야 한다는 주장을 하는 것 그 자체로 원고적격을 인정할 수 있다. 실제 소송형태를 보더라도 이미 이익형량 과정을 거쳐 행정이 거부처분을 하였는데, 다시 제대로 된 이익형량을 해 달라고 주장하는 것은 결국 자신

16) 물론 헌법에서 바로 사익의 근거를 찾을 수 있다는 주장에 대해서는 반대설이 더 유력하다 볼 수 있다.

에게 자신의 사익을 보호하는 처분을 하여 달라는 것을 주장하는 것과 다를 바가 없다.

요컨대, 공권을 사익의 보호근거가 있고, 당해 사익이 이익형량 심사과정을 통과한 경우 인정할 수 있는 것이라 본다면, 재량행위로 규정된 장소라 하더라도 자신의 사익이 이익형량과정을 통과할 수 있는 사익이라 주장하면서 영업허가를 하여 달라는 소송을 제기하는 경우 원고적격을 부인하여서는 아니될 것이다. 이렇게 본다면 재량규정이라 해서, 예컨대 영업허가와 관련하여 어떠한 처분이든 하자 없는 재량을 하여 달라는 청구를 하는 경우에만, 즉, 무하자재량행사청권이라는 공권만을 주장할 때 한하여만, 원고적격을 인정할 수 있다고 보아야만 할 이유는 없다. 비록 우리 법에서 의무이행소송을 인정하고 있지는 아니하지만, 영업허가를 통하여 실현할 수 있는 자신의 사익을 공권이라 주장하고, 당해 공권에 불구하고 허가를 거부한 처분을 취소하여 달라는 주장을 하는 것은 얼마든지 가능하고, 당해 취소를 위하여 무하자재량행사청구권이라는 법에서도 인정하지 아니하는 용어를 굳이 사용할 필요는 없는 것이다.[17)]

(5) 소 결

이상에서 i) 재량행위 근거 규정에서 행정의 처분의무와 사익 보호 근거 모두를 찾아 볼 수 있다는 점 및 당해 사익이 다른 사익과의 비교형량 심사 과정을 통과할 때 공권이 될 수 있다는 점에서, 재량규정이라 하여 공권이 성립할

---

17) 혹자는 영업허가를 발급하여 달라는 청구를 하더라도 그것이 법원을 통하여 집행가능하지 아니하다면 권리로 볼 수 없다는 반박을 할 수 있을 것이다. 그러나 권리의 개념을 반드시 법원을 통한 집행력이 부여되는 것으로 한정하여야 하는지는 의문이다. 사법의 행정에 대한 적극적 개입을 막기 위하여, 사법은 영업허가의 취소만을 할 수 있고(즉, 의무이행소송을 불허하고), 행정에게 다시 이익형량을 하여 재처분을 하도록 하는 장치를 마련한 것이라 볼 수도 있다. 요컨대 형식적으로는 영업허가발급청구권이 인정되지 않지만, 실질적으로는 국민에게 영업허가를 구할 권리를 인정하고 있고, 다만 다른 고려 때문에 그 권리를 우회적으로 달성하도록 한 것일 뿐이라 볼 수도 있는 것이다.

수 없는 것은 아니며, ii) 현재는 공권의 인정가능성만으로도 원고적격을 인정할 수 있다고 보아야 한다는 점을 살펴보았다. 그렇다면 무하자재량행사청구권이라는 개념을 원고적격의 문제 때문에 굳이 창출할 필요가 없다.

나. 무하자재량행사청구권의 기타 효용

(1) 사법의 자제

무하자재량행사청구권을 사법의 행정에 대한 심사를 스스로 자제하기 위한 한 도구라는 측면에서 그 가치가 있다는 생각을 해볼 수도 있다. 그러한 생각은 다음과 같은 점에서 비롯한다.

입법이 재량행위를 인정하고 있는 이유는 관련 기본권간의 이익형량을 통하여 구체·타당한 사안해결을 하고자 하기 위함이다. 재량행위에 해당하는 경우라도 사안에 따라 사인들이 자신들의 사익이 다른 기본권 주체들의 사익에 비하여 더 우선하여 보호되어야 할 사익이라고 주장하는 것이 불가능하지 아니하다. 예컨대 영업허가 신청자에 대하여 공익을 이유로 허가거부처분이 내려졌다고 하여보자. 그런데 공익보다 자신의 영업의 자유가 우선하여 보호되어야 할 충분한 이유가 있다 판단되는 경우였다면, 적정한 재량을 행사하였다면 영업허가를 하여주었을 것이니 사법이 직접 영업허가를 하여 주거나, 행정으로 하여금 영업허가를 하도록 명하여 달라는 소송을 사법에게 제기하지 못할 이유는 없을 것이다.

그러함에도 불구하고 그러한 소송형태를 인정하지 아니하는 이유는 한정된 人的·物的資源만을 보유하고 있는 司法으로서는 자신의 이익형량 결과가 행정의 이익형량 결과에 비하여 압도적으로 타당할 것이라는 보장을 할 수 없기 때문이다. 그리하여 영업허가거부처분을 받은 신청자로 하여금 사법이 직접 영업허가를 하여 달라거나, 행정에게 영업허가를 명하여달라는 형식의 소송을 제기하는 것이 아니라, 하자 없는 재량행사를 다시금 하여 달라는 형식의 소송을 제기하도록 할 필요성이 발생한다. 그리고 당해 소송에서 이익형량 과정에 하자가 있다 하여 영업허가 거부처분을 취소한다면, 행정청은 다시 한번 이익형량을 하여 재처분을 하여야 할 것이다.

다른 예를 들어보자. 예컨대 용도지역변경거부처분에 대하여 용도지역변경청구를 하는 자의 사익을 다른 기본권 주체의 사익보다 우선하여 보호하여 주어야 할 사안이라고 가정하여 보자. 그 경우에는 설사 법문이 재량규정으로 되어 있다 하더라도 '의무에 합당한' 재량을 하여야 할 행정청으로서는 용도지역변경을 하여 주어야 할 것이다. 이 경우 사인에게 용도지역변경청구권을 인정하여도 무리가 없을 수 있다. 즉, 재량행위의 경우에도 행정소송의 형태로서 의무이행소송을 채택하지 못할 바 없다는 것이다. 그러나 용도지역변경청구권이라는 권리를 인정하면 사인의 신청이 타당한 것이라는 판단이 서는 경우 사법은 당해 청구권을 인용하여야 하고 행정은 바로 용도지역변경을 한다. 그러나 그와 같은 판단을 하기 위해서는 사법이 행정보다 보다 더 우월한 판단을 할 수 있을 것이라는 가정을 전제로 하여야 한다. 이는 사법이 고강도의 사법심사를 하여야 함을 말하는 것이다. 이런 고강도의 사법심사는 법원이 행정보다 우월한 인적조직 및 전문성을 가진 경우에나 가능하나, 현재 법원은 그러한 인적조직 및 전문성을 구비하고 있지 못하다.

그러한 측면에서 사법이 자신의 판단을 행정에 앞세우는 것을 피하고자 한 결과 용도지역변경청구권이라는 권리를 기존의 법에서 해석해 내지 아니하고, 무하자재량행사청구권이라는 권리만을 기존의 법에서 해석해 낼 필요성이 있다는 주장이 있을 수 있다. 즉, 무하자재량행사청구권은 입법이 의도하지 아니한 새로운 권리를 사법이 만들어 낸 것이나 그 내용상 행정의 판단이 일탈·남용의 정도에 이르지 아니한 이상 사법의 판단을 행정의 판단에 앞세우지 아니하도록 하기 위한 결과물이라 볼 수 있는 여지가 있는 것이다.[18)]

---

18) 요약하면 무하자재량행사청구권이 태동되게 된 배경은 ① 일체의 행정은 이익형량작업이고, 당해 이익형량작업에 관계된 국민은 재판을 통하여 자신의 이익을 보호해달라는 청구권을 가질 수 있는 것이나(용도지역변경청구권), ② 일정한 한도 내에서 사법의 판단을 행정의 판단에 앞세우지 아니하여야 할 필요성 때문에 당해 용도지역변경청구권을 바로 인정하지 아니하고 일정한 한도를 일탈하거나 남용되어 행정의 판단이

그러한 주장이 타당한 것일까? 무하자재량행사청구권의 행사를 통하여 얻고자 하는 것은 (i) 기존 처분의 취소 및 (ii) 재처분 두 가지이다. 그런데 이 두 가지의 효과는 꼭 무하자재량행사청구권을 통하여만 달성할 수 있는 것은 아니다. 우선, 기존처분의 취소는 재량하자론을 이용하여도 충분히 달성할 수 있다. 이익형량 결과가 재량권의 일탈·남용에 이르렀을 경우, 당해 이익형량을 취소하는 것은 얼마든지 가능한 일이다. 무하자재량행사청구권을 인정한다 하여 행정행위의 취소가 재량권의 일탈·남용에 이르지 못한 경우에도 인정되는 것은 아니므로, 무하자재량행사청구권을 인정한다 하여 취소의 용이성에 차이가 발생하는 것도 아니다. 한편, 재처분 의무는 법률이 이미 인정하고 있다. 그렇다면 사법의 자제 목적에서 무하자재량행사청구권이 필요할 수 있다는 논거도 설자리가 없게 된다.

(2) 원고가 주장할 수 있는 권리

독일의 행정법원법은 취소소송에 있어서는 취소판결만을 인정하고 있지만, 의무이행소송에 있어서는 의무이행판결(Verurteilungsurteil)과 지령판결(Bescheidungsurteil) 두 가지를 인정하고 있다.[19] 우선, 수익적 행정행위가 기속행위인 경우라면 전자의 판결이 가능할 것이다. 반면, 수익적 행정행위가 재량 또는 판단여지 하에 있는 경우에는 법원은 행정청에게 신청된 처분을 발급하라는 이행판결 대신 재처분을 하라는 지령판결을 하게 된다고 한다. 예컨대 시민이 가판대설치를 위하여 당해 행정청의 재량 하에 발급되는 도로점용허가를 신청한다면 시민은 도로 점용허가에 대한 발급청구권을 갖는 것이 아니라 도로점용허가 발급에 대한 무하자재량행사청구권을 갖게 된다고 한다.[20]

명백히 잘못된 경우에 한해 사법의 판단을 앞세우도록 하기 위한 방책으로서 만들어진 개념으로 볼 수 있다는 것이다.

19) 홍준형, 「행정구제법」, 2012, 587면.

20) 정하중, 전게논문, 112면.

(가) 원고의 주장 측면

그러나 위와 같은 사안에서 굳이 무하자재량행사청구권을 도출해낼 필요는 없다. 원고가 무하자재량행사청구권이 아니라 도로점용허가발급청구권을 주장할 수도 있다. 현재 행정소송법이 의무이행소송을 인정하고 있지 아니하다고 해서 취소소송의 과정에서 도로점용허가발급청구권도 주장할 수 없다고 볼 이유는 없다. 원고는 이익형량의 대상이 되는 자신의 사익만을 주장하면 충분하다. 법원은 원고가 주장하는 도로점용허가발급청구권과 다른 공익 또는 사익을 비교하여 전자의 실재 여부를 인정할 것인지 여부만 판단하면 될 뿐이다.

(나) 사법의 판단 측면

더 나아가 위 경우 사법이 적극적으로 도로점용허가발급청구권의 인정여부에 대하여 판단하는 것이 불가능하지 아니하다. 즉, 도로점용허가발급청구권이 인정되기는 하지만, 행정소송법상 의무이행소송이 인정되고 있지 아니하므로 취소판결만을 할 수 있을 뿐이라 해석하는 것도 얼마든지 가능한 일이다.

재량행위 관련 사법의 판단범위에 대하여 접근하는 방법에는 여러 가지가 있을 수 있다. 그 첫 번째는 재량규정이 있을 경우 행정이 판단을 함에 있어 자유의 여지가 생긴다고 해석하는 견해이다. 이는 재량의 일탈·남용이론이 도입되면서 이제는 낡은 이론이 되었다. 두 번째는 부당한 재량행사에 대해서는 사법의 그의 판단을 행정에 앞세울 수 없지만, 위법한 판단에 대해서는 앞세울 수 있다는 것이다. 재량의 일탈·남용이론이 그것이다. 셋째는 재량행사에 대하여 전면적으로 사법이 판단할 수 있으나, 물적·인적 능력이 행정에 비하여 우월하지 아니한 이상 자신의 판단을 앞세우는 것은 자제할 필요성이 있다는 것이다. 넷째는 행정의 재량행사에 대하여 사법은 전면적인 심사가 가능하며 경우에 따라 자신의 의사를 행정의 의사에 앞세울 수 있다는 것이다.

참고로 두 번째 및 세 번째 견해는 잘 구분되지 아니한다. 미국의 경우 재량행사에 대한 사법심사의 강도에 있어 여러 단계를 두고 있다.[21] 통상 많이 사용하는 재량의 남용(abuse of discretion)에 해당하는지 여부는 당해 재량행사가 임의적·자의적(arbitrary and capricious)인지 여부에 달려 있다.[22] 이때 임의적·자의적인지 여부와 관련하여 사법적극주의 성향이 비교적 강한 하급심은 그에 해당한다 판단하는 경우가 적지 아니하다. 반면, Chevron 판결 이후 사법소극주의 입장을 취하고 있는 연방대법원은 그렇지 아니한 경우가 많다. 이는 사법적극주의적 입장에 서 있는지 여부가 임의적·자의적인지 여부에 대한 판단에 있어 영향을 미치고 있다는 점을 반증한다.[23] 한편, 더욱 강한 사법적극주의 입장에 따르면 설사 재량행사가 임의적, 자의적인 것이 아니라 하더라도 당해 행정의 결정을 사법이 대체하는 경우도 있을 수 있을 것이다.

위 각 견해 중에서 첫 번째 견해를 제외하면 사법은 원고에게 도로점용허가를 구할 권리가 있음을 인정하지 못할 바 없다. 다만, 행정소송법상 의무이행소송을 인정하고 있지 아니한 이상 행정에게 바로 발급을 할 것을 명할 수 없을 뿐이다. 이렇게 원고 입장에서는 취소소송의 과정에서 도로점용허가발급청구권을 주장하면 되지 무하자재량행사청구권을 주장하여야 할 이유는 없어진다.

---

21) 미국의 경우 Chevron 판결 이후 의미가 많이 퇴색되기는 하였지만, 일정한 사안에 대해서는 엄격심사(hard look review)를 하거나, 처분이나 규칙이 실질적 증거에 의하여 뒷받침되는지 여부를 기록에 의하여 심사할 수 있으며(limited review on the record, APA 706(2)(E)), 경우에 따라 처분이나 규칙제정절차에 의한 행정청의 결정이 전혀 사실이 보증되지 아니하는 경우에는 전면적 재심사(trial de novo, APA 706(2)(F))를 할 수 있다.

22) 미국 행정절차법(Administrative Procedure Act, “APA”) §706(2)(A).

23) 최근 Massachusetts v. Environmental Protection Agency, 549 U.S. 497 (2007) 사건에서 미국연방대법원은 미국환경보호청(Environmental Protection Agency, “EPA”)의 재량행사(온실가스를 규제하여야 할 대기오염물질로 지정하지 아니한 처분)와 관련하여 재심사할 것을 판결하면서 그 이유로 당해 재량행사가 법에서 요구한 사항(건강, 복지) 이외의 사항까지 고려하여 재량행사를 하였으므로 임의적·자의적이라 볼 수 있다고 판시하였다. 당해 사건은 5:4로 의견이 팽팽하게 갈린 사안이었는데, 이는 임의적·자의적이라는 기준이 실제로는 매우 애매한 것일 수밖에 없고, 개별 대법관의 사법의 행정에 대한 관여 가능 정도에 대한 가치관에 따라 달라 질 수 있는 것이라는 점을 반증하고 있다.

(3) 행정의 형성의 자유와의 관계

무하자재량행사청구권은 행정에게 일정한 범위 내의 형성의 자유가 있다는 점을 그 논거로 한다. 행정소송법은 “행정청의 재량에 속하는 처분이라도 재량권의 한계를 넘거나 그 남용이 있는 때에는 법원은 이를 취소할 수 있다.”고 한다.[24] 이를 해석함에 있어 재량의 일탈·남용의 경우에만 사법권의 행사가 가능하다고 생각할 수 있고, 또 대부분의 견해가 그러한 것으로 보인다.

그러나 재량권 행사에 있어 그 逸脫·濫用 및 그렇지 아니한 不當의 경우를 구분하는 것은 어려운 일이다. 입법이 이익형량 기준을 마련하지 아니한 채 행정에게 재량이라는 단어로서 이익형량 업무를 담당시키게 된 근본적인 계기는 입법에게 이익형량과 관련된 구체적인 경우의 수, 즉, 행정행위의 요건을 일일이 상세하게 규율하는 것에 한계가 있기 때문이다. 그렇다고 볼 때 재량행정이 인정되는 부분은 국회가 기술적인 이유로 이익형량의 기준을 일일이 규정하지는 못했지만, “현실에서의 구체적 상황을 입법이 알았더라면 어떠한 요건을 추가하였을까”라는 점에 대한 해석을 행정이 스스로 하여야 하는 경우에 해당한다고 할 수 있을 것이다. 그 결과 재량도 순수한 선택권을 행정에게 부여한 것이 아니라 입법기술적인 면 때문에 외견상 선택권을 부여한 것으로 보일 뿐이다. 재량의 행사에 있어 ‘의무에 적합한 재량’[25]일 것이 요청된다는 표현은 국가의 기본적 업무를 적정한 기본권 형량으로 보는 이상 지극히 타당한 지적이 아닐 수 없다. 자유재량의 경우에도 행정이 주어진 상황에서 찾았어야 할 가상적 요건(입법자의 의사 추정)을 제대로 찾지 못한 결과 적합한 형량을 하지 아니한 경우 그러한 결과는 바로 국민의 이익, 권리의 침해로 연결될 수 있다 보아도 무리가 없을 것이다.[26]

그렇다면 위 행정소송법이나 違法과 不當을 구분하고 있는 행정심판법에 불

---

24) 행정소송법 제27조.

25) 대법원 1990. 8. 28. 선고 89누8255 판결.

26) 종래 오스트리아에서는 재량영역에 속하는 사항은 행정재판소의 관할에 속하지 아니한다는 입법례가 있었으나, 그와 같은 움직임은 고유한 통치행위의 영역을 확보하고자 한 역사적 배경 하에서나 가능하였던 것이다.

구하고 일정한 선택범위 내에서는 설사 그것이 不當한 것으로 판단된다고 하더라도 행정청에게 사법권의 간섭 없이 마음대로 판단할 수 있는 권한을 준 것으로 해석하기는 어렵다. 이러한 점은 개별 판례에서 법원이 "부당하나 위법하지 아니하다."고 판단하지 아니하고, "재량권이 일탈·남용되었다 볼 수 없다."는 표현을 사용한다는 점[27]에서도 찾아 볼 수 있다. 왜냐하면 부당하다고 법원이 주장하는 즉시 그것이 가장 적합한 답이 아니라는 점을 자인하는 것이나 다름없고, 가장 적합한 답을 찾지 못한 재량행사인 이상 당해 재량행사의 법률적 효과는 부인되어야 할 것이기 때문이다.

더 나아가 일탈·남용 및 부당이라는 개념은 假裝 개념에 불과하다 볼 수 있는 면이 적지 않다. 즉, 위 개념들은 사법적극주의의 동원 여부 판단 결과에 따라 법원이 임의적으로 선택하는 가장적 개념에 불과한 것이다. 법관이 사법적극주의를 채택하는 장소는 바로 행정청의 재량판단에 일탈·남용의 굴레를 씌우는 장소가 된다.[28] 사법소극주의를 채택한 장소는 반대로 기껏해야 행정

---

27) 대법원 2001. 2. 9. 선고 98두17593 판결; 2005. 7. 14. 선고 2004두6181 판결.

28) 앞서 본 Massachusetts 사건에서 연방대법원은 피신청인인 EPA가 건강, 복지 이외의 요소들을 감안하여 재량을 행사함으로써 온실가스를 유해한 대기오염물질로 지정하지 아니하였다고 판단하였으나, 달리 볼 여지도 충분히 있었다. 잘 알다시피 미국이 온실가스감축에 적극적인 움직임을 보이지 아니하는 이유는 그것이 미국의 산업계에 큰 영향을 미치고, 고용에도 악영향을 미친다는 점 때문이다. 환경단체들은 환경을 최우선시하겠지만, 경제나 고용의 측면에서 생각해보면 다른 결론이 나올 수 있고, 그러한 결론들이 건강, 복지 중에서 복지와는 관계되어 있다 보아도 좋을 것이다. 더 나아가 온실가스가 자연에 미치는 영향은 지역적이지 아니하고 전지구적이라는 점, 중국, 인도 등 국가에서 배출되는 온실가스가 미국보다 적지 아니하고 더 증가일로에 있다는 점 등을 감안한다면 그들로부터 감축노력을 이끌어 낼 필요성 역시 적지 아니하여, 그들 국가와의 협상시까지 미국이 선제적으로 온실가스 감축작업에 들어가서는 아니 되는 면도 있었다. 그리고 그것이 미국민들의 장기적 건강 증진에 도움이 될 수 있다 볼 여지도 없지 않다. 이렇게 본다면 피신청인인 EPA의 행위가 과연 임의적, 자의적인 것이라 볼 수 있는지 의심의 여지가 적지 않았다. 그리하여 종국적으로는 대법관들의 사법의 행정에 대한 관여 정도에 대한 가치관이 반영됨으로써, 재량남용 여부에 대한 판단에 있어 대법관 사이에서도 5:4의 팽팽한 의견대립이 있게 되었던 것이다. 최근 미국 연방대법원은 재량 관련 판단을 보면 각 4명씩의 대법관이 사법적극주의, 사법소득주의의 입장에 확실히 서 있고, 나머지 1명이 어떤 태도를 취하느냐에

행위가 不當한 정도에 머무르고 만다고 말하는 장소이다. 학설들은 일탈·남용은 법률의 위반이고 부당은 목적의 위반으로 그 內容상 구분이 될 수 있다고 보는 듯 하고, 실제로 재량처분의 위법사유에 대하여 상세히 분석을 하는 경우도 있다.[29] 그러나 학설들이 주장하는 분석 내용이 실제 사례에 들어맞지 아니하는 경우가 적지 아니한바, 그러한 현상은 어찌 보면 너무나 당연한 것이기도 하다.

이렇게 본다면, 재량행정의 경우 일탈·남용에 이르지 아니하는 한 행정에게 형성의 자유가 인정되고, 그러한 형성의 자유를 존중하기 위한 수단이 무하자재량행사청구권이라는 생각은 그리 타당하다 보기 어렵다. 요컨대, 무하자재량행사청구권과 행정의 형성의 자유의 폭과는 무관하다. 또한, 앞서 본 바와 같이 무하자재량행사청구권이란 일견 사법적극주의가 함부로 발호할 수 없도록 하는 도구로서의 의미가 있다 볼 수 있는 듯하지만, 무하자재량행사청구권을 인정한다 해서 사법적극주의가 억제되는 것이라 보기는 어렵다. 그렇다면 무하자재량행사청구권을 논할 실익은 별로 없다 볼 수 있을 것이다.

다. 소 결 론

결국, 무하자재량행사청구권은 원고적격을 제한하여 인정하고 있었던 역사적 소산물로서의 연혁적인 의미만을 찾을 수 있을 뿐, 현재에 와서는 특별한 의미를 찾기 힘들게 되었다. 현재 우리 대법원이 무하자재량행사청구권을 인정하고 있는 판시를 하고 있지 아니한 것도 그러한 의미에서 찾아 볼 수 있을 것이다.

따라 판결이 뒤바뀌고 있음을 볼 수 있는데 이 역시 재량에 대한 통제는 재량의 남용여부에 대한 판단 그 자체보다는 사법적극주의 입장에 서느냐 아니냐에 따라 좌우된다는 생각을 갖게 한다.

29) 예컨대, 백윤기, "재량행위에 대한 통제", 「행정작용법(중범 김동희 교수 정년기념논문집)」, 박영사, 2005, 241~248면.

3. 기존학설 및 비판

이상의 검토 내용에 따르면, 재량권의 하자 있는 행사란 결국 재량권의 위법한 행사를 뜻하는 것이므로 그로 인한 실체면에서의 권리침해를 인정할 수 있고 이 경우에는 취소소송을 통하여 다툴 수가 있을 것이므로 따로 무하자재량행사청구권을 인정할 필요가 없다는 견해[30]가 나름 그 타당성을 가지고 있다고 볼 수 있을 것이다.

일찍이 박윤흔 교수는 "생각건대 ① 흠없는 재량행사청구권을 인정하는 것은 원래 재량행위에 대한 사법심사의 범위를 확대하려는 것이다. 이 점에 대하여는 긍정설이 (i) 이 청구권의 성립요건을 오늘날의 독일의 학설에서와 같이 재량의 하자만이 아니고 재량을 허용한 실정법규에 의하여 보호되는 실체적 권익의 침해를 요건으로 한다면, 실체적 권익과 침해를 이유로 권익구제를 받을 수 있으므로, 굳이 형식적 권리로서의 흠없는 재량행사청구권을 인정한 실익이 없는 것 같고, (ii) 종전의 독일의 학설에서와 같이 실체적 권리의 침해가 없는데도 흠없는 재량행사청구권이라는 형식적 권리의 침해만으로 소익을 인정하는 것이라면, 이론상으로 행정소송의 원고적격을 부당하게 넓혀 민중소송화할 우려가 있을 뿐만 아니라, 법률상이익을 침해당한 자에게만 원고적격을 인정한 우리 행정소송법(12조)에 저촉되어 허용될 수 없다고 본다."[31]고 주장하고 있는바, 이러한 주장은 타당한 주장이라 할 수 있을 것이다.

무하자재량행사청구권을 공권이 인정되는지 여부, 인정된다면 어떠한 내용과 의미를 갖는 공권이 인정되는지를 규명하기 위하여 인정할 필요가 있다는 견해도 있다.[32] 그러나 앞서 본 바와 같이 재량행위라 하여 공권이 인정되지 아니하는 것은 아니고, 무하자재량행사청구권을 인정한다하여 특별히 결과가 달라지는 것도 아니므로, 굳이 인정할 실익이 없다 하겠다.

---

30) 이상규, 「신행정법(상)」, 법문사, 1992, 180면.
31) 박윤흔, 전게서, 196~199면.
32) 박균성, 「행정법론(상) 제12판」, 박영사, 2013, 145~150면.

Ⅲ. 이익형량과 신청권: 행정계획을 중심으로

1. 기존의 논의

특정한 행정작용이 소송의 대상이 되기 위해서는 대상적격, 원고적격, 협의의 소의 이익이 갖추어져야 한다. 이중 행정계획과 관련하여 주로 문제되는 것은 대상적격, 즉, 처분성 인정 여부였다. 행정계획시 행정청에게 상당한 재량이 인정되는 것으로 해석되고 있는데, 그에 따라 행정계획에 항고소송의 對象適格을 인정할 수 있느냐는 점에 대하여 의문이 있을 수 있었다. 그와 관련하여 우리 대법원은 특정 행정작용이 개인의 권리의무에 영향을 미치는 경우에 한하여 處分性을 인정하여 항고소송 관련 대상적격을 인정하고 있는바, 당해 기준에 따르면 행정계획도 그것이 권리의 발생, 변경, 소멸과 연결되는 경우 처분성이 인정될 수 있었다.

그리하여 대법원은 (1) 도시계획(구 도시계획법 12조)과 관련하여 도시계획결정 고시 이후 토지형질변경, 신개축증축이 제한되는 경우에는 도시계획에 처분성을 인정하였고,[33] (2) 도시기본계획(구도시계획법 10조의 2)은 일반 방향 제시에 불과하다고 하여 처분성을 부인하였으며,[34] (3) 환지계획(구 토지구획정리사업법 46)과 관련하여 환지계획에 따라 구체적인 권리제한, 의무부과가 되지 아니하고 환지계획만으로는 환지 대상이 될지 여부도 불확실하다는 이유로 처분성을 부인한 반면,[35] 동법상의 환지예정지지정, 환지처분 등은 당해 지정 내지 처분으로 권리제한이 동반되므로 처분성이 인정될 수 있다고 하고 있다.

이렇게 대상적격 문제는 해결이 가능하였으나, 원고적격을 인정할 수 있느냐는 여전히 문제로 남았다. 특히 행정청의 처분의무 및 사익보호성이 인정될 수 있느냐는 문제점이 대두될 수 있었다.

---

33) 대법원 1982. 3. 9. 선고 80누105 판결.
34) 대법원 2002. 10. 11 선고 2000두8226 판결.
35) 대법원 2001. 10. 30. 선고 99두11110 판결.

2. 이익형량의 입장에서 본 분석

가. 사익의 보호근거

공권이라 함은 (1) 관련 법률이 행정에게 일정한 의무를 부과하고, (2) 당해 법률 또는 관련 법률 등에서 사인의 이익을 보호 대상으로 하고 있다는 근거를 찾을 수 있음과 동시에, (3) 당해 사인의 사익과 다른 기본권 주체의 이익 내지 기본권과 비교·형량 하여 위 사익을 보호하여야 할 필요가 인정되는 때에 인정될 수 있는 것이다.

그 중 위 (2) 문제와 관련하여 행정계획이 당해 계획의 영향 대상 범위 내 사람들의 이익을 최대한 보호하기 위한 가장 적절한 방법이 무엇인지에 대한 전반적인 계획이라고 할 때 당해 행정계획 관련 법률 그 자체에서 사익의 보호근거를 찾을 수 있다고 보아도 무방할 것이다.

나. 신 청 권

반면 위 (3) 문제와 관련하여 이익형량의 과정에서 사익이 다른 기본권 주체의 기본권과 비교하여 보다 더 보호하여 주어야 할 것이라는 판단이 내려질 가능성은 거의 없다. 그 이유는 행정계획이 다수의 기본권 주체의 기본권을 고려하여 작성되는 것인 이상 특정한 사인의 이익에 비하여 비교형량하여야 하는 기본권 주체의 양적 범위가 너무나 넓어 비교형량한다고 하더라도 사인의 이익을 우선시하여야 할 필요성이 인정되지 아니하는 경우가 많기 때문일 것이다. 그러므로 원고적격을 공권의 인정가능성의 문제로 해석할 때 행정계획의 수립, 변경, 취소를 구하는 사인의 청구는 원고적격이 없다고 하여 각하될 가능성이 클 수밖에 없었다.

실제 대법원도 행정계획과 관련하여서는 대개 각하결정을 하고 있다. 그런데 대법원은 각하 결정을 하는 과정에서 그 논거로 이른바 신청권이 없음을 이유로 들고 있다. 다음 판결이 그 예이다. 번호는 필자가 임의로 부여한 것이다.

> 국민의 신청에 대한 행정청의 거부처분이 항고소송의 대상이 되는 행정처분이 되기 위하여는, (1) 국민이 행정청에 대하여 그 신청에 따른 행정행위를 해 줄 것을 요구할 수 있는 법규상 또는 조리상의 권리가 있어야 하는 바, (2) 도시계획법상 주민이 도시계획 및 그 변경에 대하여 어떤 신청을 할 수 있음에 관한 규정이 없을 뿐만 아니라, (3) 도시계획과 같이 장기성·종합성이 요구되는 행정계획에 있어서는 그 계획이 일단 확정된 후에 어떤 사정의 변동이 있다고 하여 지역주민에게 일일이 그 계획의 변경을 청구할 권리를 인정해 줄 수도 없는 이치이므로, (4) 도시계획시설변경신청을 불허한 행위는 항고소송의 대상이 되는 행정처분이라고 볼 수 없다.[36]
>
> 국민의 신청에 대한 행정청의 거부가 행정처분이 되기 위하여는 (1) 국민이 그 신청에 따른 행정행위를 요구할 수 있는 법규상 또는 조리상의 권리가 있어야 할 것인바, (2) 도시계획법상 주민이 도시계획 및 그 변경에 대하여 어떤 신청을 할 수 있다는 규정이 없을 뿐만 아니라 (3) 도시계획과 같이 장기성, 종합성이 요구되는 행정계획에 있어서는 그 계획이 일단 확정된 후에 어떤 사정의 변경이 있다 하여 지역주민에게 일일이 그 계획의 변경을 청구할 권리를 인정해 줄 수도 없는 이치이므로, (4) 도시계획시설인 공원조성계획 취소신청을 거부한 행위는 항고소송의 대상이 되는 행정처분이라고 볼 수 없다.[37]

위 각 판시 내용은 행정청에 대하여 일정한 행정행위를 하여 줄 것을 요구할 수 있는 권리가 있어야 하는바(위 (1) 부분), 도시계획시설변경 또는 공원조성계획 취소를 구할 수 있는 권리를 인정하여 줄 수 없고(위 (3) 부분), 더 나아가 취소를 구할 신청권도 인정할 수 없다(위 (2) 부분)는 것이다. 그 중 위 (3) 부분에 대한 판시 내용은 장기성, 종합성이라는 이유를 들고 있지만, 결국 공익이라는 이름하에 실현되어야 할 도시계획 구역 범위 내 사인들의 이익들과 비교하여 볼 때 특정 사인의 이익은 비교형량을 하여 볼 필요 없이 전자를 더 보호

---

36) 대법원 1984. 10. 13. 선고 84누227 판결.
37) 대법원 1989. 10. 24. 선고 89누725 판결.

하여야 한다는 취지의 것이라 볼 수 있다.

그런데 대법원은 (2) 부분에서 신청권이라는 개념을 만들어 내고 있다. 당해 권리는 위 (1)에서 논하고 있는 권리와도 구분되는 것이다. 위 (1)에서 논하는 권리는 실체적 권리라면 위 (2)에서 논하고 있는 권리는 그야말로 어떠한 내용으로든 행정이 결정하여 달라는 의미의, 신청할 수 있는 권리에 불과하다.

다. 신청권을 인정할 필요성이 있는지 여부

그러나 무하자재량행사청구권에서 살펴본 취지와 같이 생각해본다면 처분성이 인정되는 행정계획을 취소하고 재처분 의무를 인정하는데 굳이 신청권이라는 개념을 만들어 낼 필요는 없을 것이다. 즉, 원고적격 문제 때문이라면 굳이 신청권이라는 개념을 만들어 낼 필요는 없다. 대신, 계획변경청구권 등 실체적 권리를 공권으로 보고, 당해 실체적 권리의 認定可能性 여부를 원고적격 인정여부 판단기준으로 삼으면 된다. 굳이 신청권이라는 공권을 만들어 내면서 이를 절차적 공권이라 하고, 비록 절차적 공권이기는 하지만 실체법상 권리라는 복잡한 설명을 할 필요도 없을 것이다.[38]

한편, 공권 認定可能性의 측면에서, 사익보호근거를 찾을 수 있다고 하더라도 당해 사익이 행정계획과 관련된 수많은 다른 이익주체들의 이익과의 이익형량 심사단계를 벗어 날 수 없음이 일응 명백한 경우에는 각하결정을 할 수 있다면, 그 반대로 이익형량의 심사단계를 통과하지 못할 것임이 명백한 경우가 아닌 한 원고적격을 인정하는 것도 가능할 것이다. 실무상으로도 행정계획의 변경, 취소를 구하는 소송과 관련하여서는 거의 대부분 각하 결정이 내려지고 있지만, 예외적으로 각하결정을 하지 아니하고 본안심리를 하도록 하는 경우가 있다. 다음 판시내용을 보자.[39]

---

38) 자세한 이유는 위 Ⅱ. 2. 나. (2) 참조.

39) 대법원 2003. 9. 23. 선고 2001두10936 판결.

> 이 사건에 있어서 원심이 확정한 사실관계를 관계 법령에 비추어 보건대 … 등에 의하면 폐기물처리사업계획의 적정 통보를 받은 자는 장래 일정한 기간 내에 관계 법령이 규정하는 시설 등을 갖추어 폐기물처리업허가 신청을 할 수 있는 법률상 지위에 있다고 할 것인바, 피고로부터 폐기물처리사업계획의 적정통보를 받은 원고가 폐기물처리업허가를 받기 위하여는 이 사건 부동산에 대한 용도지역을 '농림지역 또는 준농림지역'에서 '준도시지역(시설용지지구)'으로 변경하는 국토이용계획변경이 선행되어야 하고, 원고의 위 계획변경신청을 피고가 거부한다면 이는 실질적으로 원고에 대한 폐기물처리업허가신청을 불허하는 결과가 되므로, 원고는 위 국토이용계획변경의 입안 및 결정권자인 피고에 대하여 그 계획변경을 신청할 법규상 또는 조리상 권리를 가진다고 할 것이다. 그럼에도 불구하고, 원심은 원고에게 국토이용계획변경을 신청할 법규상 또는 조리상의 권리가 인정되지 아니하므로 피고가 이 사건 계획변경신청을 거부한 행위가 항고소송의 대상이 되는 행정처분에 해당하지 않는다는 이유로 그 취소를 구하는 이 부분 소를 각하하였으니, 거기에는 폐기물사업계획의 적정통보 및 국토이용계획변경신청권에 관한 법리를 오해한 위법이 있다.

상기 판결은 폐기물처리사업계획 적정통보를 받은 자(원고)가 폐기물처리업허가를 받기 위하여 부동산 용도지역을 변경하여 달라는 변경신청을 하였고, 관할청이 그를 거부하자 원고가 그에 대하여 관할법원에 취소소송을 제기하였던 사안이다. 당해 사안에서 원심 법원인 광주고등법원이 당해 소송을 각하하였음에 반하여, 대법원은 본안심사를 할 필요성이 있다는 취지로 원심법원에 파기환송을 하였는데 위 판결이 그 내용이다. 참고로, 광주고등법원은 파기환송심에서 각하가 아닌 기각 판결을 하였고, 대법원은 그를 받아들인 바 있다.[40]

위 사안에서 대법원이 파기환송한 논거는 원고에게 "계획변경을 신청할…

40) 상동.

권리", 즉, 신청권이라는 공권이 있다는 것이다. 그러나 굳이 신청권이라는 별도의 개념을 만들어 낼 필요성은 없다고 할 것이다. 즉, 계획변경청구권이라는 실체법상 권리를 문제되는 공권이라 보고, 당해 공권이 인정될 가능성이 전혀 없는 것은 아니라는 점을 이유로 본안심리를 할 것을 원심법원에게 명하더라도 된다 할 수 있다. 요컨대 판례에서 사용되는 신청권이라는 용어는 행정계획변경청구권등 실체적 권리(공권)가 인정될 可能性이 있는 경우이냐에 대한 판단이라 볼 수 있겠다.

무하자재량행사청구권은 하자 없는 판단을 하여 달라는 주장이지만, 신청권은 신청을 할 수 있는 기회만 있으면 충분하다고 보는 견해가 있을 수 있다. 그러나 그렇게 보는 경우 이미 신청에 대하여 거부로서 답한 행정의 처분이 있는 이상, 신청권 그 자체는 충족되었다고 볼 수도 있다. 그러므로 신청권을 별도의 공권으로 삼는 것이 부적당한 면이 없지 아니하다.

그러함에도 불구하고 대법원이 신청권이라는 용어를 빈번하게 사용하는 이유는 원고적격이 공권의 인정가능성만으로 충분한 것이 아니라 공권의 존재 그 자체가 필요하다는 생각을 은연중에 가지고 있기 때문일 것이다. 다른 한편으로 재량에 대해서 사법의 판단이 제한된다는 점을 감안한 것일 수도 있다.[41] 이 부분, 타당하지 아니함은 앞선 나.에서 살펴본 바와 같다.

라. 법에서 명시적으로 신청권을 인정하는 경우

참고로, 「온천법」 제6조는 시장·군수가 온천발견신고를 수리한 때에는 그

41) 검사임용거부처분과 관련하여 "임용처분은 그 성질상 재량처분이므로 임용권자가 임용신청자인 원고의 임용요구에 기속을 받아 원고를 임용하여야 할 의무는 없는 것이고 원고로서도 자신의 임용을 요구할 권리가 있다고는 할 수 없으므로, 원고의 위와 같은 검사의 임용신청권은 그 신청대로의 처분을 구하는 권리는 아니고 그 신청에 대하여 재량권의 한계를 준수하면서 어떠한 처분을 할 것을 구하는 권리, 즉 위에서 보는 바와 같이 강학상의 하자없는 재량행사를 구하는 청구권에 그친다고 할 것"이라는 견해(이홍훈, "검사임용거부처분의 행정처분성 및 무하자재량행사청구권", 재판실무연구(1999), 499면)가 그 예이다.

수리한 날부터 6개월 이내에 온천공보호구역으로의 지정에 필요한 절차를 이행하여야 하고, 그 기간에 특별자치도지사가 온천공보호구역을 지정하지 아니하거나 시장·군수(특별자치도지사는 제외한다)가 지정승인을 신청하지 아니하면 온천우선이용권자가 시·도지사에게 온천공보호구역 지정 또는 지정승인을 신청할 수 있다고 규정하여 신청권을 명시적으로 인정하고 있다. 그러나 이러한 경우라 하더라도 신청권을 그 자체 공권으로 보는 것은 타당하지 아니하다. 신청에 대해서 어떤 형식이든 답만 주면 신청권의 목적은 달성하였다고 볼 수 있는 면마저도 있다. 영업허가 신청 이후 그 거부처분을 당할 때 공권 여부가 문제되는 사익은 영업을 통한 이익이지 신청하여 답을 얻을 권리 그 자체가 아니 듯, 위 사안의 경우에도 온천공보호구역 지정을 통한 사익 그 자체이지 신청하여 답을 얻을 권리가 아닌 것이다.

3. 행정계획 이외 분야에 있어서의 신청권

행정계획이 아닌 사안의 경우에도 동일하게 문제의 해결이 가능하다. 법원은 검사의 임용에 있어서 임용권자가 임용여부에 관하여 어떠한 응답을 할 것인지는 자유재량행위에 속하는 것이나 임용신청자에게는 재량권의 한계일탈이나 남용이 없는 적법한 응답을 요구할 권리가 있다고 한다. 이를 들어 학자들은 법령상 명문의 규정이 없음에도 조리상의 신청권을 인정한 대표적 사례로서 특히 자유재량행위에 속하는 처분을 신청한 경우에도 신청인용을 받을 권리(이른바 실체적 청구권)는 없다 하더라도 신청에 대한 응답을 받을 권리(이른바 절차적 신청권)는 있다는 점을 명백히 하고 있으며, 여기서 재량권의 한계일탈이나 남용이 없는 적법한 응답을 요구할 권리는 강학상의 무하자재량행사청구권을 의미하는 것으로 보이는데 이 권리 역시 절차적인 권리로 보고 있다고 한다.[42] 즉, 법령상 검사임용신청 및 그 처리제도에 관한 명문의 규정이

---

42) 백윤기, "항고소송의 대상이 되는 거부처분 -처분성 인정요건으로서의 신청권에 대하여-", 「사법연구자료」, 제20집, 1993, 65면.

없다 하더라도 조리상 임용권자는 임용신청권자들에게 임용여부의 응답을 해줄 의무가 있고, 임용신청자로서도 임용여부의 응답을 받을 권리가 있으며 응답할 것인지 여부조차도 임용권자의 편의재량이라고 할 수 없다고 한다.[43]

그러나 신청권이 무하자재량행사청구권과 동일한 차원의 것이라면 무하자재량행사청구권에서 살펴본 바와 같이 굳이 신청권이라는 개념을 조리를 통하여 만들어 낼 필요는 없다. 원고의 청구 내용은 자신의 사익과 그에게 공무를 맡겨서는 아니 된다는 공익과의 비교형량을 하여 본다고 하더라도, 자신에게 공무를 담임할 수 있게 하여 주어야 한다는 것이고, 당해 주장이 인정될 可能性이 있다면 바로 원고적격을 인정할 수 있는 것이지, 굳이 신청권을 인정하여야 원고적격을 인정할 수 있는 것은 아니기 때문이다.

Ⅳ. 結 論

이상에서 이익형량의 입장에서 무하자재량행사청구권, 신청권에 대하여 살펴보았다. 무하자재량행사청구권이나 신청권은 굳이 그 개념을 인정할 필요가 없을 것이다. 위 두 개념이 원고적격 인정 문제 때문에 발생한 것이라면 원고적격을 공권이 인정될 가능성으로 해석하는 한 실체적 권리가 있음을 주장하는 것으로 충분하고 굳이 무하자재량행사청구권 등 개념을 만들어 낼 필요는 없다. 기타의 측면에서도 별다른 효용성이 발견되지 아니한다.

43) 대법원 1991. 2. 12. 선고 90누5825 판결.

Chapter 06

利益衡量의 입장에서 바라본 행정법 : 公權

Ⅰ. 序 論

최근 행정법에서는 이익형량을 화두로 하여 기존의 이론을 되짚어 보아야 한다는 논의가 적지 아니하다. 헌법은 국민이 누릴 수 있는 기본권을 규정하고 있다. 사인의 이익, 즉, 사익이란 그 어떤 것이든 헌법상 기본권에 포섭될 수 있다. 그러한 측면에서 보면 모든 사익이 보호대상이 될 수 있다 보아야 하는지 여부에 대한 의문이 발생할 수 있다. 그러나 익히 예상할 수 있다시피, 사익 상호간의 충돌문제, 한정된 자원 문제 등으로 인하여 그는 불가능하다. 그 결과 헌법상 기본권은 그 자체 집행가능한 권리라 볼 수 없는 경우가 적지 아니하다. 더 나아가 사익의 충돌 및 한정된 자원 문제가 일상화된 상황이라면 기본권 주체들의 사익들 사이의 상충 문제를 이익형량을 통하여 우선적으로 실현되어야 하는 기본권이 무엇인지 여부를 판단하고 그를 집행하는 것이 국가의 중요한 업무라 볼 수 있기도 하다.

이렇게 기본권 사이의 이익형량 업무를 국가의 중요 기능 중 하나로 보는 경우 당해 이익형량의 일반추상적 기준은 立法이 마련함이 당연하다. 헌법은 보호하여야 할 기본권을 나열하고 있을 뿐이다. 그러므로 입법이 그 우선 실현 순서를 지정하는 역할을 맡지 아니하면 아니된다. 그러나 각 기본권 주체들 간의 기본권 충돌이 일상화된 지금 입법이 이익형량 기준을 마련하여야 하는 장소를 미리 예견하여 일반·추상적으로 완벽하게 입법하는 것은 거의 불가능한 지경에 이르고 있다. 이는 흔히 입법의 완전무결성 가정의 파괴 현상이라 불리고 있는데, 그를 전제로 하는 종래의 법치주의가 제대로 작동할 수 없는 중요한 원인이 되고 있다.

이러한 입법의 완전무결성의 파괴현상 아래에서 -즉, 입법이 완벽하게 이익형량의 기준을 마련해 주지 못하는 곳에서- 개별적인 사안에 당하여 구체·타당한 결론을 어떻게 얻어 낼 것인가라는 점이 행정법의 중심적 화두이다. 공권, 재량행위, 불확정개념, 행정입법 등 거의 모든 행정법 일반이론 분야의 논의가 위 화두를 중심으로 움직일 수밖에 없기도 하다. 그러한 측면에서 이 글은 종래의 공권이론에 논의를 집중하여 현재까지의 논의내용을 재분석하여 보고자 한다.

Ⅱ. 개인적 공권의 意義 및 沿革

1. 개인적 공권의 의의 및 연혁

개인적 공권은 개인이 공법상 자기의 고유한 이익을 추구하기 위하여 국가 등 행정주체에 대하여 일정한 행위를 할 것을 요구할 수 있는 개인에게 주어진 법적 힘이라고 정의 내려지고 있다.[1]

개인적 공권이 논의되는 주된 이유는 행정소송을 주관적 소송으로 보는 -행정소송의 주된 목적을 국민의 구체적인 권리침해의 구제로 보는- 독일[2]의 경우 필수적인 개념이었기 때문이다.[3] 그런데 이렇게 권리침해가 있다 보아야

---

1) 박균성, 「행정법론(상) 제12판」, 박영사, 2013, 139면.

2) 독일 연방헌법(Grundgesetz, 기본법) 제19조 제4항 제1문은 "누구든지 공권력에 의해 자신의 권리가 침해된 때에는 소송을 제기할 수 있다"(Wird jemand durch die offentliche Gewalt in seinen Rechten verletzt, so steht der Rechtsweg offen)고 규정하고 있다.

3) 미국은 커먼로(Common Law)에서 보호하고자 하는 이익과 법령에서 인정하고 있는 이익이 침해된 자에게 소권을 인정하고 있다. 다만, 한가지 특징은 사익침해가 인정되지 않더라도 법령에서 일반시민에게 소권을 인정하면 사익침해여부와 무관하게 소송제기가 가능하다는 것이다. 실제 미국에서는 거의 모든 환경법령이 일반 시민에게 소권을 인정하고 있다고 보아도 과언이 아니다. 다만, 최근 Lujan v. Defenders of Wildlife 사건을 계기로 법령에 불구하고 헌법 제3조에 따라 "실질적인 손해"(injury in fact)가 없다면 원고적격이 인정되지 아니한다고 하는 판결을 종종 찾아 볼 수 있게 되었다. Lujan v. Defenders of Wildlife, 504 U.S. 555 (1992).

국민의 소송제기가 가능하다는 점에 비하여, 행정작용의 근거법규 중에서는 국민의 권리를 직접적으로 인정하고 있는 조항들이 없는 경우가 많았다. 그리하여 현실적으로는 이익이 침해되고 있음에도 불구하고 권리침해를 주장할 수 없는 경우가 많다는 문제점이 있었다. 즉, 권리를 기존의 법률이 명시적으로 인정하고 있는 것에 한정하는 경우 권리로 인정할 수 있는 범위가 지나치게 협소해진다는 문제점이 있었던 것이다.

그리하여 법률에서 명시적으로 국민의 권리로 인정하고 있지 아니한 경우에도 (1) 행정작용의 근거 법률이 행정청에게 일정한 행위를 하여야 할 의무를 인정하고 있고, (2) 당해 법률이 사익도 보호하고자 하는 것일 때에는 권리를 인정하자는 학설이 뷜러에 의하여 제시되었다. 그것을 판례가 받아들여 새롭게 창출된 권리가 個人的 公權(이하 "공권"이라 한다)이다. 위 견해를 따르는 경우 사익보호성이 인정되지 아니하는 경우, 즉, 보호되어야 할 사익으로 인정되지 못하는 경우에는 권리라 볼 수 없게 되고, 反射的利益의 범주를 벗어날 수 없게 된다.

2. 공권과 반사적 이익

공권과 반사적 이익의 구분과 관련하여 대법원은 유흥음식점 허가가 다른 음식점의 영업이익을 보호하기 위한 목적이 있다고 보기 힘들고, 그 결과 위법한 음식점허가의 취소를 다른 음식점 영업자가 제기할 수 없다고 보는[4] 반면, 여객자동차운송사업면허의 경우 운송사업자에 대한 요금 규제 등 강한 규제를 하는 대신 운송사업자의 수를 조절함으로써 적정한 이익을 보장해 주어야 할 필요성이 있다는 점을 입법의 전취지를 통하여 해석 가능하므로 위법한 허가에 대하여 다른 사업자가 취소소송을 제기하는 것이 가능하다고 보고 있다.[5]

---

4) 대법원 1993. 5. 27. 선고 93누2216 판결.
5) 대법원 2002. 6. 28. 선고 2001두10028 판결.

후자와 비슷한 판례로서 주거지역 내 원동기를 사용하는 공장의 건축을 금지·제한하는 규정에 따라 연탄공장 건축허가 처분의 요건을 제한하는 규정이 인근주민의 이익도 보호하고 있다 보아야 한다고 하고,[6] 주유소 거리 제한으로 인하여 기존업자가 받는 이익은 법적으로 보호되는 이익이라고 보고 있기도 하다.[7]

Ⅲ. 保護對象이 되는 私益의 근거

1. 보호되어야 하는 사익의 근거로서의 기본권

보호대상이 되는 사익의 범위와 관련하여서는 ① 당해 처분 근거 법률 및 그 취지를 판단하여 결정하여야 한다는 학설이 있었다. 그러나 그리하여서는 보호되는 사익의 범위가 협소하여 진다는 생각 하에 ② 당해 처분의 근거 법률, 관련 법률 및 그 취지도 포함하게 되었다. 현재는 더 나아가 ③ 헌법상의 기본권이나 조리에까지 확장할 수 있다는 견해도 대두되고 있다.

위 ③과 같은 학설이 대두되는 이유는 무엇일까? Alexy는 법체계를 짜는 방법으로 규칙모델(Regelmodell)과 원리모델(Prinzipien-modell)이 있다고 한다. 규칙모델에 따른 규범은 법관들을 최고도로 기속한다. 그러나 이미 역사적 경험, 논리학적, 의미론적 및 방법론적인 고찰을 통하여 규칙모델로만 구성하는 입법은 불가능하여졌다는 점은 명백하다. 규칙모델은 입법이 장래 규율이 필요한 장소를 빠짐없이 예측할 수 있는 능력이 있다는 것을 전제로 하고 있는데 그러한 전제, 즉, 입법의 완전·무결성 가정이 이미 파괴되었기 때문이다. 규칙모델 하에서는 그에 의한 입법의 흠결을 메울 방법이 없다. 즉, 개방흠결(Offenheitslücken)이 나타날 수밖에 없다. 그렇다고 하여 순수한 원리모델을 채택하는 것도 불가능하다. 순수한 원리모델은 法的安定性 문제를 초래할 수 있

6) 대법원 1975. 5. 13. 선고 73누9697 판결.
7) 대법원 2010. 3. 11. 선고 2009두17643 판결.

기 때문이다. Alexy는 그러므로 규칙모델에 원리모델을 결합하여 규칙모델의 개방흠결 문제를 해소하여야 한다고 주장한다. 즉, 구체·타당한 사안의 해결을 함에 있어 원리모델을 가미하는 것이 필수적이라는 것이다.[8)]

그 논거로서 그는 그럴 경우에야 개방흠결 영역에서 법적 결정을 합리적으로 구성할 수 있기 때문이라고 한다. 이를 Alexy는 다음과 같이 표현하고 있다.[9)]

> 지도적인 헌법원리들, 특히 인간의 존엄, 자유 및 평등의 세 가지 기본권 원리들과 법치국가, 민주주의 및 사회국가의 세 가지 국가목적원리 내지 국가구성 원리들과 함께 근대 이성법(Vernunftrecht)의 주요공식들이 실정법으로서 독일연방공화국의 법체계 안에 편입되었다. 단지 원리이론만이 이와 같이 최고의 지위로, 또한 직접 효력을 갖는 실정법으로서, 법체계에 채용된 실천적 이성 내용들을 올바르게 실현 관철시킬 수 있다.[10)]

행정의 각종 행정작용에 의하여 사인이 받게 되는 불이익이 있음에도 불구하고 당해 불이익을 제거하기 위해서 權利가 인정되지 아니하면 안 된다는 점 때문에 뷜러처럼 행정작용 根據法律의 解釋에 의하여 권리를 임의로 창출할 수밖에 없었다. 그러함에도 불구하고 구체적 타당성을 담보할 수 없는 경우가 발생하게 되자, 關聯 法律 및 그 趣旨까지 동원하여 권리를 도출해 내었고, 그를 통해서도 사익 보호에 부족한 부분이 발견되기 시작하자 헌법상의 기본권을 사익의 直接 보호 근거로 사용할 수 있다는 움직임을 보이게 된 것이다.

---

8) 이 단락은 Robert Alexy, Rechtssystem und Praktische Vernunft, Rechts-theorie 18(1987), 박정훈, 법체계와 실천이성, 「행정법의 체계와 연구방법론」, 박영사, 2005, 489~510면에서 재인용.
9) 박정훈, 상게서, 505면에서 재인용.
10) 박정훈, 상게서, 505면.

Alexy는 엄격히 규칙에만 지향된 법률주의는 배척될 수밖에 없고, 법체계에 原理, 내지 그 다른 용어로서 價値들이 존재하고 있다는 점은 실천이성 때문에 포기될 수 없으며, 민주적 헌법국가에서는 원리들이 상당한 부분 헌법 내에서 실정법적 지위를 갖고 있으므로 법체계에 관한 관념 중 '완화된 헌법주의'가 실천이성을 최고도로 실현시킬 수 있을 것이라고 하고 있다.[11] 이러한 관점은 보호되어야 하는 사익의 범위를 선정함에 있어서도 마찬가지로 보아야 할 것임은 물론이다.

이렇게 사익의 근거를 헌법상 기본권에서 찾고자 하는 움직임에 대하여 개별 법률의 독자성이 상실된다든가, 사법의 자살 현상이 발생할 수 있다든가 하는 비판이 있기는 하지만, 법적안정성만을 위하여 구체적 타당성을 완전히 도외시할 수는 없는 일이다. 법적 안정성을 완전히 도외시할 수 없는 것도 사실이지만, 법적 안정성과 (위에서 합리성 내지 실천이성으로 표현하고 있는) 구체적 타당성의 두 가지 목적을 동시에 충족하는 것도 불가능하다면, 규칙모델에 원리모델을 가미한 규칙/원리모델은 채용하는 것이 불가피하고, 그러한 점에서 볼 때 사익의 근거로서 헌법상의 기본권을 제시하는 것은 전혀 무리한 결론은 아니라 볼 것이다.

2. 보호되는 사익 범위를 결정함에 있어 기본권을 직접 근거로 볼 수 있는가?

가. 독일에서의 논의내용

독일의 공권이론은 외견적 입헌군주제 하에서 우월적 국가권력에 대립하면서 동시에 그와 타협하는 시민계급의 자유주의적 요구를 반영하는 것으로서, 시민계급의 대표인 의회에서 시민의 사익을 보호해 주는, 글자 그대로 보호규범(Schutznorm)인 법률이 제정되면 개인도 권리를 가질 수 있다는 것이었다.

11) 박정훈, 전게서, 509~510면에서 재인용.

즉, 독일의 권리 관념은 시민이 국가의 결정을 다툴 수 있는 지위, 즉, 최소한 지위를 보장하기 위한 것이었다.[12)]

그런데 헌법상의 기본권이나 조리까지도 사익 보호를 위한 直接 근거로 삼을 수 있다면, 개인적 공권이라는 개념을 특별히 만들어 낼 필요는 없지 않을까? 사익이란 그 어떤 것이든 헌법상 기본권에 포섭시키는 것이 불가능하지 않다. 사익의 보호 필요성이 있는 장소는 곧 기본권에 소구할 수 있는 장소이기도 하다. 이는 원고적격으로서 기본권 내지 이익만을 주장하면 되고 공권의 존부를 굳이 검토할 이유가 없음을 말한다. 더군다나 독일이 주관적 소송 구조를 취하고 있기에 공권이라는 개념을 만들어 내었을 뿐, 주관적 공권이 요구되지 아니하는 법제, 특히 우리나라와 같이 공권이 아니라 법률상 이익만을 요구하는 상황 속에서는 굳이 공권이라는 개념을 만들어 낼 필요성이 없다고 볼 수 있는 면이 없지 않다.[13)]

그러나 주된 관심사는 공권이라는 개념이 필요한지 여부가 아니다. 공권개념을 채용하고 있지 아니한 우리나라에서는 그보다는 소송을 제기함에 있어 소의 이익이 있음을 주장하는 수단으로서 침해되는 기본권이 있음을 주장하는 것만으로 충분한지의 여부가 오히려 중요한 관심의 초점이 된다. 즉, 법률에서 사익보호근거를 찾을 수 없더라도, 헌법상 기본권에 직접 기대어, 침해되는 기본권이 있으니 원고적격을 인정하여 달라는 주장을 하는 경우 그를 받아 들여야 할 것인지의 문제이다.

이와 관련하여 독일의 공권이론을 조금 더 살펴보자. 독일에서는 ① 취소소송의 원고적격요건으로서 공권은 방어권으로서의 기본권 내지 헌법원리로부터 직접 도출될 수 있기 때문에 법률규정에만 한정된 보호규범이론은 극복되어야 한다는 입장, ② 법률규정의 규범적 해석에 의해 도출되는 공권 대신에 '보호가치 있는 이익'(schutzwurdige Belange), '국가법규범과의 구체적인 관련성'(konkretes Betroffensein von einer staatsrechtlichen Norm) 또는 '사적인 고유한

12) 박정훈, "행정소송법 개정의 주요쟁점", 「공법연구」, 第31집 第3호, 2003, 86면.
13) 박정훈, 전게서, 509~510면.

이해관계'(private eigene Angelegenheiten) 등 사실적 이익상황을 취소소송의 원고적격 요건으로 보아야 한다는 입장, ③ 특히 환경행정소송에 있어 주관적 권리구제적 기능을 부정함으로써 보호규범이론을 근본적으로 거부하는 입장, ④ 원고적격 요건으로서 공권개념 자체는 인정하되 공권에 대한 새로운 관념을 제시하는 입장, ⑤ 헌법과 행정법원법의 규정상 행정소송 원고적격의 요건으로서 공권개념을 부정할 수 없고, 나아가 이익형량결정을 통해 기본권 및 헌법원리를 구체화하는 -민주적 정당성을 가진- 의회입법권을 존중해야 한다는 논거로써 여전히 공권개념과 (법률상) 보호규범이론을 고수하는 입장(통설)이 있다고 한다.[14)]

미국도 외견상으로는 그와 다르지 아니하다. 즉, 미국도 '법률'상 보호하려고 하는 이익의 침해가 있어야 한다고 보아왔다. 미국은 종래부터 침해의 대상으로서 요구되는 법률상의 이익이란 1) 처분의 상대방을 보호하기 위하여 상대방이 향유할 수 있는 모든 이익으로 판사가 인정한 커몬로상의 이익과, 2) 제3자의 이익보호를 위해 상대방을 규제하기 위하여 의회가 제정한 실정법상 이익, 3) 행정의 적법한 집행을 위해 민중에게 행정의 위법에 대한 소송을 제기할 수 있도록 의회가 제정한 법률이 보호하고자 하는 이익이어야 한다고 보았다. 그 이유는 우리나라에서 '보호가치있는 이익설'이 다수설을 차지하지 못하고 있는 이유와 유사하다. 판사들이 헌법규정을 직접적 판단근거로 하여 자신의 판단을 앞세우게 된다면 의회가 제정한 법률이 그 의미를 잃게 되는, 이른바, '법률의 자살' 현상이 있을 수 있기 때문이다. 또한 입법의 의사가 가장 최우선적으로 고려되어야 한다는 점, 권력분립유지의 필요성 등도 고려요소가 되었다.[15)]

그러나 표면적으로는 미국이나 '법률상 보호이익구제설'이 다수설 및 판례의 입장인 우리나라나 비슷한 생각을 가지고 있는 듯 보인다 하더라도 실제

---

14) 박정훈, "환경위해시설의 설치, 가동, 허가처분을 다투는 취소소송에서 인근주민의 원고적격 - 독일법의 비판적 검토와 행정소송법 제12조의 해석을 중심으로 -", 「판례실무연구」, 제4권, 2000, 481~482면.

15) Dismas Charities, Inc. v. United States DOJ, 401 F.3d 666 (6th Cir. Ky 2005).

내용은 상당히 다르다. 우선 위 1)에서 보는 바와 같이 커먼로상의 이익이 보호되는 이익에 포함되어 있다. 다음으로 법률상 권리침해라는 개념은 법률의 제정으로 인해 보호받게 되는 이익을 가진 개인이나 단체에게 원고적격을 부여하려는 미국 행정절차법(Administrative Procedure Act, APA)의 "법률상 손해" 개념으로부터 비롯되었는데, 행정기관이 규제 상대방에 대한 규제실패로 말미암아 제3자를 보호하고 있지 못한 경우 위 APA를 근거로 당해 제3자에게 법률상 이익이 있다고 인정될 수 있다 주장하는 것이 가능하게 되었다.[16] 그 때문에 제3자들이 굳이 헌법까지 소구하지 아니하더라도 APA만으로 법률상 이익이 있음을 주장하는 것이 어렵지 아니하게 되었다. 그에 더 나아가 미국은 위 3)과 같이 개별 법률에서 시민소송을 인정하고 있는 경우가 적지 아니하다. 그 때문에 법률상 보호근거가 있는 이익이 있어야 한다는 외관은 같지만, 실질 내용은 독일과 상당히 다르다 볼 수 있다.

어쨌든 위 ⑤ 소정의 독일 통설은 위에서 살펴본 기본권이 직접적 근거로 될 수 있는지 여부에 대한 문제와 결부된다. 당해 통설에 따르면 보호되는 사익의 범위를 결정함에 있어 기본권을 직접적 근거로 사용할 수 없다. 왜 이런 결론에 도달했을까?

나. 기본권을 직접 근거로 삼지 아니하는 이유

(1) 간접적 효력

이 논의의 배경에는 몇 가지 고려요소가 숨어 있다. 그 첫 번째는 기본권을 직접적인 사익보호의 근거규범으로 들지 아니하더라도 실질적으로는 기본권이 그 역할을 다할 수 있다는 고려이다. 즉, Alexy의 규칙/원리모델이 맞다고 하더라도 -원리 내지 가치를 적용하기 위하여 헌법상의 기본권에 입각한 사고가 필요한 경우라고 하더라도- 바로 기본권을 동원하지 아니하고 개별 법률에

16) 1946년 행정절차법(APA)에 "행정기관의 침해(legal wrong)로 고통을 받거나, 행정행위로 인하여 처분의 근거법규 범위 내의 악영향을 받은 자는 사법심사를 받을 수 있는 자격을 갖는다."는 규정을 도입함으로써 원고적격이 대폭 확대되었다.

있는 不確定概念을 해석하는 과정에서 헌법적 가치관을 반영함으로써 원리모델을 가미할 수 있다는 것이다. 헌법학자들 중에서도 基本權의 對私人的效力을 논의함에 있어 기본권의 放射效果 때문에 신의성실, 권리남용, 공서양속, 공정성 등 개념을 해석 적용 시 그 주체인 법관에게 기본권이 당해 개념의 내용을 찾아내는데 있어서의 인식의 지침인 동시에 인식의 한계가 되는바, 그렇다면 기본권은 직접적으로 사인에 대하여 효력을 미치는 것이 아니라 間接的으로 효력을 미치는 것에 불과하다는 견해가 있다.[17] 이 견해는 위 신의성실 등 일반원칙을 해석, 적용하는 과정에서 기본권이 충분히 그 역할을 할 수 있을 것이라는 기대에 근거하고 있다 볼 수 있는데, 위 통설적 입장 역시 그러한 입장과 크게 다를 바 없다.

(2) 입법권 존중

두 번째 이유이자 보다 큰 이유는 立法의 이익형량과 관련한 판단을 사법이나 행정이 최대한 존중하여야 한다는 것이다. 기본권의 충돌현상이 일상화되는 현대 사회 속에서 어느 기본권에 더 우선권을 둘 것인지 여부는 직접적으로 법률에서 규정되는 경우도 있지만, 당해 법률의 입법취지 등 명문화되지 아니한 부분이라던가, 법률에서 사용되고 있는 불확정개념, 기타 관련 법률의 내용 및 입법취지 등을 통하여 엿볼 수 있는 경우가 있을 수 있다. 기본권 사이의 형량에 대한 일반·추상적 우선순위에 대한 판단은 입법의 몫이어야 한다는 점을 감안할 때 이러한 입법의 의사는 최대한 존중하여야 한다. 헌법은 개별 기본권을 나열하고 있을 뿐 그들 사이의 우열관계를 규정하고 있지는 아니하다. 그러기에 사법이 헌법만을 그들이 기속되어야 하는 규범으로 보고자 한다면, 기본권 사이의 이익형량 시 입법의 의사에 따른 구속을 받지 않고 사법이 독자적으로 이익형량 작업을 수행하는 결과가 발생할 수 있다.

---

17) 허영, 「한국헌법론」, 박영사, 2013, 265면.

(3) 행정의 형성적 자유

법률상 보호이익설에 따르면 법률에서 보호 근거를 찾을 수 없는 경우라 하더라도 최소한 자유권, 재산권, 생명권 관련 이익에 관한 한 방어권적 측면에서 당연히 인정되어야 한다고 본다. 반면, 기타의 기본권, 특히 사회권적 기본권의 경우에는 행정의 형성적 자유를 침해할 수 있게 될 우려가 있다는 이유로 기본권으로부터 직접 보호근거를 찾을 수 없다고 한다. 사회권 적기본권에 직접 근거하여 사법이 판단을 하게 되는 경우 다양한 이익을 비교형량하여야 하는 행정의 영역이 침해될 수 있고, 한정된 자원 속에서 그러한 결과는 바람직하지 아니하다는 것이다.

예컨대 초등학교 무상급식과 관련하여 입법은 아무런 규정도 마련하고 있지 아니하다. 그런데 교육을 받을 권리 내지 인간다운 생활을 할 권리를 이유로 무상급식을 구하는 소송이 제기되었다고 하여보자. 당해 소송을 인용할 것인지의 판단과정에서 고려할 것은, 무상급식 여부 결정은 한정된 자원 속에서 여러 기본권의 이익형량 결과 어떤 기본권에 우선권을 배분할 것인지에 대한 이익형량 관련 결정의 문제이고, 그 답은 여러 가지가 있을 수 있는바(무상급식허용, 불허, 일부 계층에 한정한 무상급식 등), 이런 여러 가지 답 중에서 어느 답이 적정한지 여부는 사법이 함부로 판단할 수 있는 문제가 아니라는 것이다.

다. 문 제 점

(1) 입법의 완전무결성 가정의 파괴

이렇게 기본권을 사익 보호의 직접적 근거로 사용하는 것을 허용하지 아니하고자 하는 경우 그 전제는 각 사안에 있어 구체·타당한 결론을 도출하기 위하여 필요한 모든 이익형량 관련 근거가 명시적 또는 암묵적으로 행정작용 근거 법률 또는 관계 법률에 있어야 한다는 것이다. 독일의 통설이 일견 “법률 문장에 한정되지 아니하고” 목적론적 해석과 헌법합치적 해석을 통해 법률의 사익보호성 범위를 확대하고자 노력하는 이유도 바로 그러한 점에서 찾을 수 있다. 또한, 그러한 경향 때문에 더욱 더 헌법과 기본권에서 바로 공권을 도출할 필요가 없어지는 경향이 생길 수 있게 되기도 한다.[18)]

그러나 그렇다고 해서 헌법상의 기본권을 보호 사익의 근거 규정으로 사용하여야 하는 경우가 아예 없는 것은 아니다. 예컨대 법률에서 불확정개념조차 사용하고 있지 아니한 경우를 생각해보자. 그러한 경우 이익 내지 기본권 사이의 상충시 우선하여 보호하여야 하는 사익을 결정함에 있어 헌법을 이용하여 적정히 형량 함으로써 구체·타당한 결론을 얻고자 하는 시도를 할 수 없게 된다. 불확정개념을 사용하지 아니하고 있는 조항은 이른바 규칙모델(Regellmodell)을 따른 조항이라 볼 수 있는데 그러한 경우에는 법관의 가치판단의 여지는 없다.

(2) 사례검토

그런데 실제 사례를 보면 특정 조항에 불확정개념조차 사용되지 아니하였다는 이유로 당해 조항을 규칙모델로 해석하는 경우 구체·타당한 결론을 얻어 낼 수 없는 곳이 적지 않다. 한 사례를 들어 보자.[19)] 사안은 다음과 같다.

원고는 1996. 11. 13. 피고인 서산 시장에게 국토이용관리법상 준농림지역 내에 있는 사건 토지에 지상 3층 지하 1층의 숙박시설(여관)의 건축허가신청을 하였다. 그러나 피고는 1996. 11. 19. 사건 토지가 경관이 수려한 농촌지역에 위치하고 있고, 당해 장소에 숙박시설이 들어서는 경우 퇴폐분위기를 조성하여 지역의 건전한 발전을 저해할 우려가 있으며 "준농림지역 안에서

---

18) 박정훈, 전게논문, 481~2면.

19) 대법원 1999. 8. 19. 선고 98두1857 전원합의체 판결. 그에 대한 평역으로는 김동희, "건축허가 처분과 재량", 행정판례연구, 2000, 정훈, "환경보호와 법치국가 원리의 충돌 : 독일의 판례와 학설을 중심으로", 환경법연구 25권 2호, 2003. 12, 431~450, 박영하, "조례에 정한 준농림지역 내의 숙박시설 설치제한지역에 대한 시장의 지정·고시 유무가 건축허가 여부를 결정하는 요건인지 여부", 「국민과 사법 : 윤관 대법원장 퇴임기념」, 박영사, 1999, 684~686면, 李憲衍, "서산시청 상대, 건축허가불허처분취소소송", 법률신문 2842호, 19 99. 12, 이비안, "이익형량의 입장에서 바라본 행정법 : 재량행위", 「법학연구」, 제21권 제3호, 2010. 12, 181~210면 각 참조.

의 행위제한에 관한 條例로 숙박시설 건축을 제한하고 있다는 이유로" 그 허가의 신청을 거부하였다. 그러나 실은 위 " " 속의 내용은 사실에 부합하지 아니하는 것이었다. 사건 당시 적용되던 국토이용관리법 제15조 제1항 제4호의 위임에 따른 국토이용관리법시행령 제14조 1항 4호는 준농림지역 안에서의 토지이용 제한행위의 하나로서 '지방자치단체의 조례가 정하는 지역에서 숙박업 등을 영위하기 위한 시설 중 지방자치단체의 조례가 정하는 시설의 설치'를 규정하고 있었다. 당해 조항에 따라 각 지방자치단체는 조례를 제정하였는데, 서산시 역시 조례로서 '지역주민의 정서함양 및 생활환경에 영향이 있는 지역' 등을 제한지역지정기준으로 정하였는바, 그에 더 나아가 당해 기준에 의한 설치제한지역을 구체적으로 지정·고시하도록 규정하고 있었다. 그런데 위 조례 내용에 불구하고 제한지역지정은 되어 있지 아니한 상태였다.

살피건대, 위 사안에서 서산시가 건축허가를 하지 아니할 수 있는 어떠한 법령상의 근거도 찾아 볼 수 없다. 비록 '지역주민의 정서함양 및 생활환경에 영향이 있는 지역' 등 불확정개념을 이용한 제한기준을 조례로 제정하였지만, 당해 조례가 요구하는 제한지역 指定은 되어 있지 아니한 상태였기 때문이다.[20]

그러함에도 불구하고 대법원은 "이러한 관계 법령의 규정을 종합하여 보면, 위 조례 제4조 제1항 각 호에 규정된 지역이라는 구체적인 취지의 지정·고시가 행하여지지 아니하였다 하더라도, 위 제4조 제1항 각 호에서 정하는 기준에 맞는 지역에 해당하는 경우에는 숙박시설의 건축을 제한할 수 있다고 할 것이고 … 구체적인 지역의 지정·고시 여부는 숙박시설 등 건축허가 여부를 결정하는 요건이 된다고 볼 수 없다고 할 것이다."고 판시하였다. 법문만 따져서는 이런 결론에는 무리가 있다 보지 않을 수 없었다.[21]

---

20) 서산시 조례와 달리 별도의 제한지역지정을 요구하지 아니하고, '지역주민의 정서함양 및 생활환경에 영향이 있는 지역' 등 불확정개념에 부합하는 건축은 제한한다는 정도의 규정만을 두는 경우에는 인근주민의 환경권을 고려하여 건축허가를 하여 주지 않을 수 있었는데, 서산시의 경우에는 그것이 불가능하였던 것이다.

그리하여 학계에서는 위 판결을 사실상 건축허가가 기속행위가 아닌 재량행위로 보고 있는 판결이라고 해석하고 있는 견해가 많다.[22] 건축허가를 재량행위로 보고 있다 함은 사건 원고의 재산권, 자유권과 인근주민의 환경권을 고려하여 건축허가 여부 결정을 할 수 있음을 말한다. 그러한 해석에 따르면 관련 법규들이 인근주민들의 환경권을 보호하고 있는지 여부를 해석해 낼 수 있는 불확정개념들을 사용하고 있지 아니함에도 불구하고, 위 대법원 판결은 환경권이 보호되어야 하는 사익의 하나임을 인정하고, 원고의 영업의 자유 등 이익과 비교형량함으로써 전자에 더 우선권을 부여하고 있는 판결이라 볼 수 있다.

이러한 결론을 도출하게 되는 가장 큰 원인은 짐작할 수 있다시피 입법의 불완전성 때문이다. 다양한 기본권 사이의 충돌이 있을 수 있다는 사실 및 그들 사이의 비교형량의 필요성이 있다는 점을 감안할 때 입법이 규칙모델로 만들어서는 아니 됨에도 불구하고 입법 당시 그를 간과하여 규칙모델 방식으로 입법한 경우, 당해 조항을 그대로 따르면 구체·타당성을 상실하게 된다. 이러한 경우에는 비록 법문상으로는 원리 내지 가치를 개입시킬 근거가 없다 하더라도 원리 내지 가치를 동원하지 아니하면 아니 된다. 그 경우 그 방법은 기본권의 직접 적용일 수밖에 없다.

이러한 현상은 위와 같은 사안에서만 발생하는 것은 아니다. 기본권 사이의 이익형량의 필요성이 있는 장소에서 입법이 原理모델이 아닌 規則모델에 따라 입법을 한 모든 장소에서 위와 같은 문제가 발생한다. 그 대표적인 경우가 재량행정의 내용 중 법문상으로는 행정의 선택의 여지가 없음에도 불구하고 행정의 내용이 급부행정인 경우에는 행정에게 선택권을 부여하는 것으로 보아야 한다는 效果裁量說[23]이다. 법률의 문리적 표현은 재량 인정여부 관련 절대

21) 대법원 1999. 8. 19. 선고 98두1857 전원합의체 판결. 당해 판결의 소수의견이 이 점을 지적하고 있다.

22) 예컨대, 김동희, 전게논문 참조.

23) 요건충족의 효과로서 발급되는 행정행위가 침익적행정행위이면 기속행위이고, 수익적 행정행위이면 재량행위라고 하는 의미에서의 효과재량설을 말한다. 효과재량설의 연원 및 의미에 대해서는 박정훈, "불확정개념과 판단여지", 「행정작용법(중범 김동희 교수 정년기념논문집)」, 박영사, 2005, 252~258면 참조.

적 기준이 되지 못한다는 견해[24]가 대두되는 이유도 문리적으로는 가치에 대한 이익형량이 불가능한 경우로 보이는 경우라 하더라도 -즉, 규칙모델로 보이는 경우에도- 이익형량이 필요한 곳에서는 재량의 여지를 남겨 두어야 한다는 생각 때문일 것이다.

위와 같은 논의는 입법의 공백의 경우에도 그대로 적용될 수 있을 것이다. 규칙모델에 따른 법률의 경우에도 기본권에 바로 의지하여 이익형량을 할 수 있는 길을 열어 두었다면, 입법의 공백 경우에는 더더욱 그 필요성이 크다 보아야 할 것이기도 하다.

라. 사법의 자제를 통한 해결

무상급식 사안은 예산상 부담이 발생하는 사안이다.[25] 달리 말하면 자원의 배분이 필요한 다른 부문의 일부 희생을 감수하여야 한다. 그렇기에 그러한 감수를 할지 여부와 관련한 판단이 필요하고, 당해 판단은 정치적 판단이어서, 사법이 함부로 그의 판단을 앞세우기 어려운 경우라 볼 수 있다. 그런데 이 말을 거꾸로 해석하면 예산이 필요하지 아니하거나 기타 이익형량에 있어 고려하여야 할 사안이 단순한 경우에는 사법이 이익형량 결과를 행정의 판단에 앞세우는 것도 불가능하지는 아니하다는 것이 된다.

위 서산시 조례 관련 사안이 바로 그러한 경우이다. 서산시 조례 관련 사안은 숙박업시설을 만들고자 하는 자의 재산권과 인근주민의 환경권 둘 만을 비교하면 되는 것이었다. 비록 인근주민의 환경이익을 헌법에서만 그 근거를 찾을 수 있다고 하더라도 비교형량 자체는 어렵지 아니하였기에 논리의 옹색함에 불구하고 법원은 환경을 우선시하는 판결을 할 수 있었던 것이다.

이상의 논의는 결국 "자유권적·방어권적 이익이 아니면 직접 헌법을 근거로 이익을 보호하여 줄 것을 구할 수 없다."는 것이 아니라 "사법의 입장에서

---

24) 박균성, 전게서, 294~297면.

25) 예산의 소요여부가 사법의 자제를 요청하는 일응의 기준이라 볼 수 있는 것은 아니다. 아래 소개하는 Massachusetts v. Environmental Protection Agency 사건 참조.

도 이익형량이 용이한 경우에는 자유권적·방어권적 이익이 아니라 하더라도 직접 헌법을 근거로 그 이익을 보호할 수 있다."는 점을 말하여 준다. 그렇지 아니하고 자유권적·방어권적 기본권이 아니라하여 법률에 근거가 있는 경우에 한하여 이익을 보호하여 준다면 서산시 조례 사안의 경우 환경이익의 주체들은 보호의 대상에서 제외되어 버리는 결과가 발생할 수 있게 된다.

또한, 헌법상 보호가치 있는 이익이라면 모두 공권의 포섭범위로 한다고 하더라도 예산상 문제 등이 발생하는 등의 일은 발생하지 아니할 것이다. 그는 사법이 그의 인적·물적 시설 상의 한계점 때문에 자신의 판단이 행정의 판단보다 명백히 나은 판단이라는 생각을 하지 아니하는 이상 사법 스스로 판단을 자제하고 있기 때문이다. 예컨대 살펴본 바와 같이 대법원은 환경권에 관한한 과거의 추세와 달리 전향적으로 검토하고 있는 경우가 적지 않다. 과거 건축허가를 기속행위라 보았었음에 비하여 최근에는 재량행위에 가깝게 해석하는 판례들이 발생하고 있는 이유는 바로 환경권의 중요성에 대한 인식하에 재산권 및 환경권의 비교형량 결과 재산권에 우선순위를 두는 것이 적당하지 아니하는 경우에는 재산권을 제한하겠다는 의사로 볼 수 있을 것이다.[26] 그러나 그렇다고 하여 우리 대법원이 더 적극적으로 인간다운 생활을 할 권리를 이유로 사회취약계층에 대하여 일정한 급부를 요구한다든가 하는 판단까지 할 것으로 생각되지는 아니한다.

미국의 경우에도 비슷하다. 미국의 연방대법원은 사법소극주의에 가까운 입장을 취하고 있다. 최근 Massachusetts v. EPA 판결[27] 등에서 많은 예산이 소요되는 분야 임에도 불구하고 사법적극주의 입장에 서서 판단하는 경우도 없지 않았고,[28] 순회법원 등 하급심의 경우에는 종래부터 그러한 경향을 보이고 있지만, 아직 연방대법원은 전반적으로는 사법소극주의 입장을 고수하고

26) 대법원 1999. 8. 19. 선고 98두1857 전원합의체 판결.

27) Massachusetts v. Environmental Protection Agency, 549 U.S. 497 (2007).

28) 당해 사건에서 연방대법원은 온실가스를 위해대기오염물질로 판단하였다. 위 판결은 상당한 예산이 소요되고 민간에 적지 아니한 경제적 부담을 주는 결정이라는 점에서 환경권 및 재산권 사이의 이익형량 결과를 적극적으로 표출한 사법적극주의 입장에선 판단이라 볼 수 있겠다.

있다 볼 수 있다.[29)]

현재 학설의 전반적인 움직임은 행정의 형성적 자유 내지 행정의 효율성이라는 모토 하에 행정으로 하여금 사법으로부터 자유로운 분야를 인정하여야 한다는 것이다. 하지만, 국가의 기능이 기본권 주체들 간의 상충되는 기본권의 이익형량에 따른 자원 배분 문제라고 보고, 행정이 그러한 이익형량 및 자원 배분을 항상 올바르게만 하는 것만을 아니라는 점을 감안한다면, 행정작용이라고 하여 그 누구의 통제도 받지 아니하도록 하는 것이 과연 타당하다 볼 수 있는지는 의문이다. 요컨대, 일체의 행정작용은 사법의 통제를 받아야 하되, 사법이 스스로 자제를 함으로써 사법의 통제에 따른 부작용을 방지하는 것이 바람직할 것이다. 최근 초등학교에서의 무상급식 관련 논란이 있었지만, 사법부에서 기본권을 기초로 그와 같은 무상급식을 하도록 하여야 한다는 판단을 내릴 가능성은 거의 없다.[30)] 사법은 기본권 사이의 우선 보호 여부 판단이 기본적으로는 국민의 의사에 맡겨져 있고, 당해 의사를 법관 개인의 의사로 대체하기 어렵다는 점 등을 판단하여 그의 판단을 자제할 수밖에 없을 것이기 때문이다. 또한, 최근 Massachusetts v. EPA 판결에서 온실가스를 "유해한 대기오

---

29) 두 가지 예를 들어보자. ① Simon v. Eastern Kentucky Welfare Right Organization 사건은 가난한 사람들에 대한 의료서비스제공의무를 약화시키는 세금정책과 관련하여 경제적 궁핍을 이유로 의료서비스를 제공받지 못한 자에게 법률상 이익이 있다 볼 수 없다 보았다. 즉, 원고는 위 정책으로 인해 치료를 거부당하였음을 주장하였으나, 법원은 위 정책이 그들의 실질적인 상황에 영향을 미치지 아니하였다는 이유로 반사적 이익에 해당한다고 보았다. Simon v. Eastern Kentucky Welfare Right Organization, 426 U.S.26(1976). ② Allen v. Wright, 사건에서 흑인자녀의 학부모가 인종차별적 학교 설립을 금지하는 법률에 불구하고 백인만 다니는 학교에 대한 기부금 세액공제를 인정하는 미국 국세청의 조치를 취소하여 달라는 소송에 대하여 원고인 학부모에게 법률상 이익이 없다 보았다. Allen v. Wright, 468 U.S. 737 (1984).

30) 물론 가능성이 전혀 없지는 않다. 예컨대 영국의 경우 정부가 영국을 유럽사회에 편입시키는 것을 내용으로 하는 로마조약에 서명하는 것이 위법임을 주장하는 Blackburn v Attorney-General 사건이나, 상원의원이 의회 내에서 토론하였던 사항인 유럽연합가입 관련 마스트리히 조약에 대한 서명의 위법성 여부를 법원에까지 끌고 들어간 R v Foreign Secretary, ex p Reees-Mogg 사건(R v Foreign Secretary, ex p Rees-Mogg [1994]QB 552)이 그 예이다. 놀랍게도 법원은 위 각 사건에서 원고적격에 대한 논의를 하지 아니하였거나, 논의하였다 하더라도 원고적격이 인정된다 본 다음 본안판결을 한 바 있다.

염물질"로 보아야 한다는 판단을 하는 등 적극적 판단을 하고 있는 경우도 있지만,[31] 그러한 판단이 이익형량과 관련한 사법의 자신감에서 표출된 것이라면 그 때문에 발생하는 부작용과 행정의 독주로 인하여 발생할 수 있는 부작용을 비교하여 볼 때 전자가 반드시 크다고 볼 것만은 아니다.

마. 처분의 직접 상대방이 아닌 자에 대한 공권 인정여부

(1) 제3자의 공권 인정여부

위 서산시 숙박시설 사안을 보면서 당해 소송은 처분의 직접 상대방이 제기한 것이지, 인근 주민 등 제3자가 제기한 소송이 아니었고, 당해 소송에서 법원이 제3자의 환경권을 근거로 처분의 직접 상대방인 건축허가 신청자의 청구를 기각하였다 하더라도, 그것이 헌법이 공권의 직접적 근거 규정이 된다 볼 수 없다는 견해가 있을 수 있다.

그러나 서산시 건축허가신청자의 자유권을 제한할 수 있었던 이유는 인근 주민의 환경권과의 비교형량 결과 후자를 더 우선시하여야 한다는 판단 때문이었다. 그런데 건축허가신청자가 소송을 제기할 때는 보호되어야 할 이익으로 기능하였던 것이, 인근 주민이 소송제기시에는 보호하여야 할 이익으로 기능할 수 없다면[32] 그는 어불성설이라고 할 것이다.

그로부터 알 수 있는 바는 헌법의 직접효를 인정함은 처분의 직접 상대방에 한하여만 필요한 것이 아니라는 점이다. 비교형량의 대상이 되는 이익이고, 그것의 근거 규정을 헌법 이외에서는 찾을 수 없는 경우라면 당해 이익을 소송을 통하여 보호받을 수 있는 길을 열어 두어야 한다.

참고로 미국의 경우 제3자들의 법률상 이익의 근거를 최소한 APA에서 찾을 수 있기 때문에 헌법에 직접 소구하여야 할 필요성은 거의 발생하지 아니

---

31) Massachusetts v. Environmental Protection Agency, 549 U.S. 497 (2007).

32) 실제로는 건축허가 관련 법령은 불확정개념을 사용하고 있고, 그를 통하여 인근주민의 이익이 보호 대상 사익으로 인정될 수 있을 것이므로 이런 논의가 필요하지 아니한 경우가 많을 것이다.

한다.[33] 반면, 우리나라의 경우에는 앞서 서산시 사안에서 보듯 제3자의 이익을 보호하기 위하여 직접 헌법에 소구하여야 하는 경우가 발생한다는 점은 이미 본 바와 같다.

(2) 기존 학설 및 그 비판

독일에서는 침익적 행정행위의 직접 상대방은 기본권의 자유권적·방어권적 기능에 의거하여 바로 원고적격이 부여될 수 있다고 하는 소위 '(직접)상대방 이론'(Adressatentheorie)이 판례, 통설상 일반적으로 승인되고 있는 상태라고 한다. 그리고 이는 현재 기본권의 직접적·실질적 효력이 인정되고 있는 독일 기본법(제1조 제3항) 하에서 당연한 결과라 한다. 그러므로 독일도 최소한 특정 행정작용의 처분 상대방이 제기하는 취소소송에서는 '상대방 이론'에 의해 법률규정을 매개로 하지 않고 바로 원고적격이 인정될 수 있게 되었다.[34] 처분의 직접 상대방이 아닌 자들도 기본권의 자유권적·방어권적 기능에 의거하여 바로 헌법에 의지하여 그들의 이익을 보호하여 달라는 주장을 하는 것이 가능할 것이다.

그런데 다수의 학자는 그에 더 나아가 자신의 이익이 자유권·방어권에 포섭될 수 있는 이익이 아닌 경우에는 직접 상대방이든 제3자이든 바로 헌법에 의거하여 자신의 이익을 보호하여 달라는 주장을 할 수 없다고 한다.[35] 이는 그러한 주장을 받아들이는 경우 예산의 필요성 등 기타 이익과 형량 하여야 할 부분이 적지 않고, 그러한 형량작업을 사법이 하기에는 무리라는 인식이 깔려 있을 것이다.

그러나 이렇게 처음부터 사법이 스스로 심사를 포기해 버리는 경우 문제가 발생할 수 있다. 구체적 사안에서 보호할 필요성이 있는 이익이 있음에도 그

---

33) 다만, 침해되는 이익이 없다는 이유, 즉 우리 표현에 따르면 반사적 이익에 불과하다는 이유 등으로 소를 각하하는 경우가 적지 않다. 앞서 본 Simon v. Eastern Kentucky Welfare Right Organization 사건이나 Allen v. Wright사건이 그 예이다.

34) 박정훈, "취소소송 사유형론 -취소소송의 대상적격과 원고적격의 체계적 이해와 확대를 위한 시론", 「특별법연구」, 제6권, 2001, 135면.

35) 김동희, 「행정법 I (19판)」, 박영사, 2013, 735면.

렇지 못하게 되어 당해 이익의 보호를 위해 무리한 해석을 하여야 하는 경우가 빈발하기 때문이다. 두 가지 예를 들어보자.

첫 번째 예는 위 서산시 사안이다. 서산시 사안에서 인근 주민이 이미 난 건축허가를 취소하여 줄 것을 구하는 소송을 제기하는 경우 어떻게 할 것인가? 아마도 법원은 조례 내용을 무시하는 판단을 하면서 인근 주민의 이익을 국토이용관리법이 보호하고 있다 볼 수 있다는 취지의 판단을 하게 될 것이다. 즉, 다소 무리한 판단을 도출해 내야 하는 경우가 빈발할 수 있다.

두 번째 예는 위 미국의 Massachusetts v. EPA 사건이다. 미국의 청정대기법에 의하면 규제조치를 취하여야 하는 전 단계로 "危害" 대기오염물질인지 여부를 결정하여야 하는데 당해 결정 여부는 EPA의 재량범위 내에 있었다.[36] Massachusetts주는 EPA가 온실가스를 위해대기오염물질로 지정하지 아니하고 있는 부작위에 대하여 그를 시정할 것을 요구하는 소송을 제기하였다. 그런데 보통 환경 관련법은 민중소송을 허용하고 있는데 대기청정법에는 허용하고 있지 아니하였다. 그리하여 이익침해가 있는 자만이 소송을 제기할 수 있다 보아야 하였고, 그에 따라 종전에는 주정부의 원고적격을 부인하여 왔었다. 그런데 EPA가 산업계 및 그 영향을 받은 정치권의 요구에 응하여 계속하여 온실가스를 위해대기오염물질로 지정하지 아니한다는 의심을 갖게 된 법원은 그에 대한 통제 필요성에 따라 종전과 달리 주정부의 원고적격을 인정하였다.[37] 그 근거는 종래와 달리 주정부에게도 해수면 상승 등 법익의 침해가 있다는 것이었다. 과거와 다른, 다소 억지스럽다 할 수 있는[38] 이러한 판단은 제3자도 보호되어야 할 이익이 있는 한 그들의 이익을 주장할 수 있는 길을 열어 주어야 한다는 판단 때문에 가능한 것이라 볼 수 있을 것이다.[39]

---

36) 42 U.S.C. §7521(a)(1).

37) 미국은 이익의 침해가 있어야 원고적격을 인정한다. 앞서 본 바와 같이 이때 이익은 법률로서 보호되는 이익을 말하는 것이다. 다만, 최근에는 법률로서 보호되는 이익인지 여부는 본안 판단에서 결정할 문제라 보고 원고적격 판단단계에서는 이익이 있는지 여부만을 판단한다는 견해가 적지 않다.

38) 종전에는 환경관련 소송에서 주정부에게 그들에게 침해되는 이익이 있다는 이유로 원고적격을 인정한 적이 없었다.

바. 소 결 론

요컨대, 이론적으로 본다면 불확정개념이 사용되지 아니한 곳은 입법이 행정 또는 사법에게 판단의 여지를 주지 아니한 것으로 해석함이 온당하지만, 입법이 미처 이익형량의 필요성을 간과하여 규칙모델로 만들어 둔 부분이라거나 입법 자체의 공백이 있는 경우가 적지 아니하고, 그러한 경우 상충되는 여러 기본권 내지 이익을 고려하여 구체·타당성한 결과를 도출하기 위한 목적의 한도 내에서는 기본권을 보호되는 사익의 직접 근거규정이라 보아야 할 필요성이 있는 것이다.

3. 보호사익 범위를 결정함에 있어서의 기본권의 보충성

이렇게 헌법상의 기본권이 직접 사익보호의 근거조항이 될 수 있다 본다면 사익의 보호근거로서 행정작용의 직접 근거법률이나 관련 법률을 찾아 볼 필요성은 없는 것이 아닐까? 그렇지는 아니하다. 이미 많이 언급되기는 하였지만, 조금 더 부연하여 살펴보기로 하자.

가. 간접적 사인효력설

일찍이 헌법학계에서는 기본권의 대사인적효력과 관련하여 直接的 사인효력설과 間接的 사인효력설 사이의 대립이 있었다. 전자에 대해서는 후자의 입장에서 K. Hesse가 지적한 바와 같이 국가권력을 기속하는 기본권의 본질상 기본권의 정신에 맞도록 사법질서를 마련하는 책임은 일차적으로 입법권자에게 있지만 입법권자가 사법의 제정과정에서 불특정한 법률개념이나 일반원칙 등을 사법에 수용한 경우에는 불특정개념이나 일반원칙의 해석적용을 통하여 기본권을 실현시킬 제2차적인 책임이 법관에게 넘어가고 기본권은 법관의 이 책임이행을 통해서 간접적으로 사인 간에도 적용된다고 할 것이라는 비판이 있었다.[40] 이러한 주장은 기본권은 대사인간의 관계에서 보충적으로만 사용

39) 또한 온실가스가 위해대기오염물질이라 판단하기도 하였다. 사법적극주의 입장에서의 판결이라 볼 수 있다.

하라는 취지의 것이라 볼 수 있다. 개인 간에는 사적자치의 자유를 폭넓게 인정할 필요가 있고, 그러한 측면에서 볼 때 기본권을 매개로 한 법관의 과도한 사적자치에의 개입을 방지하고자 하는 것이 그 취지라 판단된다.

나. 입법의 의사 존중

그렇다면 공법에 있어서는 어떨까? 공법에 있어서도 사인들 사이의 사적자치가 문제되는 것만큼이나 입법의 결정권능이 문제된다. 위에서 언급한 불확정개념의 경우를 보자. 「상속세 및 증여세법」 제2조 제3항은 편법증여를 막기 위해서 불확정개념으로 점철된 과세근거 조항을 두고 있다. 그러면서 (i) 立法이 편법증여의 양태를 파악할 수조차 없다는 문제점 및 (ii) 行政 역시도 그를 사전에 파악하지 못하고 있다는 문제점 때문에, 그 자세한 내용을 입법할 권한을 행정에게 위임하지도 아니하고 있다. 그러나 위 조항을 통하여 읽을 수 있는 것은 立法이 편법증여가 발생할 때 과세를 하겠다고 하는 명확한 의사를 가지고 있다는 점이다.[41] 불확정개념을 사용함으로 인하여 침해되는 법적안정성 문제보다는 편법 증여시 그로 인한 부의 이전을 반드시 과세함으로써 다른 납세의무자들의 재산권 내지 평등권을 먼저 보호하겠다는 입법자의 의지를 담고 있는 것이다. 그런데 이러한 법률에 담긴 입법의 의사를 도외시하고, 법관이 바로 헌법의 기본권에서 위 조항에의 포섭여부를 결정할 수 있는 길을 연다면 입법이 선택한 기본권 사이의 이익형량 결과-편법증여를 받는 자의 재산권과 다른 자의 평등권 중 후자를 중시하는-를 법관이 대체할 수 있게 된다. 그렇기에 사익 보호 여부를 판단하는 기준으로서 위 헌법상 기본권을 바로 동원하는 것은 타당한 방법이 될 수 없고, 행정작용의 근거법률 및 관계법률 등을 살펴보더라도 구체·타당한 결론을 얻을 수 없는 예컨대 규칙모델로 규정된 경우 등에 한하여 제한적으로 사용할 수 있도록 하여야 할 것이다.[42]

---

40) 허영, 「한국헌법론」, 박영사, 2013, 78~80면.

41) 김성균·이비안, "본질성이론의 관점에서 본 불확정개념의 효력 -세법을 중심으로-", 「조세법연구」, 제14권 제1호, 2008, 129~131면.

적지 않은 독일의 학자들이 헌법차원에서 이익형량의 헌법 형성적 기능과 의미를 강조하면서 이를 법형성의 과제라 보고 사법기관에 의해서 행해지는 이익형량의 폭을 줄이는 대신 입법권에 의한 법형성의 범위를 넓히고자 노력하고 있다고 한다.[43] 이는 이하에서 살펴보는 바와 같이 국가의 기본적 기능을, 한정된 자원 속에서 기본권 주체들의 상호 충돌될 수 있는 다양한 기본권 중 어느 기본권을 우선하여 실현하도록 할 것이냐는, 기본권의 우선순위를 적정히 결정하는 작용이라고 할 때, 당해 우선순위를 정하는 원칙적인 주체는 입법이어야 하기 때문이다. 이러한 입법의 이익형량 선택은 위 「상속세 및 증여세법」에서 본 바와 같이 문제되는 당해 행정 법률에 뿐만 아니라 다른 행정법률 속에서 숨어 있을 수 있다. 이렇게 법률 속에 입법이 이미 선택한 이익형량 기준이 있다면 그 선택된 이익형량 결과를 법관은 준수하여야 함은 물론이다.

다. 헌법재판소 결정의 문제점

이상에서 입법의 이익형량의 내용이 무엇이냐를 파악하는 것이 중요하다는 점을 살펴보았다. 그런데 우리 헌법재판소는 종종 불확정개념을 사용하면서 구체적 내용을 시행령에 위임하는 법률과 관련하여 그 효력을 부정하면서 시행령의 대강의 내용을 예측할 수 있어야 한다는 잣대를 사용하고 있다.[44]

---

42) 허영, 「한국헌법론」, 박영사, 2013, 286~287면.

43) 허영, 상게서, 288면.

44) "현저히 저렴한 대가로 대통령령이 정하는 이익"이라는 불확정개념에 대하여는 위헌결정이(헌법재판소 1998. 4. 30. 선고 95헌바55 결정) 있었던 반면, "현저히 높은 가액"이라는 불확정개념에 대하여는 합헌으로 결정하는(헌법재판소 2001. 8. 30. 선고 99헌바90 결정) 등 "예측가능성"이라는 동일한 기준을 사용하고 있으면서도 상이한 결정이 내려지는 경우가 많다. 전반적으로 헌법재판소 초창기 판결은 세법에서 사용된 불확정개념에 대하여 예측가능성이 없다 보아 위헌결정을 내린 경우가 많았음에 비하여, 최근으로 들어올수록 그러한 경향이 약화되고 있음을 살펴볼 수 있다. 이는 예측가능성이라는 개념이 불확정개념의 위헌여부를 다투는 소송과 관련하여 기준이 되지 못하고, 헌법재판소 재판관들이 자유권, 재산권 중심의 가치관을 가지고 있는지, 평등권 중심의 가치관을 가지고 있는지가 실질적인 기준이 되고 있으며, 예측가능성 기준은 당해 가치관을 표출하는 과정에서 사용되는 假裝 기준임을 말하여 주고 있다, 김성균 등 전게논문 참고.

간접적 사인효력설이 직접적 사인효력설을 내칠 수 있는 가장 큰 이유는 법률에 사용된 불확정개념의 해석상 기본권을 감안하여 해석하는 것이 가능하기 때문에 직접적으로 기본권을 공권의 근거로 삼을 필요가 없다는 것이다. 그런데 위와 같은 헌법재판소의 잣대에 따르면 불확정개념의 법률적 효력이 극히 제한적으로 해석될 수밖에 없어 간접적 사인효력설의 존재 근거마저 흔들리는 결과가 발생할 수 있다.

참고로 미국에서는 법률유보의 원칙이 의미를 상실한지 오래되었다.[45] 그러함에도 불구하고 우리가 우려하는 법치행정상의 문제점이 두드러지지 아니하는 이유는 행정입법을 바라볼 때 "立法의 위임에 따른 行政立法"이라는 형식적 측면보다는, "의회가 법률 속에 자신의 의지를 담아 위임한다면 그에 따른 행정입법은 의회의 의지의 집행에 지나지 않는다."는 점을 강조하기 때문이다. 미국 연방대법원의 시각도 "어떤 경우이든 법원의 유일한 관심사는 의회의 의지가 준수되었는지 여부를 확인하는 데 있다."는 것이다.[46] 즉, 의회가 이미 선택한 이익형량의 기준이 있다면 그를 벗어나지 아니하는 것이 중요하지, 행정입법의 법적 근거가 중요한 것은 아니라 한다. 결과적으로 의회가 선택한 이익형량의 결과를 벗어나지 아니하는 한 행정에게 행정입법상의 폭넓은 자유를 인정하고 있는 것이 미국의 현재 모습이라 볼 수 있다.[47] 복잡다단한 현대 사회 속에서, 또한, 그에 따라 점점 더 입법이 장래 발생할 기본권 사이의 이익충돌 현장을 빠짐 없이 예측해 내는 것이 불가능하여져 가고 있다는 현실 인식 속에서, 언제까지 "입법의 위임에 따른 행정입법"이라는 형식에 치우친 판단을 계속하여야 하는지 답답한 면이 없지 아니하다.

간단히 요약하면 행정입법의 측면에서는 법률을 위반하지 아니하는 이상 행정의 형성적 자유를 폭넓게 인정해 줄 필요성이 있고, 대신, 행정의 이익형량 결과에 대해서는 폭넓은 사법통제의 필요성이 있다는 것이다.[48]

---

45) 자세한 내용은 이창희, 「세법강의(제7판)」, 박영사, 2008, 29면.
46) 김성균 등, 전게논문, 109면.
47) 자세한 내용은 김성균 등, 전게논문, 110~3면 혹은 본 글 제1장 참조.
48) 사법통제의 결과 사법이 그 판단을 자제하는 것은 별론으로 한다.

Ⅳ. 私益 사이의 比較衡量

1. 공권의 구성요소로서의 이익형량

이상에서 보호대상이 되는 사익의 근거에 대하여 살펴보았다. 그러나 사익의 근거가 있다고 해서 그 이유만으로 공권이 인정될 수 있을까? 모든 사익은 최소한 하나 이상의 기본권에 포섭될 수 있는바, 그렇다면 사익(기본권)이 있다는 이유만으로 공권이 인정될 수는 없다. 그와 관련하여 생각해 볼 점은 다음과 같은 기본권 사이의 衝突의 일상화 및 그에 의한 기본권 간의 利益衡量의 필요성이다.

과거 귀족이나 부르조아 계층들이 사회의 지배적 세력을 형성하고 있을 때에는 자유권과 재산권이 가장 중요한 관심사였다. 그리하여 법이론도 그 중심으로 흘러 나가지 아니할 수 없었었다. 독일의 경우에는 정치적 후진성이 1900년대 초반까지도 계속되어 행정으로부터의 자유·재산권의 보호라는 최소한의 수준이라도 지키자는 생각 하에 위와 같은 자유권·재산권 중심의 사고방식이 지속되었다. 그러므로 설사 환경권 등을 주장하는 자들이 있다고 하더라도 당해 환경권 등의 중요성이 본격적으로 대두되지 아니한 이 단계에서는 당해 문제가 그리 심각하게 다가오지 아니하였다. 그 당연한 결과로 자유권, 재산권과 환경권이나 평등권과의 기본권 간의 충돌 문제를 고민할 이유도 적었다. 이렇게 자유권, 재산권 중심의 사고방식이 지배하고, 환경권이나 평등권 등의 경우에는 상대적으로 그 보호에 허술할 수밖에 없었기에 이를 환경권, 평등권 등 기본권을 바탕으로 하는 사익의 경우에는 反射的 利益에 불과하다 취급하여 보호 대상의 바깥에 위치시킨 경우가 적지 않았다.

반면, 현대 사회에 와서 기본권을 보장받고자 하는 사람들의 폭이 종래의 귀족, 부르조아 계급으로부터 일반국민으로 대폭 넓어지면서 국민들 사이의 기본권 충돌 문제가 발생할 여지가 현저히 증대하게 되었다. 이에 자유권·재산권 중심의 사고방식은 중대한 도전을 받게 된다. 그에 더 기폭제가 된 것은 보장되어야 할 기본권 종류의 확대 현상이다. 종래와 달리 재산권·자유권만이 아니라 환경권, 인간다운 생활을 할 권리, 교육을 받을 권리 등 국가가 보장하여야 하는 기본권의 내용이 대폭 확대되고 당해 기본권이 프로그램적 권리가 아니라 살아 있는 권리로 인식되기에 이르게 된 것이다. 이렇게 기본권 주체의 폭 및 보장하여 주어야 하는 기본권의 범위가 폭증하면서 다양한 기본권 주체들 간의 기본권 상충 현상이 일상화되어 가고 있다. 그와 관련하여 또 하나의 기폭제가 되고 있는 것이 바로 유한한 자원의 문제이다. 종래 자유권과 재산권 문제에 천착하던 시기에는 유한한 자원 문제는 문제될 소지가 비교적 적었다. 그러나 복지국가로 넘어 오면서 각종 행정 정책 관련 재원조달이 본격적으로 문제되기 시작하였다. 이러한 과정에서 기본권 사이의 충돌 문제가 상시화되는 것은 당연한 일이다.[49]

행정의 각 처분에 하나의 기본권 당사자의 기본권만이 문제되는 경우는 오히려 드물다. 연탄공장 건축허가 처분은 공장의 소유자의 자유권, 연탄공장으로 인하여 인간다운 생활을 할 수 있는 소비자들의 인간다운 생활을 할 권리와 인근주민의 환경권이 상호 충돌하는 경우이다.[50] LPG충전소 설치허가 역시 마찬가지이다.[51] 한강상수원보호를 위한 법령의 경우 그로 인하여 맑은 물을 이용할 수 있어 인간다운 생활을 할 수 있는 서울 및 그 인근 주민들의 이익과 그로 인하여 자신의 토지를 개발하는데 제한을 받는 한강상수원 지역 주민들의 자유권, 재산권이 상호 충돌하는 경우임을 알 수 있다. 당장 상충되는 기본권 문제가 없어 보이는 곳에서도 국가의 한정된 자원 문제를 고려하면 예외 없이 상충문제가 발생하고 있다 보아도 과언이 아니다.

그러나 위와 같은 각 사안에서 각 기본권 주체들의 기본권 모두를 충족하여 주는 것은 불가능하다. 재원문제로 불가능한 경우도 있고, 서로의 이해가 그 자체 상충되어 불가능한 경우도 있다. 그 어떤 경우이든 국가가 할 일은 이들 기본권 모두의 충족이 불가능함을 인식하고, 그들 사이의 기본권 사이의 우열관계를 판단하여 개별 사안에 구체적이고 타당한 결과를 도출할 수 있도록 하

49) 이비안, 전게논문, 186~9면.
50) 대법원 1975. 5. 13. 선고 73누9697 판결.
51) 대법원 1983. 7. 12. 선고 83누59 판결.

여야 한다는 것이다.

이들 기본권 사이의 우열관계를 판단하는 것은 바로 기본권 사이의 이익형량 작업에 다를 바 없다. 입법이 그러한 이익형량작업을 제대로 하지 못하였을 경우 입법이 만든 법률은 위헌임을 벗어 날 수 없고, 행정이 법에서 정한 이익형량 기준을 준수하지 아니한 경우 당해 행정의 처분은 위법한 것으로 해석되어야 할 것이다.

결국, 행정이 한 각 작용과 관련하여 그 적법 여부를 판단함에 있어 가장 중요한 기준은 당해 처분과 관련된 기본권 주체들의 기본권 사이에 이익형량이 적절하게 행하여졌는가 여부이다. 그렇다면 각 기본권 주체들이 특정한 기본권을 보유하고 있다는 점만으로는 주관적 소송에서 요구하는 권리를 가지고 있다고 보기에 부족하다. 사익의 근거 규정이 당해 행정처분의 근거 법률이든, 관계 법률이든, 헌법이든 상관없이 사익의 근거규정이 있다는 점만으로는 부족하고, 당해 행정작용과 관련하여 충돌되는 각 기본권들을 살펴보고 그들 기본권 사이의 이익형량 결과 우선하여 실현시켜 주어야 할 기본권에 해당하여야 하는 것이다. 즉, 특정 이익 내지 기본권이 권리로 인정되기 위해서는 특정한 행정작용과 관련된 각 기본권 주체들의 기본권 사이의 이익형량의 결과 살아남는 것이어야 한다.

이상의 내용을 요약해 본다면, (1) 특정 법률, 관계법률 등에 사익을 보호하는 취지가 포함되어 있다는 내용만으로는 당해 사익이 권리가 될 수는 없으며, (2) 뷜러가 말하는 사익보호성이라는 말 속에는 이익형량의 결과 살아남은 사익만이 보호될 수 있다는 의미가 내포되어 있다 보아야 할 것이다. 원래 독일에서 공권이라는 개념이 만들어 진 계기가 행정소송의 목적을 구체적 권리침해의 구제로 보았기 때문이라는 점을 감안한다면 공권개념은 위 (1), (2)의 두 가지 심사단계에서 살아남은 경우에 한하여 인정될 수 있을 수밖에 없기도 했다.

2. 이익형량과 사법의 자살

한편, 입법이 법률을 통하여 특정한 권리를 인정하고 있다면 그것은 이미 다른 기본권 주체들과의 이익형량 결과 당해 특정 권리를 최우선적으로 보호하여야 할 기본권이라는 결정을 立法이 한 것이나 다름없다. 그러므로 그 효력을 부인하고자 하는 경우 헌법이 인정하는 바에 따른 위헌심사를 통하지 아니하면 아니 된다. 그렇지 아니하고 법률이 명시적으로 인정하고 있는 권리를 법관이 이익형량의 이름하에 제한한다면 이는 '사법의 자살' 현상을 초래하게 할 가능성이 높다.

법이 명시한 특정한 권리가 행사 가능한 것은 당해 권리의 근거가 된 기본권이 다른 기본권과의 형량 작업 결과 최우선적으로 보호하여야 할 필요성이 있다는 입법의 결정 때문이다. 국가의 기능이 상충하는 기본권들 사이의 이익형량이라 할 때, 당해 이익형량을 위한 일반·추상적인 기준은 입법이 마련하여야 함에는 의심의 여지가 없다. 앞서 보았듯 독일의 학자들이 헌법차원에서 이익형량의 헌법형성적 기능과 의미를 강조하면서 이를 법형성의 과제라 보고 사법기관에 의해서 행해지는 이익형량의 폭을 줄이는 대신 입법권에 의한 법형성의 범위를 넓히고자 노력하고 있다고 하는바, 그도 동일한 입장에 서있는 것이다. 그러한 관점에서 보면 사법이 자신의 판단으로 입법이 형성한 형량 결정을 대체하여서는 아니 됨은 물론이다.

그러나 법이 명시적으로 인정하고 있는 권리가 아니라 법의 해석으로부터 도출하는 권리(공권)의 경우에는 기본권을 수단으로 하는 이익형량이 필요하지 아니할 수 없다. 이 경우 기본권을 기준으로 한 이익형량을 하였다고 하여 사법의 자살 현상을 초래한다는 비난을 받을 이유가 없다. 사익은 헌법에 그 근거가 있는 한 모두 보호되어야 한다면, 이는 달성할 수 없는 목표를 달성하라 하는 것에 다름 아니기 때문이다.

이때 이익형량과 관련한 명시적·묵시적 기준을 立法이 提示하고 있는 경우 행정이나 사법은 그를 따라야 한다. 예컨대, 사법에게 이익형량의 적정성 여부를 전적으로 맡겨 두는 것은 타당하지 아니하다는 생각 하에 입법은 불확정개념이라도 동원해서 입법 스스로가 판단하는 이익형량의 기준을 제시하는 경우가 있다. 앞서 본 「상속세 및 증여세법」 제2조 제3항 소정의 불확정개념들은 편법증여에 대한 과세를 하고자 하는 입법의 묵시적 의사를 나타내고 있는 것이고, 재산권과 평등권 중에서 후자에 중요성을 두고 판단하여야 한다는 가이드라인을 제공하고 있는 것이라 볼 수 있을 것이다. 반면, 입법이 아무런 기준도 제시하지 아니하는 경우에는 행정에게 재량이 인정된다 볼 수 있을 것이다. 다만, 당해 재량권의 행사가 사법의 통제를 받아야 하는지에 대하여 학설이 나뉘지만, 사견으로는 사법에 의한 통제를 받아야 하고, 다만, 사법은 그 인적·물적 능력에 있어 행정에 비하여 열위에 있으므로 자신의 판단을 행정의 판단에 앞세우고자 하는 경우 신중하게 판단하여야 할 뿐이다.

이상의 입장에 따르면 불확정개념의 효력에 대하여 헌법재판소의 판단 기준에서 살펴볼 수 있는 바와 같은 예측가능성의 기준만을 고수하여서는 아니 될 것이다.[52] 위 포괄적 증여조항은 여러 기본권 중 평등권에 기울어진 기본권간의 이익형량을 입법이 하고 있음에 반하여, 헌법재판소가 채용하고 있는 예측가능성 기준은 자유권과 재산권 보호를 위주로 하는 것이어서, 헌법재판소가 입법의 이익형량 판단 결과를 무너뜨리게 되는 결과가 될 수 있기 때문이다.[53]

---

52) 헌법재판소는 "헌법 제75조에서 … '구체적으로 범위를 정하여'라 함은 법률에 대통령령 등 하위법규에 규정될 내용 및 범위의 기본사항이 가능한 한 구체적이고도 명확하게 규정되어 있어서 누구라도 당해 법률 그 자체로부터 대통령령 등에 규정될 내용의 대강을 예측할 수 있어야 함을 의미하고(헌재 1991. 7. 8. 91헌가4, 판례집 3, 336, 341) … 위임의 명확성의 요건이 완화될 수 있는 경우에도 국민의 기본의무인 납세의무의 중요한 사항 내지 본질적 내용에 관하여는 원칙적으로 법률에 명확하게 규정되어야 하고 이와 같은 사항을 대통령령 등 하위법규에 위임하는 데에는 일정한 한계가 있다."(헌재 2001. 9. 27. 2001헌가5)고 판단하고 있는바, 이러한 판단 내용은 자유권, 재산권의 우선적 보호에 경도된 것이라 볼 수 있다.

53) 김성균 등, 전게논문, 131면.

3. 이익형량의 가능성

한편, 이익형량은 흔히 공익과 사익 사이의 이익형량이라 보고 있지만, 公益이란 따지고 보면 사익의 집합체에 다름 아니라 볼 수 있는 면이 없지 않다.[54) 공익으로 포괄되는 이익의 주체가 모든 국민인 경우보다는 한정된 범위의 국민인 경우가 오히려 많기도 하다. 무상급식이 공익을 위한 것이라고 할 때 그 공익이란 기껏해야 학생들 및 그 학생들의 부모의 이익과만 결부되어 있을 뿐이다. 그렇다고 보면 공익은 다수 기본권 주체의 기본권과 관련된 것이라는 것을 징표 할 뿐, 그것이 다른 사익에 대한 당연한 우월성을 징표 하는 것이라 볼 수는 없다. 또한, 설사 모든 국민을 그 이익의 주체로 하고 있는 공익(국방으로 인하여 누리는 이익 등)이라고 하더라도 당해 공익이 항상 사익에 앞서 우월한 지위를 차지할 수 있는 것도 아니다.[55)]

그러므로 공익과 사익, 사익과 사익 사이에 어느 기본권을 우선할 것인지 여부는 선험적으로 결정할 수 있는 부분은 아니며, 구체적 사안에 따라 달리 판단되어야 한다. Alexy는 규칙모델만으로는 개방흠결의 문제가 나타나고, 순수한 원리모델은 법적 안정성의 측면에서 문제가 발생하므로, 규칙/원리모델을 채택하여야 한다고 주장하면서 그에 대한 비판에 대하여 다음과 같이 서술하고 있다.[56)]

> 방법론적 반론만이 중대한 문제를 일으킨다. 이 반론은 말하자면 상반되는 원리들이 항상 존재하기 때문에 원리이론에 의거하면 그 어떤 것이라도 근거 지워질 수

54) 전통적으로 공익은 의회의 입법과 행정의 집행, 그리고 법원의 재판을 통해 실체적으로 확정될 수 있는 것으로 인식되었으나(실체적 공익관), 현대사회의 복잡화와 가치다원화주의로 인해 공익은 이제 실체적으로 확정될 수 있는 크기로 이미 존재하는 것이 아니라 절차를 통해 대립하는 다양한 이익들이 현출되고 이를 형량, 조정함으로써 비로소 정립되어지는 것으로 이해된다(다원주의적 공익관)고 한다. 박정훈, 전게서, 244면.

55) 예컨대 집총거부의 경우 우리나라는 형사 처벌조항을 적법하다 하지만, 다른 국가에서는 대안적 방법을 모색하고 있는 입법례도 적지 않다.

56) 박정훈, 전게서, 502면에서 재인용.

> 있고 따라서 원리들이 법체계에 속한다고 하든 속하지 않는다고 하든 아무런 차이가 없으므로, 원리들을 법체계의 구성요소로 받아들인다고 하여 얻는 것이 아무 것도 없다는 주장이다. 단지 법관의 자의적 결정이 은폐될 뿐이라고 한다. (중략) 이러한 반론은 만일 원리들의 서열 또는 가치서열이 정립될 수 있어 이로부터 간주관적(intersubjecktiv)으로 검증될 수 있는 방법에 의하여 모든 경우에 정확히 하나의 결론이 도출된다면 완전히 반박될 수 있을 것이다. 이러한 서열을 '견고한 서열'이라고 부르기로 한다. 이와 같은 견고한 서열을 정립하는 작업을 둘러 싼 토론에서 그것은 실현될 수 없는 것임이 드러났다. 그러나 견고한 서열이 불가능하다고 하여 원리이론이 가져다 줄 수 있는 것이 단지 임의로 끌어 댈 수 없는 관점 내지 화두들의 무더기에 불과하다고 할 수 없다. 아래와 같은 3개의 요소, 즉 (1) 우월조건의 체계, (2) 형량구조의 체계 및 (3) 일견우월의 체계로 이루어진 이른바 유연한 서열은 가능하다고 할 것이다.

헌법에서도 종래부터 기본권이 충돌하는 경우 조화로운 해결방식, 최소 침해의 원칙 등을 이용하여 規範調和的 解決을 하여야 한다고 하는 주장이 있었는데, 그 역시 개별적 사안을 구체적으로 살핌으로서 적절히 이익형량을 하여야 할 필요성을 인식하고 있었기 때문일 것이다.

4. 이익형량의 유동성

가. 이익형량의 유동성

(1) 구체적 타당성 확보 필요성

이렇게 공권 그 자체가 이익형량의 과정에서 살아남은 기본권을 의미하는 것으로 보아야 하기 때문에 어느 경우에 공권이 인정될 수 있는지 여부를 일도 양단적으로 판단하는 것은 불가능할 수밖에 없다.

예컨대 유흥음식점허가 및 버스운송업허가의 경우 허가 상대방이 아닌 다른 사업자(경업자)에게 그 사업상 이익을 헌법상 재산권, 직업의 자유 등을 원인으로 허가처분의 취소를 구하는 원고적격을 인정할 수 있는가? 위 각 사안은 허가 상대방 및 경업자의 각 재산권, 직업의 자유 및 소비자들의 기본권이 문제되는 경우이다. 대법원은 유흥음식점허가의 경우에는 인정하지 아니함에 비하여 버스운송업허가의 경우에는 인정하고 있다. 전자의 경우는 허가 상대방을 경업자에 비하여 특별히 더 보호하여 주어야 할 이유가 없고 더 나아가 소비자들의 이익에도 영향이 없다는 점을 기초로 한다.[57] 후자의 경우에는 허가 상대방을 경업자에 비하여 더 보호하여 주어야 할 이유는 없지만, 과당 경쟁이 궁극적으로는 버스소비자들에게 불이익으로 돌아 갈 가능성이 있다는 것을 그 논거로 한다.[58]

(2) 사회가치관의 변화

그런데 경우에 따라서는 기본권의 우열 문제가 각자의 가치관에 따라 좌우될 가능성이 있다. 이러한 경우에는 사회 전반적인 가치관의 변화에 따라 이익형량의 결과가 달라질 가능성이 없지 아니하다. 예컨대 환경영향평가 대상지역 밖에 거주하는 국민에게 헌법상 환경권에 근거하여 공유수면매립허가면허처분의 취소소송을 제기할 원고적격을 인정할 수 있는지와 관련하여 과거라면 부인하였을 것이다.[59] 그러나 환경의 중요성이 점점 더 인식되어 가면서 최근 보호되는 사익의 범위를 기본권으로부터 직접적으로 끌어내는 것과 동일한 판결이 나온 바 있다.[60] 이는 인근주민의 환경이익이 공권의 차원으로까지 확대될 수 있는 가능성이 있음을 말하여 준다. 현재로서는 인근주민의 환경이익을 근거로 한 원고적격을 인정하고 있지 아니하지만,[61] 조만간 인정될 가능성이 높음을 보여 주는 한 예라 할 것이다.

---

57) 대법원 2995. 5. 27. 선고 93누2216 판결.
58) 대법원 2010. 6. 10. 선고 2009두10512 판결.
59) 대법원 2006. 3. 16. 선고 2006두330 판결.
60) 앞서 살펴 본 대법원 1999. 8. 19. 선고 98두1857 전원합의체 판결.
61) 상동.

다른 한 예를 들어보자. 과거의 경향에 따르면 불확정개념으로 점철되어 있는 포괄적 증여조항에 법적 효력을 인정할 수 없을 것이다. 헌법재판소의 결정도 예견가능성을 주요 기준으로 하여 세법에 사용되는 불확정개념의 효력을 부인함으로써 결과적으로는 자유권·재산권 중심의 이론 구성을 하고 있음을 알 수 있다. 그러나 최근에는 과거와 동일한 예견가능성 기준을 사용하고 있으면서도 불확정개념의 효력을 인정하는 경향이 있음을 발견할 수 있다.[62] 이상의 사례들은 과거 자유권·재산권 중심의 법학에서 환경권, 평등권 등 다른 기본권도 중요시하는 흐름을 반영한 것이라 볼 수 있겠다.

(3) 정치적 변화

같은 측면에서 지적될 수 있는 것이지만, 불확정개념의 의미가 일의적으로 해석되지 아니하는 이유는 당해 개념을 바라보는 사람들의 이데올로기 문제와도 관련이 있다. 위「상속세 및 증여세법」사안의 경우 세칭 '보수' 세력의 입장에서는 위헌으로 보거나 그 적용범위를 최대한 줄이려고 할 것이다. 반면, '진보' 세력의 입장에서는 합헌으로 보고 그 적용범위를 대폭 넓혀 해석하고자 할 것이다. 이점은 자유권, 재산권과 평등권 중에서 어느 기본권을 더 우선시하느냐의 입장과도 관련되어 있다. 이에서 알 수 있는 것은 불확정개념이 단순히 법개념에 지나지 아니하는 것이 아니라 정치적 개념일 수도 있다는 것이다. 그러한 이상 불확정개념의 해석을 통한 이익형량 결과가 시대에 따라 달라질 수밖에 없고, 정치적 개념인 이상 사법이 그의 판단을 함부로 앞세워서도 아니 될 수밖에 없다는 점을 이해할 수 있게 된다.

어쨌든, 비록 현재로서는 일반적으로 자유권을 근거로 하는 경우에는 공권으로서 인정될 수 있는 경우가 많은 반면,[63] 생활권적 기본권을 근거로 하는

---

62) 헌법재판소 2001. 8. 30. 선고 99헌바90 결정.

63) 헌법에서도 기본권의 상충시 자유우선의 원칙을 유지하여야 한다고 한다(허영, 전게서, 272면). 그러나 평등이란 평등 그 자체에 의미가 있는 것이 아니고 자유의 조건으로서 자유를 실효성 있는 것으로 실현시키려는 데에서 나온 것이라 본다면, 자유우선의 원칙이 헌법재판소가 불확정개념의 유효성 여부를 판단함에 있어 예측가능성을 기준

경우에는 인정될 수 없는 경우가 많을 것이라는 점은 여전히 동의되긴 하지만, 그러한 경향은 계속 변모 중이고, 우리나라가 장차 유럽과 같은 복지국가 중심의 국가로 변화하는 경우 생활권적 기본권을 근거로 하는 공권을 인정하는 범위와 폭이 현재에 비하여 현저히 늘어 날 가능성을 배제할 수 없을 것이다. 이러한 현상 일체는 공권 인정의 한 과정으로서의 이익형량의 결과는 선험적으로 결정되는 것이 아니라 사회의 발전 정도에 따라 항상 변동될 수 있는 것임을 의미한다.

나. 반사적 이익의 공권화

위 이익형량 결과의 유동성에서 비롯된 것이기는 하지만, 종래 반사적 이익으로 해석하여 법적 보호대상에서 제외되던 이익들이 최근 법적 보호 영역 내에 포함된다고 해석하는 경우를 종종 볼 수 있다.[64] 특히 모든 국민이 사회의 주체가 되면서 종래 부르조아 중심의 사회에서 볼 수 있었던 자유권, 재산권 중심의 사고가, 환경권 등 생활권적 기본권 및 평등권 등 여타 기본권의 중요성을 점점 더 인식하는 방향으로 전환되기에 이르렀다. 특히 복지국가가 말뿐이 아닌 실현되어야 하는 당연한 목표로 생각을 하게 됨에 반하여 한정된 자원이라는 제한이 가하여지는 상황에 맞닥뜨림에 따라 기본권 사이의 상충 범위 및 상충의 심도가 점점 더 넓어지고 깊어지게 되었는데, 그에 따라 각종 기본권 사이의 우열에 대한 판단을 하여야 하는 지점 역시 많아지게 되었다. 그리하여 기본권의 상충 그 자체를 생각하지 아니하였거나, 생각한다고 하더라도 상충되는 기본권 사이의 이익형량 결과 자유권, 재산권 우선의 판단을 하였던 경향이 점점 약화되고, 환경권, 평등권 등 기본권을 근거로 주장하는 사익에 대하여 그 주장의 당부를 판단하여 볼 필요성이 대두되지 아니할 수 없었다. 그 결과 종래 반사적 이익에 불과하다

으로 삼는 것을 합리화시켜 주는 수단은 될 수 없을 것이다. 또한, 포괄적증여조항에 대해서 그것이 위헌이라 결정할 수 있는 근거가 될 수 있는 것도 아니다.

64) 대법원 2006. 3. 16. 선고 2006두330 전원합의체 판결.

던 부분들이 보호되어야 할 사익의 범주에 포함되어 공권화하는 경향을 보임은 당연한 귀결일 수밖에 없었다. 교과서에서 흔히 논하는 인근주민의 환경 이익은 그 대표적인 예이고, 특히 앞서 든 서산시 조례 관련 사안은 환경이익을 보호되어야 하는 사익의 하나로 인정하여 경우에 따라서는 자유권·재산권보다 더 보호하여야 하는 이익이 될 수 있다는 점을 보여주는 판결이기도 하다.

V. 結 論

이상에서 이익형량의 입장에서 기존의 공권이론을 재해석하여 보았다. 이익형량 입장에서 기존의 공권이론을 재해석하는 경우 그 결과가 기존 논의와 얼마나 달라지는지 여부와 무관하게 기존의 이론의 장단점을 파악하는데 있어 도움이 되는 것이 사실이다. 강의 결과 행정법을 어려워하는 초심자들의 입장을 감안하여 설명함에 있어서도 나름 유용성이 있는 것으로 보인다. 앞으로 이익 법학적 관점에서 행정법 이론체계를 다시 한번 재해석하여 보는 것도 나름 의미 있는 일이 되지 아니할까 한다.

Chapter 07

영미 행정법상의 원고적격 : 사법적극주의와의 관계에서

Ⅰ. 序　論

우리나라는 행정소송법상 인정되는 행정소송의 종류와 원고적격의 범위가 협소하여 사인의 권리구제에 있어 한계점을 노정하고 있다. 그리하여 행정소송법의 개정을 통해 행정소송의 원고적격 범위를 확대하고자 노력하고 있기도 하다. 반면, 원래 영국이나 미국은 원고적격을 광범위하게 인정하고 있는 편이었다. 그러나 대법원이 판결을 통하여 엄격한 잣대를 사용하기 시작하면서, 점차 원고적격 인정 범위가 좁혀지게 되었다. 그에 대한 반작용으로 미국의 경우에는 환경법 등 개별 행정 관련 法律에서 시민소송을 허용하는 조항을 두기도 한다. 그러나 당해 조항의 효력을 부인하고 憲法을 원용하여 원고적격을 좁게 보려 하고자 하는 판결들 역시 나오고 있다.

한편, 이러한 움직임의 이면에서 특히 재량 행정에 대한 사법 심사 강도와 관련한 법원 내의 갈등을 찾아 볼 수 있다. 미국 연방대법원의 경우 사법소극주의 입장에 선 판단들을 많이 찾아 볼 수 있지만, 그러한 경향이 항상 일관된 것은 아니었다. 특히 최근 몇 판례를 통하여 사법적극주의와 소극주의에 확실히 가담한 각 4인씩의 연방대법관들을 파악할 수 있는바, 남은 한 대법관의 판단에 따라 판결결과가 요동치고 있는 사실을 발견할 수 있기도 하다. 그리하여 미국은 재량행정 관련 사법심사 과정에서 재량을 남용(abuse of discretion)한 것으로 볼 수 있는 경우 위법으로 선언할 수 있다 하고 있지만, 그 기준이 되는 행정처분의 임의성·자의성(Arbitrary and Capricious) 여부는 임의성·자의성이라는 개념 그 자체보다는 대법관의 가치관에 따라 요동치고 있음을 살펴볼 수 있다. 원고적격 인정 여부에 대하여도 동일하다. 재량행정에 대한 사법심사의 강도를 높이고자 하는 대법관들은 심사의 전제조건인 원고적격도 넓게 인정하고자 한다. 그리하여 원고적격 인정요건인 이익침해(Injury),

인과관계(Causation), 회복가능성(Redressability)도 넓게 해석하는 경향을 보인다. 사법소극주의 입장에서 대법관들이 반대의 경향을 보이는 것은 말할 필요도 없다. 이익침해 등 원고적격 요건들을 아무리 연구하더라도 통일적인 기준을 잘 찾기 어렵다는 점도 이점에서 기인한다.

이점 우리나라도 마찬가지로 볼 여지가 없지 않다. 특히 행정의 재량판단과 관련하여 사법은 일탈·남용의 경우에 한하여 당해 행정이 위법함을 선언할 수 있다 보고 있지만, 일탈·남용과 부당의 경계는 무척 모호하다. 소의 이익에 있어 이익의 범위를 어디까지로 볼 것이냐의 문제 역시 동일하다. 사법적극주의냐 소극주의냐의 입장차에 따라 그 경계는 직접적인 영향을 받는다. 그러함에도 불구하고 재량의 일탈·남용의 경우 사법은 당해 행정처분의 위법을 선언할 수 없다고 단선적으로 판단하는 경우 사법은 사법에게 기대되는 본연의 임무를 소홀히 하게 된다는 의심을 받을 가능성도 배제할 수 없다.

본 글에서는 영국 및 미국에서의 원고적격 관련 사례들을 중심으로 위에서 언급한 성향에 대하여 검토하여 보고자 한다. 마지막으로, 당해 영국 및 미국의 판결들이 우리나라에 던져 주는 시사점에 대하여도 생각해 보기로 한다.

Ⅱ. 원고적격 인정 요건

1. 초창기 판결

미국의 경우 종래 위헌적, 위법적 공권력의 행사에 대하여 누구든지 소송을 제기할 수 있다고 보는 것이 일반적 견해였다. 다만, 반드시 그러한 경향이 일관되어 온 것은 아니었다. 예컨대, 미국 헌법의 기초자였던 James Madison은 사법부의 권한과 관련하여 "사법적인 특성(judiciary nature)"이 있는 문제들에 대해서만 사법이 다룰 수 있다고 하였다.[1] 그러나 본격적인 원고적격에 대한 제한 논

1) Jack N. Rakove, Judicial Power in the Constitutional Theory of James Madison, 43 Wm. & Mary L. Rev.1513 (2002).

리는 20세기 초창기에 들어서서 비로소 정립되기 시작한다. 위와 같은 판결에도 불구하고 그 이전에는 원고적격의 이론조차 정립되지 아니하였던 것이다.

영국도 마찬가지이다. 보통법(Common Law)하에서 판사는 법률상의 권리와 관련한 판결만 할 수 있는 것이 아니라, 왕이 정의를 시현하기 위하여 행사하는 고권과 관련한 청원에 대해서도 판단할 수 있다고 보았다. 즉, 요즘의 표현에 의하면 행정의 권한행사에 대한 이의와 관련해서 사인에게 원고적격이 있다 본 것이다. 1269년 맨스필드대법관은 분쟁이란 그 성질상 인류의 열정을 불태우는 것으로 정의하고 그것만으로도 당해 사건을 심리할 이유가 된다고 하였다.[2] 그리고 특정한 사안이 심리될 수 있는지 여부는 법원이 어느 정도 선에서 만족하느냐의 문제이고, 정의가 분쟁을 심리할 것을 요구하는 사안이라면 그 자체만으로도 법원은 만족할 수 있다고 하였다.[3] 20세기에 이르러서는 원고적격과 관련하여 법관이 과거와 같이 광범한 재량권을 가지지 못하게 되었지만, 그래도 법원은 비교적 자유스럽게 판단할 수 있었다 한다. 영국에서 원고적격으로서 사건에 대한 '충분한 이익(sufficient interest)'이 있어야 한다는 내용이 법규로 반영된 것은 1978년의 대법원의 규칙 및 1981년의 대법원법에 이르러서였다.[4] 미국의 경우에도 원고적격 문제가 본격적으로 논의된 것은 그리 오래되지 아니하였다.

2. 원고적격 근거 조항으로서의 헌법 제3조

미국 연방대법원은 원고적격을 "소송의 당사자가 법원으로 하여금 특정한 사안에서 자신에게 이익이 되는 판단을 요청할 수 있는 자격의 문제"라 정의내리고 있다.[5] 영국도 대동소이하다. 미국연방대법원이 원고적격을 요구하고 있는 근거는 다음과 같은 미국 헌법 제3조 제2절 제1항이다.

---

2) Timothy Endicott, Administrative Law, Oxford University Press(2009), 395.
3) *Ibid*, 407.
4) *Ibid*, 394~6.
5) Warth v. Seldin, 422 U.S. 490, 498 (1975).

사법권은 본 헌법과 미국 법률과 그리고 미국의 권한에 의하여 체결되었거나 체결된 조약으로 하여 발생하는 모든 보통법상 및 형평법상의 사건, 대사와 그 밖의 외교 사절 및 영사에 관한 모든 사건, 해사 재판 및 해상 관할에 관한 모든 사건, 미국이 한 편의 당사자가 되는 분쟁, 2개의 주 및 그 이상의 주 사이에 발생하는 분쟁, 한 주와 다른 주의 시민 사이의 분쟁, 상이한 주의 시민 사이의 분쟁 다른 주로부터 부여받은 토지의 권리에 관하여 같은 주의 시민 사이에 발생하는 분쟁, 그리고 어떤 주나 또는 그 주의 시민과 외국, 외국 시민 또는 외국 신민과의 사이에 발생하는 분쟁에 미친다.[6)]

위 문장에서 원고적격에 연결될 수 있는 단어로서는 사건(case), 분쟁(controversy) 이외에는 없다. 그리하여 연방대법원은 위 두 용어로부터 사건이나 분쟁이 될 수 있는 건이 아닌 경우에는 법원의 문턱에서 내칠 수 있다는 입장을 취한다. 그 결과 무엇이 사건 내지 분쟁이 될 수 있는지 여부를 사법 자체의 측면 및 헌법 전체의 차원에서 각 살펴볼 필요가 있다.

우선 사법 자체의 측면에서 살펴볼 때 대륙법계에서 논의되는 소의 이익이 무엇인가라는 논의 내용과 비슷한 논의가 있을 수 있다. 자세한 내용은 뒤에서 보기로 하고, 미국이나 영국도 원고적격은 판결을 통한 이익과 그에 소요되는 국가의 비용, 그리고 판단에 따른 위험을 감안하여 법원이 스스로 판단이 필요하다 생각되는 사안에만 사법권을 행사하기 위한 수단이라 보는 견해

---

6) The judicial Power shall extend to all Cases, in Law and Equity, arising under this Constitution, the Laws of the United States, and Treaties made, or which shall be made, under their Authority; to all Cases affecting Ambassadors, other public Ministers and Consuls; to all Cases of admiralty and maritime Jurisdiction; to Controversies to which the United States shall be a Party; to Controversies between two or more States; between a State and Citizens of another State; between Citizens of different States; between Citizens of the same State claiming Lands under Grants of different States, and between a State, or the Citizens thereof, and foreign States, Citizens or Subjects.

가 강하다.[7]

다른 한편 헌법 전체의 차원에서 접근할 때 원고가 소송을 하기 위해서는 원고적격이 인정되어야 한다는 요구는 사법의 역할에 대한 제한 때문이라는 견해도 있다. 이는 미국헌법 제3조가 權力分立의 고려 하에서 만들어진 것인 이상 당연한 것일 수도 있다. 본 글에서 집중적으로 다루어지는 부분은 바로 이 후자의 문제이다.

미국에서 원고적격 여부에 대한 판단은 Fairchild v. Hughes 사건[8] 및 Frothingham v. Mellon 사건[9]에서부터 찾아 볼 수 있다. 사실 위 헌법 제3조에도 불구하고 종래 미국은 모든 사인들이 공적행위에 대한 사적소추를 할 수 있는 권리를 가지고 있다 보고 있었다. 그런데 19차 헌법개정안의 승인절차와 관련하여 한 시민이 국무장관 등을 상대로 제기한 소송인 Fairchild v. Hughes 사건에서 브랜다이스 대법관은 다음과 같이 판결한다.

> 정부가 법에 따른 행정을 하며 공중의 돈이 낭비되지 않도록 하기 위해 시민에게 일반적 권리가 인정된다고 하더라도, 의회에서 통과된 법률이나 곧 채택될 수정헌법조항의 유효여부를 연방법원이 결정할 수 있도록 특정 개인에게 소를 제기할 수 있는 권한을 부여한 것은 아니다. 본건은 헌법 제3조 제2절하에서의 사건(case)이라 할 수는 없다.[10]

또한, 흔히 원고적격이론의 효시로 평가받는 Frothingham v. Mellon 사건에서 연방대법원은 다음과 같이 판결한다.[11]

---

7) Timothy Endicott (2009), Administrative Law, New York, N.Y.: Oxford University Press, p.398, ISBN 978-0-19-927728-5 .
8) Fairchild v. Hughes, 258 U. S. 126 (1922).
9) Frothingham v. Mellon, 262 U.S. 447 (1923).
10) P. 258 U. S. 129. 2. P. 258 U. S. 129.
11) Frothingham v. Mellon, 262 U.S. 447 (1923).

> 의회의 행위가 위헌이라는 이유로 이를 심사하여 취소시킬 수 있는 권한은 우리에게 없다. 다만 고통받고 있거나 위협가능성이 있어 사법심사여부에 대한 의문을 제기하는, 직접적 침해에 대한 정당성이 의회의 행위에 달려 있는 경우에만 고려대상이 된다. 소를 제기할 수 있는 권한이 있는 자는 법률이 무효일 뿐만 아니라 법의 집행으로 인해 직접적 침해를 입고 있거나 곧 입을 가능성이 있음을 입증하여야 한다. 단순히 일반인이 감수 할 수 있는 고통에 지나지 않는다면 그에게는 이러한 권한이 인정되지 않는다.

이러한 원칙은 Flast v. Cohen 사건[12] 등 오히려 더 강화되어 적용된 사안도 있지만, 일반적으로는 이후 사안에서 그대로 적용되고 있다.

3. 원고적격 요건

Frothingham v. Mellon 사건 이후 연방대법원이 적용하고 있는 원고적격 관련 요건들은 침해(injury), 인과관계(causation), 회복가능성(redressability)이다.[13] 반면 영국에서는 '충분한 이익(sufficient interest)'이 있는지 여부를 들고 있다. 이하에서는 미국에서 원고적격의 인정여부와 관련하여 판단하는 요소들을 중심으로 살펴보기로 한다.

가. 침해(injury)

(1) 개 요

원고는 그의 법익이 침해되고 있거나 침해가 목전에 임박한(imminent) 상태여야 한다. 법익이란 법적으로 보호되는 이익으로서 구체적이고 특정될 수 있

12) Flast v. Cohen, 392 U.S. 83 (1968).
13) Allen v. Wright, 468 U.S. 752 (1984).

는, 명확한 이익을 말한다. 반면, '일반적인 불만(generalized grievance)'은 침해로서 인정되지 아니한다.

용어만 본다면 그럴 듯하다 보기 쉽겠지만 침해와 일반적인 불만은 그 구분이 쉽지 아니하다. 현실을 보면 어떤 불이익이 많은 공중들 사이에 광범위하게 공유되어 있는 경우 특정 국민이 소송을 제기한다고 하더라도 '일반적인 불만'에 불과하다 하여 각하하고 있다. 그러나 공익 소송도 근본적으로는 일반인 사이에 광범위하게 공유되고 있는 불이익에 대한 소송으로 볼 수 있는 면이 없지 않다.

예를 들어 미국이나 영국은 재정지출과 관련하여 일반 납세의무자에게 그 위법성을 주장할 원고적격이 없다고 한다. 정부의 위법한 재정지출에 의하여 받는 불이익이 침해에 해당하지 아니하고 '일반적인 불만'에 불과하다 보는 이유는 무엇일까? 이는 당해 불이익이 침해대상으로서의 이익이 아니라는 점에 대한 확신이 있어서라기보다는 그와 같은 사항이 사법이 아닌 의회에서 다루어지는 것이 타당하다는 고려 때문이라 볼 수 있다. 결국 침해에 해당하는지 일반적인 불만에 해당하는지는 사안 그 자체 분석에 의하여 나오는 것이 아니라 다른 여러 고려에 의하여 영향 받는 것이라 볼 수 있다.

근본적으로 영미법에서의 소송요건이란 법원이 자신이 판단할만한 사안들을 골라내기 위한 수단이고, 그에 있어 지나친 재량행사를 방지하기 위하여 스스로 만든 개념이라 볼 수 있다. 그리하여 자신이 판단을 회피하고자 하는 사안에서 달리 그 회피이유를 들기 어려운 경우에는 적절하지 아니한 가장적 이유를 내세워 사건을 각하하는 경우가 적지 아니한데 위 사안도 그러한 사안이라 볼 수 있을 것이다.

(2) 침해와 그 대상으로서의 이익

(가) 침해 대상으로서의 이익

미국 연방대법원은 침해 대상으로서의 이익에 해당하는지를 판단함에 있어 다음 두 가지 기준을 사용하고 있다.

① 침해범위 : 침해는 국회가 예상하였다면 법으로 규정하였을 침해여야 한다.[14] 즉, 반드시 법에 명시된 것이 아니라 하더라도 국회가 그러한 침해의 가능성을 예상하였다면 법으로 규정함으로써 그러한 침해를 금지할 정도의 내용이어야 한다는 것이다.

② 이익범위 : 이익이란 법률이나 헌법에 의하여 보호되는 이익이어야 한다고 한다.[15] 이는 법률에서 보호근거를 찾을 수 있는 이익만 보호되는 것은 아니라는 것이다. 조금 더 자세히 살펴보자.

(나) 법률상 보호되는 이익

독일은 상대방 이론으로 처분의 상대방은 법률을 매개로 하지 않고서도 자신의 이익에 대한 침해가 있는 한 원고적격을 인정하여 왔다. 이는 자유권이나 방어권은 당연히 보호되어야 할 권리라 보았기 때문이다. 영미법상 입장에서는 그렇게 해석하기가 오히려 쉬었다. 보통법을 따르고 있는 미국이나 영국은 보통법상 이익이 침해된 이상 소송을 제기할 수 있다 보는 것이 당연하였기 때문이다. 그리하여 행정 처분의 상대방에 대한 원고적격 인정은 쉬운 문제였다.

반면, 처분의 직접적 상대방이 아닌 제3자의 경우는 법률상 보호하려고 하는 이익의 침해가 요구된다고 보아왔다. 미국은 종래부터 침해의 대상으로서 요구되는 법률상의 이익이란 1) 처분의 상대방을 보호하기 위하여 상대방이 향유할 수 있는 모든 이익으로 판사가 인정한 보통법상의 이익, 2) 제3자의 이익보호를 위해 상대방을 규제하기 위하여 의회가 제정한 실정법상 이익, 또는 3) 행정의 적법한 집행을 위해 민중에게 행정의 위법에 대한 소송을 제기할 수 있도록 의회가 제정한 법률이 보호하고자 하는 이익이어야 한다고 보았다.

그 이유는 우리나라에서 '보호가치있는 이익설'이 다수설을 차지하지 못하고 있는 이유와 유사하다. 판사들이 헌법규정을 직접적 근거로 하여 자신의 판단을 앞세우게 된다면 의회가 제정한 법률이 그 의미를 잃게 되는, 이른바,

---

14) Federal Election Commission v. Akins, 524 U.S. 11 (1998).

15) Allen v. Wright, 468 U.S. 737 (1984).

'법률의 자살' 현상이 있을 수 있기 때문이다. 또한, 위의 법률상 이익이 인정되지 않는 사안이라면 대부분 공중 전체에 대한 행정청의 의무와 관련된 것이 많아서 '일반적인 불만'정도에 불과한 경우가 많다는 점도 한 이유로되고 있다.

그러나 표면적으로는 미국이나 '법률상 보호이익구제설'이 다수설 및 판례의 입장인 우리나라나 비슷한 생각을 가지고 있는 듯 보인다 하더라도 실제 내용은 상당히 다름을 알 수 있다. 우선 미국에서의 법률상 이익에는 위 1)에서 보는 바와 같이 보통법상의 이익이 보호되는 이익에 포함되어 있다. 다음으로 법률상 권리침해라는 개념은 법률의 제정으로 인해 보호받게 되는 이익을 가진 개인이나 단체에게 원고적격을 부여하려는 APA(Administrative Procedure Act: 행정절차법)의 "법률상 손해" 개념으로부터 비롯되었는데, 행정기관이 규제 상대방에 대한 규제실패로 말미암아 제3자를 보호하고 있지 못한 경우 위 APA를 근거로 당해 제3자에게 법률상 이익이 있다고 인정될 수 있다 주장하는 것이 가능하게 되었는바[16] 그 때문에 제3자들에게 법률상 이익을 있음을 인정하는 것이 어렵지 아니하게 되었다. 이는 이하 (다)에서 상세히 살펴본다. 그에 더 나아가 미국은 위 3)과 같이 개별 법률에서 시민소송(citizen suit)을 인정하고 있는 경우가 적지 아니한데, 이로써 당해 법률이 적용되는 부문에 관한 한 자신의 직접적인 이익이 문제되지 아니한다고 하더라도 위법한 행정행위에 대하여 소송을 제기할 수 있는 길이 열리게 되었다.

(다) 사실상의 이익

그러나 위와 같은 논의들은 Association of Data Processing Organization v. Camp 사건[17] 이후 그 의미를 상당 부분 잃게 되었다. 위 사건에서 연방대법원은 원고에게 원고적격이 있음을 증명하기 위해 더 이상 "법률상 이익" 혹은 "법률상 권리침해"가 있음을 입증할 필요가 없다고 하였다. 즉, "사실상의 이

---

16) 반면, 우리나라 경우 행정절차법을 이익보호근거로 보아서는 아니 된다는 견해로서는 박균성, 「행정법론(상) (제12판)」, 박영사, 2013, 1087면.

17) Association of Data Processing Organization v. Camp, 397 U.S. 150 (1970).

익" 침해 주장만으로도 충분하다 본 것이다. 실제 법률상 이익의 침해가 있었는지 여부는 "본안"심리의 대상이기 때문이라 한다.[18)]

이를 우리나라의 논의 내용과 비교해 보기로 하자. 우리나라에서도 본안의 선취 현상을 방지하기 위하여 소송요건 단계에서는 주장 그 자체로 공권의 인정가능성이 있는지 여부만을 살펴야 한다고 보는 견해가 많다. 그런데 이때 단순한 이익만으로 공권이 인정될 수 있다고 보는 것은 아니고, 법률상 그러한 이익이 보호된다고 해석될 수 있는 때에만 공권의 인정가능성이 肯認된다 보는 것이 다수의견이다.

그런데 미국대법원은 사실상 이익만으로도 소송요건 단계에서는 충분하다는 것이다. 미국도 법률상 보호되는 이익이어야 한다고 하면, 소송요건 단계에서 최소한 법률상 이익의 실재성은 아니라 하더라도 그 인정가능성 여부는 살펴보아야 할 것이다. 그럼에도 불구하고 위와 같은 판결이 있게 된 이유는 APA 때문이라 볼 수 있다. 즉, 사실상의 이익 침해를 처음 주장한 Kenneth Culp Davis는 APA가 선택하고 있는 "침익적인 영향을 줄 때"라는 용어는 제3자에게 적용될 때는 사실상 이익에 대한 침해가 되지만, 당해 사실상 이익은 APA에 의하여 근거 지워진 이익이기 때문에 결국 법률상의 이익이 된다고 한다.[19)] 그 결과 미국에선 APA의 제정 이후 처분의 직접 상대방과 제3자를 구분하지 않고 자신의 이익에 침해가 있는 이상 "법률상 이익"의 침해가 있는 것으로 해석할 수 있게 된 것이다.

그 결과 법률에서 불확정개념도 사용하고 있지 아니하는 등 제3자의 이익 보호여부가 문제되는 경우, 우리나라에서라면 당해 이익을 보호하기 위하여 '보호가치있는 이익보호설'에 찬동하여야 할 필요성이 발생하지만, 미국에서는 그러할 필요성이 없어졌다.[20)]

---

18) *Ibid.*

19) Kenneth Culp Davis, Administrative Law Treatise 2d ed. (1978), at 140.

20) 또한, APA상 원고의 권리침해여부를 결정하는 과정은, 원고에 대해 직접적인 사실적 질문조사가 아니라, 오히려 구체적 사안에 있어 사법상 인지될 수 있는 권리침해를 구성하는지에 대한 '규범적 판단'으로 충분하게 되었다.

이로써 알 수 있는 점은 미국은 외견상으로 법률의 자살 현상을 방지하고 권력분립을 여전히 유지하는 듯한 외관을 주면서도, 한편으로는 APA를 중간 매개로 하여 사법이 직접 헌법에 근거하여 판단할 수 있는 길을 열어 둔 것이나 다름없게 되었다는 점이다.

나. 인과관계(Causation)

침해와 제소되는 행위 사이에는 인과관계가 있어야 한다. 그래서 침해가 제소되는 피고의 행위에 상당정도 추적될 수 있는 것이어야 한다(traceable). 법원에 제소되지 아니한 제3자의 독립적인 행위의 결과에 의한 것이어서는 아니된다.

다. 회복가능성(Redressability)

원고의 주장을 인용하는 법원의 판결에 의하여 침해의 회복이 가능하여야 한다. 회복가능성을 부인하는 대표적인 사례는 설사 원고의 주장을 인용하더라도 원고가 주장하는 침해행위가 다른 원인들에 의하여 제거될 가능성이 없는 경우를 들 수 있다.[21)]

Ⅲ. 이익침해 요건의 적용사례 및 법률에 의한 원고적격의 확대

이러한 일반적 기준에 불구하고 원고적격이 인정되는지 여부에 대하여 논란이 적지 아니하다. 특히 자신의 이익이 문제되지 아니하여 침해 자체가 문제될 수 없는 듯 보이는 사안이 문제이다.

---

21) Los Angeles v. Lyons, 461 U.S. 95 (1983).

1. 이익의 침해 관련 각종 판례

가. Sierra Club v. Morton 사건[22]

위 사건은 미국산림관리청(United States Forest Service)이 국립공원 인근 지역에서 광물개발을 허가한 것과 관련하여 환경보호단체인 Sierra Club이 소송을 제기한 건이다. 당해 사건에서 연방대법원은 단체 자체의 이익과 무관한 사건이라는 이유로 원고적격을 인정하지 아니하였다.

그러나 단체 구성원 중 한명 이상의 자의 이익이 침해되는 경우라면 당해 구성원 대신에 단체에게도 원고적격이 인정된다고 판시함으로써, 이후 환경단체들이 환경사건과 관련하여 소송을 제기할 수 있는 길을 열어 주었다는 평가를 받고 있다. 또한, 위 구성원의 이익과 관련하여 실제의 이익침해가 있을 것을 요구하는 것이 아니라 당해 지역의 아름다움을 감상할 권리라거나 레크리에이션 목적의 가치 하락만으로도 침해가 있을 수 있다고 판단함으로써 이익침해를 광범위하게 인정하고 있었는바, 당해 입장은 Friends of the Earth, Inc. v. Laidlaw Environmental Services, Inc. 사건 등 이후 사건에서도 반복하여 나타난다.[23]

나. United States v. SCRAP 사건

워싱턴대 로스쿨의 다섯 학생들이 주축이 된 단체(Students Challenging Regulatory Agency Procedures)가 주간통상위원회(Interstate Commerce Commission)의 조치, 즉, 재생가능자원에 관한 한 다른 원재료 운송시의 운송비에 비하여 더 높은 운송료를 부과하도록 한 조치에 대하여 소송을 제기한 사안이다. 당해 사건에서 연방대법원은 단체의 회원들이 운임인상으로 인하여 그들의 이익을 침해받는다고 판단하였다. 특히 스튜어트(Stewart) 대법관은 당해 이익에 대한 원고

---

22) Sierra Club v. Morton, 405 U.S. 727 (1972).

23) 위 사건에서 더글러스대법관이 자연물 그 자체가 원고적격을 가질 수 있음을 역설하였음은 유명한 일이다.

의 주장, 즉, 워싱턴 지역의 숲, 강, 시냇물, 산, 기타의 자연자원의 사용 및 캠핑, 하이킹, 낚시, 관광, 기타 레크리에이션과 심미적 측면에서의 주거에 악영향이 있다는 주장을 받아들였다. 비록 운임상승의 초기라는 이유로 가처분은 기각하였지만, 원고적격은 인정하였는바, 당해 인정근거가 보호 대상인 이익을 넓게 보고 있었기 때문이라는 점, 단체들이 언제든지 행정관청의 업무에 관여할 길이 열리게 되었다는 점 등 의미가 적지 아니한 판결이다.

다. Allen v. Wright 사건[24)]

미국 내국세법(Internal Revenue Code)[25)]은 학교에 기부한 자들에게 기부한 금액 중 일정금액 상당액을 소득세에서 공제하여 주는 세액공제제도를 운용하고 있었다. 그러나 인종차별적 사립학교에 대한 기부금에 대해서는 세액공제를 받을 수 없도록 하고 있었다. 그에 따라 어떤 학교가 인종차별적 학교인지 여부를 결정할 필요성이 있게 되자, 국세청(Internal Revenue Service)은 그 기준 및 절차를 제정하였다. 그와 관련하여 흑인 아동의 부모들이 국세청을 상대로 전국적인 집단소송을 제기하였는데 그 이유는 IRS가 제시한 '인종차별적 사립학교의 결정 기준 및 절차'가 불충분한 내용을 담고 있다는 것이었다. 즉, 당해 기준 및 절차에 따르면 백인학생들의 부모들이 인종통합을 피하여 자신들의 자녀를 사립학교에 보내면서 당해 학교에 대한 기부금과 관련하여 세액공제를 받는 현상이 지속되고, 그 결과 흑인 자녀들이 흑백통합학교에 다니는 것을 어렵게 한다는 것이다. 원고들은 원고들의 지역에 인종차별적 학교가 더 늘고 있다는 점, 사안에서의 세액공제혜택을 주는 것은 사실상 그러한 학교에 대하여 정부가 보조금을 주고 있는 것이나 마찬가지라는 점도 주장했다.

이에 대하여 연방대법원은 원고가 피고의 위법행위에 추적될 수 있는(traceable) 개인적 침해가 있다는 사실 및 그러한 침해가 회복가능한 것(redressable)이라는 점을 입증하여야 한다면서, 추적가능성이나 회복가능성에 대해서 부정적인 입

24) Allen v. Wright, 468 U.S. 737 (1984).
25) 26 U.S.C. Title 26.

장을 취하였다. 연방대법원은 이에 더하여 당해 소송은 의회나 행정부에서 다루는 것이 더 적합한 '일반적 불만' 사항을 법원이 해결하여 달라는 것으로 볼 수 있다면서 원고적격을 부인하였다.

그러나 이러한 결론이 타당한지는 의문이다. 당해 사건의 소수의견과 같이 흑백차별이 있다는 사실 자체가 "뻔한 사실"이기도 하였거니와, IRS의 규정이 흑백분리학교를 장려하는 결과를 초래하였다는 점도 인정할 수 있었고, 비록 간접적이나마 그로 인하여 흑인 아동들이 흑백통합학교에 다닐 수 있는 기회가 줄어드는 면이 없지 않았기 때문이다.

결국 이 사건에서의 원고적격에 대한 연방대법원의 판단은 행정의 집행에 대하여 사법이 그의 판단을 앞세우지 아니하기 위한 수단에 불과하다 볼 수 있는 면이 적지 아니하였다. 즉, 이 사건은 원고의 이익침해를 인정할 수 있는 사안이었음에도 불구하고 침해되는 이익이 없다는 판결을 하였다는 점에서 과연 원고에게 침해되는 이익이 있는지 여부가 원고적격 관련 타당한 기준이 되고 있는지 여부에 대한 의심의 여지를 던져주었다.

라. Frothingham v. Mellon 사건[26)]

원고적격 독트린을 처음 정립한 Frothingham v. Mellon 사건은 납세자인 시민의 원고적격 관련 사안이었다. 당해 사건에서, 세금을 납부하는 납세자가 당해 세금을 정부가 부적당한 곳에 지출하는 경우 그를 막고자하는 취지에서 제소하는 것이 가능한지 여부와 관련하여, 연방대법원은 정부가 헌법에 위배되는 방식으로 세출행위를 하는 경우가 아닌 이상 원고적격을 인정할 수 없다고 판결하였다. 또한, 연방정부의 세출행위와 개인 납세의무자가 세환급을 받지 못하는 침해 사이에 인과관계가 있다 볼 수 없다고 판결하였다.[27)]

26) Frothingham v. Mellon, 262 U.S. 447, 488 (1923).
27) *Ibid.*

마. Fleet Street Casuals 사건[28)]

영국의 사건 중에서 재정지출 관련 사안을 하나 살펴보기로 하자. Fleet Street 지역에 근무하는 수천 명의 임시직 신문인쇄노동자들은 그들에게 대가를 지불하는 신문사에 자신의 이름이 아닌 다른 이름을 알려 줌으로써 소득세 부담을 회피하여 왔다. 국세청은 이러한 실정을 시정하고자 새로운 신고시스템을 도입하는 대신, 미납세금의 상당부분을 감면하여 주었다. '분노하는 소상공인협회'라는 이름의 협회는 이러한 국세청의 업무처리가 세를 부과하고 징수하여야 하는 국세청의 의무를 위반한다고 주장하며 소송을 제기하였다.

당해 소송에서 협회는 단체원들이 그러한 신문인쇄 노동자들의 사기적 행위에 의하여 자신들이 악영향을 받고 있으므로 자신들의 원고적격이 인정될 수 있다고 주장하였다. 하급심에서는 그러한 주장을 인정하였지만, 대법원에서는 당해 판결을 파기하였다. 즉, 당해 사건에서 프레이저 대법관은 예외적일 정도로 명백한, 방대하고 폭넓은 위법을 주장하는 경우가 아니라면 국세청의 위법과 관련하여 협회에게 소송을 할 수 있는 원고적격이 인정되지 아니한다고 판단하였다. 즉, 원고적격 요건으로서 영국 법원이 요구하고 있는 충분한 이익(sufficient interest)이 위 Fleet Street Casuals 사건에서는 충족되지 아니한다고 본 것이다.

이 판결에 대해서도 의문의 여지가 없지 않다. 사실 위 협회구성원들은 인쇄노동자들의 사기적 행위로 말미암아 더 많은 세금을 내야 할 위험에 처해 있다 볼 수 있다. 인쇄노동자들에 대한 세감면 조치가 법률에 그 근거를 찾아보기 어려웠던 것인 이상 그에 대한 시정을 요구할 수 있는 방법이 있어야 한다는 면도 부정할 수 없었다. 그런데 영국법원은 '충분한 이익'이 인정되지 아니한다고 한다. 만약 '충분한 이익'이 직접적인 이익이 침해되는 경우만을 말하는 것이라면 선량한 납세의무자들의 이익을 보호할 수 있는 수단이 없어지고 만다. 그리하여 당해 사건에서 Diplock 대법관은 과세관청의 위

28) R v Inland Revenue Commissioner, ex p National Federation of Self-employed and Small Businesses Ltd [1982] AC 617.

법행위만으로도 원고적격을 인정함에 충분하고, 더 나아가 과세관청의 행위가 원고에게 어떤 영향을 미쳐야만 하는 것은 아니라는 소수의견을 제시하기도 하였다.[29)]

바. World Development Movement 사건[30)]

영국에서는 순수한 목적으로 사용되어야 할 해외개발원조자금이 영국의 수출과 연계되어 지출되는 경우가 적지 아니하였다. 이 경우 해외개발원조자금이 특정 업체의 이익을 위한 도구로 전락하게 된다는 문제점이 있을 수 있었다. 마침 영국 외무장관이 10억파운드 상당의 무기수출과 연계하여 말레이시아의 한 댐의 건설에 234백만파운드를 지출하려고 하였다. 이에 영국에 본부를 두고 있는 저명 단체인 세계개발운동협회(World Development Movement)는 위와 같은 원조가 말레이시아 국민들의 경제나 인본주의적 측면에서의 이익에 부합하지 아니한다는 이유로 소송을 제기하였다. 영국 하급심은 당해 사건에서 위 협회의 원고적격을 받아들이고, 또 원고 승소의 판결을 하였다.[31)]

그러나 원고적격에 한정하여 볼 때 위 협회는 위 사건에 대하여 어떠한 이해관계도 가지고 있지 아니하였다. 외면적으로 심리대상은 말레이시아에 대한 원조 행위의 적정성만이었고, 영국 수출과의 부당한 연계는 아니었기 때문이다. 그러함에도 불구하고 영국대법원은 원고적격을 인정하였다. 이는 최소한 외견적으로는 소송으로 구하고자 하는 바가 원고의 이익과 어떤 연결고리가 없다고 하더라도 소송을 제기하는데 무방하다는 입장으로 이해할 수 있겠다. 영국의 '충분한 이익(sufficient interest)'이라는 기준이 사실상 별 의미가 없어져 버린 것이다.

---

29) *Ibid.*
30) R v Foreign Secretary, ex p World Development Movement [1995]1WLR 386, 395.
31) *Ibid.*

사. 기타 공익소송

영국에서는 공익소송에 있어 원고적격을 인정하고 있는 경우가 적지 아니하다. 몇 가지 예를 들어 보면 다음과 같다.

① HM Treasury 사건에서 정부가 의회의 법률 제정 없이 EC에 대하여 보조금을 지급하는 것이 위법하다는 내용의 소송을 제기한 개인에 대하여 원고적격을 인정하였다.[32)]

② 복지부장관이 보조금지급 관련 소송제기 여부를 결정함에 있어 부담하고 있는 법률상 의무를 잘못 해석하였는지 여부와 관련하여 한 단체가 복지부장관에 대하여 소송을 제기한 한 사안에서 원고적격에 대한 심리를 하지 아니하고 본안 판결을 한 바 있다.[33)]

③ 마스트리히조약(Maastricht Treaty)에 대한 비준을 하는 것이 위법인지 여부를 확인함을 내용으로 하는 상원의원이 제기한 소송과 관련하여 원고적격을 판단하지 아니하고 본안판결을 하였다.[34)]

④ 원자력 발전소의 새로운 운영방식이 오래된 허가 또는 인가를 변경함으로써도 인정 가능한 것인지 여부와 관련하여 그린피스가 제기한 소송에 대하여 그린피스가 자연보호를 목적으로 하는 잘 알려진 단체라는 이유로 원고적격을 인정하였다.[35)]

⑤ 무기수출에 있어서의 투명성이 없다는 이유로 이스라엘 영토 내 팔레스타인인이 제기한 소송에 대하여 원고적격을 인정하였다.[36)]

반면, 환경부장관이 세익스피어 극장을 보호기념물로 등재하지 아니한 행위에 대하여 소송을 제기한 Rose Theatre Trust에게 원고적격이 없다고 하였다.[37)]

---

32) R v HM Treasury, ex p Smedley [1985]1QB 657.
33) R v Social Security Secretary, ex p Chld Poverty Action Group [1990] 2QB540.
34) R v Foreign Secretary, ex p Rees-Mogg [1994] QB 552.
35) R v Inspectorate of Pollution, ex p Green Peace (No 2) [1994]2CMLR 548.
36) R (Hasan), v Trade and Industry Secretary [2007] EWHC 2630.
37) R v Environment Secretary, ex p Rose Theatre Trust [1990]1QB 504.

2. 법률에 의한 원고적격의 확대

이상에서 보는 바와 같이 미국의 경우 이익의 침해, 인과관계, 회복가능성을, 영국의 경우 사건과 관련한 충분한 이익을 각 요구하고 있다. 사실 그 기준이 그리 명확하다 보기는 어렵다. 앞서 본 바와 같이 미국 연방대법원은 Allen v. Wright 사건에서 원고에게 관련된 이익이 있다고 보는 것이 타당하다 보이는 면이 없지 아니함에도 불구하고 그를 인정하지 아니하였다.[38] 영국의 예를 보면 영국 국민의 이익과 전혀 무관한 World Development Movement 사건에서는 원고적격을 인정하기도 한다.[39] 이렇게 미국의 이익의 침해(Injury) 요건이나 충분한 이익(Sufficient Interest) 요건이 사실상으로는 그리 정확한 기준이 되지 못하고 있다.

다른 한편, 행정처분의 상대방이 아닌 제3자의 경우에는 APA에 의하여 법률상 보호이익이 인정될 수 있었지만, 당해 사안의 이해관계자가 아닌 경우 - 대표적으로 공익소송에 있어서는 - APA에 의해서도 소송을 제기할 수 있는 길이 막혀 있다 볼 수 있다. 공익적 소송에 있어 영국은 비교적 원고적격 범위를 넓게 인정하여 주고 있는 추세이다. 반면, 미국은 영국에 비해서는 좁은 경향을 보인다. 그에 따라 미국에서는 개별 행정법에 시민소송을 허용하는 조항을 두는 경우가 많아졌다. 특히 환경 관련 법률에서 그러한 경향이 많고, 그에 따라 시민단체들은 그들의 이익이 침해되었다는 주장을 굳이 할 필요 없이 원고적격을 인정받을 수 있게 되었다.

Ⅳ. 원고적격의 축소 움직임

이상에서 행정의 각 행위에 대한 소송상 원고적격에 대한 예를 알아보았다. 큰 줄기만 살펴본다면 대략 1980년대 초반까지는 의회나 사법이나 원고적격

38) Allen v. Wright, 468 U.S. 737 (1984).

39) R v Foreign Secreatry, ex p World Development Movement [1995]1WLR 386, 395.

을 확대하는 경향이 있었다. Sierra Club v. Morton 사건이나 United States v. SCRAP 사건은 司法이 원고적격을 넓혀 준 사례라 볼 수 있겠다. 반면, 각종 행정법에서 시민소송 조항을 마련한 것은 議會가 원고적격을 늘려 준 경우라 볼 수 있겠다. 이러한 움직임이 사법의 행정에 대한 관여도를 높이는데 현격한 공헌을 한 것이 사실이다.

그러나 이러한 경향이 행정에 대한 사법의 지나친 간섭으로 연결된다는 주장이 없지 아니하였고, 그에 대한 반작용으로 원고적격을 확대하는 의회의 법률에 불구하고 헌법을 근거로 원고적격을 부인하는 사례들이 발생하기 시작하였다. 이하에서 살펴보는 Lujan v. Defenders of Wildlife 사건이 그 대표적 사안이다. 불확정개념과 관련하여 사법의 자제 측면에서 더 먼저 판결된 Chevron 판결[40]이 있지만, 워낙 많이 알려지기도 하였거니와 원고적격에 대한 논의에 중점을 두고 있는 본 글에서는 소개가 적당하지 아니하여 생략하기로 한다.

1. Lujan v. Defenders of Wildlife 사건[41]

가. 사건의 경과

미국의 멸종위기종보호법(Endangered Species Act of 1973, “ESA”) section 7(a)(2)는 멸종위험생물종의 보호를 위한 책임을 국토부(그 장관이 Lujan이었다)와 상무부에 부과하고 있었다. 당해 조항에 따르면 모든 정부기관은 그에 의하여 조달되는 자금에 의하여 행하여지는 사업들에 의하여 멸종위기종의 생존이나 그 서식지를 위험에 빠뜨리지 아니하도록 하기 위하여 담당 장관과 협의할 것을 요구하고 있었다. 또한, ESA는 멸종위기종과 그 생태계 보존이라는 ESA의 이념을 충실히 준수하도록 하기 위해서 시민이라면 동법의 시행과 관련하여 누구든 市民訴訟(citizen suit)을 제기할 수 있다고 규정하고 있다.[42]

---

40) Chevron U.S.A., Inc. v. Natural Resources Defense Council, Inc., 467 U.S. 837 (1984).
41) Lujan v. Defenders of Wildlife, 504 U.S. 555 (1992).

국토부 장관 및 상무부 장관은 공동으로, 처음에는 ESA에 따라 당해 조항이 적용되는 지역을 미국 국내 뿐 아니라 全 世界로 하는 내용의 규칙을 만들었다. 그러나 이후 그 범위를 미국 내 및 공해로만 縮小하는 내용으로 개정되었고, 그에 의하여 전 세계를 대상으로 한다는 종전 규칙은 그 효력을 상실하게 되었다.

그러자 야생동물보호협회(The Defenders of Wildlife)와 다른 몇 단체들이 국토부장관인 Lujan을 상대로 당해 규칙이 지역적 적용범위와 관련하여 멸종위기종보호법을 위반하는 것임을 확인하여 줄 것 및 새로운 규칙의 적용을 중지함을 내용으로 하는 판결을 하여 달라는 취지의 소송을 연방법원에 제기하였다.

당해 소송에서 원고는 원고적격과 관련하여 (1) 시민소송을 허용하는 ESA 법률에 의거 자신들에게 원고적격이 인정된다고 주장하였다. 다른 한편, (2) 설사 시민소송이 인정되지 아니한다고 하더라도 개정 규칙이 단체 구성원 중 최소 두 명의 특정 이익을 침해한다고 주장했다. 즉, 국제개발기관이 지원하는 마하웰리(Mahaweli) 사업 계획은 아시아의 코끼리와 표범의 서식지를 위협하는데, 스리랑카는 이들의 서식지로 유명한 곳으로, 위 둘 중 한명이 자신은 이 지역을 여행 및 관찰하였다고 주장하였다. 다른 한명은 나일 강의 악어서식지를 관찰했고 장래 또 방문 및 관찰할 예정인데 이집트의 아스완댐 재건설공사에 따라 악어를 더 이상 볼 수 없는 위험에 처하였다고 주장하였다.

나. 하급심의 판단

하급심인 연방항소법원은 위 협회의 원고적격을 인정하였는바, 그 이유는 단순하였다. 즉, 하급심은 법률에 규정된 시민소송 조항이 모든 사람에게 소송을 제기할 수 있는 권한을 부여하고 있다고 보았다. 또한, ESA가 요구하는 행정기관과 국토부장관 상호간의 협의를 하여야 한다는 조항을 법률상 확인 가능한 "절차적 권리"의 근거로서 인정하기도 했다. 이런 절차적 권리를 침해

---

42) 7 U.S.C. §136, 16 U.S.C. §1531, Lujan v. Defenders of Wildlife, 504 U.S. 555 (1992).

하는 경우 그 자체로 원고에게 사실상의 이익침해(injury in fact)가 인정될 수 있다고 한다. 이러한 판단의 이면에는 공익소송에서는 소송 제기 요건인 이익침해와 회복가능성에 대한 요구를 민사소송만큼 강하게 하여서는 아니 된다는 점도 감안되어 있다 볼 수 있겠다. 종래부터 미국연방법원의 하급심은 사법적극주의 입장을 취한 경우가 적지 아니하였는데 그러한 경향도 반영되어 있다 볼 수 있다.

다. 연방대법원의 판단

그러나 연방대법원은 당해 판결을 파기하였다. 연방항소법원의 판결에 대하여 스칼리아 대법관이 판시한 내용은 다음과 같다. ① 하급심은 법률이 시민소송을 인정하고 있음을 원고적격의 인정 근거로 사용하고 있지만, 의회는 이익이 침해(injury)되지 아니한 시민들로 하여금 소송할 수 있도록 하는 시민소송 규정을 만들 수 없고, 그러한 이상 시민소송 규정이 원고적격의 근거가 된다 볼 수 없다. ② 원고적격을 인정하기 위해서 당사자는 그가 사실상의 침해(injury in fact)에 의하여 고통 받고 있다는 사실을 입증하여야 한다. 즉, 법적으로 보호되는 이익(legally-protected interest)에 대한 구체적이고 특정될 수 있는, 실재하거나 임박한 침해가 있다는 점을 입증하여야 한다.

2. 판결에 대한 평가

미국의 경우 최근 50년 동안 법원의 지위가 의회나 행정부와 동등한 정도로 향상되었는데, 그 중요한 기제가 원고적격의 법리라 볼 수 있다. 공공정책을 형성함에 있어 법원이 의회와 행정부와 동등한 정도의 지위를 얻는데 성공하게 된 원인 중 하나는, 법관의 사법적극주의적 자세 때문인데, 법관이 사법적극주의를 관철하기 위해서는 법원이 심리할 수 있는 사안의 범위를 넓히지 아니하면 아니 되었고, 그 결과 원고적격의 인정범위도 넓게 인정될 수밖에 없었다.

반면 Lujan 사건에서 연방대법원은 심지어 법률상의 시민소송 규정까지 적용될 수 있는 사안임에도 불구하고 이익침해요건이 충족되어야 한다고 판시하고 있다. 그리고 그 근거로서 헌법 제3조가 사건(case) 또는 분쟁(controversy)에 해당하는 사안에 대하여만 사법권을 행사할 수 있도록 하고 있다는 점을 들고 있다.[43] 헌법에 그러한 조항이 있는 이상 의회도 보호하고자 하는 권리의 침해현상이 수반되는 경우에 한하여 원고적격을 인정하여야 하는바, 그와 달리 제정된 시민소송 규정들은 그 법률적 효력을 인정할 수 없다는 것이다.[44] 그 배경을 스칼리아 대법관의 논문 및 판시내용을 통하여 살펴보기로 하자.

1983년 스칼리아 대법관은 자신의 논문[45]에서 원고를 사건과 무관한 일반 시민과 구분하기 위해서 권리(right) 침해의 존재를 요하는 전통적인 법원의 입장을 더욱 더 강조할 필요가 있다고 주장하였다. 이러한 주장을 하는 이유는 사법의 권한이 지나치게 행정의 권한을 침해하고 있다는 인식 때문이다. 즉, 헌법이 사건(case) 또는 분쟁(controversy)이 있는 경우에 한하여 원고적격을 인정하고 있음에도 불구하고 입법이 그가 제정하는 법률로 원고적격의 범위를 대폭 확장시킴으로써 사법이 행정에 개입할 수 있는 여지를 넓혀 놓았다는 것이다.

그는 종래 헌법 제3조의 해석과 관련하여 연방대법원이 채택한 개별적·직접적·구체적 이익에 대한 침해(injury) 요소가 없다면 설사 개별 법률로서 인정

---

43) Lujan v. Defenders of Wildlife, 504 U.S. 555 (1992).

44) 참고로 이 사건에서는 연방대법원이 이후에서 살펴보는 Massachusettes v. EPA 사건과 달리 연방대법원이 단체 그 자체에게 침해되는 이익이 있는지 여부를 판단한 것은 아니었다. 대신 환경보호단체가 소송을 제기함에 있어 그 구성원 중 최소한 한명이 이익의 침해 또는 그 침해에 임박한 상황이라 주장할 수 있다면, 단체에게는 원고적격이 인정될 수 있다고 한다. Luijan 사건 이후에도 뉴욕주민이 뉴욕주가 청정대기와 청정수질 기준을 유지하지 못하였음을 이유로 소를 제기하는 것을 허용하였는데 그도 같은 취지이다. Massachusetts v. Environmental Protection Agency 549 U.S. 497 (2007).

45) Antonin Scalia, "The Rule of Law as a Law of Rules", *University of Chicago Law Review*(56~4), Fall 1989.

된 공권(public right)이 있다 하더라도 원고적격을 인정할 수 없다고 한다. 스칼리아 대법관은 의회가 이익형량과정을 통해 보호받아야 할 利益을 결정해 주면, 이러한 이익이 침해되는 것은 權利침해로 헌법 제3조의 원고적격을 충족시킨다고 하였다. 반대로 보호하여야 할 대상인 이익이 문제되지 아니하는 곳, 즉, 이익이 침해되지 아니하는 곳이라면 사법이 개입될 여지가 없다 보았다. 그리하여 권리침해가 없는 자에게 행정부, 즉, 공무원에게 의무이행을 청구할 수 있는 소권을 부여하는 법률을 의회가 제정하여 사법에게 행정을 통제할 수 있는 권한을 부여하는 것은 불가능하고, 그러한 취지에서 시민소송 규정도 정당화하기 어렵다는 것이다.46)

그리하여 스칼리아 대법관은 헌법 제3조를 근거로 법률상 원고적격을 제한함으로써, 1) 공권이 인정되려면 사인의 이익침해가 반드시 있어야 하며, 2) 사법심사범위를 결정하는 경계선으로 사실상(de facto) 이익침해가 있어야 하고, 3) 사법부는 공중의 권리나 공공정책을 보호할 수 있는 역할을 수행할 수 없다고 주장하고 있다. 행정과 사법 모두 법의 집행이라는 측면에서 공통점이 있으나, "공익"추구를 위한 법은 행정부의 사무이므로 "공중의 권리"를 추구하기 위하여 일반 사인이 공법적 소송을 이용할 수 있도록 법원이 이를 허락하는 것은 권력분립에 반한다는 것이다. 그를 방지하기 위해서는 개인의 권리침해가 있는 경우에 한하여 원고적격을 인정하여야 하고, 이러한 원칙은 "헌법상 축소될 수 없는 최소한도"의 "기본적인 원칙"이고, "일반적 이해"라고까지 하고 있다.

이상의 스칼리아 대법관의 기본적 생각은 사법은 소수자의 보호에 그 역할이 있을 뿐, 행정부의 영역인 공익을 고려할 주체는 아니라는 점에 기반하고

---

46) 스칼리아 대법관도 헌법 제3조에 따라 절차적 권리를 침해받는 때에는 원고적격을 인정할 수 있다고 하였다. 특히 절차적 요구사항의 무시는 원고들의 개별적·직접적 이익을 침해할 수 있어 이러한 절차적 요구사항의 시행을 구하는 것은 가능하다고 한다. 예컨대 환경영향평가서를 작성한다고 하더라도 당해 사업이 취소될 수 있을지 불분명한 경우가 있을 수 있다. 이는 회복가능성이 인정되기 어렵다는 점을 말한다. 그러나 그러한 경우라 하더라도 평가서를 작성하지 아니한 그 자체로 일반시민은 소를 제기하는데 아무런 장애가 없다고 한다.

있다. 개인의 사익구제를 충실히 수행하여야 할 의무가 부과된 사법부와, 공익의 실현을 목적으로 하는 행정부는 자신의 임무를 충실히 이행할 수 있는 권한만을 인정받아야 하는 것이며, 이는 이미 살펴본 헌법 제3조에 반영되어 있다는 것이다. 그리하여 헌법 제3조 소정의 case나 controversy라는 용어는 사법이 분쟁이 있는 최후의 순간에 그의 권한을 행사할 수 있는 것으로 해석하여야 하고, 그렇지 아니한 장소에서 사법이 그 권한을 행사한다면 권력분립의 원칙에 어긋날 수 있다는 것이다. 결국 "행정에 대한 사법의 통제(judicial control of public officers)"를 약화시키고자 하는 것이라 볼 수 있겠다.[47)]

Ⅴ. 원고적격의 재확대

1. 메사추세츠사건[48)]

가. 사건의 경과

청청대기법(Clean Air Act, "CAA") Section 202(a)(1)은 EPA로 하여금 자동차 및 자동차 엔진으로부터 비롯되는 대기오염과 관련하여 危害(endangerment) 대기오염물질(air pollutant)을 지정하고 그 배출기준을 설정하도록 하고 있다. 이때 위해대기오염물질이란 "EPA의 판단에 따라", 공공의 건강(health) 및 복지(welfare)에 위험요소로 작용할 수 있을 것으로 합리적으로 예측되는 대기오염의 원인이 되거나 그에 공헌하는 것을 말한다. 이에 따라 EPA는 배출기준 설

47) 루잔 사건에서 연방대법원은 원고가 회복가능성에 대한 입증도 실패하였다 보았다. 특히 스칼리아 대법관은 국토부장관을 상대로 소를 제기하였기 때문에 협의요구규정을 국토부장관으로 하여금 개정하도록 지시한다 하더라도 다른 행정기관들의 당해 개정 규정에 대한 구속여부가 의문으로 남는다고 한다. 또한, 마하웰리사업계획 경우 사업계획의 10퍼센트에 대해서만 지원될 예정이었는바, 당해 지원이 취소된다고 하더라도 사업계획 전부가 취소될 가능성이 없어 회복가능성도 없다고 보았다.

48) Massachusetts v. Environmental Protection Agency, 549 U.S. 497 (2007).

정 관련 판단을 하여야 하였는데 그에 따라 2003년 다음과 같은 두 가지 결정을 하였다. ① CAA에 의하면 EPA는 기후 변화 목적으로 온실가스를 규제할 권한이 결여되어 있다. 이는 온실가스가 위해대기오염물질에 해당하지 아니한다는 것이다. ② 설사 온실가스를 위해대기오염물질로 보아 EPA에게 그를 규제할 권한이 있다 볼 수 있더라도 EPA는 자동차 및 그 엔진에 대한 온실가스배출기준을 마련하지 아니할 것이다.

이에 대하여 메사추세츠주 등 몇 개의 주와 시, 단체가 EPA 등을 상대로 소송을 제기하였다. 당해 소송의 쟁점은 ① 원고에게 원고적격이 있는가?, ② 온실가스가 건강과 복지를 위협하는(endanger) 대기오염물질인가? ③ EPA가 section 202(a)(1)에 열거되어 있지 아니한 요소를 고려하여 배출기준을 마련하지 아니할 수 있는가?의 세 가지였다.

원고인 Messachusetts 주는 위 ①과 관련하여 침해된 그 고유의 이익이 있다 주장하는 한편, 위 ②와 관련하여 CAA의 대기오염물질의 개념 범위가 넓다는 점을 주장하면서 온실가스의 독성을 입증할 수 있는 과학적 증거를 제시하였다.

그에 대하여 EPA는 온실가스를 감축하기 위한 조치를 하고 있다는 점, 독성 내지 위해성 여부에 대해서는 아직 과학적으로 입증된 것이 아니라는 점을 들어 위해대기오염물질로 볼 수 없다고 반박하였다. 한편, ② 및 ③과 관련하여 EPA는 자신에게는 위해대기오염물질 여부를 결정할 수 있는 재량권이 있다고 주장하였다. 그리고 자신의 재량을 행사함에 있어 미국 내 온실가스감축노력이 신흥개발국가들이 배출하는 온실가스량과 상쇄되어버린다거나, 그 때문에 신흥개발국의 감축협상이 필요한데 미국이 먼저 감축절차에 돌입해버리면 협상 시 쓸 수 있는 카드를 스스로 버리는 결과가 된다든가, 업계 자율적인 감축노력이 바람직하다든가 등의 판단을 한 결과 자동차 및 그 엔진에 대한 온실가스배출규제를 하지 아니하는 것이 바람직하다는 결론을 내린 것이라 주장했다. 그러한 이상 이런 자신의 판단은 재량을 남용(abuse of discretion)한 것이라 볼 수 없다고 주장하였다.[49)]

나. 연방대법원의 판단

연방대법원은 우선 위 ①에 대하여 Massachusetts 주에는 州의 해수면 상승 등 그 거주 시민의 이익과 구분되는 독립적인 이익이 있고, 당해 이익이 침해되었다고 판단하였다. 그 이전까지는 Sierra Club v. Morton 사건에 따라 단체의 구성원 중 최소 한명 이상의 구성원에게 이익침해가 있을 때 단체에게 원고적격을 인정해 온 점에 비하여 다소 특이한 사례라 볼 수 있다.

위 ②에 대해서는 온실가스가 건강과 복지를 위협할 수 있는 대기오염물질이라 판단했다. 다만, 건강과 복지를 위협할 수 있는 危害대기오염물질인지 여부에 대한 판단권한은 EPA에게 있다는 점을 고려하여 온실가스가 危害대기오염물질이라는 판시는 하지 아니하였다. 대신, 연방대법원은 EPA의 건강과 복지를 위협하는 대기오염물질이라고 볼 수 없다는 판단이 임의적·자의적(arbitrary and conspicious) 판단으로서 재량을 남용(abuse of discretion)한 것[50]이라 하여 취소하고 재심사할 것을 명하였다. 이렇게 임의적·자의적 판단이라 결론 내릴 수 있었던 것은 EPA가 주장하는 온실가스 비규제 사유들이 법이 요구하고 있는 건강(health), 복지(welfare)와 별도 차원의 요소에 불과하여, 그들까지 고려 대상으로 삼아서는 아니 된다는 이유 때문이었다.[51]

---

49) *Ibid.*

50) 5 U.S.C. §706(2)(A).

51) Massachusetts 사건에 대한 연방대법원 판결에 대하여 흔히 법원이 과학적사실관계의 정오를 판단한 사안이라 생각하는 경향이 있다. 그러나 적어도 외관상으로는 법원이 판단한 것은 EPA의 주장이 CAA 내에서 인정될 수 있느냐는 법적 판단에 불과한 것이었다. 하지만 그 이면을 들여다 보면 실제로는 그런 생각을 하게 하기에 충분하였다. 연방대법원의 위와 같은 판단은 만약 EPA가 CAA 202(a)(1)에 따라 건강(health), 복지(welfare)만을 고려했다면 이산화탄소 등 온실가스를 규제하지 아니하겠다는 결정을 내리는 것은 거의 불가능할 것이라는 나름의 의심 내지 期待가 깔려 있었기 때문이다. 사실 EPA는 온실가스에 대한 규제와 관련하여 놀라울 정도로 자신의 권한을 행사하지 아니하고 있었다. 이것이 온실가스가 환경에 해가 되지 아니한다고 보아서 한 결정이라고 믿는 사람은 그리 많지 않다. 그보다는 자동차업계나 기타 산업계의 요구사항을 정치권을 통하여 전달받은 결과 그의 권한을 충분히 행사할 수 없었을 뿐이라 해석하는 견해가 더 많은 상황이다. 그러나 연방대법원은 그러한 期待를 하고

이 사건의 원고적격 인정여부에 대한 대법관들의 견해는 5:4로 팽팽하게 나뉘었다. 소수의견을 쓴 로버츠(Roberts) 대법관은 해수면 상승이라는, 이익침해로서 주장된 사실이 과학적 근거가 없는 것임을 지적하였다. 또한, 설사 과학적 근거가 있다고 하더라도 EPA의 규제 결과 효과가 있을지 여부가 불확실하다고 주장했다. 즉, EPA가 규제를 하지 아니하는 행위와 침해 사이에는 인과관계가 결여되어 있다는 것이다. 그리고 미국이 자동차 및 그 엔진에 대하여 규제한다고 하더라도 인도나 중국 등 신흥국가들의 배출현황을 보면 회복가능성이 회의적이라는 점을 지적했다.[52]

스칼리아(Scalia) 대법관은 좀 더 직접적인 언급을 하면서 원고적격을 인정할 수 없다고 한다. 즉, 스칼리아 대법관은 Chevron 사건의 예를 들면서 아무리 특정 정책이 중요한 것이라 하더라도 법원은 좀 더 경험 있는 행정 쪽에 판단을 맡겨야 한다고 한다.[53]

2. 판결에 대한 평가

가. 행정의 재량행사에 대한 사법심사의 강도

루잔사건이나 메사추세츠 사건은 모두 행정에게 일정한 재량권한이 주어져 있는 경우 그에 대한 사법의 판단 범위를 어디까지로 하여야 하는가의 문제였

있다는 것만으로 안심할 수 없었던지 EPA는 CAA 202(a)(1)에 따라 CAA의 위해규정에서 정하고 있는 대기오염물질이 공중의 건강과 복지에 미치는 위해가 있는지 여부만을 기초로 결정하여야 하고, 다른 요소들을 개입시켜 결정하여서는 아니 된다는 취지의 판단을 판결문에 명시하였다. 즉, EPA가 규제하지 아니하겠다는 결정을 할 때 건강, 복지 또는 기타 법에서 정하고 있는 고려사항이 아닌 다른 사항을 고려하였다면 당해 비규제 결정은 부적법하다 보아야 한다고 못을 박은 것이다. 이로서 사실상 그 동안의 연방대법원의 사법소극주의적 입장을 고수하는 척하면서도 실상은 사법적극주의의 입장을 취하는 결과가 되었다.

52) http://www.law.cornell.edu/supct/html/05-1120.ZD1.html, or Cornell University. Roberts dissenting opinion.

53) http://www.law.cornell.edu/supct/html/05-1120.ZD1.html, or Cornell University. Scalia dissenting opinion

다. 달리 표현하면 재량행정에 대한 사법심사의 강도와 관련된 문제라 볼 수 있다.

대기오염물질에 대한 危害確認은 EPA의 재량 범위 내 행위였다. 그러므로 EPA가 과학적 불확실성을 근거로 위해확인不可能 혹은 위해확인延期로 결정하였다면, 행정부의 경험, 전문성 및 기술성을 고려해 볼 때 이들의 결정은 존중될 필요가 있었다. 한편, 미국은 APA에서 재량의 행사와 관련하여 당해 재량의 행사가 임의적·자의적인 경우(arbitrary and capricious)에 한하여 재량남용(abuse of discretion)에 해당한다 하여 위법하다 본다.[54] 연방대법원이 EPA의 부작위를 임의적·자의적이라 하여 위법하다 판단하고 있는 것은 그 때문이었다.[55]

나. 재량 일탈·남용의 기준

그렇다면 미국의 임의적·자의적(Arbitrary and Capricious)이라는 기준 또는 우리나라의 逸脫, 濫用이라는 기준은 어떻게 판단되는 것일까? Massachusetts 사건에서 연방대법원이 EPA에게 재심사를 명한 이유는 EPA가 CAA 202조가 요구하고 있는 건강(health), 복지(welfare) 차원만을 고려하여 판단하지 아니하고 기타의 요소들까지 고려하여 판단하였다는 점 때문이다. 즉, 미국 내 온실가스감축노력이 중국 등 신흥개발국가들이 배출하는 온실가스양과 상쇄되어 버린다거나, 그 때문에 신흥개발국과의 감축협상이 필요한데 미국이 먼저 감축절차에 돌입해버리면 협상 시 쓸 수 있는 카드를 스스로 버리는 결과가 된

54) 5 U.S.C. §706(2)(A) 다만, 일정한 사안에 대해서는 엄격심사(hard look review)를 하거나, 처분이나 규칙이 실질적 증거에 의하여 뒷받침되는지 여부를 기록에 의하여 심사하기도 하며(limited review on the record, 5 U.S.C. §706(2)((E)), 경우에 따라 처분이나 규칙제정절차에 의한 행정청의 결정에 전혀 사실이 보증되지 아니하는 경우에는 전면적 재심사(trial de novo, 5 U.S.C. §706(2)(F))를 하기도 한다. 다만, 이들은 Chevron 판결 이후 그 적용이 무척 제한되고 있는 상황이다.

55) 이점 우리나라 행정소송법 제27조가 "행정청의 재량에 속하는 처분이라도 재량권의 한계를 넘거나 그 남용이 있는 때에는 법원은 이를 취소할 수 있다."고 규정하고 있는 바와 다를 바 없다.

다든가, 업계 자율적인 감축노력이 바람직하다든가 하는 것들은 건강이나 복지와 무관한 내용들이고, CAA가 고려할 것을 명하는 사유 중에는 그러한 내용이 들어가 있지 아니하다는 것이다.

그런데 위와 같은 EPA의 주장들이 건강, 복지 차원과 완전히 무관하다 보기 어려운 면이 없지 않다. 잘 알다시피 미국이 온실가스감축에 적극적인 움직임을 보이지 아니하는 이유는 그것이 미국의 산업계에 큰 영향을 미치고, 고용에도 악영향을 미친다는 점 때문이다. 환경단체들은 환경을 최우선시 하겠지만, 경제나 고용의 측면에서 생각해보면 다른 결론이 나올 수 있고, 그러한 결론들이 복지(welfare)와 관련되어 있다 보아도 좋을 것이다. 더 나아가 온실가스가 자연에 미치는 영향은 지역적이지 아니하고 전지구적이라는 점, 중국·인도 등 국가에서 배출되는 온실가스가 미국보다 적지 아니하고 더 증가일로에 있다는 점 등을 감안한다면 그들로부터 감축노력을 이끌어 낼 필요성 역시 적지 아니하다. 그리고 그것이 미국 시민들의 장기적 건강(health) 증진에 도움이 될 수 있다 보더라도 크게 잘못된 판단은 아니다.

그렇다면 EPA의 결정은 CAA 규정 내에서 판단할 수 있는 범위 내의 판단을 한 것이라 볼 수 있는 면이 없지 않다. 즉, EPA의 결정이 임의적·자의적(arbitrary and capricious)이어서 재량을 남용하였다 보기 어려울 수 있다는 것이다. 실제 위 사건에서 임의적, 자의적이라 볼 수 있는지 여부와 관련하여 대법관 9명중 4명은 부정적 의견이었다. 이는 결국 임의적·자의적인지 여부에 대하여 대법관들도 자신 있는 결론을 내릴 수 없었다는 점을 말한다. 흔히 사법의 자제가 필요하다는 견해는 인적·물적 능력이 행정에 비하여 부족한 사법으로서는 자신의 판단이 행정에 비하여 현저히 우월하다고 생각하는 경우에 한하여 자신의 판단을 앞세울 수 있을 뿐이라 한다. 그러한 측면에서 보면 위 연방대법원의 판단은 이례적인 것이라 볼 수 있다. 그러함에도 불구하고 왜 위와 같은 판단이 나올 수 있었던 것일까?

다. 사법적극주의와 재량행사의 위법성 판단기준과의 관계

이는 사법적극주의, 사법소극주의와 관련한 각 대법관의 가치관과 관련이 있다. 사법적극주의 입장에서는 사법이 적극적으로 행정에 개입하여야 한다고 본다. 그러한 자의 경우 행정에 개입할 수 있는 수단은 문제되는 행정의 행위에 임의적·자의적(Arbitrary and Capricious)이라는 꼬리표를 붙이는 것이다. 반대로, 사법소극주의 입장에서는 행정의 행위에 대하여 가급적 임의적·자의적(Arbitrary and Capricious)이라는 잣대를 들이대려 하지 아니한다. 결국 특정한 재량처분이 임의적·자의적인지, 즉, 우리 표현으로 일탈·남용에 해당하는지 여부는 사실관계 파악에 의하여만 좌우되는 것이 아니라 당해 사안을 바라보는 대법관들의 가치관에 직접적으로 연동되어 있음을 알게 된다.[56)]

이점은 최근의 연방대법원 판결을 보더라도 이해할 수 있다. 대법관 9명 중에서 현재 확실히 사법적극주의 내지 사법소극주의 입장에 서있는 대법관은 각각 4명씩이다. 나머지 한명은 상황에 따라 유동적이다. 그 결과 당해 한명의 입장에 따라서 어떤 경우에는 재량남용이라 하고 어떤 경우에는 재량남용이 아니라 한다. 사실관계를 아무리 들여다보아도, 아무리 재량의 일탈·남용에 대한 이론들을 읽어 보더라도, 깔끔하게 일탈·남용의 경우와 그렇지 아니한 경우를 구분할 수 없는 이유는 거기에 있다.

---

56) 이는 마치 불확정개념을 사용하면서 시행령에 구체적 내용의 규정을 위임하는 법률과 관련하여 당해 법률이 "예측가능성"을 해치는 것으로 보아 위헌으로 보아야 하는지에 대하여, 헌법재판소 재판관들 사이에 5:4로 의견이 나뉘는 경우와 유사하다(헌법재판소 2001. 8. 30. 선고 99헌바90 결정). 예측가능성여부는 일반인의 관점에서 판단하여야 한다는 것이 헌법재판소의 결정인데(헌법재판소 1989. 12. 22. 선고 88헌가13 결정; 1998. 7. 16. 선고 97헌바23 결정), 헌법재판소 재판관들 사이에서조차 "예측가능성" 여부에 대한 의견이 백중세로 갈리는 경우 "예측가능성"이라는 기준은 더 이상 아무런 의미도 없는 기준임을 잘 알 수 있다. 그리고 실은 재판관들의 자유권, 재산권 중심의 사고방식 내지 평등권 중심의 사고방식에 의하여 위헌 여부에 대한 결론이 나면서도 "예측가능성" 여부를 기준으로 판단하는 것처럼 가장하고 있을 뿐이라는 점도 알 수 있다.

라. 사법적극주의와 원고적격 인정기준과의 관계

이러한 입장 차이는 원고적격 인정여부에도 연결된다. 사법적극주의 입장에 서 있는 대법관들은 행정의 재량행위에 대하여 사법의 판단을 앞세우고 싶어 한다. 그러나 그 전제는 당해 사안이 법원의 심리를 받을 수 있어야 한다는 것이다. 그러기에 사법적극주의 입장에선 대법관들은 원고적격의 요건 충족 여부에 대하여 비교적 너그럽게 해석하고자 한다.[57] 반면, 사법소극주의 입장에 선 대법관들은 그 반대 입장이다. 결국 원고적격 인정여부와 관련한 가장 중요한 요건인 이익이 있는지 및 당해 이익의 침해가 있는지(injury)에 대한 판단 역시 사법적극주의냐, 사법소극주의냐에 따라 영향을 받게 되는 것이다.[58]

마. 소 결 론

이렇게 본다면, 사실 우리의 재량의 일탈·남용, 미국의 abuse of discretion 및 그 기준으로서의 임의성·자의성(Arbitrary and Capricious)이라는 잣대는 모두 假裝 개념들임을 알 수 있다.[59] 또한 원고적격과 관련한 우리의 소의 이익, 미국의 침해(injury)를 포함한 원고적격(Standing) 개념도 모두 假裝 개념들이다. 이들이 하는 역할은 기껏해야 사법적극주의에 따른 판결을 하고자 하는 경우 원고적격 인정 요건들을 일일이 판단하도록 함으로써 그를 일정정도 저지하고자 하는 정도에 불과하다. 이렇게 볼 때 서로 상치된 듯 보이는 위에서 본 각 판결들이 이해될 수 있게 된다. 일탈·남용, 임의성·자의성 등 개념 그 자체에서 결론을 뽑아내고자 하는 노력은 헛된 노력이다.

---

57) Massachusettes v. EPA 사건에서 다수의견이 이익침해(injury)로서 인정한 근거는 과학적 근거가 불확실한 해수면 상승뿐이었다.

58) 영국도 계속하여 '충분한 이익'이라는 기준을 사용하고 있기는 하지만, 위 World Development Movement사건에서 충분한 이익이 있다고 보는 것은 무리가 아닐 수 없었다. 그러함에도 불구하고 원고에게 충분한 이익이 있다고 보았다는 점은 원고적격 인정기준이 '충분한 이익' 그 자체가 아닌 다른 데 있다는 점을 말하여 주는 것이다.

59) 우리 법에서 재량의 逸脫·濫用 및 不當이 잘 구분되지 아니하는 것도 이 이유 때문이다.

바. 불확정개념과 假裝 개념으로서의 예측가능성

여론이지만, 사실 이러한 가장개념이 사용되고 있는 것은 곳곳에 널려 있다. 미국은 재량과 불확정개념을 구분하고 있지 아니하여 이상의 논의가 그대로 적용된다. 반면, 우리나라의 경우 불확정개념에 대하여 그 동안 법치주의 입장에서 그 법률적 효력을 부인하여 오고 있는 경우가 많았다. 즉, 불확정개념을 이용한 위임규정과 관련하여 헌법재판소는 법률만으로도 위임법규에 규정될 내용의 대강을 "예측가능"하지 아니하면 법률 그 자체가 위헌으로 볼 수 있다고 한다.[60] 그리하여 세법의 경우를 예를 들어 보면 과거에는 "현저히 저렴한 대가로 대통령령이 정하는 이익"을 예측가능하지 아니하다 하여 위헌으로 보았다.[61] 그런데 거의 동일한 용어인 "현저히 높은 가액"은 합헌이라 보았고,[62] 최근에 와서는 불확정개념에 대하여 위헌으로 선언하고 있는 경우가 감소하고 있다. 그 이면에는 자유권, 재산권 및 평등권 중에서 어느 기본권을 우선하여 볼 것이냐는 점에 대한 헌법재판관들의 가치관의 변화가 도사리고 있다. 결국 불확정개념의 효력여부에 대한 잣대인 "예측가능성"은 어디까지나 가장개념에 불과한 것이었고, 실제의 기준은 헌법재판소 재판관들의 이익형량체계 내지는 가치관이었던 것이다.

Ⅵ. 공익소송

이하에서는 특히 공익소송을 중심으로 이익의 침해(Injury) 또는 충분한 이익(sufficient interest) 요구가 점차 완화되어 가고 있는 경향을 영국을 중심으로 살펴보고자 한다.

---

60) 헌법재판소 1991. 7. 8. 선고 91헌가4 결정; 헌법재판소 2001. 9. 27. 선고 2001헌가5 결정.

61) 헌법재판소 1998. 4. 30. 선고 95헌바55 결정.

62) 헌법재판소 2001. 8. 30. 선고 99헌바90 결정.

1. '충분한 이익(Sufficient Interest)' 요건의 약화

공익소송(Campaign litigation)에 있어서는 개인은 이익 내지 이해관계(Interest)를 가지지 아니한다. 그래도 소송을 제기하는 것은 종종 소송에서 각하를 당하더라도 그를 통하여 공공의 관심을 환기할 수 있기 때문이다. 또한, 최소한 원고적격 판단 단계에서나마 정부가 법원에 대하여 답변을 하도록 만드는 효력도 있다. 그러한 소송의 필요성에 대하여 영국은 나름 인지하고 있지만, 그러한 필요성이 참견장이(Busybody)들의 무분별한 소송으로까지 흐르는 것은 막아야 할 필요성 역시 부인할 수 없었다.

2. 공익소송과 원고적격

영국에서는 World Development Movement 사건을 통하여 공익소송에서 원고에게 원고적격을 인정하는 경우는 다음의 요건이 충족되는 경우라 한다.

- 사안이 公衆에게 중요할 것.
- 다른 자들 중에서 당해 사안에 대하여 제소를 할 것을 기대하기 어려울 것.
- 원고가 당해 분야에서 중요한 역할(Prominent Role)을 수행하고 있을 것.

논자에 따라서는 위의 각 요건 이외에 보다 직접적으로 소송을 수행하기에 적합한 자가 있을 때에는 그 자 이외의 자의 소송을 받아들여서는 아니 된다는 기준을 주장하기도 한다.[63]

영국은 Sufficient Interest가 필요하다고 판시하고 있지만, 위에서 살펴본 각 요건 중 그나마 마지막 요건 정도가 그에 비슷한 측면이 있다 볼 수 있을 것이다. 그러나 단순히 중요한 역할을 수행한다는 이유만으로 Interest를 인정하기는 어려운 면이 없지 않다는 점을 생각하면 사실상 Sufficient Interest라는 요

---

63) 대표적으로 제3자의 이익을 주장하는 소송을 들 수 있겠다. R v Home Secretary, ex p Ruddock [1987] 1 WLR 1482.

건은 별 의미가 없는 요건이 아닌가 생각될 수 있을 정도이다. 즉, 원고가 판결에 의하여 영향을 받을 수 있는 자인지 여부가 아니라, 소송을 수행하기에 가장 적합한 자인지 여부정도만이 문제될 뿐이다.[64)]

앞에서 간단히 소개한 그린피스사건에서 그린피스에게 원고적격을 인정한 이유는 원자력발전소 소재 지역에 2500명의 회원이 있다는 것이기는 하였지만, 그것은 외관상의 것이었을 뿐, 사실은 그린피스가 자연보호를 위한 전지구적단체이고, 그들의 활동이 이른바 참견장이(Busybody)의 활동이라 보기 어렵다는 점을 감안하였기 때문이라 볼 수 있다. 그러한 측면에서 보면 공익소송에는 위와 같은 세 요건이 필요할 뿐 Sufficient Interest나 미국법상의 이익의 침해(Injury)가 있어야 할 것을 요구할 이유는 없다 보는 것이 타당해 보이는 면이 적지 않다.

3. 참견장이에 의한 소송의 방지

특히 영국에서는 참견장이에 의한 소송이 이루어져서는 아니 된다는 점을 공익소송과 관련한 주요한 주제로 보고 있다. 예컨대 영국의 Fraser 대법관은 “단순한 참견장이들에게는 Sufficient Interest가 있다 볼 수 없다. 문제는 특정 사안에 대하여 참견장이에 불과한 자들의 참여하고자 하는 의지만 있는 것인지, 당해 사안에 의하여 영향을 받는 자의 이익이 걸려있는 것인지, 또는 합리적인 이해관계가 있는 것인지 여부가 구분이 쉽지 아니하다는 것이다.” 라고 지적하고 있다. 비록 이들을 걸러 내기 위한 기준으로서 법원은 여러 가지 요건들을 사용하고 있지만, 결국 공익소송에서 법원이 주된 관점으로 보는 것은 바로 위 구분의 문제라 할 것이다.

---

64) Timothy Endicott, 「Administrative Law」, New York, N.Y.: Oxford University Press, 2009, at 405.

Ⅶ. 結論에 갈음하여(영미판례에서 얻을 수 있는 교훈)

1. 권력분립과 가장개념

이상에서 살펴본 원고적격 문제는 결국 사법의 행정에 대한 간섭의 정도 문제 즉, 권력분립 내지 행정에 대한 사법의 심사강도 문제와 직결된다. 원고적격의 범위를 넓히게 되는 경우 종래 행정의 영역이라 보고 있었던 영역에 대하여 사법의 판단이 가능하게 된다. 그 대표적 사례가 영국의 World Development Movement 사건이나 미국의 United States v. SCRAP 사건, Massachusetts v. EPA 사건이다. 그러나 미국의 경우 Chevron 사건을 통하여 행정의 재량에 대한 간섭을 회피하여 왔고, Lujan 사건을 통하여 시민소송 규정을 무시하여 버림으로써 사법이 행정에 지나치게 간섭하는 경향에 제동을 걸고자 하였다. 어쨌든 미국은 전반적으로 사법소극주의 입장을 취하고 있으면서도 최근 Massachusetts v. EPA 사건에서 보듯 경우에 따라서는 사법적극주의 입장을 취하기도 한다. 그리고 그 도구로서 사용하는 것이 Injury 등 원고적격의 인정범위 확대와 재량남용규정 적용범위 확대이다.

이점 우리나라의 경우에도 다를 바 없다 볼 수 있다. 소의 이익이 인정되는지 여부, 재량의 일탈·남용에 해당하는지 여부에 대한 판단을 통하여 경우에 따라서는 사법의 적극적 역할을 기대할 수도 있을 것이다. 종래 권력분립은 기본권 주체들간의 이익형량이 필요한 장소를 모두 예견하여 그 이익형량의 기준을 의회가 일반·추상적으로 만들 수 있음을 전제로 하는 것이었다. 그리하여 행정은 그 법률에 따른 행정을 하면 되었고, 사법은 입법이 정하여 놓은 법률의 한도 내에서 행정이 수행되는지 여부를 심사하는 감시자의 역할을 하고 있었다 할 수 있다. 그런데 사회가 복잡·다단하여지면서 입법이 이익형량이 필요한 장소에 빠짐없이 법률을 제정하는데 한계에 봉착하게 되었다. 그리하여 나오게 된 것이 재량규정 및 불확정개념 규정이다. 물론 입법이 의도적으로 법을 제정하지 아니하여 공백상태로 둔 부분이 있을 수 있는데 이 역시도 입법이 이익형량의 적절한 기준을 찾기에는 그 능력에 한계가 있기 때문이라는 점은 다를 바 없다. 한편, 행정은 일선에서 이익형량을 담당하여야 하는 주체이다. 위 Massachusettes v. EPA 사건의 경우 산업계의 이익과 공중의 건강 사이의 이익형량이 필요한 장소라 볼 수 있다. 다수 의견들은 위와 같은 불확정개념, 재량개념, 의도적인 입법의 공백에 대해서 행정에게 자유의 영역이 주어져 있는 듯이 해석하지만, 위 모든 개념이 입법의 한계에서 발생하는 피치 못할 입법의 선택이지 행정에게 자유를 준 것이라 해석하여서는 아니 된다. 어느 경우에도 행정의 본연의 업무가 기본권 사이의 적정한 이익형량 작업의 수행이라는 점을 부인할 수 없다. 그리고 그러한 수행 여부에 대해서 그 누구도 통제할 수 없다 보는 것도 타당하지 아니하다. 절대적인 권한은 절대적인 부패를 불러오기 마련이다. 법원의 역할은 그로부터 시작한다. 立法은 기본권 사이의 이익형량에 필요한 기준이 어떤 것이 있을지 "사전적"으로 판단하기 어려워 입법에 공백을 두었지만, "사후적"으로 사건을 심사하는 司法은 이익형량에 필요한 정황적 요소를 모두 파악하고 있다. 입법이나 사법이나 인적·물적 능력에서 미약하기는 마찬가지이지만, 최소한 사법은 입법보다는 더 유리한 위치에 있는 것이다. 그러한 사법은 자신의 사법권을 행사하여 행정이 적절한 이익형량을 하도록 하는 감시자의 역할을 다하여야 한다. 다만, 비록 사후적으로 심사한다고 하더라도 행정에 비하여 인적, 물적 능력이 부족한 사법이 행정의 판단을 바꿀 수 있을 정도의 강한 확신을 갖는 경우는 많지 아니할 것이다. 그러하기 때문에 사법은 그의 판단을 행정에 앞세우고자 하는 유혹을 자제할 필요가 있다. 그러나 그러한 유혹이 유혹에 그치지 아니하고 확신에 가깝게 될 때 사법은 행정의 판단을 넘어서는 판단을 할 수 있어야 한다. 그리고 그 기제가 되는 것이 재량의 일탈·남용, 원고적격의 인정범위이다.

이렇게 본다면 재량의 逸脫·濫用이나 소의 利益 인정에 있어 그 기준을 지나치게 좁게 해석하고, 그로 인하여 사법이 스스로 그의 발목을 묶는 일은 피하여야 할 것이다. 위 개념들이 사법적극주의 입장이나 아니냐에 따라 적용범위가 좌우되는 假裝개념임에도 불구하고, 당해 개념을 스스로 敎祖化하고, 그 결과 당해

假裝개념에 의하여 사법의 판단권한을 스스로 축소하는 일이 있어서는 아니 될 일이다.

2. 공익소송의 활성화

앞에서 본 각 사례에서 알 수 있듯이 공익소송은 반드시 시민소송 규정을 도입하여야만 가능한 것은 아니다. 영국의 World Development Movement 사건이나 미국의 United States v. SCRAP 사건, Massachusettes v. EPA 사건 등은 시민소송 규정과 무관하게 사실상 공익소송을 수행한 경우라 볼 수 있다. 사법적극주의의 도구 개념으로서의 원고적격, 재량의 일탈·남용을 우리라 하여 사용하지 못할 이유가 없다.

다만, 영국에서의 논의 내용과 같이 공익소송에 있어서는 '이익침해'나 '충분한 이익'의 요건을 완화시키는 입법을 하는 것이 바람직하다 할 것이다.

3. 정치적 문제의 사법 문제화

이상의 과정에서 문제가 되는 것은 공익소송을 통하여 의회나 지방자치단체가 정치적으로 토론하여야 하는 내용이 사법의 장으로 들어오는 일이다. 실제로 그러한 일들이 적지 아니하였다. 예컨대 영국의 경우 정부가 영국을 유럽사회에 편입시키는 것을 내용으로 하는 로마조약에 서명하는 것이 위법임을 주장하는 Blackburn v Attorney-General 사건[65]이나 상원의원이 의회 내에서 토론하였던 사항인 유럽연합가입 관련 마스트리히조약에 대한 서명의 위법성 여부를 법원에까지 끌고 들어간 R v Foreign Secretary, ex p Reees-Mogg 사건[66]이 그 예이다. 놀랍게도 법원은 위 각 사건에서 원고적격에 대한 논의

65) Blackburn v Attorney-General [1971] 2 All ER 1380, [1971] 1 WLR 1037, CA (entry into a treaty).

66) R v Foreign Secretary, ex p World Development Movement [1995] 1 WLR 386.

를 하지 아니하였거나, 논의하였다 하더라도 원고적격이 인정된다 본 다음 본안판결을 한 바 있다.

만약 법원이 이러한 정치적 사건들을 원고적격 단계에서 걸러내었다면 공익소송이 정치를 위하여 오용된다는 의심의 여지를 상당부분 걷을 수 있었을 것인바, 결국 이는 사법의 자제라는 덕목이 필요한 부분에서 사법이 자제함으로써 해결하여야 하는 문제이지, 정치적 문제의 사법 문제화를 두려워하여 사법적극주의를 극구 피해야 한다는 결론으로까지 이를 수 있는 문제는 아니다 할 것이다.

Chapter 08

2007년 Massachusetts v. EPA 사건에 대한 고찰 및 우리 행정법에 대한 시사점

Ⅰ. 序 論

미국은 그 동안 자국 산업의 보호를 위하여 온실가스 배출규제제도의 정비에 소극적인 태도를 취하고 있었다. 그러나 기후변화로 인한 위협 및 전 세계 특히 온실가스의 배출을 엄격히 관리하고 있는 유럽 연합의 비판에 따라 온실가스규제를 위한 법안을 만들어야 한다는 목소리가 높은 것 역시 사실이었다. 그에 불구하고 미국 환경보호청(Environmental Protection Agency, “EPA”)은 계속하여 소극적 입장을 취하고 있었다. 그러나 청정대기법(Clean Air Act, “CAA”)[1]과 관련하여 나온 Massachusetts v. EPA 사건(이하 “Massachusetts 사건”)의 판결[2]을 계기로 일대 전환점이 마련되었다. 위 Massachusetts 사건은 사건 당시 미국 국내뿐만 아니라 전 세계의 관심을 끌었는데, 그 결과가 미국의 온실가스배출 관련 기본적 입장에 변화를 이끌어 내기에 충분한 것이었기 때문이다.

Massachusetts 사건 이후 온실가스 배출 감축을 위한 노력은 EPA와 의회로 나누어 살펴볼 수 있다. 우선, EPA는 온실가스의 線오염원과 點오염원 모두에 대한 규제 근거조항을 만들기 위하여 노력하고 있는 중이다. Massachusetts 사건에 불구하고 부시 정권 하에서는 이러한 과정이 상당히 더디게 진행되었으나, 오바마 정권 하에서는 비교적 속도감 있게 진행되고 있다. 그에 비하여 의회의 대응은 더딘 편이다.

Massachusetts 사건은 환경법적 면에서 워낙 중요한 사건이기에 미국에서는 그를 분석한 많은 논문이 나와 있고 우리나라에서도 이미 소개 글을 찾아 볼

1) Clean Air Act, 42 U.S.C. §§7401~7671 (Westlaw 2011).

2) Massachusetts v. EPA 549 U.S. 497 (2007).

수 있다.[3] 그러나 위 사건은 환경법적 측면뿐만 아니라 행정법 일반이론의 측면에서도 상당한 시사점을 던져주고 있다. 특히 행정소송에 있어서의 원고적격, 불확정개념 및 재량규정 관련 행정에 대한 사법의 통제 정도, 배출허용기준의 설정에 대한 입법의 행정에 대한 위임의 강도 등 문제는 우리 행정법에서도 중요하게 다루어지는 주제들이다.

그리하여 이하에서는 Massachusetts 사건의 경과를 먼저 소개하고, 당해 사건이 우리 행정법일반이론에 던지는 화두에 대하여 살펴보기로 한다. 다만, Massachusetts 사건을 소개하기에 앞서, 독자의 이해를 돕기 위해 미국의 청정대기법(CAA)의 전반적 내용을 먼저 소개하기로 한다.

Ⅱ. 미국의 청정대기법(CAA)

1. CAA의 체계

CAA는 대기 환경 규제 및 보전을 위하여 상당히 복잡하고 많은 내용을 반영하고 있다. 우선, CAA는 대기오염의 다양한 유형을 열거하고 그 오염원을 겨냥한 수많은 규제제도를 마련하고 있다. 시행의 면에서는 위와 같은 규제제도의 시행을 위하여 EPA에 상당한 재량을 부여하고 있다는 특징이 있다. 한편, CAA는 EPA와 주정부간의 규제권한 및 책임을 분리하여 명시하고 있는데 Massachusetts 사건도 그와 관련하여 발생한 사건이라 볼 수 있다.[4]

내용면에서 살펴보면 CAA는 線오염원과 點오염원으로부터 발생하는 대기오염 규제를 주된 내용으로 하고 있다. 點오염원은 사업장과 발전소를 포함하며, 線오염원은 이동수단과 그 엔진(자동차 등)을 포함하는 개념이다.[5] 점오염

---

3) 한지형, "판례평석: Massachusetts v. EPA, 549 U.S. 497 (2007)", 「2011 환경소송의 제문제(이홍훈 대법관 퇴임기념」, 사법발전재단, 2011, 443~6면; 권종걸, "연방대법원 Massachusetts v. EPA 판결을 통해 본 미국 환경법 판례의 경향", 「영남법학」, 제30호, 2010. 3.

4) Ⅱ. 1. 가.의 두 번째 단락 참조.

원에 대해서는 CAA Title Ⅰ이, 線오염원선오염원에 대해서는 TitleⅡ가 구체적인 규제 규정을 마련하고 있다.

가. 점오염원 규제

CAA Title Ⅰ은 점오염원을 규제하기 위한 방편으로, 1) 연방대기환경기준(National Ambient Air Quality Standards, "NAAQS"), 2) 신규오염원시행기준(New Source Performance Standards, "NSPS") 및 3) 유독성오염물질규제기준("Toxic" Pollutants or Hazardous Air Pollutants, "HAPS")을 각 규정하고 있다. 위의 세 가지 기준 중 둘 이상의 기준이 중복되어 적용될 수도 있다. 위 각 기준을 간단히 살펴보면 다음과 같다.

첫째, 연방대기환경기준(NAAQS)은 연방대법원이 CAA Title Ⅰ을 가동시키는 원동력이라 칭할 정도로[6] CAA의 가장 핵심적인 규제제도라 볼 수 있다. CAA는 동법 제108조와 제110조에 걸쳐 연방대기환경기준 설정 관련 내용을 담고 있는데, 그에 따르면 EPA는 연방 대기기준을 설정할 수 있고, 각 州는 연방대기환경기준을 준수하기 위한 주 차원의 시행계획을 세워 EPA에 제출해야 한다. 그에 따라 EPA는 여섯 가지 오염물질에 대하여 연방대기환경기준을 설정한 바 있었다. 그러나 1970년 이래 새롭게 추가된 오염물질은 없는 상황이었고,[7] 그에 따라 각 州 역시 시행계획을 세울 수 없었다.

둘째, EPA는 신규오염원시행기준(NSPS)을 설정할 수 있다.[8] 이 기준은 신규 혹은 증·감축된 배출오염원(new or modified sources, 이하 신규배출오염원)에서 발생되는 오염을 방지하기 위한 목적에서 설정되는 것이다. 기존의 오염원에

---

5) 반면, 面오염원은 주택과 같이 일정 넓이 내에 소규모 발생원 다수가 모여 오염물질을 발생함으로써 해당 지역 내에 오염문제를 발생시키는 것을 말한다.

6) 42 U.S.C. §§7408, 7410.

7) 40 C.F.R. 50.2-50.16 ; see also EPA Air and Radiation, National Ambient Air Quality Standards, www.epa.gov/air/criteria.html (last visited Dec.4,2011) 참고로 NAAQS의 6가지 오염물질은 일산화탄소, 납, 이산화질소, 부유성 고형물, PM 10, PM2. 오존, 이산화황이다.

8) 42 U.S.C. §7411.

대해서는 EPA가 이미 마련한 규정에 따라 규제된다.[9)]

셋째, EPA는 공중의 건강과 환경에 특히 위해한 것으로 인정되는 유독성오염물질에 대해서 엄격한 연방배출기준(HAPS)을 설정하여 규제할 수 있다.[10)]

나. 線오염원 규제

한편, TitleⅡ에 의하면 EPA에는 신규 선오염원(예컨대 새로 생산될 자동차)에 대한 연방의 배출기준을 설정하고 연료첨가제에 대한 규제를 할 수 있는 권한이 부여되어 있는바,[11)] 그에 의하여 자동차 등으로 인한 대기오염을 규제하고 있다. Massachusettes 사건에서 문제된 것이 바로 이 부분이다. EPA는 '선오염원시행기준'을 설정할 수 있었음에도 불구하고 그를 설정하지 아니하였는바, 당해 부분과 관련하여 분쟁이 발생한 것이다.

2. EPA의 재량행사범위

CAA의 오염물질규제를 위한 제도는 여러 법률 간에 서로 유기적으로 연결되어 있다. 예컨대 특정 오염물질이 한 법률에 의하여 규제 대상이 되면, 다른 법률상에서도 규제 대상이 될 수 있기 때문이다. 그러므로 CAA의 규정들은 대기오염을 종합적으로 규제하기 위한 상당히 중요한 규제수단이 된다.

한편, 황폐화방지 제도(the Prevention of Significant Deterioration, "PSD")[12)]를 살펴보자. 당해 제도는 신규배출오염원[13)]이 발견되는 경우 위 제도 소정의 인가절차를 거치도록 하고 있다. 만약, CAA 규제 대상 오염물질이 특정 기준치(threshold)를 초과하여 배출되면 인가를 받고자 하는 신규 배출오염원을 포함하여 전체 배출시설물을 대상으로 하여 인가("PSD 인가") 절차를 새롭게 거쳐

---

9) 42 U.S.C. §7411(c).
10) 42 U.S.C. §7412.
11) 42 U.S.C. §7521.
12) 42 U.S.C. §§7460~7469.
13) 오염물질을 배출하는 새로운 사업장 등을 말한다.

야만 한다. 이는 ① 특정 물질이 규제 대상 오염물질 인지 여부 및 ② 규제대상 오염물질 관련 특정 배출시설물의 인가 여부의 이단계 구조로 나누어 볼 수 있다.

그런데 전자, 즉 예컨대 여러 물질 중 온실가스가 규제대상 물질인지를 결정함에 있어서는 재량이 인정되고 있는 반면, 일단 그것이 결정되면 특정 배출시설이 인가 대상이 되는지 여부, 즉 후자의 문제에 관한 한 재량이 전혀 인정되지 않는다.[14] 즉, EPA가 규제대상 오염물질로 결정한 이상, 일정배출기준치를 초과하여 규제 대상 오염물질을 배출하고자 하는 신규배출오염원은 황폐화방지프로그램 소정의 인가절차를 반드시 거쳐야 한다는 것이다. 요약하면 EPA의 재량행사에 따라 온실가스가 CAA의 규제대상으로 결정되고, 당해 결정 및 EPA의 설정 기준에 따른 온실가스 배출허용치를 신규 배출오염원이 초과한다면, 당해 신규 배출오염원은 반드시 PSD 인가 절차를 거쳐야 한다.[15] 그 결과 EPA가 규제대상 오염물질로 결정하는지 여부의 중요성이 무척 커지게 되었다.

3. 危害(Endangerment) 규정

CAA 제202조는 "EPA의 판단 하(in [the EPA Administrator's] judgement)"에 공중의 건강이나 복지를 "위태롭게(endanger)" 할 것으로 합리적으로 예상되는, 신규자동차를 포함한 어떤 종류의 원천이든, 그로부터 발생하는 대기오염물질(air pollutant)의 방출과 관련한 기준을 "규칙으로서 정하여야(shall by regulation prescribe)" 한다는 취지의 규정을 두고 있다.[16] 동시에 대기오염물질을 "주위

14) 42 U.S.C. §§7460~7469.

15) 참고로 이 인가절차는 상당한 경제적·행정적 비용이 소요되는 절차가 될 가능성이 높다. 그런 문제 때문에 EPA는 온실가스를 오염물질 규제대상으로 결정하려 하는 과정에서 소규모 온실가스배출시설은 PSD인가절차를 생략할 수 있도록 하는 방안을 모색하고 있다. Prevention of Significant Deterioration and Title V Greenhouse Gas Tailoring Rule, 74 Fed. Reg. 55,292 (Proposed October 27, 2009).

16) 42 U.S.C. §7521 (a)(1).

대기에 방출되는 물리적, 화학적 … 물질을 포함한 일체의 대기오염매개체"를 포함하는 것이라 폭넓게 정의내리고 있다.[17]

위 규정을 해석하면 대기오염물질 중에서 "공중의 건강 혹은 복지를 위태롭게" 할 것으로 판단되는 대기오염물질을 "危害(Endangerment)대기오염물질"이라 정의내릴 수 있는데, EPA는 어떠한 대기오염물질이 위해대기오염물질에 해당하는지 여부를 결정하여야 하게 되었다. EPA의 이러한 위해대기오염물질의 선정과정을 "危害確認(Endangerment Finding)"이라고 하며 이를 강제하고 있는 위 법 규정을 "危害規程"이라고 한다. 위해확인이 된 대기오염물질에 대해서만 규제가 가능하므로, 위해확인은 오염물질의 규제를 위한 첫 번째 단계에 해당한다 할 수 있다.

익히 알 수 있겠지만, 위 규정들은 의회가 위해대기오염물질 선정 권한을 EPA에게 包括的으로 委任하고 있음을 알 수 있다. 또, 그 위임방법으로서 "공중의 건강", "복지", "위태롭게" 등의 不確定槪念을 사용하고 있다는 점을 발견할 수 있다. 그로부터 불확정개념의 효력에 대한 문제, 불확정개념에 대한 행정의 판단에 대한 판단여지 인정문제 등 우리나라에서 논의되는 것과 동일한 문제들이 논의될 것이라는 점을 알 수 있기도 하다.

참고로 CAA에는 위 조항 이외에도 다른 위해규정들을 종종 발견할 수 있다. 앞의 2. 가. 부분에서 살펴본 대기환경기준,[18] 신규오염원시행기준,[19] 연료첨가제 관련 기준[20]이 그것이다. 앞서 소개한 CAA 제202조는 선오염원배출기준에 해당한다. 특정 오염물질에 대한 위해확인이 있게 되면 그것이 CAA 전체에 걸쳐 있는 모든 규제를 시행하는 계기가 되기는 하지만, 완벽

"shall by regulation prescribe...standards applicable to the emission of any air pollutant from any class...of new motor vehicles...which in [the EPA Administrator's] judgment cause[s], or contribute[s] to, air pollution...reasonably...anticipated to endanger public health or welfare,"

17) 42 U.S.C. §7602(g).

18) 42 U.S.C. §7418.

19) 42 U.S.C. §7411.

20) 42 U.S.C. §7511.

하게 모든 규제가 함께 적용 된다 보기는 어렵다. 예컨대 동법의 한 위해규정에서 위해확인이 있었다하더라도 다른 위해규정에서는 부분적으로만 규제되는데 그치거나 위해의 추정에 그치는 경우도 없지 아니하다. 즉, 위해규정에 따라 특정 오염물질에 대해 최초로 위해확인이 이루어졌다고 하여 다른 위해규정에서도 자동적으로 동일한 위해확인이 반드시 이루어진다고는 볼 수 없다.

이를 신규오염원시행기준 CAA 111(b)(1)(A)의 위해와 선오염원배출기준 CAA 202조(a)(1)를 비교함으로써 살펴보기로 하자. 신규오염원시행기준 111(b)(1)(A)에 따르면 EPA가 특정 오염물질을 "새로운 위해물질"로 확인하였다면 이를 점오염원의 추가 규제대상으로 고시하여야 한다. 그리고 당해 "새로운 위해물질"에 대하여 신규오염원기준(NSPS)을 마련하여야만 한다. 한편, 202(a)(1)는 이동수단으로부터 배출되는 위해대상 오염물질 관련 규정이다. 그 결과 202조를 근거로 EPA가 이동수단으로 배출되는 오염물질에 대하여 위해확인을 하였다고 하더라도 111조와 관련하여서는 결정적일 수는 없다. 선오염원의 위해확인 오염물질이 점오염원으부터 배출되는 경우 전혀 유해하지 않다거나 오염물질이 아니다 라는 주장이 불가능하다는 정도의 의미만이 있을 뿐이다. 202조의 선오염원의 위해확인 오염물질이 점오염원으로부터 배출되었다고 하더라도 그 정도가 미약하여 점오염원의 위해기준을 충족시키지 못하게 되어 111조의 점오염원의 규제대상이 되지 못하는 경우도 발생할 수 있다.

이하 살펴볼 Massachusetts 사건을 계기로 선오염원인 자동차로부터 배출되는 온실가스에 대해, EPA가 2009년 12월 危害確認을 함으로써 그에 대한 규제가 가능하게 되었다. 그러나 위에서 보았듯 선오염원 관련 위해확인 오염물질이 점오염원과 관련하여서도 당연히 위해물질로 인정되는 것은 아니다. 그러므로 점오염원으로부터 배출되는 온실가스를 규제하기 위해서는 의회의 별도의 법제정과정이 필요하다. 예컨대 발전소, 제철소를 포함한 온실가스배출시설을 주된 타겟으로 한 온실가스 배출권거래제도의 도입이 그 예이다. 그러나 여전히 미국상원은 기후변화법안을 통과시키지 않는 상태여서, EPA는 점오염원의 온실가스의 규제여부와 그 방법을 둘러싼 문제점에서 탈출구를 찾지 못하고 있는 상황이다. 선오염원에서와 같이 EPA 제정 규칙으로 해결할 여지가 없는 것은 아니지만, 또 다른 소송이 있지 아니하는 한, 의회가 움직이지 아니하는 상태에서 EPA가 먼저 움직이기를 기대하는 것이 어려운 상황인 것으로 보인다.

Ⅲ. 2007년 Massachusetts v. EPA 사건

1. 사건의 개요

2003년 EPA는 이산화탄소 등 온실가스의 규제와 관련하여 두 가지 결정을 하게 된다. 그 첫째는, EPA는 기후변화의 주된 원인이 되는 이산화탄소 등 온실가스에 대해서 CAA가 자신에게 규제권한을 위임한 바 없어 규제권한이 없다는 것이었다. 그 둘째는, 만약 EPA가 온실가스에 대한 규제권한이 있다고 하더라도 선오염원에 대한 온실가스배출기준을 마련하지 아니하겠다는 것이었다.[21]

둘째 결정과 관련하여 소송과정에서 든 이유는 i) 온실가스와 지구온도 상승 사이의 인과 관계가 명확하지 않고, ii) 자동차배출기준을 만드는 것은 단편적 접근방법에 불과하고, 더 나아가 대통령의 기술혁신을 위한 추가지원, 민간부문의 자발적, 비규제적 감축노력과 충돌되며, 개발도상국가들이 온실가스를 감축하도록 하기 위한 대통령의 협상에 악영향을 준다는 것이었다.[22]

위 결정 이후 EPA는 계속하여 이산화탄소와 온실가스에 대한 危害確認을 하지 않았을 뿐 아니라 그 당연한 결과로서 배출기준도 마련하지 아니하여 왔

21) Massachusetts v. EPA, 549 U.S. 520 (2007).

22) "EPA Denies Petition to Regulate Greenhouse Gas Emissions from Motor Vehicles" (Press release). United States Environmental Protection Agency Office of Public Affairs. 2003-08-23. Retrieved 2010-08-12.

다. 그 결과 각 州 역시 이산화탄소 등 온실가스 배출을 규제할 수 있는 방법이 없게 되었다.

그에 따라 메사추세츠(Massachusetts) 주를 포함한 12개 州와 다수의 市가 선오염원으로부터 발생되는 온실가스 규제에 대한 EPA의 不作爲에 대하여 소송을 제기하였다. 당해 소송에서 주된 쟁점이 된 사항들은 다음과 같다.[23)]

1) 12개의 주와 다수의 시에게 원고적격이 인정되는지의 여부: 종래 유사사례에서 주와 시에게 원고적격을 인정하여 온 경우가 없었기 때문이다.

2) 온실가스가 위해대기오염물질인지 여부: 만약 온실가스가 위해대기오염물질이 아니라면 EPA는 이산화탄소 등 온실가스 배출을 규제할 수 없게 된다. 그런데 CAA 202조는 위해확인여부를 EPA의 재량판단에 따르도록 하고 있다.

3) 위 2)와 관련되는 논점으로서 EPA가 CAA 202(a)(1)항에서 열거된 건강·복지 이외의 사항을 고려하여 위해대기오염물질 해당여부를 판단할 수 있는지 여부: 원고는 EPA가 이산화탄소 등 온실가스가 위해대기오염물질인지 여부를 결정함에 있어 CAA가 고려하라고 하는 사항 이외의 사항까지도 고려하여 부작위에 이르게 되었다 주장하였다. 우리식으로 표현한다면 재량의 행사에 있어 일탈·남용이 있었다는 것이다.

2. 사건의 쟁점 검토

가. 원고적격

(1) 종전의 미국판례

미국은 종래 원고적격을 인정하기 위한 요건으로서 이익침해(Injury), 인과관계(Causation), 회복가능성(Redressability)을 들고 있었다. 그 중 특히 문제가 되어온 것이 이익침해요건이었다.

---

23) Massachusetts v. EPA, 415 F.3d 50, 367 U.S. App. D.C. 282 (D.C. Cir. 2005).

(가) 이익의 주체

우선 누구의 이익이 침해되어야 하는가의 문제와 관련하여 연방대법원은 Sierra Club v. Morton 사건에서 단체가 그 자신의 이익이 침해되지 아니하였다면, 최소한 그 구성원 중 한명 이상의 자의 이익이 침해되었다는 사실을 입증하여야 한다고 하였다.[24] 그 점에서 위 사건 이후 단체들이 원고가 되는 소송은 그 구성원 중 한명에게 이익의 침해가 있다는 주장을 하는 것이 일반적이었다. Massachusetts 사건과 같이 州 고유의 이익이 침해되었다 주장하는 것은 드문 경우였다.

(나) 이익의 범위

다음으로 이익의 범위와 관련하여 연방대법원은 United States v. SCRAP 사건 등 다수의 환경관련 공익소송 사건에서 "숲, 강, 시냇물, 산, 기타의 자연자원의 사용 및 캠핑, 하이킹, 낚시, 관광, 기타 레크리에이션과 심미적 측면에서의 주거에 악영향"이 있다는 주장까지도 이익침해 관련 주장으로서 받아들인 바 있었다. 이점 상당히 넓게 이익침해를 인정하고 있는 듯 보였다. 그러나 Allen v. Wright 사건에서 국세청이 백인학교에 대한 기부금을 세액공제 하여주는 조치가 흑인아동들이 선택할 흑백혼합학교의 설립을 방해하고 그로 인하여 학교선택권이 침해된다는 원고의 주장에 불구하고 원고적격을 부인하였다.[25] 방만한 재정지출과 관련하여 간접적으로 더 많은 세금을 납부하여야 하게 된 납세의무자들의 소송도 각하되었다.[26] 영국에서는 말레이시아 등에 대한 댐건설 해외원조자금이 말레이시아 주민들에게 이익이 되지 않는다고 주장한 시민단체의 이익을 인정한 사례[27]가 있었지만, 미국에서는 반대로 Lujan

---

24) Massachusetts v. EPA, 549 U.S. at 526.

25) Allen v. Wright, 468 U.S. 737 (1984).

26) Frothingham v. Mellon and Massachusetts v. Mellon, 262 U.S. 447 (1923), 영국에서 비슷한 사건으로는 Fleet Street Casuals 사건으로 통칭되는 R v Inland Revenue Commissioners, ex p National Federation of Self-Employed and Small Businesses Ltd [1982] AC 617. 참조.

27) R v Foreign Secretary, ex p World Development Movement [1995] 1 WLR 386, 395,

v. Defenders of Wildlife 사건에서 자국의 멸종위기종보호법(Endangered Species Act of 1973, "ESA")에 의한 보호범위를 전 세계에서 자국 및 공해로 규칙을 변경한 국토부장관의 행위에 대하여 시민단체의 원고적격을 부인하였다.[28] 특히 위 루잔 사건의 경우 ESA에 시민소송 근거 규정이 있었음에도 불구하고 당해 조항이 헌법에 위배된다는 이유로 원고적격을 인정하지 아니하였다. 이렇게 미국의 경우에는 원고적격 중 특히 침해요건을 비교적 좁게 인정하고 있는 추세였다.

(2) Massachusetts 사건에서의 판결

연방대법원의 다수의견은 州나 市인 원고들에게 그 고유의 이익이 있고, 당해 이익이 침해되었다고 보아 원고적격을 인정하였다. 즉, 20세기 기간 동안 10 내지 20센티미터의 해수면 상승이 있었고, 메사추세츠주의 해안지역도 잠기기 시작했다는 등의 자료를 근거로 실질적(actual)이고 절박한(imminent) 손해가 있다는 점을 인정하였다. 이점 종전에 단체 구성원의 이익을 대변하는 지위로서의 원고적격만이 인정되고 있던 단체들이 그 자신의 이익의 직접 침해를 원인으로 하여서도 원고적격이 인정될 수 있다는 점을 보여 준 사례라 할 수 있겠다.

구체적으로 살펴보면 다수의견을 작성한 스티븐스(Stevens) 대법관은 州는 자신이 관할하는 토지와 대기에 대해서는 시민과는 별도로 절차적,[29] 실체적 이익을 가질 수 있고, 이러한 이익이 침해되었다면 원고적격을 인정할 수 있다면서, 1) 해수면 상승 위험을 통해 나타나는 주 관할 지역에서의 구체적인 피해(Injury)는, 2) 이의가 제기된 EPA의 부작위에 그 원인을 찾아 볼 수 있으며(Causation), 3) 이는 이의를 받아들임으로써 해결될 수 있는 가능성이 있다(Redressability)는 이유로 주에게 원고적격을 인정할 수 있다고 한다.[30]

(World Development Movement 사건). 이 사건은 해외원조자금을 영국의 원조 수혜 해당지역에 대한 수출과 연계한 것이 문제의 발단이 되었다는 특성이 있다.

28) Lujan v. Defenders of Wildlife, 504 U.S. at 555 (1992).

29) 42 U.S.C. §7607(b)(1).

그러나 이러한 다수의견에는 소수의견이 지적하는 바와 같이 의심스러운 면이 없지 아니하였다. 우선, 메사추세츠주의 해수면이 상승하고 있는지에 대한 직접적이고 명확한 증거자료는 찾기 어려웠다(Injury). 다음으로 해수면 상승이 있다고 하더라도 그것과 온실가스 사이에 인과관계가 있음을 입증하는 과학적 증거를 찾기도 쉽지 아니하였다(Causation). 마지막으로 설사 EPA가 온실가스를 규제한다고 하더라도 신흥개발국의 점증하는 온실가스배출량을 보건대 해수면상승 현상이 나아질 것으로 보이지 아니한다는 면도 없지 않았다(Redressability).[31] 그러함에도 불구하고 다수의견은 EPA의 규제 결과 그 효과 여부가 확정적이지 아니하다 하더라도 그것이 원고적격을 인정하지 못할 이유가 되는 것은 아니라는 점, 미국 내 교통 분야에서 발생하는 온실가스량이 어마어마한 양이라는 점, 신흥국가들에게서 어떤 일이 일어나든 미국 내 온실가스 감축활동은 최소한 지구온난화 속도를 지연시켜주는 효과는 있을 것이라는 점 등 만을 지적하며 원고의 이익침해가 실질적이고 절박한 것이라 판단하고 있다.[32]

이러한 점을 감안한다면, Massachusetts 사건의 사실관계와 관련하여 원고들에게 실질적이고 절박한 이익의 침해가 있다 보기 어렵다는 판단을 하더라도 그리 무리스러운 판단이라 보기 어려웠다. 특히 법원 내에서도 팽팽하게 대립하는 서로 다른 판단을 내릴 수 있는 정도라면[33] 행정의 판단을 따라 줄 필요가 있었다. 다수의견이 명백히 입증되었다고 보기 어려움에도 불구하고 온실가스가 해수면 상승의 원인이 되고 있다는 점을 인정하고 있는 듯한 이유는 무엇일까?

---

30) Massachusetts v. EPA, 549 U.S. at 518~20.

31) http://www.law.cornell.edu/supct/html/05-1120.ZD1.html. Cornell University, Roberts dissenting opinion.

32) Massachusetts v. EPA, 549 U.S. at 528~29.

33) 5명의 대법관이 원고적격을 인정하였고, 다른 4명의 대법관이 그에 반대하였다.

(3) 假裝 요건으로서의 이익침해

이렇게 이익침해 여부와 관련하여 논란이 있는 것은 이익침해여부가 아니라 다른 곳에 다툼의 본질이 있기 때문이다. 그 다른 곳이라 함은 사법과 행정 사이의 권력분립에 대하여 어떻게 보아야 하느냐라는 쟁점에 대한 입장차이이다. 당해 쟁점에 대하여 사법이 그 권한을 자제하여야 한다는 입장에 서는 대법관들은 종래부터 권한의 자제가 필요하다 생각되는 곳에서 권한의 자제가 필요하다 말하는 것이 아니라 원고에게 이익의 침해가 없어 원고적격이 인정되지 아니한다고 말하여 오고 있었다. 반대로 사법적극주의 입장에 선 대법관들은 본안 판단을 하여 주기 위하여 원고에게 침해되는 이익이 있다고 말하여 오고 있었다. 그 때문에 언뜻 보면 사실관계에 불과한 이익침해 여부가 사실은 권력분립 관련 가치판단의 쟁투의 장으로 변모하게 되었다.

사법소극주의의 입장에 선 대표적인 사람이 스칼리아(Scalia) 대법관과 로버츠(Roberts) 대법관이다. 특히 스칼리아 대법관의 의견은 하급 법원과 달리 비교적 사법소극주의의 입장에서 판결을 하여 오던 기존의 연방대법원 입장을 잘 반영해 주고 있다.

스칼리아 대법관은 원고적격이란 개별적·구체적 이익이 침해된 자에게만 인정되는 것으로, 단체인 경우 그 구성원의 단 한명이라도 개별적, 구체적 이익이 침해된 경우에만 인정되는 것이며, 그러한 이상 주에게는 원고적격이 인정되지 않아 각하되어야 한다고 주장하였다. 또한, 원고의 주장을 인용하는 다수의견은 규칙제정부작위에 대한 의무이행청구소송이 제기될 때마나 법원이 행정청에게 일정한 판단을 하도록 강제할 수 있다고 대답하는 것이나 다름없다고 보았다. 더 나아가 정부가 자신의 판단을 연기하고 있다는 점에 대하여 관련 법률이 제재할 수 있다는 구체적 규정이 없는 이상 행정부의 부작위에 대하여 대법원이 판단을 강제하여서는 아니 된다고 하였다. 그러므로 온실가스가 지구온난화의 주된 원인인지 여부에 대하여 과학적으로 불확실한 면이 있다면 EPA는 자신의 결정을 미룰 수 있다 본다.[34)]

---

34) http://www.law.cornell.edu/supct/html/05-1120.ZD1.html. Cornell University. Scalia dissenting opinion.

그러나 이상의 각 주장 내용들은 가장된 주장에 불과하다. 스칼리아 대법관이 주장하고 싶은 진짜 내용은 행정청의 재량 범위 내의 판단에 대하여 사법은 그 개입을 자제하여야 한다는 것으로 요약할 수 있을 것이다. 이러한 입장을 스칼리아 대법관 스스로 보다 더 직접적으로 표출하고 있기도 하다. 즉, 그는 ① Massachusetts 사건에도 Chevron 판결을 적용하여야 하고, ② 아무리 어떤 정책이 중요하다 하더라도 사법은 행정의 경험과 논리를 존중해야 할 필요가 있다고 한다.[35)]

이러한 스칼리아 대법관의 판단을 우리식으로 표현하자면 행정청의 裁量範圍 내 판단 또는 불확정개념 관련 判斷餘地 내 판단에 대한 소송을 제기하는 경우 원고적격 자체를 부정하여 사법심사의 대상에서 제외하자는 것으로 요약할 수 있겠다. 종전 독일 행정법에서도 비록 퇴색되기는 하였지만 재량행정의 경우 사법심사의 대상에서 제외하고자 하는 견해가 있었고, 불확정개념과 관련하여서는 이른바 판단여지라는 이름하에 아직도 사법심사에 대하여 부정적인 견해가 없지 아니한데, 스칼리아 대법관의 입장이 그러한 것으로 이해하여도 무방할 것이다.

어쨌든 다수의견을 대표한 스티븐스 대법관이나 소수의견을 대표한 스칼리아 대법관, 로버츠 대법관의 원고적격 관련 견해는 이익침해여부, 원고적격 인정여부 그 자체보다는 행정의 정책판단 심사 관련 사법의 판단 자제 필요성 여부에 대한 판단이라 볼 수 있다.

그러한 면에서 보면 이익침해 여부는 사법 자제 필요성 인정 여부에 따른 종속변수에 불과한 것이다. 그 결과 이익침해가 없어 보이는 장소에서 이익침해가 있다 하거나, 혹은 반대로 이익침해가 있어 보이는 사건에서 없다 하는, 즉, 사실관계와 다른 듯한 판단이 나오는 것도 얼마든지 가능하다. United States v. SCRAP 사건, Allen v. Wright 사건 사이의 일치하지 아니하는 듯한 이익침해 인정 범위나, 비슷한 사안임에도 불구하고 전혀 다른 판단을 한 영국의 World Development Movement 사건과 미국의 Lujan v. Defenders of

---

35) http://www.law.cornell.edu/supct/html/05-1120.ZD1.html. Cornell University.

Wildlife 사건도 이해가능하다. 요컨대 사실관계에서 이익침해 여부의 기준을 찾으려하는 시도는 헛된 시도이다.

나. 온실가스가 危害대기오염물질인지 여부에 대한 판단

(1) 온실가스가 대기오염물질에 해당하는지 여부

EPA는 "자신의 판단"에 의해 공공의 건강이나 복지를 위협하는 대기오염을 야기하거나 혹은 그에 기여할 만한 자동차나 자동차엔진으로부터 배출되는 "모든 대기오염물질"에 대한 배출기준을 정하여야 한다.[36] 그러므로 건강이나 복지를 위협하는지 여부를 판단하기에 앞서 이산화탄소 등 온실가스가 大氣汚染物質에 해당하지 아니하면 배출규제를 할 수 없음은 당연하다.

참고로 CAA는 "대기오염물질"을 "물리적, 화학적, 생물학적, 방사능 … 물질로서 대기 중으로 유입되거나 배출되어지는 모든 대기오염 매개체 혹은 그 조합"으로 정의하고 있다.[37] Massachusetts 사건의 원고는 위와 같은 조항을 근거로 CAA는 광범위하게 대기오염물질에 대하여 정의하고 있는바 그렇다면 "이산화탄소 등 온실가스는 CAA상의 대기오염물질로 보는데 문제가 없다."고 주장하였다. 즉, 이산화탄소 등 온실가스가 대기오염물질인지의 여부에 관한 의문점은 법률상의 용어로도 해소 가능한 것이라 한다. 연방대법원은 그와 같은 원고의 주장을 받아들인 바 있다.

(2) 온실가스가 危害대기오염물질에 해당하는지 여부

연방대법원이 이산화탄소가 CAA의 대기오염물질이라고 확인하였다고 하여 자동적으로 CAA 202(a)(1)의 危害대기오염물질이 되는 것은 아니다. EPA는 대기오염물질에 대하여 1) 危害確認, 2) 危害未確認, 그리고 3) 危害確認不可能이라는 결정을 할 수 있다.[38]

36) 42 U.S.C. §7502(a)(1).
37) 42 U.S.C. §7602(g).
38) 42 U.S.C. §7521(a)(1).

이와 관련하여 원고들은 전 세계적 온난화 현상은 이산화탄소 등 온실가스의 유독성에서 비롯된 것이 분명하므로 온실가스가 危害대기오염물질이라고 주장하면서 그를 뒷받침할 수 있는 과학적 증거도 제시하였다. 그러면서 온실가스를 규제하지 않겠다는 EPA의 결정은 CAA를 위반하는 것이라고 주장하였다.[39)]

반면, 원고의 주장에 대하여 피고인 EPA는 자동차의 연료효율성을 증가시키기 위한 다른 조치들이 이미 취해졌으며, 소송일 현재 온실가스에 대한 과학적 조사와 연구가 진행 중이므로 危害確認 不可能으로 볼 수 있어 규제하지 아니한 것이라고 답변하였다. 지구 온난화 현상을 야기한 직접적 원인이 온실가스 배출인지 여부에 대한 과학적 불확실성이 EPA의 비규제 결정의 가장 큰 이유였다는 것이다.

연방 대법원은 EPA의 주장을 받아들이지 아니하였다. 연방대법원은 이산화탄소 등 온실가스가 危害대기오염물질에 해당하므로 EPA는 이를 규제할 권한이 있음을 확인하고, EPA의 비규제 결정에 대하여 재검토하여야 한다는 취지의 판시를 하였다.

다. 정책적 사유로 인한 재량적 판단 가능성

연방대법원이 危害대기오염물질임을 스스로 판단하고 있으면서도 재검토결정을 내린 이유는 두 가지 의미로 해석할 수 있다.

첫 번째는 최소한 행정의 재량범위 내 판단 사항에 대해서는 사법의 개입을 자제하겠다는 그간의 태도를 완전히 내팽겨 칠 수 없다는 고려이다.

두 번째는 그러함에도 불구하고 만약 EPA가 CAA 202(a)(1)에 따라 건강(health)·복지(welfare) 만을 고려했다면 이산화탄소 등 온실가스를 규제하지 아니하겠다는 결정을 내리는 것은 거의 불가능할 것이라는 나름의 疑心 내지 期待가 깔려 있다는 점이다. 사실 EPA는 온실가스 규제와 관련하여 놀라울 정도로 자

39) Massachusetts v. EPA, 549 U.S. at 12~23.

신의 권한을 행사하지 아니하고 있었다. 그것이 온실가스가 환경에 해가 되지 아니한다고 보아서 한 결정이라고 믿는 사람은 그리 많지 않다. 그보다는 자동차업계나 기타 산업계의 요구사항을 정치권을 통하여 전달받은 결과 그의 권한을 충분히 행사할 수 없었을 뿐이라 해석하는 견해가 더 많은 상황이다.

그러나 연방대법원은 그러한 기대를 하고 있다는 것만으로 안심할 수 없었던지, EPA는 CAA 202(a)(1)에 따라 CAA의 위해규정에서 정하고 있는 대기오염물질이 공중의 건강과 복지에 미치는 위해가 있는지 여부만을 기초로 결정하여야 하고, 다른 요소[40]들을 개입시켜 결정하여서는 아니 된다는 취지의 판단을 판결문에 명시하였다. 즉, EPA가 규제하지 아니하겠다는 결정을 할 때 건강·복지 또는 기타 법에서 정하고 있는 고려사항이 아닌 다른 사항을 고려하였다면 당해 비규제 결정은 부적법하다 보아야 한다고 못을 박은 것이다.[41] 이로서 사실상 그 동안의 연방대법원의 사법소극주의적 입장을 고수하는 척하면서도 실상은 사법적극주의 입장을 취하는 결과가 되었다.

어찌되었든, Massachusetts 사건은 이산화탄소 등 온실가스가 지구 온난화와 기후변화의 직접적 원인이라는 지구온난화 이론의 진실여부를 법원이 결정할 수 있다는 판단으로 받아들여져 적지 아니한 비판을 받게 되었다.[42]

---

40) 중국 등 신흥개발국가들이 발생시키는 온실가스가 미국에서 감축하는 온실가스를 상쇄할 것이라는 점, 미국 대통령이 이들 국가와 온실가스감축협상을 할 때 상호양보를 이끌어 낼 필요성이 있는데 미국이 먼저 온실가스 감축 결정을 해 버리면 협상의 카드가 없어진다는 점, 자발적 감축노력프로그램이 존재한다는 점, 의회가 연비기준 강화 등 업무를 교통부에 위임하였다는 점 등.

41) 다수의견은 온실가스가 기후변화에 공헌하지 아니한다는 결정을 한 때 또는 공헌 여부에 대하여 결정을 하지 아니하거나 할 수 없는데 대하여 합리적인 설명을 할 수 있을 때 비로소 EPA는 규칙을 제정하지 아니하여도 된다고 한다.

42) 법정에서 지구온난화 이론의 진실여부에 대한 공방이 있기는 하였지만 연방대법원에 제기된 청구취지 자체가 법적인 문제에 대해서 한정하고자 하기도 하였거니와, 비록 변론과정에서 대법관들이 표출한 의견이 공공의 토론에 영향을 미치기는 하였지만 기본적으로 연방 대법원은 이산화탄소 등 온실가스가 지구온난화를 야기하는지 여부에 대해서는 분명한 태도를 취하지 아니하였다고 하는 견해도 있다. Freeman, Jody and Vermeule, Adrian, Massachusetts v. EPA: From Politics to Expertise (August 2007). Available at SSRN: http://ssrn.com/abstract=1008906 or http://dx.doi.org/10.2139/ssrn.1008906.

3. Massachusetts 사건 판결 이후의 경과

가. 선오염원에 대한 연방배출기준의 우선 적용

지금까지 살펴본 바와 같이 Massachusetts 사건을 통하여 EPA에게는 CAA 202(a)(1)에 따라 자동차 온실가스의 규제 여부를 재심사하여 결정해야 할 의무가 부과되었다. 그러나 위 판결에 불구하고 EPA는 부시정권하에서는 여전히 선오염원으로부터 배출되는 온실가스에 대한 위해확인을 하지 않았다. 2008년에 가서야 선오염원의 온실가스 규제를 하기 위해 필요할 것으로 예상되는 "규칙(행정입법) 제정에 대한 사전 통지"[43]와, 온실가스를 규제하기 위한 가능한 규제적 접근방법을 고시[44]하였다. 반면, 오바마 정권은 Massachusetts 사건의 대법원결정에 다소 민첩하게 대응하여 2009년 12월 이동수단으로부터 배출되는 온실가스에 대하여 최종적 위해확인이 있었음을 고시하였다.[45] 그 내용은 다음과 같다.

(1) 危害確認 : 대기상에 존재하는 주요 6개 온실가스와 관련하여 당해 온실가스가 현 세대의 건강과 복지뿐만 아니라 미래세대마저도 위태롭게 하고 있다고 판단하여 온실가스를 위해대기오염물질로 확인하였다. 이러한 확인은 아래 (2)에서 살펴보는 202조에 의해 규제될 수 있는 자동차 등 이동수단 뿐만 아니라, CAA 규정상의 상호관련성으로 인해 점오염원 등 다른 온실가스 배출시설에 대해서도 중요한 의미를 가진다.

(2) 原因 및 寄與確認 : 신규 자동차 등 신규 이동수단으로부터 배출되는 온실가스는 공중의 건강과 복지를 위태롭게 하는 온실가스 관련 오염에 기여하고 있음을 확인하였다. 위해확인이 확정되었다면 EPA는 202조에 따라 선오염원의 배출을 규제하지 아니하면 아니 된다. 그 결과 EPA는 2009년 9월 이러한 규제의 일부 내용을 고시하였는바, 그에는 신규 자동차의 온실가스 배출

---

43) 73 Fed. Reg. 44,354 (July 30, 2008).
44) 73 Fed. Reg. 44,418 (July 30, 2008).
45) 74 Fed. Reg. 66,496 (December 15, 2009).

관련 규제, 연료에 대한 규제 등 관련 기준이 포함되어 있다.

참고로, EPA는 자동차, 엔진, 항공기 및 연료에 의하여 방출되는 이산화탄소를 규제하기 위하여 연방 차원의 기준을 설정할 수 있다. 당해 기준은 궁극적으로는 CAA에 그 근거를 두는 것으로서 온실가스에 관한 한 주정부의 오염원에 대한 규제보다 우선적으로 적용된다.

그러나 캘리포니아주는 EPA규정을 준수하지 않고 자신이 설정한 기준을 우선 적용할 수 있다.[46] 그러한 이유는 캘리포니아주가 이미 연방기준보다 더 엄격한 기준을 적용하여 시행하고 있기 때문이다. 그를 반영하여 CAA는 캘리포니아주가 독자적인 기준을 적용 및 시행하는 것을 인정하되, 그 제한 요소로서 캘리포니아주의 배출기준이 최소한 EPA의 기준 이상의 것이어야 한다는 취지로 규정하고 있는 동시에, 연방 기준과 일관성이 있어야 하고, 다른 기준을 적용하기 위한 상황의 "긴박성 및 심각성(compelling and extraordinary)"이 인정될 수 있어야 한다고 한다.[47] 또한, 동일한 기준이 유지된다는 전제조건하에서라면 굳이 다른 주들이 캘리포니아주의 배출기준을 적용할 수 없도록 할 이유가 없다는 취지의 규정을 두고 있다.[48]

나. 점오염원에 대한 규제

Massachusetts 사건 이후 EPA는 선오염원의 온실가스를 규제하는 데 중점을 두고 있다. 하지만, 제철소, 화력발전소 등 점오염원에서 배출되는 온실가스의 양도 상당하다. CAA는 점오염원을 규제할 수 있는 다양한 규제제도를 마련하고 있지만, 아직까지도 의회는 종합적 기후변화 법안과 관련한 고심만 계속하고 있을 뿐이다.

새로운 법안이 통과되기 전까지는, CAA의 규제 관련 내용이 점오염원의 온실가스 배출을 규제하기 위한 수단이 될 수밖에 없는 상황이다. 이산화탄소

---

46) 42 U.S.C. §7543 (a).
47) 42 U.S.C. §7543(b).
48) 42 U.S.C. §7543(b)(1).

등 온실가스에 대한 위해확인이 있었던 이상 점오염원에 대해서도 전혀 영향이 없을 수는 없을 것으로 예측된다고 한다.

어쨌든 이상과 같은 점은 사법부의 위력을 보여주는 좋은 예라 할 것이다. 사실 이익단체의 힘을 생각한다면 선오염원이 점오염원보다 의회에 대한 로비능력이 약하다고 보기 어렵다. 그러함에도 불구하고 사법부가 적극적으로 그 견해를 표명한 선오염원에 대해서는 개선이 되어가고 있는 반면, 그렇지 못한 점오염원에 대해서는 그렇지 못하다는 현실을 인식할 필요성이 있다. 민주주의 국가는 보이지 않는 손에 의하여 움직여지는 부분이 물론 크지만, 로비세력 등 보이는 손에 의해 움직여지는 부분 역시 적지 아니하다. 의회가 그러한 손에 의하여 움직여지는 부분이 없지 아니하다면 사법이라도 건강과 복지를 지키기 위한 마지막 보루가 되어야 한다고 생각하는 견해들이 설 자리가 그 점에서 생긴다.

다. 입법부의 입법과 EPA의 행정입법과의 관계

연방 의회 차원에서도 이산화탄소 등 온실가스를 규제함에 있어 연방 전체적으로 통일된 규제기준을 사용함으로써 각 지역별로 서로 다른 기준이 적용되는 것을 막고자 하는 시도가 있었다. 즉, 하원은 기후변화로 인한 위협에 대응하고자 온실가스 배출거래제도 법안을 상정하여 통과시킨바 있다.[49] 다만, Massachusetts 사건 이후 4년이 지난 지금까지 상원이 종합적인 기후변화 법안을 상정하지 않고 있고, 더 나아가 가까운 장래에 그러한 계획을 기대하기 어려울 것으로 예견된다는 것이 미국 내에서의 대체적인 예측이다. 이는 미국 산업계의 목소리가 여전히 큰 힘을 발휘하고 있음을 의미한다.

한편으로 EPA의 규칙제정권과 의회의 입법권 사이의 관계가 문제된다. 대략적인 결론만을 살펴보면 CAA가 EPA에게 부여한 권한을 의회가 제한하지

49) American Clean Energy Security Act ("Waxman-Markey Act"), H.R. 2454, 111th Cong. §831 (2009), Clean Energy Jobs and American Power Act ("Kerry-Boxer Act"), S. 1733, 111th Cong. (2009).

않는다면, 규칙제정을 통한 행정입법의 방식으로 EPA는 온실가스배출을 규제할 수 있다고 본다. 이점 "법률의 위임에 의한 행정입법"이 아니라 "법률에 반하지 아니하는 행정입법"의 입장에 서 있다 볼 수 있다.

Ⅳ. Massachusetts 사건의 행정법 일반이론 관련 시사점

1. 원고적격(소송요건)

가. 원고적격 인정 요건

우리나라의 경우 공권이 인정되는 경우가 아니면 실체심리를 다 하였다고 하더라도 각하판결을 하는 경우가 적지 아니하였다. 그러나 이에 대해서는 비판의 여지가 없지 않았다. 공권은 ① 특정 행정작용과 관련하여 사익도 보호한다는 근거가 법률에 있어야 하고, ② 당해 사익이 다른 기본권 주체의 기본권 내지 이익과 비교형량 결과 우선하여 보호되어야 한다고 판단되는 경우, 즉, 이익형량의 과정을 통과하는 경우, 비로소 인정될 수 있다 볼 수 있다. 즉, 공권이란 위 ①과 관련하여 법률에서 사익의 보호 근거를 찾을 수 있어야 한다는 1단계 및 위 ②와 관련하여 다른 사익과의 비교형량 과정을 거쳐야 한다는 2단계의 심사 구조를 취하고 있는 것이다.

만약, 공권의 존재, 그 자체를 소송요건이라 해석하는 경우, 위 ①, ②단계의 심사과정을 거쳐야 비로소 본안심사로 들어 갈 수 있다는 것이 된다. 그러나 위 각 단계의 심사 과정을 모두 다 하였다면 본안심사에서 더 판단하여야 할 것이 남지 않는다. 그러므로 공권 그 자체를 소송요건이라 본다면 本案의 先取 현상이 발생하게 된다. 그렇다고 본다면, 공권의 존재를 소송요건으로 삼을 수는 없다.

그리하여 소송요건 단계에서는 위 ①만을 심사 대상으로 하고, 본안심사 단계에서 위 ②를 심사하는 방법을 생각하여 볼 수 있겠다. 그러나 이는 타당한 방법이라 볼 수 없다. 소의 이익이란 국가의 이익과 사인의 이익을 적절한 점에서 절충하고자 하는 노력의 소산이다. 즉, 당사자의 이익을 보호하면서도 국가의 이익을 일정한 한도 내에서 도모하기 위하여 본안판결을 받을 만한 필요가 없는 사건을 걸러내기 위한 기능을 하는 개념이 소의 이익이다. 이렇게 소송요건이 본안판결을 구하는 것을 정당화할 수 있는 필요가 없는 사안을 간단히 걸러내고자 하는 것이라면,[50] 당해 소송요건은 국가의 이익과 당사자의 이익을 적정히 조율할 수 있는 점에서 타협하여야 한다. 그런 점에서 볼 때 위와 같은 견해는 소송요건을 두는 실익을 취할 수 없는 견해라 볼 수 있다. ①의 관문에서 걸러질 수 있는 사건들이 그리 많지 않기 때문이다.

그리하여 결국은 소송요건 단계에서 ②의 심사 과정에서의 인용가능성에 대한 판단을 어느 정도 하지 아니할 수 없다. 이때 가능성의 판단은 어떠한 이익을 기준으로 하여야 하는가?

나. 법률상의 이익

미국은 종래부터 침해의 대상으로서 요구되는 이익을 法律上의 이익이라 하였다. 이 때 법률상의 이익이란 1) 처분의 상대방이 향유할 수 있는 이익으로 판사가 인정한 커먼로(Common Law)상의 이익과, 2) 제3자의 이익보호를 위해 상대방을 규제하기 위하여 의회가 제정한 실정법상 이익, 3) 행정의 적법한 집행을 보장하기 위해 민중에게 행정의 위법 시정을 요구하는 소송을 제기할 수 있도록 의회가 제정한 법률로서 보호하고자 하는 이익이어야 한다고 보았다.

그 이유는 우리나라에서 '소송상 보호가치있는 이익설'이 다수설을 차지하지 못하고 있는 이유와 유사하다.[51] 판사들이 헌법을 직접적 판단근거로 하여 자신의 판단을 앞세우면 의회가 제정한 법률이 그 의미를 잃게 되는, 이른바,

---

50) 강현중, 「민사소송법 (제2판)」, 박영사, 1997, 322면.

51) 박균성, 「행정법론(상) (제12판)」, 박영사, 2013, 1087면.

'법률의 자살' 현상이 있을 수 있기 때문이다. 그리하여 최소한 表面的으로는 미국이나 '법률상 보호이익구제설'이 다수설 및 판례의 입장인 우리나라나 비슷한 생각을 가지고 있는 듯 보이는 면이 없지 아니하다.

그러나 실제 내용은 상당히 다르다. 우선 위 1)에서 보는 바와 같이 커먼로상의 이익이 보호되는 이익에 포함되어 있다. 다음으로 위 2)의 폭이 우리나라와 비교할 수 없을 정도로 넓다. 즉, 행정절차법(Administrative Procedure Act, APA)에 의하여 절차적 권리를 보장받지 못한 경우 당해 이익주체는 언제든지 소송을 제기할 수 있도록 되어 있는바, 당해 규정에 따라 제3자의 이익은 어떤 이익이든 법률상 이익으로 전화될 수 있는 가능성이 있게 되었기 때문이다. 그러므로 이익의 보호를 위하여 바로 헌법에 소구하여야 하는 경우가 현격히 줄게 되었다. 마지막으로 미국은 제3자의 범위에 포함될 수 없는 자의 경우라도, 즉, 자신의 이익이 문제되지 아니하는 자들이라도, 위 3)과 같이 개별 법률에서 시민소송을 인정하고 있는 경우가 적지 아니하다. 그러한 측면에서 볼 때 "보호가치있는이익설"을 채택하여야 할 필요성이 우리나라보다 훨씬 미약하다 볼 수 있다.

다. 사실상의 이익

그러나 위와 같은 논의들은 Association of Data Processing Organization v. Camp 사건[52] 이후 그 의미를 상당 부분 잃게 되었다. 위 사건에서 연방대법원은 원고에게 원고적격이 있음을 증명하기 위해 더 이상 "법률상 이익" 혹은 "법률상 권리침해"가 있음을 입증할 필요가 없다 보았다. 즉, '사실상의 이익' 침해 주장만으로도 충분하다 보았다. 실제 법률상 이익의 침해가 있었는지 여부는 "본안"심리의 대상이 되기 때문이라 한다.[53]

---

52) Association of Data Processing Organization v. Camp, 397 U.S. 150 (1970).

53) *Ibid.*

라. 비교분석

이를 우리나라의 논의 내용과 비교해 보기로 하자. 우리나라에서도 본안의 선취 현상을 방지하기 위하여 소송요건 단계에서는 주장 그 자체로 공권의 인정가능성이 있는지 여부만을 심리하여야 한다고 보는 견해가 많다. 그런데 이때 인정가능성이란 단순한 이익의 인정가능성을 말하는 것은 아니고 법률상 보호되는 이익의 인정가능성을 말한다. 이는 우리나라의 다수설이 법률상이익보호설의 입장을 취하고 있기 때문이다. 그런데 미국대법원은 사실상 이익만으로도 소송요건 단계에서는 충분하다는 것이다.

미국도 보호 대상 이익이 법률상 보호되는 이익이어야 한다고 하면, 소송요건 단계에서 인정가능성 여부에 대한 판단은 당해 법률상 이익이 되어야 하고 사실상 이익이 되어서는 아니 될 것이다. 그럼에도 불구하고 원고적격 단계에서 사실상의 이익만을 살펴보면 된다는 이유는 무엇일까?

살피건대 위와 같은 주장이 가능한 이유는 APA 때문이라 볼 수 있다. 사실상의 이익 침해를 처음 주장한 Kenneth Culp Davis는 APA가 선택하고 있는 "침익적 영향을 줄 때"라는 용어는 제3자에게 적용될 때는 사실상 이익에 대한 침해가 되지만, 당해 사실상 이익은 APA에 의하여 근거 지워진 이익이기 때문에 결국 법률상의 이익이 된다고 한다.[54] 그 결과 미국에선 APA의 제정 이후 처분의 직접 상대방과 제3자를 구분하지 않고 자신의 이익에 침해가 있는 이상 "법률상 이익"의 침해가 있는 것으로 해석할 수 있게 된 것이다. 이렇게 사실상 이익과 법률상 이익의 구분이 별 의미가 없어진 이상 원고적격 단계에서는 전자만을 살펴보아도 무방할 것이다.

반면, 우리나라의 경우에는 법조문상으로는 공권이라는 표현이 사용되고 있지 아니하지만, 공권이 인정될 수 있는 경우여야 원고적격이 인정될 수 있다고 한다. 그런데 공권을 '법률상보호이익설'에 의하여만 판단하는 경우, 보호의 필요성이 있으면서도 소송절차를 통한 보호대상에서 제외되는 이익이

54) Kenneth Culp Davis, Administrative Rules Interpretative, Legislative, and Retroactive, 57 Yale L.J. 919 (1948).

발생할 수 있게 된다.

예컨대, 기본권 주체 사이의 이익을 형량 하여 어느 주체의 이익을 우선하여 보호하여 주어야 하는지 여부를 판단하여야 하는 장소임에도 불구하고, 당해 또는 관련 법규에 규칙모델(Regel-model)을 따른 조항[55]만이 있는 경우를 살펴보자. 우리나라의 학설은 법률상 보호되는 이익인지 여부는 당해 법률뿐만 아니라 관계규정 내지는 그 법 전체의 목적, 취지가 전적으로 공익만을 위한 것이 아니라 적어도 관계인의 이익도 보호하고자 하는 것인 때에는 원고적격이 인정될 수 있다고 보고 있어[56] 문제가 될 여지가 적어지기는 하지만, 규칙모델을 따른 법규일 경우 그런 해석을 통해서도 이해관계인의 이익을 보호할 수 없는 경우가 생기게 마련이다.[57] 그 결과 우리나라는 미국과 달리 이해관계인인 제3자의 이익을 보호하기 위하여 경우에 따라서는 직접 헌법에 소구하여야 하는 경우가 발생할 수 있다.

그 결과, "법률상 이익"이 보호대상이고, 다만 소송과정에서 원고적격 여부를 판단함에 있어 사실상 이익 침해 여부만을 판단하면 된다 보고 있는 미국과 달리, 우리나라에서는 "법률상 이익"이 아닌 "보호가치있는 이익"이 보호대상이라 보아야 하고, 원고적격 판단 단계에서는 당해 "보호가치있는 이익"의 인용가능성을 판단해 보아야 할 필요성이 더 크다 볼 수 있다.

재미있는 점은 미국은 외견상으로 법률의 자살 현상을 방지하고 권력분립을 여전히 유지하는 듯한 외관을 주면서도, 한편으로는 APA를 중간 매개로 하여 사법이 직접 헌법에 근거하여 판단할 수 있는 길을 열어 두었으나, 정작 우리나라는 후자와 같은 도구, 즉, 행정절차법이라는 도구를 적극적으로 활용하지 아니하면서도,[58] "법률상 이익보호설"의 입장에 선 학설들이 다수설을 차지한다는 점이다.

---

55) 조항에 불확정개념도 두지 아니한 경우가 한 예이다.

56) 예컨대 김동희, 「행정법 I (19판)」, 박영사, 2013, 731면.

57) 예컨대 건축허가 관련 규정에서 규칙모델을 사용하는 경우 인근 주민의 이익을 어떻게 보호할 것인지 문제될 수 있다.

58) 박균성, 전게서, 1087면.

2. 재량규정 및 불확정 개념 관련 사법의 통제

가. 재량규정 관련 사법통제

(1) Chevron 판결

미국연방대법원은 불확정개념이 문제된 Chevron 사건[59]에서 의회가 그 법률 하에서 나중에 제기될 정책적 분쟁을 해결하지 아니함으로써 법률이 쟁점사항에 대하여 규정하고 있는 바가 없거나 불명확한 경우에는 그 해석권한 및 정책해결권한은 행정청에 위임되는 것이며, 행정청의 해석이 자의적·임의적이거나 법률에 명백히 반하지 않는 한 법원은 그에 따라야 한다고 판시하였다.[60] 이는 곧 의회의 의사가 일정한 범주 내에서 재량권을 인정하고 있는 것으로 판단되는 경우에는 의회가 의사하고 있는 범주를 벗어난 것인지 여부만을 판단하면 된다는 것이다.[61]

이와 같이 연방대법원은 대체적으로 법원의 적극적·대체적 판단을 자제하며 제한된 범위 내에서 재량남용만을 판단하는 소극적 자세를 보이고 있었다. 비교적 사법적극주의적 입장을 취하고 있는 순회재판소의 판결에 대치하여 연방대법원은 일정한 문제에 대한 해결권한은 의회에 의해 행정청에 부여되는 것이고 불확실한 상황과 기술적인 상황을 고려 분석하여 적절한 판단을 하는 것은 사법보다 행정이 더 기능적으로 잘 수행할 수 있다는 기본적 입장을 취하고 있기도 한다.[62] 위와 같은 Chevron 사건 판결은 사법이 함부로 재량의 행사가 임의적·자의적(arbitrary and capricious)이라 판단하여 재량남용(abuse of discretion)에 해당한다 봄으로써 행정의 처분 등을 위법하다 보지 말라는 결론으로 귀착될 수 있다. 우리나라의 표현을 사용한다면 행정이 그 재량권의 한계를 넘었다는 판단을 함부로 하지 말라는 것이다.

---

59) Chevron U.S.A. Inc. v. NRDC, 467 U.S. 837 (1984).

60) 조원경, "불확정개념에 대한 사법심사 강도", 서울대학교 석사학위청구논문(2003), 75면.

61) 김성균·이비안, "본질성 이론의 관점에서 본 불확정개념의 효력", 「조세법연구」, 제14권 제1호, 2008. 4, 109면.

62) 조원경, 전게논문, 81면.

(2) 危害대기오염물질 관련 연방대법원의 판단

연방대법원은 이산화탄소 등 온실가스가 危害대기오염물질에 해당하므로 EPA는 온실가스를 규제하지 아니하겠다는 결정을 재검토하여야 한다는 취지의 판시를 하였다. 사실 이러한 판단은 연방대법원 입장에서는 그리 자주 볼 수 있는 것이 아니다.

인적·물적 시설 면에서 사법이 행정에 비하여 부족하다는 점은 명확하다. 당장 EPA에게는 수많은 전문가가 있지만 법원에는 그러한 전문가들이 없다. 비록 전문가가 자체 조직 내에 없더라도 대립하는 양측의 의견을 들어 적절한 판단을 함에 아무런 문제가 없다는 견해도 있지만,[63] 대립하는 주장 속에서 옥석을 가려내는 것이 어렵다는 점은 경험적으로 이미 체득된 바이기도 하다. 그러므로 사법은 행정의 판단이 명백히 잘못되었다 보기 어려운 정도가 아닌 이상 자신의 판단을 행정의 판단에 앞세우는 것을 자제하여야 할 필요성이 있다.

대기오염물질에 대한 危害確認 여부는 EPA의 재량 범위 내 행위이다. 그러므로 EPA가 과학적 불확실성을 근거로 위해확인 不可能 혹은 위해확인 延期로 결정하였다면, 행정부의 경험·전문성 및 기술성을 고려해 볼 때 이들의 결정은 존중되어야 할 필요가 있었다. 우리식의 표현을 따르자면 재량권의 일탈·남용이 인정되지 아니하는 이상 행정의 처분은 위법하다 볼 수 없어 취소할 수 없다 보아야 한다. 그리고 재량권의 일탈·남용에 해당하는지 여부는 사법의 능력부족을 감안해 볼 때 신중하게 판단하여야 한다. 그리하여 미국도 APA에서 임의적·자의적인(arbitrary and capricious) 재량행사에 한하여 재량남용(abuse of discretion)에 해당한다 하여 당해 재량처분을 위법하다 본다.[64]

---

63) 미국의 순회재판소가 이런 입장을 취하는 경우가 적지 않다.

64) 5 U.S.C. §706(2)(A). 다만, 일정한 사안에 대해서는 엄격심사(hard look review)를 하거나, 처분이나 규칙이 실질적 증거에 의하여 뒷받침되는지 여부를 기록에 의하여 심사하기도 하며(limited review on the record, 5 U.S.C. §706(2)(E)), 경우에 따라 처분이나 규칙제정절차에 의한 행정청의 결정이 전혀 사실이 보증되지 아니하는 경우에는 전면적 재심사(trial de novo, 5 U.S.C. §706(2)(F))를 하기도 한다.

(3) Massachusetts 사건 판결과 사법적극주의

언뜻 보면 Massachusetts 사건의 판결은 위와 같은 입장을 충실히 따른 것으로 볼 수 있다. Massachusetts 사건에서 연방대법원이 EPA에게 재심사를 명한 이유는 EPA가 CAA 202조가 요구하고 있는 건강·복지 차원만을 고려하여 판단하지 아니하고 기타의 요소들까지 고려하여 판단하였다는 점 때문이다.[65] 이때 기타의 요소들이란 미국 내 온실가스감축노력이 신흥개발국가들이 배출하는 온실가스량과 상쇄되어버린다거나, 그 때문에 신흥개발국의 감축협상이 필요한데 미국이 먼저 감축절차에 돌입해버리면 협상 시 쓸 수 있는 카드를 스스로 버리는 결과가 된다든가, 업계 자율적인 감축노력이 바람직하다든가 하는 것들을 말한다. 그런 관점에서 보면 연방대법원이 EPA가 재량행사에 있어 임의적·자의적 판단을 하였다고 판결함에 아무런 문제가 없는 듯 보일 수 있다.

그런데 위와 같은 기타의 요소들이 건강·복지 차원과 완전히 무관하다 보기 어려운 면이 없지 않았다. 잘 알다시피 미국이 온실가스감축에 적극적인 움직임을 보이지 아니하는 이유는 그것이 미국의 산업계에 큰 영향을 미치고, 고용에도 악영향을 미친다는 점 때문이다. 환경단체들은 환경을 최우선시 하겠지만, 경제나 고용의 측면에서 생각해보면 다른 결론이 나올 수 있었고, 그러한 결론들이 건강·복지 중에서 건강과는 무관하다 볼 수 있을지 모르지만, 福祉와는 관계되어 있다 보아도 좋을 것이다. 더 나아가 온실가스가 자연에 미치는 영향은 지역적이지 아니하고 전 지구적이라는 점, 중국·인도 등 국가에서 배출되는 온실가스가 미국보다 적지 아니하고 더 증가일로에 있다는 점 등을 감안한다면 그들로부터 감축노력을 이끌어 낼 필요성 역시 적지 아니하였다. 그리고 그것이 미국 시민들의 장기적 健康 증진에 도움이 될 수 있다 볼 여지도 없지 않았다.

그렇다면 EPA의 결정은 CAA 규정 내에서 판단할 수 있는 범위 내의 판단을 한 것이라 볼 수 있는 면이 없지 않았다. 즉, EPA의 결정이 임의적·자의적

---

65) Coalition for Responsible Regulation, Inc. v. EPA, Nos.09-1322, 10-1073, 10-1092, 10-1167 (D.C. Cir. Jun. 26, 2012).

(arbitrary and capricious)이어서 재량을 남용하였다 보기 어려울 수 있다는 것이다.[66)]

그러함에도 불구하고 연방대법원은 자신의 판단을 EPA의 결정에 앞세웠다. 사법적극주의의 본래 모습은 이렇게 재량의 일탈·남용에 해당하는지 여부가 불명확한 곳에서 그 의미가 발휘된다. Chevron 판결이 존재한 장소 역시 그러한 곳이다. 사법의 자제가 필요한지 여부가 문제되는 곳도 원칙적으로는 이런 장소들이다.

(4) 재량행정에 대한 사법심사

재량행정은 넓게 보면 입법의 능력부족에 그 존재 근거를 갖는다. 立法府는 입법 이전에 고려하여야 할 상황적 요소가 무엇인지를 파악하고 있어야 한다. 기본권 주체들 사이의 기본권을 비교형량하여 어느 기본권을 우선하여 주어야 하는지에 대한 일반·추상적 판단, 즉, 입법행위는 비교형량을 하여야 할 장소가 어떤 장소인지를 先知할 수 있음을 그 전제로 한다. 그런데 복잡다단한 현대에 있어 그것은 불가능하다. 그리하여 입법은 의도적으로 일정한 범위 내에서 행정에게 裁量을 인정하기도 하고, 경우에 따라서는 不確定槪念을 이용하여 결과적으로 재량의 여지를 남기기도 한다.[67)] 더 나아가 입법자가 Prinzip

66) Massachusetts 사건에서 연방 대법원은 이산화탄소 등 온실가스가 危害대기오염물질에 해당한다는 판결을 내려 행정의 판단을 대체하였다. 다만, 원래 위해대기오염물질로 판단되면 반드시 그 규제절차를 시작하여야 함에도 불구하고 연방대법원은 EPA에 대하여 후속 규제절차를 개시하라는 취지의 판단이 아닌, 비규제결정에 대하여 재검토를 하여야 한다는 취지의 판시를 하였다. 어찌 보면 상충되는 듯 보이는 양 판단은 사법적극주의와 사법소득주의의 양 경계를 교묘히 타고 있는 듯한 느낌을 주기에 충분하다. 다만, 연방대법원이 공중의 건강과 복지만을 생각한다면 온실 가스는 위해대기오염물질로 보아야 한다는 입장을 천명하면서, 그와 다른 고려가 개입되어 있는 것이라면 비규제 결정은 위법할 것이라는 판단을 부가하여 사실상 EPA를 코너까지 몰아가고 있다는 점에서, 再檢討는 사실상 별 의미가 없다 볼 수 있는 면이 적지 않고, 그 결과 연방대법원이 사법적극주의적 입장을 취하였다고 보아 무리가 없다 보인다는 것이 필자 개인의 의견이다.

67) 물론 국내 적지 아니한 학자들은 불확정개념과 재량은 구분하여야 한다고 한다.

모델이 아니라 Regel 모델로 입법을 한 경우에도 재량권을 인정하는 경우도 있다. 그 대표적인 경우가 우리나라에 있어서의 이른바 效果裁量說[68]이다.

어쨌든 그에 따라 행정에게는 재량을 행사하거나 판단을 할 여지가 생긴다. 그렇다면 이러한 여지의 범위 내에서 행정에게 자유가 부여된다 볼 수 있는가? 그렇다고 보기 어렵다. 재량권 부여 내지 불확정개념의 사용은 입법의 능력부족 내지 한계 때문에 할 수 없이 인정되었던 것이다. 더 나아가 행정에게 기본권 주체들 사이의 이익형량의 적정성 판단을 排他的, 獨占的으로 맡기겠다는 의미로까지 해석할 수는 없다. 재량규정이나 불확정개념을 입법이 사용하고 있는 것은 비교형량을 하여야 할 상황요소를 미리 파악하지 못하고 있기 때문이지 그 이상의 원인은 없다. 그렇지 아니한 곳에서 사용된 재량규정이나 불확정개념은 남용된 것이라 볼 수 있고, 그에 대해서는 司法審査의 끈을 놓아서는 아니 됨은 물론 사법심사의 强度도 높여야 한다. 재량규정과 불확정개념은, 비교형량의 기준을 마련하고자 하는 입법이 자신의 임무를 끝까지 달성하고자 하는 노력의 소산으로 나온 것이지, 자신의 임무를 행정에게 미루어버리기 위해서 나온 것이 아니다. 그렇다면 행정은 입법의 의사를 살펴 이익형량을 하여야 한다. 즉, 기준이 되는 것은 일차적으로는 법문이겠지만, 의회의 의사가 법문에 명확하게 나타나지 아니하다면 의회의 의사를 발견하는 과정이 필요하다 할 것이다.

다른 한편, 재량규정이나 불확정개념이 행정에게 자유를 선사한 것이 아닌 이상, 행정이 입법의 의사를 따랐는지의 여부는 최소한 사법이 심사할 수 있어야 한다. 그러한 경우에 한하여 행정의 독주를 막을 수 있기도 하다. 그러므로 재량권 범위 내라거나, 행정에게 판단여지가 인정된다는 이유로, 재량규정이나 불확정개념에 의한 행정처분이 사법심사의 대상에서 제외된다고 보아서는 아니 된다. 예컨대 이른바 "판단여지설"을 불확정개념과 관련한 사법심사

---

68) 요건충족의 효과로서 발급되는 행정행위가 침익적 행정행위이면 기속행위이고, 수익적 행정행위이면 재량행위라고 하는 의미에서의 효과재량설을 말한다. 효과재량설의 연원 및 의미에 대해서는 박정훈, "불확정개념과 판단여지", 「행정작용법(중범 김동희 교수 정년기념논문집)」, 박영사, 2005, 252~8면 참조.

를 배제하는 이론으로 오인하여서는 아니 된다.

다만, 사법도 입법이나 마찬가지로 능력이 부족한 것은 마찬가지이다. 사후심인 사법은 비록 이익형량이 필요한 장소를 사전에 예측하여야 하는 입법 보다는 사정이 낫긴 하지만, 인적·물적 시설 면에서 행정에 비하여 부족하다는 점은 입법이나 크게 차이가 없다. 당장 EPA에게는 수많은 전문가가 있지만 법원에는 그러한 전문가들이 없다. 그러한 상황 속에서, 판결 결과가 일반 공공에게 커다란 파급력을 갖는 점을 고려한다면, 사법은 행정의 판단이 명백히 잘못되었다 보기 어려운 정도가 아닌 이상 자신의 판단을 행정의 판단에 앞세우는 것을 자제하여야 할 필요성이 있다.[69]

그러나 그러한 이유로 사법이 그의 판단을 행정의 판단에 앞세우는 것을 항상 자제하여야 하는 것은 아니다. 경우에 따라서는 인적·물적 시설의 열세에도 불구하고 사법이 그의 견해를 행정의 견해에 앞세울 수 있을 정도의 자신감이 있는 경우가 있을 수 있다. 특히 의회 및 EPA의 미적거림이 국민 대다수의 의견과 배치되고, 오히려 입법이나 행정이 자동차업계라는 이익단체에 의하여 좌지우지되고 있다는 의심이 강한 경우라면 사정이 달라진다.

(5) 재량통제 기준으로서의 일탈·남용의 실질적 의미

행정소송법은 "행정청의 재량에 속하는 처분이라도 재량권의 한계를 넘거나 그 남용이 있는 때에는 법원은 이를 취소할 수 있다."고 한다.[70] 이를 해석함에 있어 재량의 일탈·남용의 경우에만 사법권의 행사가 가능하다고 생각할 수 있고, 또 대부분의 견해가 그러한 것으로 보인다.

그러나 재량권 행사에 있어 그 逸脫·濫用 및 그렇지 아니한 不當의 경우를 구분하는 것은 어려운 일이다. 앞서 본 바와 같이 입법이 이익형량 기준을 마

---

69) 박정훈 교수는 이를 사법심사의 강도 측면에서 접근하여 "경찰영역에서 국민의 신체의 자유가 문제되는 경우에는 심사강도가 100%까지 강화되고, 환경영역, 경제영역, 대학의 자치영역 등에서는 그 보다 낮은 적정한 수준의 심사강도가 결정되어야 할 것이다." 고 한다(박정훈, 전게서, 269~270면).

70) 행정소송법 제27조.

련하지 아니한 채 행정에게 재량이라는 단어로서 이익형량 업무를 담당시키게 된 근본적인 계기는 입법에게 이익형량과 관련된 구체적인 경우의 수, 즉, 행정행위의 요건을 일일이 상세하게 규율하는 것에 한계가 있기 때문이다. 그렇다고 볼 때 재량규정은 국회가 기술적인 이유로 이익형량의 기준을 일일이 규정하지는 못했지만, "현실에서의 구체적 상황을 입법이 알았더라면 어떠한 요건을 추가하였을까"라는 점에 대한 해석을 행정이 스스로 하여야 하는 경우에 해당한다고 볼 수 있을 것이다. 그 결과 재량도 순수한 선택권을 행정에게 부여한 것이 아니라 입법기술적인 면 때문에 외견상 선택권을 부여한 것으로 보일 뿐이다. 재량의 행사에 있어 '의무에 적합한 재량'[71]일 것이 요청된다는 표현은 국가의 기본적 업무를 적정한 기본권 형량으로 보는 이상 지극히 타당한 지적이 아닐 수 없다. 재량행정의 경우에도 행정이 주어진 상황에서 찾았어야 할 가상적 요건(입법자의 의사 추정)을 제대로 찾지 못한 결과 적합한 형량을 하지 아니한 경우 그러한 결과는 바로 국민의 이익, 권리의 침해로 연결될 수 있다 보아도 무리가 없을 것이다.[72]

그렇다면 위 행정소송법이나 違法과 不當을 구분하고 있는 행정심판법에 불구하고, 일정한 범위 내에서는 설사 不當한 것으로 판단된다고 하더라도 행정청에게 사법권의 간섭 없이 마음대로 판단할 수 있는 권한을 준 것으로 해석하기는 어렵다. 이러한 점은 개별 판결에서 법원이 "부당하나 위법하지 아니하다."고 판단하지 아니하고, "재량권이 일탈·남용되었다 볼 수 없다."는 표현을 사용한다는 점[73]에서도 찾아 볼 수 있다. 왜냐하면 부당하다고 법원이 주장하는 즉시 그것이 가장 적합한 답이 아니라는 점을 자인하는 것이나 다름없고, 가장 적합한 답을 찾지 못한 재량행사인 이상 당해 재량행사의 법률적 효과는 부인되어야 할 것이기 때문이다.

---

71) 대법원 1990. 8. 28. 선고 89누8255 판결.

72) 종래 오스트리아에서는 재량영역에 속하는 사항은 행정재판소의 관할에 속하지 아니한다는 입법례가 있었으나, 그와 같은 움직임은 고유한 통치행위의 영역을 확보하고자 한 역사적 배경 하에서나 가능하였던 것이다.

73) 대법원 2001. 2. 9. 선고 98두17593 판결; 2005. 7. 14. 선고 2004두6181 판결.

결국, 일탈·남용 및 부당이라는 개념은 假裝 개념에 불과하다. 즉, 일탈·남용 내지 부당이라는 개념은 사법적극주의의 동원 여부 판단 결과에 따라 법원이 임의적으로 선택하는 가장적 개념에 불과한 것이다. 법관이 사법적극주의를 채택하는 장소는 바로 행정청의 재량판단에 일탈·남용의 굴레를 씌우는 장소가 된다. 사법소극주의를 채택한 장소는 반대로 기껏해야 행정행위가 不當한 정도에 머무르고 만다고 말하는 장소이다. 학설들은 위법은 법률의 위반이고 부당은 목적의 위반으로 그 內容상 구분이 될 수 있다고 보는 듯하지만, 학설들 자체도 그 구분기준과 관련하여 깔끔한 해석을 해내고 있지 못함을 쉽게 알 수 있고, 그러한 현상은 어찌 보면 너무나 당연한 것이기도 하다.

Massachusetts 사건에서 EPA의 판단이 임의적·자의적이라 볼 수 없는 여지가 적지 아니함에도 불구하고, 임의적·자의적이라 판결한 근본적인 원인은 바로 여기에 있다. 당해 사건에서 다수의견은 EPA의 판단을 뒤집고자 하였고, 그를 위하여 EPA의 판단이 임의적·자의적이라는 꼬리표를 붙이지 아니하면 아니 되었다.

(6) 편의입법

우리나라의 현실로 돌아 와서, 특정 재량규정 내지 불확정개념이 불가피하게 만들어 진 것이냐는 점을 먼저 판단하여야 하는 경우가 적지 않다. 입법이 아무리 노력해도 기본권주체 사이의 이익형량이 필요한 장소를 알 수 없고, 그러함에도 불구하고 당해 부분을 공백으로 놓아 둘 수 없다는 판단 하에, 재량규정 내지 불확정개념을 만들어 낼 필요성이 있었다면 당해 재량규정 내지 불확정개념의 효력을 부인하여서는 아니 된다, 사법의 자제가 요청되느냐 여부와 관련하여 먼저 판단해 보아야 하는 점도 특정 규정이 탄생한 장소가 바로 위와 같은 필요성이 있는 장소였는지의 문제이다.

불행하게도 우리나라에선 재량규정이나 불확정개념을 사용한 규정이 남발되는 경향이 적지 아니하다. 그 가장 중요한 이유는 입법이 국회의원에 의하여 주도되는 것이 아니라 행정공무원에 의하여 주도된다는 점 때문일 것이다.

그러한 경우까지도 사법이 판단을 자제한다면 적정한 이익형량의 보루로서 국민이 마지막으로 기댈 수 있는 언덕인 사법이 그의 역할을 스스로 외면하는 것이나 다름없게 된다. 재량규정이나 불확정개념으로 만들 수밖에 없는 장소에서 만든 재량규정, 불확정개념에 대해서도 사법심사를 하여야 한다면, 그렇지 아니한 장소에서 만들어진 재량규정, 불확정개념에 대해서는 더욱 사법심사의 강도를 높여야 한다.

(7) 소 결 론

(가) 종속변수로서의 일탈·남용

사법적극주의나 사법소극주의와 관련하여 최종적인 판단기준은 재량규정이나 불확정개념을 행정이 최대한 입법의 의사를 좇아 최선의 이익형량을 위한 도구로서 사용하고 있느냐, 그리고 이익형량 결과가 수인가능한 정도의 것이냐이다. Massachusetts 사건에서 연방대법원이 주목한 것은 바로 이 논점에서 EPA의 결정이 의심의 여지가 적지 아니하다는 점이었다.

Massachusetts 사건과 관련하여 이익형량이 필요한 항목은 신선한 공기를 마실 수 있는 일반 공중의 이익, 산업계의 원가상승이라는 재산적 불이익, 산업계의 불이익이 일반 공중의 경제활동 및 고용에 미치는 불이익 등이다. EPA는 이들의 상호 비교형량을 통하여 온실가스에 대한 규제 여부를 결정하여야 하였는데, 최소한 위 각 이익을 적절히 절충하는 정도의 규제활동이 필요하였다. 그러함에도 불구하고 아무런 활동이 없었다는 점에서 연방대법원은 EPA가 한 이익형량의 적절성 여부에 대하여 극히 부정적 시선을 보내고 있는 것이라 볼 수 있다.

중요한 점은 Massachusetts 사건은, 이익형량이 현격히 잘못되어 있다는 생각을 법원이 하고 있음에도 불구하고, 일탈·남용[74]이라는 기준을 적용하기가 쉽지 아니한 장소였다는 점이다. "자동차업계가 의회에 적극적인 로비를 하였을 것으로 보이지만 그 점은 잘 드러나지 아니하고 … 그렇다면 EPA가 주장

---

74) 미국법상으로는 abuse of discretion, 5 U.S.C. §706(2)(A).

하는 내용들이 나름 타당성이 있다 보지 않을 수 없고 … 그 경우 EPA의 판단이 재량권을 일탈·남용하였다 보기는 어렵고 … "하는 식의 고민이 연방대법원이 가졌던 고민의 주된 내용이다.

그리하여 다수의견은 EPA의 판단이 CAA가 고려요소로 삼은 건강·복지 이외의 요소를 감안한 것이어서 재량권을 일탈·남용한 것이라는 결정을 내리고 말았다. 그러나 앞서 본 바와 같이 그와 달리 볼 여지도 충분히 있었다. 이는 결국 위법한 재량행사인지 여부와 관련한 逸脫·濫用이라는 기준이 사실관계 그 자체로부터 나오는 것이 아님을 말한다. 오히려 행정에 적극적으로 개입할 것인지 여부에 대한 사법의 판단이 先在하고 일탈·남용 여부는 그의 從屬변수로서 결정되고 마는 것일 수 있음을 말하여 준다.

(나) 사법적극주의 채택 여부를 결정하는 요소

그렇다면 사법이 행정에 적극적으로 개입할 것인지의 여부는 어떻게 결정되는 것일까? 흔히 그 여부는 사법적극주의, 사법소극주의라고 하는 법관의 기본 입장에서 나오는 것이라 오인되기 쉽다. 그러나 그 보다는 법관들의 기본권선호체계를 따른다고 볼 수 있다.

최근 미국의 환경 관련 판결의 추이를 보면 다음과 같다. 우선, 대법관 9명 중에서 확실히 환경친화적 또는 비친화적 입장에 서있는 대법관은 각각 3~4명씩이다. 나머지 한두명은 상황에 따라 유동적이다.[75] 환경친화적 입장에선 대법관들은 기존에 행정이 환경친화적 판단을 하고 있었던 경우에는 행정의 재량판단이 임의적·자의적이라 볼 수 없다는 입장을 취한다. 그러나 반대로 행정이 환경비친화적 판단을 하고 있었던 경우에는 행정의 재량판단이 임의적·자의적이라 판결하고 있다. 환경비친화적 입장에선 대법관들은 그 반대의 입장이다.

결국 대법관들이 가지고 있는 환경권 및 재산권 사이의 기본권선호체계에

75) Rapanos v. United States, 547 U.S. 715 (2006); Coeur Alaska, Inc. v. Southeast Alaska Conservation Counsil, 486 F. 3d 638, 654~655 (2007); Entergy Corp. v. Riverkipper, Inc,, 129 S.Ct. 1498 (U.S. 2009).

비추어 행정의 재량판단이 수인할 수 있는 것인지 여부를 먼저 결정하고, 그 결과에 따라 재량판단의 일탈 여부를 결정하고 있는 것이다.[76] 사법적극주의냐, 사법소극주의냐가 문제는 위와 같은 결정에 따른 결과적 外皮일 뿐이다.

나. 불확정개념 관련 사법통제

(1) 대기오염물질 여부 관련 연방대법원의 판단내용

"위해대기오염물질"인지의 여부는 위와 같이 논란의 여지가 적지 않지만, "대기오염물질"에 해당하는지 여부에 대한 판단은 비교적 간단한 편이었다. "대기오염물질"에 해당하는지 여부는 기껏해야 불확정개념과 관련한 문제일 뿐이다. 즉, "대기오염물질"과 관련해서는 행정에게 재량권을 넘겨주지 아니한 것으로 해석할 여지도 얼마든지 있다. 더 나아가 "대기오염물질"의 개념 정의 속에서 찾아 볼 수 있는 "물리적, 화학적, 생물학적, 방사능 … 물질로서 대기 중으로 유입되거나 배출되어지는 모든 대기오염 매개체 혹은 그 조합"이라는 표현 속에 불확정개념이 포함되어 있다 볼 수 있는지 여부도 불투명하다.

(2) 불확정개념 관련 행정의 판단에 대한 통제

만약 불확정개념이 포함되어 있다 본다면 그에 대한 EPA의 판단에 대한 사법의 심사에 있어서는 재량행위에 있어서의 사법의 자제와 동일한 논의가 있을 수 있다. 국내에서는 재량과 불확정개념을 구분하는 견해가 많지만 두 개념은 사실 본질적으로는 다르지 아니하다. 재량이 입법이 일반·추상적으로 이익형량을 하여야 할 요소들을 찾기 어려운 장소에서 주로 사용되는 규정 형식이라면, 불확정개념은 이익형량을 하여야 할 장소를 찾는 것이 더 어려운 경우에 사용되는 경우가 많다는 특징을 갖는다. 예컨대, 「상속세 및 증여세법」

76) 영국도 계속하여 '충분한 이익'이라는 기준을 사용하고 있기는 하지만, 위 World Development Movement사건에서 충분한 이익이 있다고 보는 것은 무리가 아닐 수 없었다. 그러함에도 불구하고 원고에게 충분한 이익이 있다고 보았다는 점은 원고적격 인정기준이 '충분한 이익' 그 자체가 아닌 다른 데 있다는 점을 말하여 주는 것이다.

에서는 "포괄적 증여" 개념을 사용하고 있는데 그 이유는 아무리 비정형적 증여행위를 법에 나열한다고 하더라도 그에 해당하지 아니하는 비정형적 증여행위가 계속 출현하여 당해 납세의무자의 이익과 다른 납세의무자의 이익을 비교·형량한 끝에 "포괄적 증여개념"을 사용하여서라도 당해 납세의무자에게 과세하기 위한 목적에서 출현한 것이라 한다.77)

그런데 국내 학설의 움직임을 보면 재량의 행사에 대해서는 不當부분에 대해서는 판단할 수 없다 하더라도, 최소한 逸脫·濫用에 대해서는 사법이 판단할 수 있다고 하는 반면, 불확정개념에 따른 행정청의 판단여지 부분에 대해서는 사법심사에서 제외하여야 한다는 견해들이 종종 발견된다. 앞서 보았듯 재량과 불확정개념이 사용되는 장소가 후자가 전자에 비하여 이익형량을 하여야 할 기본권 충돌의 장소를 더 찾기 어려웠던 것뿐이라면, 사법통제의 필요성이 후자의 경우라 해서 전자의 경우보다 적다 보기 어렵다.

물론 議員立法이 의원입법이 아니라 행정입법이 되어버린 현실에 있어서는 불확정개념이 편의행정의 도구로 사용되는 점도 없지 않다. 그러나 그러한 장소가 아닌 이상에는, 즉, 사용되어야 할 장소에 사용된 불확정개념은, 마지막까지 적절한 이익형량의 일반·추상적 기준을 마련하여야 한다는 본연의 임무를 포기하지 아니하려는 입법이 선택한 마지막 도구라 보아도 무방하다. 이렇게 불확정개념이 행정에게 자유를 인정하는 것이 아닌 이상 행정이 입법의 의사에 따라 이익형량을 하였는지 여부에 대한 마지막 통제 수단으로서 사법의 역할이 커져야 하며, 그러한 점에서 재량의 경우나 불확정개념이나 다를 수 없고, 달라서도 아니 된다.

3. 포괄적위임에 의한 행정입법, 법률유보

EPA가 제정하는 행정입법과 의회의 입법 사이의 관계에 대해서는 위에서 설명한 바와 같다. 그런데 EPA가 제정하는 행정입법은 포괄적 위임에 따른 입법이라 볼 수 있지 아니한가? 우리 헌법재판소는 행정에 법규제정을 위임하

77) 김성균, 이비안, 전게논문, 131면.

고자 하는 경우 법률에서 구체적으로 범위를 정하여 위임하여야 하고, 위임을 하더라도 법률만으로도 행정입법의 대강의 내용을 예측할 수 있어야 한다고 한다. 반면, 미국에서는 법률에서의 뚜렷한 위임규정이 아예 없거나 있다고 하더라도 매우 포괄적인 불확정개념만이 제시된 위임규정에 의하여 행정입법이 이루어지고 있는 현상을 쉽게 볼 수 있다. 이를 어떻게 평가하여야 하는가?

원래 미국헌법의 제정자들은 권력분립원리에 따라 모든 규범제정권을 의회에 귀속시키고 정부는 단지 그 집행권만을 가지는 엄격한 권력분립 제도를 채택하였다.[78] 그 결과 행정부에 법규제정권을 위임하는 것은 원칙적으로 금지되었다. 그러나 1825년 Waymann v. Southard 판결[79]에서 마샬 대법관은 "의회가 그 자신이 적법하게 행사할 수 있는 권력을 타인에게 위임할 수 있다는 것은 확실하다." 든가, 입법권비위임의 원칙은 "소멸 중(moribund)"이라 지적한 이래,[80] 의회는 최고의 입법권을 보유하지만 배타적인 입법권을 보유하는 것은 아니라는 사실이 일반적으로 인정되고 있다. 1892년 Field v. Clark 판결[81]에서도 연방대법원은 입법부의 입법위임권을 부정하는 것은 "정부의 바퀴를 멈추게 하는 것"이고, "현명하고 유용한 입법이 의존해야만 하는 많은 사항들이 있는데 이들은 입법권이 잘 알 수 없는 것이어서 의사당 바깥에서 청문과 결정을 거쳐 처리되어야 한다."고 함으로써 위임입법이 가능하다는 점을 다시 한 번 천명하였다.[82] 또한, 1928년 Hampton v. United States 판결[83]은 입법자가 행정부가 따라야 할 "明瞭한 原則(intelligible principal)"을 제시하고 있는 한 입법권의 허용할 수 없는 위임은 없다고 하여 위와 같은 경향이 일부 제동이 걸리는 듯하였으나, 무엇이 "명료한 원칙"인지에 대해 합의된 점은 없다시피 하여 사실상 제동장치로서의 역할을 수행하고 있지 못하다.

요컨대 미국에서의 위임입법의 한계는 입법권자 스스로 수권의 목적, 수단

78) 김철용·홍준형·송석윤, 「위임입법의 한계에 관한 연구」, 헌법재판소, 1996, 234면.
79) Waymann v. Southard, 23 U.S. 1 (1825).
80) 김철용 등, 상게서, 237면에서 재인용.
81) Field v. Clark, 143 U.S. 649 (1892).
82) 김철용 등, 전게서, 240면에서 재인용.
83) Hampon v. United States, 276 U.S. 394 (1928).

또는 정도를 결정해야 한다는 명제로 표현될 수 있으나, 이러한 요구는 연방대법원에 의해 사실상 관철되지 못하고 있다.[84] 미국에서는 법률유보의 원칙이란 없다는 표현은 이러한 측면에서 일응 수긍될 수 있는 것이다.[85]

이상의 논의는 결국 의회가 법률 속에 자신의 의지를 담아 위임한다면 그에 따른 행정입법은 입법권의 위임에 따른 立法의 측면보다는 의회의 의지의 집행에 지나지 않는다는 점을 강조하는 것이기도 하다. 그 결과 미국 연방대법원의 시각은 "어떤 경우이든 법원의 유일한 관심사는 의회의 의지가 준수되었는지 여부를 확인하는 데 있다." 한다.[86]

이상의 논의는 우리나라에서 논의되는 법률유보 내지 위임입법 관련 논의에 많은 시사점을 던져주고 있다. 입법이 이익형량이 필요한 사안을 일일이 파악하여 일반·추상적 규정을 만드는 것은 사실상 불가능하게 되었다. 법률에서 구체적으로 범위를 정하여 위임을 하여야 하고, 위임을 하더라도 법률만으로도 행정입법의 대강의 내용을 예측할 수 있어야 한다는 종래 우리 헌법재판소의 위임입법의 기준은 이제는 지키기 어려워진 상황이 아닌가 한다. 그러한 상황이라면 폭넓은 위임을 위하여 법률에 사용되는 불확정개념을 법치주의를 이유로 부정하거나 종래의 법률유보의 원칙을 강하게 주장하는 등의 태도는 시대에 뒤떨어졌다는 비판을 모면하기 어려울 것이다.

참고로 현재 우리 헌법재판소는 "예측가능성"이라고 하는 종전의 기준을 그대로 유지하면서도 종래 같으면 "예측불가능"하여 위헌이라 볼 수 있는 정도의 불확정개념을 이용한 법률상의 위임규정을 "예측가능"하여 합헌이라 하는 假裝的 기준에 의한 判斷을 하고 있다.[87]

---

84) 김철용 등, 전게서, 264면.

85) 이창희, 「세법강의(제7판)」, 박영사, 2008, 29면.

86) Ⅳ. 3. 나.의 지금까지의 단락은 김성균 등, 전게논문, 108~111면을 요약한 것이다.

87) 과거에는 "현저히 저렴한 대가로 대통령령이 정하는 이익"을 예측가능하지 아니하다 하여 위헌으로 보았다(헌법재판소 1998. 4. 30. 선고 95헌바55 결정). 그런데 거의 동일한 용어인 "현저히 높은 가액"은 합헌이라 보았고(헌법재판소 2001. 8. 30. 선고 99헌바90 결정) 최근에 와서는 불확정개념에 대하여 위헌으로 선언하고 있는 경우가 감소하고 있다.

V. 結 論

이상에서 Massachusetts 사건의 경과 및 그로부터 찾을 수 있는 행정법 일반 이론상의 시사점을 논의하여 보았다. Massachusetts 사건은 환경법적 측면에서 보면 대기 관련 환경규제에 뒤늦은 느낌을 주는 미국의 지금까지의 경향을 상당히 뒤바꾸어 놓고 있다는 감을 주기에 충분하다. 그에 따라 미국에 기대어 환경규제에 소홀한 국가들도 조금 더 발 빠르게 움직이지 아니하면 아니되는 상황으로 몰리게 될 것으로 예상된다.

반면, 행정법 일반이론 측면에서도 위 Massachusetts 사건은 우리에게 시사하는 바가 적지 않다. 행정입법과 관련하여서는 종래 우리나라의 법률유보 원칙의 전향적 해석이 필요할 것으로 예상되고, 재량행위나 불확정개념 관련 사법의 통제와 관련하여서도 지금보다 조금 더 적극적인 사법의 역할이 기대 된다 볼 수 있을 것이다. 그 편이 자유권, 재산권에 경도된 지금까지의 사법의 경향을 환경권, 평등권을 비롯한 기타의 기본권의 보호에도 충실한 사법이라는 평가를 듣게 하는 지름길이 될 것이기도 하다.

Chapter 09

환경권과 기타 이익 사이의 적정한 이익형량 수단으로서의 環境影響評價制度*

-環境影響評價制度에서의 合理的 代案과 不作爲 代案을 중심으로-

Ⅰ. 序 論

「환경영향평가법」은 환경영향평가를 받아야 하는 대상사업("환경영향평가대상사업")을 나열하고(제4조 제1항), 그에 해당하는 사업은 그 시행 전에 환경영향평가를 받도록 하고 있다(제13조). 그에 따라 환경영향평가가 이루어지고는 있으나, 과연 당해 제도가 환경보전을 위한 실효성있는 절차가 되고 있는지에 대해서는 의문이 적지 아니한 상황이다. 최근 4대강 사업에서 보듯 환경영향평가제도의 효용성에 대하여 근본적인 의문이 제기되는 경우도 없지 않다.

위 「환경영향평가법」은 환경영향평가제도의 문제점을 개선하고자 2008년 3월 28일 환경영향평가제도만을 규율할 목적으로 재탄생한 것이다.[1] 그 과정에서 절차적·실체적 내용도 다소 강화되었다. 그 중 특히 "代案의 檢討"를 새롭게 반영한 것은 환경영향평가제도의 기능을 한 단계 업그레이드 시키고자 하는 나름의 의지표현이라고 보아도 무방할 것이다.

---

* 이 글은 2010년 "環境影響評價制度에서 代案의 檢討 필요성: 合理的 代案과 不作爲 代案"이라는 제목으로 발표하였던 글이다. 최근 4대강 사업을 통하여 느낄 수 있듯 환경권과 기타 이익 사이의 적정한 균형점을 찾는 것은 무척 어려운 일이다. 미국의 경우에도 (i) 처음에는 법원이 환경권과 기타 이익을 직접 비교 형량하여 특정 환경영향평가결과를 받아들이지 아니하고 당해 사업을 취소하라는 판결을 하는 경우가 있었다. 다만, (ii) 최근에는 그러한 경향은 찾아보기 어려운 대신 절차적 측면을 강조하는 입장이다. 행정을 이익형량을 통하여 우선 보호할 것으로 판단되는 기본권을 결정하고 그를 집행하는 과정이라고 할 때, 당해 이익형량 작업에 대한 통제가 얼마나 어려운 것인지를 환경영향평가제도를 통하여 살펴보고자 하는 취지에서 이 책에 싣는다.

1) 법률 제9037호.

그러나 그에 그치고 있을 뿐 환경영향평가서에 포함되어야 하는 대안의 범위를 결정하는 基準은 아직까지 마련되지 못하고 있다. 대안의 검토 규정이 도입된 지 1년이 넘었음에도 불구하고 제대로 대안이 검토된 환경영향평가서를 찾아보는 것이 어려운 상황이기도 하다.

그와 관련하여 본 글에서는 그 동안의 미국에서의 판례의 흐름을 중심으로 우리나라의 검토되어야 하는 대안의 範圍 및 제도의 問題點에 대한 시사점을 찾아보고자 한다. 미국에서도 일찍이 환경영향평가제도가 ① 대상사업의 합리성 조사를 위한 제도인지, ② 환경을 고려한 정책결정과정을 절차적으로 보장하고자 하는 절차법상의 제도인지, 혹은 ③ 절차법상의 제도일 뿐만 아니라 실체법상의 제도이기도 한 것인지라는 점과 관련하여 논란이 적지 아니하였다. 미국의 법원은 처음에는 위 ③의 입장에 서있었다. 그러나 실체적 요건에 대한 분석을 빠지지 않고 반영하여야 한다는 생각 때문에 환경영향평가서가 경우에 따라 10,000 페이지가 넘기도 하는 등 그를 작성하기 위한 시간적·경제적·인력적 부담이 적지 아니하게 되는 결과가 초래되었다. 그 결과 위 환경영향평가제도를 위 ②의 절차적 제도로 축소하여 해석하는 방향으로 선회하였다가, 현재는 위 ① 소정의 대상사업의 합리성 조사를 위한 제도로 대폭 축소되어 운영되어 오고 있다. 그에 따라 환경영향평가서를 작성하는 업무부담은 감소하였지만, 그 필연적 결과로 적게는 환경을 고려한 정책결정절차의 보장, 크게는 환경의 보호라는 환경영향평가제도의 본연의 목적을 상실하고 있다는 비난이 쇄도하고 있는 실정이다. 전반적으로 미국의 움직임을 총평하여 본다면 환경보전과 개발의 필요성이라고 하는 두 가지 이익, 또는 環境權의 주체 및 財産權의 주체들 사이의 기본권의 충돌과 관련하여 어떻게 이익형량을 하여야 하는가라는 점에 대하여 치열하게 논의가 전개되고 있는 과정이라 볼 수 있겠다.

이에 본 글에서는 미국 판례를 중심으로 대안의 평가의 범위에 대한 논의의 전개 흐름을 살펴봄으로써 우리나라에 있어서의 대안검토가 어떤 내용이어야 하고, 장래 해결하여야 하는 문제점이 무엇인지 여부를 중심으로 살펴보고자 한다. 우선 Ⅱ.에서는 개정「환경영향평가법」의 의의 및 내용, 그 문제점을 살펴본다. Ⅲ.에서는 미국의 환경영향평가제도의 핵심이라고 할 수 있는 대안검토의 도입배경과 검토 범위에 대해 살펴봄과 동시에 합리적 대안과 부작위대안의 도입배경 및 그 운영 실태에 대하여 살펴본다. Ⅳ.에서는 우리의 환경영향평가서에 포함되어야 하는 대안의 범위를 제시하여 보기로 한다.

Ⅱ. 우리나라의 環境影響評價制度

1.「환경영향평가법」

우리나라의 환경영향평가제도는 1977년「환경보전법」이 그 법적 근거를 마련한 이래 수차례의 법령개정을 거쳐 1999년 12월 31일 교통·재해 관련 환경평가와 함께 처음으로 단행법인「환경·교통·재해등에관한영향평가법」(이하 "통합영향평가법"이라 한다)으로 제정되었다가, 2008년 3월 28일 교통·재해를 제외한 환경만을 대상으로 환경영향평가제도로 운영하기 위한 목적에서「환경영향평가법」으로 재탄생하게 되었다. 그 후 기존의 환경정책기본법과 환경영향평가법에서 따로 규정되어 시행되던 사전환경성검토제도와 환경영향평가제도가 2012년 7월 22일 환경영향평가법에 통합되었다.

2. 환경영향평가제도의 기능

환경영향평가제도의 기능으로는 ① 정보제공기능, ② 합의형성기능, ③ 유도기능, ④ 규제기능을 들 수 있다.[2)]

우선 위 ①의 情報提供機能은 환경영향평가제도의 가장 기본적인 기능이자 목적으로 정책결정자와 공중에게 적절하면서도 충분한 정보를 제공하는 기능

2) 淺野 直人,「환경영향평가법 해설환경영향평가 제도와 법」, 信山社出版, 1998; 환경영향평가법 해설, 환경부, 2008.12, 4~5면

이다. 환경에 심각한 영향을 미칠 가능성이 높은 대상사업의 계획단계부터 당해 사업의 환경에 대한 영향 정도를 확인하고 그를 최소화 할 수 있는 환경영향저감방안 등에 관한 정보를 제공하여 정책결정시에 반영되도록 하기 위함이다.[3)]

② 合意形成機能은 지역주민에 대한 평가서 공람, 설명회·공청회 개최, 설명자료 배포 등 일련의 환경영향평가 절차를 통하여 지역정보를 수집하는 한편 공중에게 정보를 제공하고 이들로부터 지역의 환경정보를 수집하여 환경영향평가서에 반영시킴으로써 쌍방적인 정보교류를 활발하게 이루어지도록 하는 과정에서 지역주민과의 관계를 긴밀히 하고, 사업에 대한 이해·설득 내지는 합의형성을 촉진할 수 있는 기능을 말한다.[4)]

③ 誘導機能은 사업자로 하여금 규제기준 이상으로 강화된 목표를 설정하여 그 목표를 유지 달성할 수 있도록 할 수 있는 방안을 선택하게 하는 등 친환경적인 사업계획이 되도록 유도하는 기능을 말한다. 환경보전이라는 목적을 달성하기 위한 방법으로서 가장 대표적인 것은 각종 규제기준을 설정하여 직접규제를 하는 것이겠지만, 당해 규제기준은 최소한의 기준에 불과하다는 점으로부터 유도기능의 의미를 찾아 볼 수 있겠다.[5)]

④ 規制機能은 대상사업의 시행이 인·허가를 요하는 경우 당해 인·허가 과정에서 환경과 관련한 일부 인·허가 조건을 부가함으로써, 추후 시행과정에서 당해 조건 미이행시 그에 대하여 인·허가 취소 기타 벌칙 등 제재를 과하는 등의 규제를 할 수 있는 기능을 말한다.[6)]

참고로 「환경영향평가법」은 공중의 정책결정참여절차와 협의기관과의 협의절차를 강화함으로써 위 ② 합의형성기능과 위 ③ 유도기능을 강화하고있다. 그러나 이를 가능하도록 하기 위해서는 공중과 정책결정자에게 충분한 정보

---

3) 淺野 直人, 전게서 참조 및 전게 환경영향 평가법 해설 참조.
4) 전게 환경영향평가법 해설 참조.
5) 전게 환경영향평가법 해설, 4~5면. 정책결정권자에게 환경문제와 관련하여 유용한 정보를 제공하여 친환경적인 계획을 수립하도록 하는 기능을 말한다고 하고 있지만 당해 기능은 정보제공기능에 포함시키는 것이 타당할 것이다.
6) 전게 환경영향평가법 해설, 4~5면.

가 제공되지 않으면 아니될 것이므로 위 ① 정보제공기능이 제대로 수행될 수 있는 환경영향평가서가 작성되도록 하는 것이 무엇보다 중요한 점이라 하지 아니할 수 없다.

3. 환경영향평가서의 작성

「환경영향평가법」은 종전의 통합영향평가법과 같이 환경영향평가서 작성주체를 사업자로 규정하고 있다.[7] 환경영향평가서의 작성주체를 사업자, 행정기관, 제3의 전문기관인 환경영향평가대행자 중 누구로 할 것인가는 입법정책의 문제이다. 우리나라가 사업자에게 평가서 작성의무를 부과한 이유는 다음과 같다.

① 사업자는 대상사업에 대한 상세한 정보를 파악하고 있는바, 환경에 대한 악영향을 예방 및 최소화할 수 있는 방안에 관해서도 누구보다도 잘 파악할 수 있다. 행정기관을 평가서의 작성주체로 하면 대상사업으로 인한 환경문제에 대하여 국가 등 공공부문이 책임지도록 하는 것이 용이하다는 장점이 있으나, 행정기관의 전문성·합리성을 확보하기 곤란하고 인력 및 재정상의 부담이 크다는 단점이 있다. ② 평가서 작성 등에 대한 비용을 사업자가 부담하게 함으로써 원인자부담 원칙에 충실할 수 있다. ③ 평가서에 대한 책임한계를 명확히 함으로써 환경에 대한 영향 결과에 따라 사업자에게 책임을 묻기 쉽고 공사 중지 등 필요한 조치를 취할 수 있다. ④ 사업자도 아니고 행정기관도 아닌 제3의 전문기관으로 하여금 평가서를 작성하게 하는 절충형을 택할 경우 영향평가의 객관성·공정성·전문성·신뢰성 등을 제고할 수 있으나, 이 역시 추가적인 재정적 부담이 따른다. 요약하면 사업의 특성을 가장 잘 이해하고 있는 사업자로 하여금 환경영향평가서를 작성하게 함으로써 대상 사업의 환경에 대한 영향을 확인하고 그 영향 정도를 최소화할 수 있는 효과적이면서도

---

7) 다만, 제3의 전문기관이 환경영향평가 대행자가 될 수 있으나, 그 여부는 사업자로 하여금 선택할 수 있도록 하고 있다(제34조).

효율적인 방안을 선택될 수 있도록 하여 전문성·합리성뿐만 아니라 경제성도 기대해 볼 수 있다는 장점이 있는 것이다.

그러나 단점은 객관성·공정성을 보장하기 어렵다는 점이다. 그와 관련하여 「환경영향평가법」은 객관성·공정성을 보장하기 위한 해결책으로 協議節次를 강화하였다(제16조 내지 제22조).[8] 당해 강화된 협의절차에 따르면 사업자는 환경영향평가서 작성 후 협의기관과 협의절차를 거쳐야만 한다. 이는 "사업자주의"를 기본으로 하여 전문성·합리성·재정상의 효율성을 충족시키는 동시에 협의 절차를 통하여 사업자주의의 단점인 객관성·공정성을 보완하고자 한 의도로 해석될 수 있다. 그리고 이러한 협의절차를 강행규정화하기 위하여 가) 승인을 받아야 할 필요가 있는 사업계획의 경우에는 사업자가 승인 전에 승인기관에게 평가서를 제출하여야 하며, 나) 승인이 필요하지 않은 경우라도 대통령령으로 정하는 바에 따라 환경부 장관에게 평가서를 제출하도록 하고 있는바(법 제16조), 그 결과 협의절차를 거치지 아니한 환경영향평가서를 기반으로 한 사업계획 승인처분은 위법하여 취소의 대상이 될 수 있다. 다만, 협의절차를 결한 경우라 하더라도 환경영향평가절차의 절차상 하자가 경미한 경우에는 당해 하자는 사업계획승인처분의 취소사유는 되지 않고, 그 절차상 하자가 중대한 경우에 한하여 사업계획승인처분의 독립된 취소사유로 될 가능성이 있다고 보아야 한다.[9]

협의기관은 협의절차를 통하여 평가서의 실체적 하자에 대한 심사가 가능하다. 1) 평가서가 「환경영향평가법」 제13조 제2항에 따른 작성내용·작성방법 등에 따라 작성되지 아니한 경우와 2) 환경영향평가대상사업의 시행으로 환경에 해로운 영향을 미칠 우려가 있어 사업계획 등의 조정이나 보완이 필요하다고 인정하는 경우에는 협의기관은 승인기관장에게 평가서나 사업계획 등을

8) 「환경영향평가법」은 승인기관을 '해당 사업계획등에 대한 승인 등을 행하는 기관'으로 정의하면서 승인기관의 장이 중앙행정기관의 장인 경우 환경부장관이, 그 밖의 경우에는 지방환경관서의 장이 협의기관이 되도록 하고 있다(제2조). 「환경영향평가법」 시행령 제43조 제1항 제14호 및 별표 4.

9) 박균성, 「환경법」, 박영사, 2010, 150~152면.

보완하거나 조정할 것을 요청할 수 있다(법 제17조). 이러한 협의내용을 통보받은 승인기관의 장은 이를 지체 없이 사업자에게 통보하여야 하며, 사업자는 협의내용에 따른 필요한 조치를 하여야 한다.[10] 승인기관의 장은 사업계획 등에 대하여 승인 등을 하려는 때에는 협의내용이 사업계획 등에 반영되었는지 여부를 확인하고 만일 협의내용이 사업계획 등에 반영되지 아니한 경우에는 이를 반영하도록 하고 있다(법 제19조).

참고로, 이러한 환경영향평가의 실체적 심사에 대하여 대법원은 환경영향평가의 부실의 정도가 환경영향평가제도를 둔 취지를 달성할 수 없을 정도이어서 환경영향평가를 하지 아니한 것과 다를 바 없는 정도의 부실의 경우가 아니면 그 부실은 당해 승인 등 처분에 재량권 일탈·남용의 위법이 있는지 여부를 판단하는 하나의 요소로 됨에 그칠 뿐, 그 부실로 인하여 당연히 당해 승인 등 처분이 위법하게 되는 것이 아니라고 보고 있다.[11] 이러한 대법원의 태도는 환경영향평가에 대한 기술성·전문성을 고려하여 협의기관의 검토를 전적으로 존중하는 것이다. 그 결과, 환경영향평가의 내용이 환경영향평가제도의 취지에 비추어 충실하게 작성되었는지 여부를 협의기관이 공정하게 판단할 수 있는 충분한 정보가 수집될 수 있는지가 중요한 논점이 되었다.

---

10) 중대한 보완사항이 아닌 경우 조건부협의 제도를 도입하여 평가서의 사후보완을 조건으로 협의완료 조치토록 규제개혁장관회의(2005.12)에서 결정되었고, 현재 대부분의 평가협의는 사실상 조건부 협의로 이루어지고 있어 「환경영향평가협의 및 협의내용관리 등에 관한 업무처리규정」에 규정하고 있는 조건부 협의제도의 근거를 법령에 규정하였다(법 18조 제2항). 협의내용을 통보받은 승인기관은 해당 협의내용을 사업계획에 반영하고, 협의내용의 이행에 필요한 예산 확보 등 필요한 조치를 취하도록 사업자에게 통보하여야 하며(법 제18조 제3항), 사업계획을 승인할 때에는 이러한 조치가 사업계획에 반영되었는지 여부를 확인하여야 한다(법 제19조). 사업계획에 대한 조정이 필요한 경우에는 사업계획 등을 재수립하도록 한 후 승인 등을 하여야 하며, 공사시행과정에서 준수하여야 할 경미한 사항은 승인 조건 등으로 부여할 수 있다(전게 환경영향평가법 해설, 60면; 법 제18조 제2항).

11) 대법원 2001. 6. 29. 선고 99두9902 판결, 대법원 2006. 3. 16. 선고 2006두330 전원합의체 판결 (새만금사건).

4. 환경영향평가서의 내용

환경영향평가제도의 핵심은 환경영향평가서이다. 환경영향평가제도의 기능을 다 할 수 있도록 「환경영향평가법」은 ① 모든 대상사업에 대한 "스코핑 절차"의 강화,[12] ② 평가항목에 온실가스항목의 추가, ③ 환경영향평가서의 필수고려사항의 법정, ④ 주민 등의 의견수렴 절차 의무화 등의 규정을 신설 또는 강화하였다(법 제32조). 이하 위 각 점에 대하여 간략히 살펴본다.

스코핑 제도는 환경영향평가서 작성 초기에 공개과정을 통해 평가서에 논의될 환경사안의 항목과 범위를 확정하기 위한 제도이다. 우리나라의 경우 1981년 환경영향평가제도가 처음 도입될 당시에는 영향평가제도에 대한 이해 부족으로 스코핑 제도가 도입되지 못하였다. 그 결과 모든 항목에 대해 평가를 실시하게 되었고 평가항목과 범위가 지나치게 광범위하고 과도하게 평가된다는 지적이 있었다. 당해 문제점을 개선하고자 2001년 『평가서 작성규정(환경부고시)』에 '대상사업별로 중점평가항목'을 정하여 스코핑 제도에 갈음하고 있었다. 그러나 이 역시 그 실효성을 기대하기는 어려웠다. 그리하여 2003년 12월 30일 통합영향평가법에서 스코핑 제도를 처음으로 도입하게 되었다.

당해 도입 시에는 대상사업에 적용되어야 할 평가항목·범위 등을 사업자가 결정하고 승인기관장에게 신청하는 "사업자 신청주의"를 채택하고 있었다. 이 경우 승인기관의 역할이 중요한데 정작 승인기관은 환경영향평가계획서심의위원회 구성 등 업무량이 늘어날 것을 우려하여 소극적으로 대처하고 있었다. 그리고 당연한 일이지만 사업자는 평가기간 및 평가항목이 늘어날 것을 우려하여 법정 평가항목 이외의 평가항목 및 범위를 신청하는 일 자체를 기피하였다.[13] 그리하여 「환경영향평가법」은 스코핑 절차를 모든 대상사업에 의무화

12) 스코핑제도란 사업자가 환경영향평가서를 작성하기 앞서 평가해야 할 항목과 범위를 미리 정하는 절차이다. 통합영향평가법에서는 대기, 수질, 폐기물, 동·식물등 총 20개 항목을 평가하도록 되어 있으나, 스코핑을 통해 대상사업 및 지역의 특성에 따라 이중 일부 항목만을 평가하려고 하는 것이다.

13) 그 결과 20개 법정 평가항목(법 제29조 제2항 (2003.12.30. 제7020호))에 대한 평가만이 이루어져 제도의 실효성이 발휘되지 못하였다.

하고 종전의 23개 법정 평가항목을 중심으로 한 중점평가제도를 폐지하였다. 그에 따라 사업의 종류와 지역의 특성에 맞는 평가항목과 범위의 선택이 불가피하여 질 것으로 판단된다.

한편, 「환경영향평가법」 제13조는 환경영향평가 대상사업을 시행하려 하는 사업자로 하여금 환경영향평가서를 작성하도록 하되, 그 작성내용·작성방법 등 평가서 작성에 필요한 사항을 대통령령으로 정하도록 하고 있다. 그에 따라 동 시행령 제12조는 작성 내용 면에서 반드시 반영하여야 할 8개 항목을 나열하고 있다.[14] 그 중 주목할 내용은 환경영향평가제도 도입 이후 처음으로 사업자가 결정한 환경영향 저감방안 이외의 방안("代案")을 포함하도록 한 것이다(시행령 제12조 제1항 제7호 라목).[15]

그러나 시행령에는 대안에 대한 자세한 내용을 규정하고 있지 아니하다. 다만, 환경부가 제2008-223호로 고시한 「환경영향평가서 작성 등에 관한 규정」(이하 "환경부 고시")은 代案을 해당사업의 시행으로 인하여 환경에 미치는 영향을 저감 또는 방지할 수 있는 모든 합리적인 방안으로서 입지·규모·토지이용계획·시기 공법·기타의 저감방안 등 조건이 다른 여러 가지 안으로 정의하면서,[16] 환경영향저감방안으로 가능한 둘 이상의 대안을 설정하여 이들 간에 경

---

14) 「환경영향평가법」 시행령 제12조는 평가서에 포함되어야하는 사항으로 1. 요약문, 2. 사업의 개요, 3. 환경영향평가대상사업이 실시되는 지역 및 그 주변지역에 대한 환경현황, 4. 환경정책기본법 제25조에 다른 사전환경성검토에 대한 협의를 거친 경우 그 협의내용의 반영 여부, 5. 법 제10조제3항 및 제5항에 다른 평가항목·범위 등에 대한 결정 내용 및 그에 대한 사업자의 조치사항, 6. 평가서초안에 대한 주민, 관계 행정기관의 의견 및 이에 대한 사업자의 검토의견, 7. 환경영향평가의 결과, 8. 부록을 규정하고 있다.

15) ① 평가항목별 조사, 예측 및 평가의 결과, ② 환경보전을 위한 조치(환경영향저감방안), ③ 환경에 미치는 불가피한 영향 및 이에 대한 대책과 ④ 대안설정 및 평가를 의미한다.

16) 환경부 고시 제2조 제3호. 동 고시 [별표 2]의 XI는 다음과 같이 기술하고 있다. "대안이라 함은 일정의 목적(환경목표의 달성)을 전제로 하여 해당 개발계획의 위치, 규모, 공법, 시기 등에 대하여 여러가지 조건을 변경하여 각각의 환경영향평가 결과를 비교·검토하는 것이다. 따라서 대안의 설정은 토지이용계획, 사업입지, 사업규모, 사업시기 등을 대상으로 하고 대안의 평가는 이를 가능한 정량화하고 타당성이 있도록 하기 위하여 종합적인 평가기법 또는 해석기법 등을 이용하여야 한다."

제성·기술성·환경성에 관한 장·단점이 비교될 수 있도록 객관적으로 기술되어져야 하며[17] 이들 대안 중에서 사업시행을 위한 환경저감방안을 선택하고 그 사유도 명시하도록 하고 있다.[18]

5. 「환경영향평가법」상 問題點과 대안검토의 필요성

우리나라의 환경영향평가제도는 운영 면에서 3가지 문제점이 지적되어져 왔으나 수차례의 개정을 통해서도 이를 해결하기 어려웠다. 위 3가지 문제점이란 ① 환경영향평가서 작성의 '사업자주의'로 인한 공정성·신뢰성 확보의 어려움, ② 대상사업의 환경기준 준수여부만이 주된 협의주제가 되는 협의절차, ③ 법원의 실체적·절차적 심사의 한계이다.

우선 위 ① 문제는 입법자의 의도대로 사업자의 전문성과 기술이 활용되어 대상사업의 환경에 대한 영향이 상세히 파악되고 이에 대한 효율적인 환경영향저감방안을 찾는 것이 가능하다는 가정이 현실화되었다면 발생하지 않았을 것이다. 그러나 사업자는 그의 이익을 더 중시하여 환경비용을 고려하지 아니하는 경향이 강하기 때문에 별도의 경제적 인센티브가 없는 이상 사업자가 환경기준 이상의 목표를 달성하기 위한 환경영향저감방안을 마련할 것을 기대하기 어려운 것이 사실이었다. 그 결과 그를 보완하기 위한 수단으로 협의절차가 마련되어 있다는 점은 이미 살펴보았다.

위 ② 문제는 협의기관이 사업자보다 대상사업에 대한 전문적·기술적 지식이 풍부하거나 그에 대한 충분한 정보를 보유하고 있다면, 통제·감시·검토 절차를 통한 환경영향평가서에 대한 실체적 심사가 가능하여 특정 정책결정이 환경을 고려한 정책결정이 될 수 있도록 함으로써 해결할 수 있었을 것이다. 그러나 협의기관은 사업자에 비하여 대상사업에 대한 전문성·기술 부족으로 사업자가 선택한 환경영향저감방안이 환경기준을 준수하고 있는지 여부만을

---

17) 환경부 고시 제11조.
18) 환경부 고시 제23조 제2항.

주된 검토 대상으로 하여 온 것이 실정이다.

위 ③ 문제는 전문성의 면에서 협의기관보다 우월할 것이 없는 법원으로서는 설사 환경영향평서에 대하여 실체적·절차적 심사가 가능하다고 하더라도 협의절차를 거친 환경영향평가서에 대해서는 협의기관의 의견을 최대한 존중하지 아니할 수 없기 때문에 재량권의 일탈·남용의 정도에 이르지 아니한 이상 실체적 심사에 있어 한계가 있을 수 밖에 없다는 점으로부터 발생하는 문제이다.

위 ①의 상황 속에서 위 ② 및 ③의 문제에 의해 가) 사업자가 그의 이익을 최우선으로 하여 선택한 환경영향저감방안에 대하여 나) 환경기준을 준수하고 있는지 여부만을 검토하는 것에 그친 것이 그간의 우리나라의 환경영향평가제도였다. 이러한 문제점을 개선하기 위한 방안이 바로 대안의 제시이다. 위 ①의 문제점을 사업자로 하여금 반드시 대안을 제시하도록 하고, 그 대안에는 부작위대안까지도 포함하도록 하며, 각 대안에 대한 환경영향평가결과까지 제출하도록 함으로써, 협의기관의 협의를 위한 기초 정보자료를 충실히 제공받아 위 ② 문제를 해결함과 동시에 그러한 절차를 충실히 이행하였는지 여부를 사법심사의 대상으로 함으로써 법원의 인적시설의 한계 및 전문성 미비로 인한 사법심사의 한계를 회피하여 위 ③의 문제도 해결 할 수 있는 가능성이 없지 아니하다. 이에 따라 사업자가 제출 및 평가하여야 하는 대안의 범위가 어디까지인지가 주된 관심사가 되었다.

6. 현행 대안평가제도의 문제점

이상의 점을 감안해서인지는 모르겠지만, 「환경영향평가법」 시행령은 대안 설정 및 그 평가를 환경영향평가서의 필수적 기재사항으로 도입하였다. 그러나 그러함에도 불구하고 개정법의 실효성을 기대하기는 쉽지 아니할 것 같다.

그 이유 중 하나는 “대안의 검토”를 공중의 의견수렴절차, 스코핑절차, 협의절차와 동등한 절차규정으로 마련하지 않고 있다는 점으로부터 비롯된다. 현재로서는 대안의 검토와 관련된 구체적인 내용은 환경부고시에서 평가서에 포함되어야 하는 내용의 일부로 제시되고 있을 따름이다. 이렇게 대안의 검토를 절차규정으로 마련하지 아니한 이유는 환경영향평가서 작성주체인 사업자가 대상사업의 목적에 적합한 대안을 스코핑 절차를 통해 설정 검토할 것이며 협의절차의 강화를 통해 실체적 심사가 가능하다는 판단에서 비롯된 것으로 보인다. 그러나 실체적 심사 특히 법원의 실체적 심사에는 한계가 있을 수 밖에 없다는 점을 감안하여 본다면 그와 같은 판단은 지나치게 낙관적이라는 평가를 받을 가능성이 높다. 예컨대, 대안검토의 극단적인 예로 사업자는 대안을 검토하려고 하였으나 대상사업의 목적을 달성할 수 있는 환경영향저감방안은 자신이 선택한 대안이 유일한 방안으로 다른 대안의 검토는 필요하지 않다는 결론에 도달하여 다른 대안의 검토의 필요성을 배제하고, 승인 내지 협의기관 역시 별다른 제재 없이 당해 사업계획이 승인되는 경우, 법원이 당해 승인처분을 취소하여 줄 것을 기대하는 것은 어렵게 된다.

더구나 환경부고시에서의 代案 관련 규정이 명확하지 아니한 표현의 연속으로 이루어져 있다는 점을 감안할 때 평가서에 포함되는 대안의 범위는 이하 미국 판례에서 살펴보는 바와 같이 대상사업의 목적달성에 적합한 合理的인 방안으로 한정될 것으로 해석될 여지도 없지 않다. 그러한 경우 검토되어야 할 대안의 범위는 현격히 줄어들 가능성이 크다. 실제 현실을 보더라도 개정 「환경영향평가법」이 시행되기 시작한 2009년 1월 1일 이후에도 사업시행방안 이외의 다른 대안을 포함한 환경영향평가서를 찾아보기 어렵다. 더 나아가 대안의 검토를 결여하였다는 이유로 협의절차에서 대안의 검토를 요구하는 사례도 찾아보기 힘들며, 아직 이르기는 하지만 법원이 이를 이유로 대상사업계획승인을 취소한 사례는 더더욱 찾아보기 힘들다.

만약 대안의 평가를 실체법적 요건으로 보는 경우에는 설사 대안이 환경영향평가서에 제시되고, 평가되었다 하더라도 그것이 대안으로 제시되어야 할 모든 대안을 포함하고 있지 못하다면 당해 환경영향평가서에 기인한 행정처분은 그 적법 또는 유효 여부가 문제될 수 있는 행정처분이라 볼 수 있다. 그러나 법원은 인적 물적 시설의 한계 내지 행정기관의 판단을 존중한다는 차원에서 행정기관의 판단이 일탈·남용에 이르지 아니한 한 그 효력을 부인하지 아니할 것이다. 그렇다면 다른 대안은 절차법적 규정을 강화함으로써 환경영향평가서에 포함되어야 할 대안을 선정하는 절차에 대한 상세한 규정을 반영하는 것이 필요한 일이 될 수 있을 것이다. 이하에서는 이상의 문제점을 바탕으로 미국에서의 그 동안의 논쟁 과정을 살펴보기로 한다.

Ⅲ. 美國의 환경영향평가제도

1. 미국의 국가환경정책기본법(National Environmental Policy Act)[19]

미국은 1970년 우리의 환경정책기본법에 해당하는 국가환경정책기본법(National Environmental Policy Act, "NEPA")를 제정하였다. NEPA는 "모든 연방행정기관의 행위"[20] 결정 시 "환경을 고려하여" 인간과 자연을 조화할 수 있는 정책수립을 하도록 함을 그 목적으로 하고 있었다. 그에 따라 제정 당시에는 환경입법의 마그나 카르타로 불릴 정도로 높은 평가를 받은 바 있다. 특히 NEPA 제101조는 정부에게 건강한 생태계를 유지하고 보전해야 하는 의무 즉 '환경고려의 의무'가 부여되어 있음을 확인하고,[21] 제102조는 환경고려의무의 이행을 위한 '절차'를 규정하였다.[22] 특히 이 제102조는[23] 환경에 심각한

19) 42 U.S.C. §4321 et seq.

20) NEPA의 모든 연방행정기관의 행위란 행정행위, 정책수립, 계획, 입법 등을 포함한 모든 행위를 말한다.

21) NEPA Section 101은 NEPA의 기본정책을 다음과 같이 선언하고 있다. "to use all practicable means and measures … to create and maintain conditions under which man and nature can exist in productive harmony, and fulfill the social, economic and other requirements of present and future generations of Americans." 42 U.S.C. §4332 (C).

22) 42 U.S.C. §4321.

23) 42 U.S.C. §4322.

영향을 발생시킬 가능성이 높은 행위("대상행위")에 대해서 환경영향평가서(Environmental Impact Statement, "EIS")[24] 작성의무를 行政機關에게 부과하였다.[25] 동시에 행정기관에게 EIS 작성을 통하여 특정한 결정이 환경을 고려하여 내린 결정임을 공중에게 설명할 의무가 있다고 규정하고 있다.[26] EIS의 작성주체인 행정기관이란 원칙적으로는 대상행위 승인기관을 말하나 승인기관이 위임하는 경우 엔지니어링 업체 등이 되기도 한다. 그런 경우라 하더라도 EIS에 관한 전반적인 책임은 대상행위를 주관하는 행정기관이 부담하게 됨은 물론이다.

2. 절차법으로서의 NEPA

NEPA의 의사결정절차의 구체적 내용을 규정하기 위하여 Council on the Environmental Quality[27]에서 규칙("CEQ규칙")을 제정하였는바, 당해 규칙은 NEPA의 의무준수사항의 해석 관련 지침 역할을 하고 있다. 현재는 NEPA와 CEQ규칙이 행정기관의 의사결정과정 속에서 환경 관련 의무를 준수하기 위한 節次를 규정한 것으로, 즉, 절차법적 성격이 강한 것으로 해석하고 있다. 그러나 처음부터 NEPA가 절차법으로 해석된 것은 아니다.

---

24) EIS는 연방행정기관을 위한 중대한 사무로서 NEPA의 시행을 둘러싼 대부분의 분쟁의 중심이 되었다. 참고로 Environmental Assessment(EA)라 불리는 절차는 행정기관의 EIS의 작성여부를 결정한다. 행정기관은 EA를 작성함에 있어 Finding of No Significant Effects (심각한 환경영향 미발견: FONSI)라 결정할 수 있고, FONSI로 결정되었다면, EIS작성은 요구되지 않는다.

25) EIS의 작성주체가 사업자가 아닌 행정기관이라는 점은 우리나라와 다른 점이다.

26) EIS를 작성함으로써 행정기관은 새로운 의사결정원칙을 적용하도록 강제하였다. 새로운 의사결정과정원칙이란 1) 기술적 경제적 가치만이 우선적으로 고려되는 것이 아니라 환경가치도 이들과 동등하게 고려하고, 2) 환경문제는 범세계적·장기적 특징이 있음을 이해하고, 3) 행정기관의 목적을 낮은 환경비용으로 달성할 수 있도록 대안을 반드시 고려하고, 4) 대상행위의 환경영향에 대한 타행정기관과 공중의 의견을 수렴하는 것이다.

27) NEPA가 입법으로 통과되고 약 10년이 지난 1978년 환경질에 관한 문제점을 대통령에게 보고하고 조언하는 책임을 지는 위원회로서 NEPA의 Title II(2장)를 통하여 창설되었다.

Calvert Cliff's Coordinating Comm. v. U.S. Atomic Energy 사건("Calvert 사건")[28]은 EIS가 제102조 소정의 절차규정을 준수하여 작성되었음에도 불구하고 당해 EIS가 제101조 소정의 실체적 요건을 결여하였다는 이유로 그 효력을 부인한 사건이다. 이 사건에서 Wright 판사는 행정기관의 의사결정처리과정은 복잡하고 거대한 복도와 같아서 NEPA의 실체적 입법목적인 "행정기관의 환경보전고려의무"가 그 길을 잃을 가능성이 높으므로 NEPA의 입법목적을 퇴색시키지 않기 위해서라도 법원의 실체법적 심사가 필요하다고 판결하였다.[29]

반면 Vermont Yankee Power Group, Inc. v. Natural Resources Defense Council Inc. 사건("Vermont Yankee 사건")[30]을 계기로 연방대법원은 NEPA가 "절차법적 성격"[31]의 것이라 판시하였다.[32] 이 사건에서 연방대법원은 NEPA는 국가의 중요한 실체적 목적을 표명한 것이 아니라 행정기관에게 환경보호의무를 부과한 것이라 해석하고, "권력분립" 원칙에 따라 행정권의 영역에 사법부가 침범하는 것을 막기 위하여 NEPA에 대한 실체법적 심사를 할 수 없다고 판단하였다.

그러나 이 판결은 다음과 같은 측면에서 비난받고 있다. 그 이유는 다음과 같다. 우선 행정기관 스스로 NEPA를 시간적·자원적 낭비를 초래하는 방해물로 비난하는 경우가 적지 아니하다는 것이 현실이라는 점이다. 행정기관 스스

28) Calvert Cliff's Coordinating Comm. v. U.S. Atomic Energy Comm'n 449 F.2d 1109 (D.C. Cir.1971).

29) 1) '비용대편익비'의 불균형 경우와 2) 환경가치가 충분히 고려되지 않았다고 사법심사 결과 인정된다면 이는 재량의 일탈·남용으로 볼 수 있어 법원은 행정기관의 결정을 취소할 수 있다고 하였다. 그는 자신의 주장을 뒷받침하기 위해 NEPA는 "종이호랑이"가 아니라고 주장하였다.

30) Vermont Yankee Nuclear Power Corp. v. National Resources Defense Council, Inc., 435 U.S. 519, 558 (1978).

31) Tillamook County v. United States Army Corps of Eng'rs, 288 F.3d 1140, 1143 (9th Cir. 2002) ("NEPA is a procedural statute intended to ensure environmentally informed decision-making by federal agencies.").

32) Vermont Yankee Nuclear Power Corp. v. National Resources Defense Council, Inc., 435 U.S. 519, 558 (1978).

로도 NEPA를 충실히 이행하는 경우 사업시행이 지연될 것임을 우려하는 경우가 적지 아니하다는 점은 그를 반증한다. 그런 상황에서는 행정기관이 절차적규정을 준수한다고 하더라도 내용이 없는 절차의 진행에 그칠 가능성이 높다. 일부 환경론자는 NEPA 규정을 절차규정으로 해석하는 경우 행정기관의 의사결정에 다소의 절차적 지연만이 발생할 뿐 실체적 제약은 전혀 가할 수 없을 것이라 주장하고 있기도 하다. 미국의 학자들 중 일부는 절차규정만으로는 환경보전에 한계가 있음을 지적하고 NEPA를 실체법적·절차법적 성격 모두를 지닌 것으로 해석하여 행정기관의 의사결정에 대한 실체법적 심사의 필요성을 주장하고 있기도 하다.[33] 무엇보다 핵심적인 비판은 위 사건을 통하여 연방대법원이 의사결정과정에서 행정기관의 재량권만을 확대시킨 결과를 초래했고 국민이 사법부를 불신하게 되어 결국 사법부의 중립성에 대한 의구심마저 야기하게 되었다는 것이다. 그리하여 NEPA를 적극적으로 지지하는 환경론자들도 현재 법원에 의해 NEPA가 절차법으로 해석됨으로 인하여 그 기능이 약화되고 있다 주장하면서[34] NEPA 개정을 위한 로비를 전개하고 있다고 한다. 행정기관과 사법부 모두가 NEPA에 대한 절차적·실체적 심사가 가능할 수 있는 판단기준을 마련해야 한다는 주장도 동일한 취지에서 나오는 것이다.

이러한 주장들은 일면 그 타당성을 인정할 수 있다. 실체심리를 제한하여야 한다는 주장의 근거로서 내세워지는 한 근거로서는 사법부의 인적·물적 한계와 그에 따른 전문성 부족 현상을 들 수 있다. 그러한 주장에 일면 타당성이 있음을

---

33) James T.B. Tripp & Nathan G. Alley, Streamlining NEPA's Environmental Reveiw Process: Suggestions for Agency Reform, 12 N.Y.U. Envtl. L.J 74, 74 (2003).

34) Vermont Yankee Power Group . Inc. v. Natural Resources Defense Council Inc. 사건에서 연방 대법원은 NEPA는 국가의 중요한 실체적 목적을 표명한 것이 아니라, 행정기관에 대한 위임을 의미하는 것으로 "절차적 성격"임을 판시한바 있다. NEPA의 실체적 목적은 행정기관이 환경에 신중을 기하여 의사결정을 하도록 돕는 것으로, 환경보호만이 행정기관의 의사결정이 전무유일한 목표가 될 수는 없고, 의사결정절차상 연방정부가 고려하여야 하는 수 많은 요소 중에 환경적 요소도 고려할 것을 요구하는 의도로 NEPA를 이해해야 한다고 하고 있다.

부인할 수 없지만, 다른 면에서 보면 모든 판단에 있어 법원이 그 스스로 전문성을 가져야 할 이유가 없기도 하다. 복잡한 증권관련 소송이나 기타 기술적 내용에 대한 지식이 필요한 사안의 경우에도 법원은 실체적 판단을 하고 있다. 그렇게 할 수 있는 이유는 소송이 대심구조를 취하고 있기 때문이다. 법원의 판단 작업을 단순화시켜보면 각 소송 당사자가 주장하는 내용 가운데 보다 설득력 있는 주장이 어떤 것인지를 가려내는 작업에 불과하기 때문이다. 이렇게 본다면 실체법적 판단 문제는 인적·물적 시설의 한계에 의하여 제약될 수밖에 없는 문제가 아니라, 대심구조 및 원고적격 인정 범위의 확대 또는 원고에게 전문적 지식을 공급해 줄 수 있는 기회의 확대를 통하여 해결할 수 있는 문제라 보아야 할 것이다. 무엇보다 사법부의 인적·물적 한계는 사법 실체심리를 하더라도 그의 판단은 행정의 판단에 앞세우는 것을 자제하여야 하는 근거에 불과하고, 더 나아가 사법이 실체심리를 하지 못하도록 하는 근거는 될 수 없다는 점에 유의하여야 한다.

다른 하나의 논거는 Vermont Yankee 사건에서 들고 있는 헌법상의 권력분립이다. 행정의 각 업무는 헌법과 법률의 정하고 있는 제약에 따라야 한다. 그런데 환경영향평가서 관련 핵심 문제는 특정 대상사업 관련 주민의 環境權과 당해 사업으로 인하여 받는 이익 귀속 주체의 財産權 간의 基本權 衡量의 適正性 여부로 요약할 수 있다. 그렇다면 행정부의 특정한 사업 인허가 행위의 적법성 여부는 결국 위 이익형량의 적정성 여부로 재해석할 수 있고, 이는 곧 헌법상의 기본권 사이의 이익형량의 적정성 문제이니, 그것이 사법부의 판단 범위에서 벗어난 것이라 섣불리 결론 내릴 수는 없다. 다만, 문제는 이익형량을 할 권한이 행정에게 전속적으로 귀속되었다고 볼 여지가 없긴 하지만, 헌법 자체에는 이익형량의 기준이 명시되어 있지 아니하여 사법부가 행정부의 이익형량의 적정성을 판단할 수 있는 적절한 기준을 찾는 것도 어렵다는 점이다. 그러한 점을 생각한다면 이른바 재량행정과 관련하여 사법이 행정의 판단에 개입할 수 있는 범위의 문제는 논리의 문제라기보다는 각 국가에 주어진 인적·물적 토대[35] 위에서 쌓아 올린 사법통제의 범위 관련 역사 내지 관습의

35) 위에서 언급한 사법부의 인적·물적 한계와 그에 따른 전문성 부족 현상에 대한 지적을

문제라 보아도 과언이 아닐 것이다.

어쨌든 연방대법원의 판결에 따라 NEPA와 CEQ규칙이 실체법적 심사를 할 수 있는 근거규정으로 볼 수 없게 되자, 당해 문제를 절차법적으로 해결하고자 하는 차원에서 "대안의 검토" 및 기타 절차법적 규정들을 적극 활용하여 EIS를 통제할 수 있는 방안을 강구하지 아니하면 아니 되었다. 즉, 과거에는 관심을 비교적 적게 받고 있던 절차법적 규정들이 중요 조항으로 부각되게 된 것이다. 더 나아가 절차를 준수한 현명하지 않은 정책결정을 통제할 수는 없게 되었지만, 절차를 준수하는 한 현명한 정책결정에 근접할 수 있도록 절차적 규정을 어떻게 완비할 것인가가 주된 관심의 초점이 되었다.[36)]

3. EIS와 대안

위와 같은 배경하에서 CEQ 규칙은 EIS 작성 시 반드시 고려되어야 할 필수 5가지 절차[37)] 중에서도 특히 대안의 검토를 핵심적 요소라 규정하고 있다. 이는 대안의 검토를 통하여 공중과 정책결정자에게 적은 환경 관련 비용만으로도 대상사업의 목적을 달성할 수 있는 최적의 방안을 도출하기 위한 필요충분한 정보

이러한 측면에서 이해할 수 있는 여지는 있을 것이다. 그러나 궁극적으로는 기본권 형량을 할 수 있는 권한을 행정에게 넓게 부여하여야 하는 필요성이 있는 만큼, 사법의 심사 범위도 넓히는 것이 답일 것이다.

36) 우리나라와 미국연방법원의 입장과 같이 행정의 처분 등에 대한 사법부의 판단범위에 일정한 제한을 두어야 한다는 입장을 취한다고 하더라도 최소한 행정의 판단의 일탈·남용 여부를 판단할 수 있는 사법부 입장에서 그에 해당하는지 여부를 판단하기 위한 충분한 정보가 제공되어 있지 아니하면 아니 된다는 점에서도 그러하다.

37) 정부기관이 환경영향평가서를 작성하는 경우, 사법심사의 초점은 당연히 영향평가서의 적절성이 된다. CEQ는 환경영향평가서의 기본적인 체계와 내용을 규정하고 있다. 40 C.F.R. §1502.10-1502.18. 환경영향평가서는, 1) 심사를 유용하게 하도록 하는 요약서, 2) 제시된 행위에 대한 목적과 필요에 대한 설명, 3) 대안에 대한 묘사와 비교평가, 4) 행위에 의해 영향을 받게 될 환경의 묘사, 마지막으로 5)제시된 행위와 대안이 가져올 환경결과에 대한 분석을 반드시 포함하고 있어야 한다. 소송은 행정기관의 대안들에 대한 분석의 적절성과 환경결과에 대한 분석의 범위와 세밀성을 중심으로 이루어지게 된다.

를 얻을 수 있기 때문이다.[38)][39)] 그리하여 NEPA는 행정기관이 EIS를 작성할 때 대상행위의 代案을 조사하고 평가하여 그에 대한 상세한 설명을 하도록 하고 있고, 그에 따라 CEQ규칙도 대안을 EIS의 필수기재사항으로 규정하고 있다.[40)]

CEQ규칙은 EIS에 포함되어져야 하는 대안으로 ① 대상행위의 취소를 의미하는 부작위 대안(No-Action Alternatives), ② 대상행위의 시행을 위한 합리적 대안(Other Reasonable Courses of Action)[41)]과, ③ 대상행위의 시행과는 거리가 먼 환경영향저감대책(Mitigation Measures not in the Proposed Action) 3가지를 들고 있다.[42)] 그리하여 환경영향평가서에는 위 ① 및 ② 대안의 환경영향을 평가·분석하여 상대적인 장·단점이 비교될 수 있도록 상세히 설명되어 있어야 하는 한편,[43)] 행정기관으로 하여금 환경영향평가서에 환경영향이 평가된 대안 중 대상행위의 시행을 위하여 행정기관이 선택하고자 하는 대상행위 시행방안을 특정하도록 하고 있다. 또한, 위 ③과 관련하여 환경영향평가서에서 환경영향평가가 이루어지지 않은 환경영향저감대책이 있다면 그 사유에 대하여 간략히 설명하도록 하고 있다.[44)]

---

38) 또한, 공중에게 정보를 제공하여 공중이 의사결정 절차에 참여하도록 유도함과 동시에 공중이 가진 정보도 수집하여 정책결정을 위한 다방면의 정보를 취득하기 위한 것이기도 하다.

39) NEPA의 궁극적인 목표는 외면적으로는 NEPA의 절차를 준수하지 않은 정책결정을 통제하기 위한 것으로 보이지만, 실제로는 충분한 정보를 기반으로 정책결정이 이루어지도록 하는 것이다. 그러므로 충분한 정보를 제공할 수 있는 대안은 NEPA의 환경고려의무와 설명의무와 관련하여 EIS의 가장 핵심적 내용이 되지 아니할 수 없다.

40) 40 C.F.R. §1502.14 (2004).

41) 합리적 대안은 '대상행위의 목적과 필요'라는 개념으로 대안의 범위를 한정한다.

42) 40 C.F.R. §§1508.25(b)(1)-(3) (2004).

43) U.S,C. §4332 (2)(E) study, develop and describe appropriate alternatives to recommended courses of action in any proposal which involves unresolved conflicts concerning alternative uses of available resources. 대상행위 시행결정방안과 모든 대안이 동일하게 분석되도록 하는 이유는 서로의 장·단점이 비교되어 공중에게 충분한 정보제공을 하기 위해서이다.

44) U.S.C. §4332 (2)(E).

4. 合理的 代案

미국법원은 대상행위의 적법성 여부를 판단함과 관련하여 EIS가 NEPA가 요구하는 대안을 충실히 반영하고 있는지 여부를 심사하여야 하였다. 그런데 당해 대안의 範圍에 대하여 NEPA 및 CEQ 규칙에서 명시적·묵시적 기준을 찾아 볼 수 없는 상황에 이르자 법원은 독자적인 기준을 설정하지 아니할 수 없었다. 특히 검토하여야 할 대안의 범위를 무한정 확대하는 경우 발생할 수 있는 문제점을 고려하여 대안의 범위를 적절한 범위 내로 한정할 필요성이 있는데 당해 한정을 어떻게 하여야 할 것인가와 관련한 나름의 기준이 필요하였다.

이와 관련하여 D.C. 순회재판소가 EIS에 포함되어야 하는 대안의 범위를 결정하는 기준을 처음으로 제시하였는데, 당해 기준이란 검토되어야 한다고 주장되는 대안이 "合理的"인 것인가라는 것이었다. 그리고 CEQ 규칙도 이러한 기준을 그대로 받아 들여 NEPA가 규정하고 있는 대안이란 "합리적 대안"을 의미한다고 규정하기에 이르렀다.

그러나 "합리적"이라는 용어는 불확정 개념에 불과한 것이어서 구체적인 해석 기준으로서 작용하기에는 역부족이었다. 그리하여 "합리적 대안"이라는 기준을 제시한 D.C. 순회재판소마저도 당해 기준에 대하여 비난을 하는 지경에 이르기도 하였다. 전반적으로 법원은 "합리적 대안"이라는 용어는 그대로 사용하고 있으나 시간이 지날수록 그 개념의 외연을 점점 축소하여 해석하는 경향을 보이고 있다. 다음에서 그 구체적 내용을 살펴보기로 한다.

가. Morton 사건의 합리성 기준

D.C. 순회재판소는 Natural Res. Def. Council v. Morton 사건("Morton 사건")[45] 에서 환경영향평가서에 포함되어야 하는 대안의 범위 결정기준으로 "합리성 기준(Rule of Reason)"을 제시하였다. "합리성 기준"에 따르면 특정 대안이 합리적이라 판단되는 한 평가되어야 하였다. 구체적으로 살펴보면 특정 대안이

45) Natural Res. Def. Council v. Morton, 458 F.2d 827 (D.C. Cir. 1972).

합리적인 안에 해당하는 한, ① EIS작성을 담당하는 행정기관의 권한 내에서 시행할 수 있는 대안뿐만 아니라, ② 그의 권한 밖의 대안도 검토되어야 하며, 더 나아가 ③ 새로운 입법을 요하는 대안까지도 검토되어야 하는 대안의 범위에 속한다고 한다.[46)]

요약하면 Morton 사건의 합리성기준은 실현불가능하거나 기존법체계 전체의 개정을 요구하는 정도에 이르지 아니하는 정도의 대안이라면 설사 위 ②나 ③에 해당하는 대안이라 하더라도 합리적 대안으로 보고 EIS에 그 평가결과를 포함시켜야 한다는 것이다. 이는 대상행위를 시행함에 있어 비용 대 편익, 친환경성, 효율성, 경제성 등 모든 사항을 완벽하게 만족시킬 수 있는 정답을 찾기란 불가능하기 때문에, 합리적이라 판단되는 案인 한 당해 방안들을 검토하지 아니하면 부적절한 의사결정을 초래할 가능성이 높다는 판단에서 비롯된다.[47)]

Morton 사건의 합리성 기준은 광범위한 대안의 검토를 요구하고 있기 때문에 그에 따르는 경우 대상행위에 의해 야기될 수 있는 모든 문제점들[48)]에 대한 정보가 비교가능한 형태로 취합되어 판단의 자료로 사용될 수 있다는 장점이 있다.[49)] 전반적으로 Morton 사건의 합리성기준은 최대한 많은 대안들을 검토하도록 함으로써 사업자 제시안 또는 행정기관 제시안의 장단점을 비교판단하여 경제·기술적 측면 뿐 아니라 환경적인 측면에서도 최적의 대안이 선택될 수 있는 길을 열어 놓았다는 평가를 받고 있다. 또한, 결과적으로는 위 판결 이후 아래 (2)에 소개하는 사건에 의하여 사법에 의한 실체적 심리가 불가능해진 상황 속에, 많은 정보를 비교평가할 수 있는 길을 미리 열어 두어

---

46) Natural Res. Def. Council v. Morton, 458 F.2d 827, 837 (D.C. Cir. 1972).

47) 40 C.F.R. 1502.14(c).

48) 친환경성 여부 뿐만 아니라 일반 의사결정절차에서 고려되어야 하는 경제성·기술적 측면 등에 관한 문제점.

49) 또한, 환경을 최우선으로 고려한 대안을 선택하는 경우 사업자 제시 안에 비하여 시행 시점이 늦어지는 결과가 발생할 때, 당해 늦어짐으로 인한 비용 부분까지 감안하여 비용편익분석 자료가 제출되어야 하므로, 3차원적 분석이 가능해지는 장점도 있다. 40 C.F.R. 1502.2(d), U.S.C. §4331 (2000).

대안 관련 절차를 준수하는 한 최적의 정책결정에 근접하도록 하고자 한다는 절차법적 해결방안을 이미 제시하고 있었다는 점도 평가받아야 할 점이다.

나. Vermont Yankee 사건의 합리성 기준

Morton 사건 이후 약 10년 동안 법원은 Morton사건과 동일한 기준을 적용하였다. 그러나 Morton 사건의 합리성 기준은 시간적·비용적 부담이 적지 아니하다는 이유로 담당행정기관에서의 불만이 적지 아니하였다. 행정기관들은 Morton사건이 제시하는 기준은 사실상 대안을 무제한적으로 검토할 것을 요구하고 있는 것인바, 그는 사실상 불가능하다고 주장하곤 하였다. 그 결과 Vermont Yankee 사건에서 Morton의 합리성 기준은 과도기를 겪게 된다.

Vermont Yankee 사건은 Morton 사건의 "합리성 기준"의 개념은 그대로 사용하였으나 "합리적 대안"을 "실행가능성(Feasibility)"있는 대안으로 한정하고자 하였다. Vermont Yankee 사건은 "합리적 대안"이 무엇인지 직접 정의하지는 아니하고 EIS의 검토대상에서 제외될 수 있는 대안도 있다고 하면서 가능한 모든 대안이 평가서에 포함되어 있지 않더라고 NEPA를 준수한 EIS로 인정할 수 있다고 하였다. 위 사건의 법원은 위 EIS의 평가 대상에서 제외할 수 있는 대안을 "생소하고 희박한(unknown or remote)" 대안이라 표현하고 있다.[50]

---

50) Vermont Yankee 사건에서 법원은 원자력발전소 건설승인 시 Nuclear Regulatory Committee (NRC: 핵규제위원회)는 "에너지 보전"을 위한 대안을 "생소하거나 관련성이 희박한" 대안에 해당하기 때문에 검토할 필요가 없다고 판결했다. 행정기관의 승인결정과 항소심 기간 사이에 국가는 1973년 원유수출금지로 인해 에너지 위기에 직면하게 되었다. 그 대응으로 개별 연방행정기관 뿐만 아니라 CEQ도 NEPA의 가이드라인에 에너지보전에 대해 언급하기 시작하였다. 항소법원 역시 1970년대 중반에는 에너지 위기로 인하여 NEPA를 시행하기 위하여 다른 요소와 더불어 에너지보존이라는 개념도 함께 검토되어야 함을 인정하였다. 그러나 Vermont Yankee 사건의 법원은 사법심사가 끝날 때까지도 에너지보전은 미완성된 개념으로 남아 있었다는 점을 이유로 에너지보전 문제를 행정기관이 검토하지 아니하였다는 이유로 행정기관의 결정을 취소할 수는 없다고 하였다. 그러나 Vermont 사건은 에너지 보존의 고려요소는 생소하고 관련성이 희박한 대안에서 합리적인 대안으로 전환된 대안이 될 수 있음, 즉, 대안이라는 개념이 시대의 흐름에 따라 계속 그 외연을 바꾸어 나가는 개념이 될 것임을

더 나아가 “생소하고 희박한” 대안의 범위와 관련하여 대상행위 계획 결정전까지 기술적인 측면에서 실행가능성이 성숙단계에 이르지 못하는 대안에 한정된다고 하였다.

이 Vermont Yankee 사건의 합리성 기준은 이후 수많은 사건에서 인용되었다. 그러나 Vermont Yankee 사건을 인용한 수많은 판례들 대부분은 “생소하고 희박한” 대안의 범위를 Vermont Yankee 사건이 제시한 기술적으로 미성숙한 대안과 같이 엄격하게 해석하지는 않았다. 심지어 행정기관이 희망하는 시행방안과 다른 시행방안을 검토하지 아니한 사건에서도 Vermont Yankee 사건이 인용되는 등 Vermont Yankee 사건의 합리성 기준을 왜곡하여 사용하는 경우도 적지 아니하였다고 한다. 또한, 종종 일부 법령개정이 필요하거나 담당행정기관의 권한을 넘어서는 정책의 수정이 필요한 대안을 “생소하고 희박한” 대안에 해당한다고 하는 경우도 있었다.[51] 결과적으로 Morton 사건에서는 위 ② 타행정기관의 권한에 속하는 대안과 위 ③ 관련 법률의 개정을 선결요건으로 하는 대안도 모두 EIS에 포함되어야 하였으나, 이러한 Vermont Yankee 합리성 기준의 왜곡은 종종 ② 및 ③의 대안을 “생소하고 희박한 대안”으로 폄하하여 검토대상 대안에서 배척하는 결과로 이어지게 되었다.

다. Alexandria 사건의 합리성 기준

Kootenai Tribe v. Veneman 사건도 Vermont Yankee 사건의 왜곡된 합리성 기준을 인용한 전형적인 예이다. 당해 사건은 산림청의 無道露 원칙 (“Roadless Rule”)을 이행할 수 없는 대안은 생소하고 희박한 대안으로 검토의 필요성이 없으며 행정기관의 정책과 NEPA의 환경보전목적에도 반한다고 한다.[52] 한

암시하고 있는 판결로 볼 수도 있다. 또한, 인지와 이해가능성이 높을수록 대안에 포함될 가능성이 높다는 점도 보여주고 있다. 실제 1988년 원유유출사건 (Natural Res. Def. Council, Inc. v. Hodel, 865 F.2d 288, 296 (D.C. Cir. 1988)에 대하여 D.C. 순회재판소는 에너지보전 문제도 대안의 설정과 관련하여 검토하도록 요구한 바 있다.

51) City of Sausalito v. O'Neill, 386 F.3d 11896, 1209-10 (9th Cir. 2004).

편, Nat. Wildlife Fed'n v. Federal Energy Reg. Comm'n[53] 사건은 대안으로 제시된 안을 담당하는 다른 행정기관이 당해 대안을 선호하지 않을 것으로 예상하여 이를 검토하지 않는 경우이다. 이 사건에서 D. C. 순회재판소는 행정기관 간의 "협의"를 선호하지 않는 州법령과 정책을 고려해 볼 때 행정기관은 새로운 저수지 건설에 대한 대안으로서의 수도사업을 검토하여야 할 합리적 대안이라고 볼 수 없다는 행정기관의 주장을 받아 들였다.

더 나아가 City of Alexandria v. Slater 사건("Alexandria 사건")의 제10순회재판소는 합리적 대안은 대상행위의 目的에 따라 결정된다고 판결하였다. 그 이유는 NEPA 규정이 합리적 대안인지 여부를 심사하여야 하는 법원에게 구속력 있는 지침을 제공하고 있지 아니한 이상 법원은 대상행위의 목적을 참고로 할 수 밖에 없다는 것이다. 하지만 당해 판결에서 유의하여야 할 점은 광범위한 대안의 검토를 피하기 위해 대상행위의 목적을 협소하게 정의해서는 아니된다는 것이다. 이는 행정기관이 시행하고자 하는 대안이 대상행위의 목적을

---

52) 쿠트나이 사건은 2000년도에 미국 산림청이 제시한 무도로 보호구역 (the Roadless Area Conservation Rule)에 관한 규정에 대하여 아이다호 주의 쿠트나이족이 이의를 제기하면서 시작되었다. 동 규정은 도로건설이 금지되는 무도로 보호구역으로 5천만 에이커가 넘는 지역을 지정하였고, 원고인 쿠트나이족은 이에 대하여 도로건설금지규정은 화재진압능력과 산림청의 산림재해능력을 저해하기 때문에 환경에 악 영향을 미칠 것이라고 주장하였다. 원고에 따르면 산림청은 무도로보호구역에 신도로건설을 전적으로 금지하는 대안 3가지만을 검토함으로써 NEPA를 위배하였다고 한다. 지방법원은 원고의 의견에 동의하고 다음과 결론을 내렸다. 산림청이 제시한 각각의 대안은 도로건설을 금지하고 있기 때문에 실질적인 측면에서 동일하다고 볼 수 있다. 동법원은 무도로 보호구역을 보호하는 대안만이 아닌 일부도로의 건설과 목재수확을 허락하는 대안을 고려하지 않은 것은 NEPA의 합리적인 대안의 검토규정을 위반한 것이라고 판결하였다. 반면, 제9회순회재판소는 지방법원의 결정을 파기하고 산림청은 NEPA의 대안의 검토규정을 위반하지 않았다고 판결하였다. EIS에는 무도로 보호구역내에서의 도로건설을 금지하는 대안에 해당하는 부작위 대안을 검토하고 있었음에도 불구하고, 합리적인 대안의 검토범위에 해당한다고 판시하였다. 행정기관의 목적은 무도로 보호구역의 특색에 해당하는 생태학적·사회적 가치와 요소를 저해하는 모든 행위를 금지하는 것으로, NEPA의 대안검토규정은 행정기관의 행위가 자연환경을 저해하기 보다는 보호하는 것이 핵심목적일 땐 엄격하게 해석되지 않아야 한다고 덧붙였다.

53) Nat. Wildlife Fed'n v. Federal Energy Reg. Comm'n, 912 F.2d 1471, 1485 (D.C.Cir.1990).

달성하기 위한 유일한 대안이 될 수 있을 정도로 목적 자체를 협소하게 구성해서는 아니 된다는 것을 말한다.54) 그러므로 결과적으로 본다면 Alexandria 사건의 합리성 기준은 행정기관에게 합리적인 선택을 할 수 있을 정도로 충분한 범위의 대안을 검토할 의무를 부여하는 것으로 평가할 수 있는 여지도 있다.

그러나 Alexandria 사건의 합리성 기준이 각 순회재판소에 의해 적용되어지면서 "대상행위의 목적과 필요성"에 비추어 부적절하다면 그 대안은 생소하고 희박한 대안으로 검토대상에서 제외되는 결과를 낳았다. 이는 법원이 행정기관의 행위의 적법 여부를 심사함에 있어 행정기관의 대안 선정 행위보다는 행정기관의 대상행위의 목적 내지 필요성에 대한 판단에 더 많은 자율성을 인정하고 있는 경향이 있음을 말한다. 그 결과 행정기관이 자신이 설정한 대상행위의 목적이 합리적이라는 점을 입증하는 한, 당해 목적에 부합하지 아니한 대안은 검토 대상에서 제외되어 버리게 되었다.

5. 부작위 대안

가. 부작위대안의 정의

NEPA가 요구하는 대안의 범위와 관련하여 일찍이 레벤설 대법관은 합리적 대안 이외에 不作爲代案이 포함되어야 한다고 주장하였다.55) 그 영향인지는 알 수 없으나 CEQ 규칙 또한 합리적 대안 이외에 부작위대안의 검토를 요구하고 있다.

CEQ 규칙은 대상행위의 목적 및 필요성에 근거한 합리적대안과 대상행위의 취소로 인한 부작위대안을 EIS에 비교형식으로 검토할 것을 의무화하고 있다. 부작위대안의 검토는 대상행위의 취소결정으로 인한 환경영향을 평가

54) 더 나아가 법원은 대상행위의 목적을 염두에 두고 대안분석을 시작하게 되지만 대상행위의 목적 중 일부만을 달성할 수 있는 대안도 검토하였는지를 심사하기도 하였다.

55) Leventhal, Environmental Decision-Making and the Role of the Courts, 122 U. PA.L. REV. 509, 537~40(1975).

하여 대상행위의 시행 전·후의 환경상태의 비교가 가능하게 한다는 장점이 있다. 또한, EIS에 포함되어야 하는 합리적 대안의 범위를 결정하기 위하여 Alexandria 사건의 합리성 기준이 만연히 사용되면서 EIS는 대상행위의 목적 및 필요성에 적합한 합리적 대안만을 검토하게 되는 위험성이 있으나, 부작위 대안이 포함됨으로써 대상행위의 목적에서 벗어난 대안의 검토를 가능하게 하여 EIS가 균형 잡힌 정보를 제공하게 할 수 있다는 장점도 있다.

부작위대안은 대상행위가 취소되는 경우 발생하게 되는 모든 결과를 예상하여 이들의 환경적·재정적 영향을 검토하여야 함을 의미한다. '발생하게 되는 모든 결과'는 2가지 경우, 즉, ① 추후 새로운 행위의 가능성이 없는 경우와, ② 새로운 행위의 가능성이 매우 높은 경우로 나누어 볼 수 있다. 우선 위 ① 새로운 행위의 가능성이 없는 경우는 대상행위 시행 전의 환경상태를 평가하여 그것을 시행 후의 환경영향 평가 결과와 비교하여야 하고, 위 ②의 경우는 예상되는 새로운 행위를 우선 확인하고 이에 대한 환경영향평가를 실시한 뒤 대상행위와 비교하여야 한다. 위 ②와 관련하여 특정 지역의 교통 혼잡을 해결하기 위하여 철도건설을 계획하고 있는 경우를 생각해보자. 이 경우 우선 철도건설이라는 대상행위의 목적과 필요성에 적합한 합리적 대안과 철도건설의 취소 결정시의 부작위대안을 검토하게 된다. 그런데 철도건설계획 취소 결정으로 야기되는 결과로 도로건설이라는 새로운 행위가 예견된다면 가) 현재의 환경상태와 나) 도로건설로 인한 환경적·재정적 영향을 평가·비교분석하여야 한다는 것이다.[56)]

나. 부작위 대안의 검토

그러나 합리적 대안의 검토가 그러했던 것처럼 부작위대안의 검토도 역시 EIS를 작성하여야 하는 담당 행정기관에게는 귀찮은 것일 수밖에 없었다. 부작위대안이 나타나게 된 한 원인이 합리적 대안이 제대로 제시되고 있지 아니

56) Hammond v. Norton, 370 F. Supp. 2d 226, 241 (D.D.C. 2005), 40 C.F.R. 1500-08.

한 현실을 감안한 것이었고, 그러한 이상 부작위란 진정한 "부작위"가 아니라 대안으로 볼 만한 그 어떠한 대안도 찾아 볼 수 없었다는 점에 대한 나름의 입증을 요구하자는 것이기도 하였기 때문이다. 그러한 점에서 부작위대안에 대해서도 그 범위를 축소하고자 하는 부단한 움직임이 있을 것임은 예견하기 어렵지 아니한 일이었다.

그 대표적인 사건이 Kuff v. United States Forest Service 사건("Kuff 사건")57) 이다. Kuff 사건의 법원은 부작위대안에 대하여 다음과 같은 요지의 판결을 하고 있다. ① 행정기관이 검토한 합리적 대안 중의 한 대안을 부작위대안으로 보아 부작위대안을 검토한 것으로 간주 할 수 있다. ② 새로운 행위를 요하지 아니하는 대안인 이상 당해 대안을 부작위대안으로 인정할 수 있다. 그 결과 ③ 기존의 사업을 연장하는 대안도 부작위대안으로 인정할 수 있다.

위 ①의 결론에 따르면 행정기관이 부작위대안을 제시하지 아니하는 경우에도 법원 스스로 합리적 대안 중의 한 대안을 부작위대안으로 인정할 수 있다는 것이다. 그러나 이 결론을 정당화시켜줄 어떠한 근거 내지 이유도 당해 판결에서 찾아 볼 수 없다. 오히려 Communities against Runway Expansion Inc. v. FAA("Runway Expansion 사건") 사건은 모든 합리적 대안과 별도로 부작위대안이 검토된 경우에 한하여 NEPA의 모든 절차가 준수된 것으로 인정할 수 있다고 하였다.58)59)

---

57) Kuff v. United States Forest Service, 22 F.Supp. 2d 987 (W.D. A.1998).

58) Vermont Yankee Nuclear Power Corp. v. National Resources Defense Council, Inc., 435 U.S. 519, 558 (1978). Runway Expansion 사건에서 FAA는 새로운 활주로 건설과 誘導路 개축건설을 목적으로 공항확장계획을 세웠다. 그런데 이익단체가 이를 반대하여 활주로 및 유도로 건설허가를 취소하여 줄 것을 청구하였다. 콜롬비아 특별구 순회재판소는 FAA의 건설허가결정의 적법여부를 심사하면서 EIS의 적절성을 심사하게 되었다. 당해 사건에서 법원은 EIS에 활주로의 확장건설이 미치는 환경영향과 항공사업의 상업적 영향까지 모두 검토되고 있음을 확인하였다. 주된 평가항목으로 '활주로 건설의 유·무로 인해 예상되는 지연', 사업 승인 시 증가될 소음, 그리고 사회경제적 지위에 따른 공항주변 주민의 소음공해의 수인정도 등이 고려되었다. 이렇게 합리적 대안과 부작위대안이 검토되어 양 대안의 환경적·경제적 영향이 비교가능하게 되었기 때문에 충분한 정보가 뒷받침된 의사결정으로 인정될 수 있었다.

위 ② 및 ③과 관련한 한 예는 Westlands Water District v. United States Department of Interior("Westland 사건")[60]이다. 당해 사건은 행정기관이 Westlands 자치구에 운하와 댐시설이 운영되고 있는 상황에서 당해 지역에서 상당히 동 떨어진 지역에 연방수로를 건설하는 계획을 결정한 사안인데, 이 과정에서 부작위대안을 검토하였는가 여부가 문제된 사안이었다. 당해 사건에서 법원은 대상행위의 취소 경우 기존사업이 계속될 수 있다면 기존사업에 대한 환경영향평가가 있는 이상 부작위대안에 대한 환경영향평가가 있었던 것으로 볼 수 있다고 하였다. 즉, 제9순회재판소는 연방수로건설계획을 취소하는 경우 운하 및 댐을 계속하여 이용하게 될 것이라는 점을 근거로 당해 기존 운하 및 댐에 대한 환경영향평가 결과를 부작위 대안에 대한 검토 결과로 인정하였다.

그러나 "부작위" 대안을 위 ②에서와 같이 "새로운 행위 없음(No New Action)"으로 정의할 수 있다고 하더라도 위 ③의 결론을 항상 정당화시킬 수는 없다. Kuff 사건에서 법원은 부작위대안 결과 기존의 사업이 지속되는 경우 당해 기존 사업에 대한 평가를 하였다면 부작위대안을 검토한 것으로 볼 수 있다고 하였다. 여기까지는 Westland 사건과 같다. 하지만, Kuff 사건의 사안은 부작위대안 결과 그 지속여부가 문제된 기존사업이 인·허가를 갱신하지 아니하면 아니 되는 사업이었다. 반면, Westland 사건에서는 운하나 댐 시설은 Kuff사건에서와 달리 새로이 인허가를 받아야 하는 사업이 아니어서 연방수로건설계획을 시행하지 아니할 경우 운하, 댐 시설을 그대로 운영하는 경우의 환경영향평가를 한 것만으로도 부작위대안에 대한 검토를 한 것으로 볼 수 있었던 경우였다.

이 사건은 NEPA를 단순한 절차적 도구에 불과한 절차적 규정으로 인정하고 법원의 실체적 판단을 통하여 행정기관에게 특정결과를 요구하지 못한다는 대법원의 입장을 충실히 따른 판례이다.

59) 법원의 실체적 판단은 절차법이 요구하는 절차를 대체할 수 없기 때문에 합리적 대안 중의 하나를 행정기관이 부작위대안으로 확인하지 않았다면 법원이 나서서 이를 인정할 수는 없다.

60) Westlands Water District v. United States Department of Interior, 376 F.3d 853 (9th Cir.2004).

부작위 시 장래 발생될 결과를 예정하여 그에 대한 환경평가를 실시하는 것도 적법한 부작위에 대한 평가라는 결론도 찾아 볼 수 있다. Greater Yellowstone Coalition v. Flowers 사건("Greater Yellowstone Coalition 사건")[61]은 개발업자가 사유지목장으로 통하는 길목에 골프코스가 포함된 도시개발사업을 시행하고자 하자 이에 반대하는 환경단체가 대안의 검토의 부적절성을 이유로 그 허가의 취소를 구한 사건이다. EIS를 작성한 The Army Corps of Engineers는 EIS 작성시 골프장 등 건설이 취소되는 경우 그 결과로 목장으로 통하는 길목과 목장 전체가 매각되어 목장 전 지역을 대상으로 하는 도시개발사업이 행하여질 가능성이 높다는 점을 전제로 환경영향평가를 실시하였다. 이는 부작위대안을 검토함과 관련하여 대상사업을 시행하지 아니할 경우의 환경영향을 평가하는 것이 아니라, 시행하지 아니할 경우 장래 발생할 수 있는 사안을 예정하여 그를 평가함으로써 사업승인의 정당성을 인정받은 경우이다.[62] 그러나 장래 발생 결과에 대한 예상은 어디까지나 예상에 불과한 경우가 많아 그를 기준으로 하는 것이 어느 정도 타당한 것인지에 대한 의심을 벗어나기 힘든 면이 없지 아니하다.

위와 같은 점들은 부작위대안을 도입한다고 해서 모든 문제가 해결되는 것은 아니며, 개별적인 사안별로 달리 판단될 여지가 없지 아니하다는 점을 암시하는 것이다.

Ⅳ. 結 論

그 동안 우리나라의 환경영향평가제도는 환경영향평가서 작성 상의 '사업자주의'로 인하여 공정성·신뢰성을 확보하는 것이 쉽지 아니하였다. 그리하여

---

61) Greater Yellowstone Coalition v. Flowers, 359 F.3d 1257 (10th Cir. 2004).

62) 골프장건설로 인하여 천연기념물인 대머리 독수리의 서식지가 파괴될 것이라는 환경단체들의 주장에 대하여 부작위대안이 결정될 경우 더 많은 야생동물서식지가 파괴될 가능성이 높다는 이유로 그를 받아들이지 아니하기도 하였다.

대상사업의 환경기준 준수여부만이 환경평가의 주된 내용이 되어 왔고, 그나마 법원이 실체적·절차적 양 측면에서 심도 깊은 심사를 하기 어렵다는 점으로부터 많은 문제점을 노정하여 왔다. 그러한 문제점을 개선하기 위한 한 방안이 바로 대안의 제시 및 평가였다. 우리나라도 「환경영향평가법」 시행령에 그를 반영해 놓고는 있다. 그러나 개정 「환경영향평가법」이 충분히 기대하는 바 역할을 수행할 수 있을지 여부는 극히 불투명하다. 그와 관련하여 미국의 사례에 비추어 우리가 향후 고민하여 보아야 할 문제점에 대한 검토가 시급하다 아니할 수 없다. 본 글에서는 잠정적이기는 하나 필자의 견해를 간략하게 피력해 보고자 한다.

첫째, 「환경영향평가법」을 환경영향평가 결과에 대한 실체적 심사 규정으로 해석하는 경우 사업 진행에 지나친 장애를 초래할 수 있다는 점은 미국이나 우리나라나 마찬가지 상황으로 볼 수 있다. 그러나 그렇다고 하여 절차적 통제만을 하고자 하는 경우 형식적으로는 모든 요건을 다 갖추어 놓는 행정청의 실무를 생각하루 때 그 실효성이 의심된다. 이점 미국에서 NEPA를 절차법적 규정에 불과하다고 보는데 대한 비판적 견해를 경청할 필요가 있다. 특히 4대강 사업의 폐해를 경험한 우리로서는 사법이 실체심리를 통하여 환경영향평가에 문제가 있는 사업관련 인허가에 대한 통제를 할 수 있도록 할 필요성이 있을 것이다. 사법이 그 판단을 행정의 판단에 앞세우는 것을 자제할 필요성이 있다는 점은 그 다음 문제이다.

둘째, 다른 한편으로 절차적인 면에서의 통제를 강화하지 아니할 수 없다. 이는 절차를 준수한 현명하지 않은 정책결정은 통제할 수 없다고 하더라도, 절차를 준수하는 한 현명한 정책결정에 근접할 수 있다는 점에서도 그러하다. 그러한 점에서 볼 때 우선, 현행 대안평가 관련 규정들의 법규성이 의문시된다는 점을 지적하지 아니할 수 없다. 대안의 평가는 그 내용상 상당히 중요한 내용임에도 불구하고 시행령에 한 줄로 간략히 기재되어 있을 뿐이고 시행규칙, 행정규칙에 대한 위임규정도 찾아 볼 수 없다.[63] 현재로서는 환경부장관

63) 「환경영향평가법」 시행령 제34조.

의 고시 이외에는 대안의 평가에 대한 더 이상의 내용을 찾아 볼 수 없다. 이러한 환경부장관의 고시가 이른바 법률구체화규칙으로서 기능할 수 있을지는 의문이다.

다음으로 현행 대안 평가 관련 조항들의 내용에 대해서도 생각해 보아야 하는 점이 적지 않다. 현재의 규정형태와 관련하여 실무자들 중에서는 “대안 설정 및 그 평가”를 평가서에 반영하여야 한다는 시행령 문구에 불구하고 사업자가 환경평가서 작성 시 내부적으로 둘 이상의 대안을 검토하기 때문에 이러한 내부의사결정의 내용을 평가서에 포함하는 것은 불필요하다는 입장을 취하는 경우도 있었다. 또한 그 정도까지는 아니라 하더라도 사업자가 평가서에서 검토한 대안을 유일한 대안인 것으로 가정하고 그에 대한 평가를 하는 것만으로 환경영향평가작성의무를 충실히 이행한 것으로 보는 것이 우리의 환경영향평가제도의 일반적 운영형태라 보아도 과언이 아니다. 이러한 문제는 대안의 평가를 절차법적 차원에서 상세히 규정하여야 할 필요성이 적지 아니함을 의미하고 있다. 현재의 규정만으로는 대안의 평가를 어느 정도 하여야 하는지에 대한 내용도 불충분하지만, 사업자 또는 행정기관이 대안으로 설정한 대안 이외의 대안은 평가의 대상에 포함되지 아니하여도 그 효력이 부인될 가능성은 높지 아니하다. 법원의 전통적인 판례의 입장은 행정기관의 처분이 일탈·남용에 이르지 아니한 이상 그를 취소할 수 없다는 것이고 한편, 전문성·기술성 및 실체적 심리를 담당하기 위한 인적·물적 시설의 부족을 내세워 그를 지지하고 있는 이론도 발견할 수 있는 바, 검토가 필요한 대안이 충분히 제시되지 아니하고 있는 가운데서 법원이 판단을 스스로 자제하게 된다면 그 결과는 명약관하하다.

셋째, 절차규정에 의존할 수 있는 토대는 행정관청이 적정히 절차를 따를 것을 기대할 수 있는 제도의 보장, 특히 이해관계인이 제시하는 대안에 대한 의무적 검토 조항이다. 현재의 이른바 “4대강 사업”은 그러한 측면에서 시사하는 바 크다. 절차규정과 관련한 핵심적 요소는 대안의 마련과 관련하여 사업자 및 행정기관이 제시하는 대안 뿐 아니라 환경단체 등 이해관계인이 주장하는 대안에 대하여도 그것이 "합리적"인 이상 반드시 검토하여야 한다는 등의 규정을 마련하는 것이고, 당해 자료로서의 제기된 대안의 내용, 그에 대한 검토결과, 합리적 대안으로 볼 수 없다하여 검토를 하지 아니하였다면 그 이유를 환경영향평가서에 남겨 두도록 하여야 한다는 점일 것이다.

저자약력

■ 이 비 안

저자는 1999년 부산대학교 법과대학을 졸업하고 미국 조지아 주립대학(VGA)에서 L.L.M. 과정을 수료한 후, 2007년 일본 큐슈대학교 법과대학에서 온실가스거래제도를 주제로 하여 법학박사 학위를 취득하였다. 현재 충북대학교 법학전문대학원에서 부교수로 재직 중이며 환경법 및 행정법을 강의하고 있다.

현대 행정법의 이해

저　　자　이 비 안　　2013년 6월 25일 초판 인쇄
발 행 인　양 진 수　　2013년 6월 28일 초판 발행
발 행 처　진 원 사

서울시 서초구 서초3동 1714-32 형덕빌딩 1층
전화 : 02) 916-1850 / 팩스 : 02) 916-3442
신고번호 제321-2512007002호
http://www.jinwonsa.co.kr
http://www.lawbookstore.co.kr

저자와의 협의하에 인지생략

ISBN : 978-89-6346-306-3　94360　　정가 25,000 원
ISBN : 978-89-6346-044-4　94360(세트)